21世纪经济管理新形态教材·会计学系列

财务会计

吕志明 ◎ 编　著

清华大学出版社

北　京

内 容 简 介

本书依据我国最新企业会计准则编写,主要讲解一般交易和事项的确认、计量和报告,具体包括:财务会计概论,货币资金,存货,固定资产,无形资产,投资性房地产,金融资产,长期股权投资,负债,所有者权益,收入、费用和利润,财务报表,资产负债表日后事项,会计政策、会计估计变更和差错更正,共14章内容。本书知识全面,重点突出,适用于高等院校会计、审计、财务管理等专业的本科生、研究生的相关课程教学,也可作为继续教育和社会培训教材。

图书在版编目(CIP)数据

财务会计/吕志明编著. —北京: 清华大学出版社,2022.3

21 世纪经济管理新形态教材. 会计学系列

ISBN 978-7-302-60231-6

Ⅰ. ①财… Ⅱ. ①吕… Ⅲ. ①财务会计-高等学校-教材 Ⅳ. ①F234.4

中国版本图书馆 CIP 数据核字(2022)第 036192 号

责任编辑:张 伟
封面设计:汉风唐韵
责任校对:王荣静
责任印制:宋 林

出版发行:清华大学出版社
  网 址: http://www.tup.com.cn, http://www.wqbook.com
  地 址: 北京清华大学学研大厦 A 座   邮 编: 100084
  社 总 机: 010-83470000   邮 购: 010-62786544
  投稿与读者服务: 010-62776969, c-service@tup.tsinghua.edu.cn
  质量反馈: 010-62772015, zhiliang@tup.tsinghua.edu.cn
  课件下载: http://www.tup.com.cn,010-83470332
印 装 者: 三河市科茂嘉荣印务有限公司
经 销: 全国新华书店
开 本: 185mm×260mm   印 张: 20.25   字 数: 461 千字
版 次: 2022 年 3 月第 1 版   印 次: 2022 年 3 月第 1 次印刷
定 价: 55.00 元

产品编号: 095286-01

前 言

如果提到世界杯,您脑海里最先呈现的是哪类体育运动? 我想,最可能的答案应当是足球世界杯,而且不加特别说明的话,应当特指男足世界杯,因为这项运动的影响力是最大的。同样,如果提到会计学,我们首先想到的应当是财务会计。随着大数据、人工智能、移动互联网、云计算、物联网等现代技术在会计领域的应用,会计人员能力框架面临重构,未来会计人员的角色不再仅仅是会计师,因为仅仅反映价值是不够的,还应当是数据分析师,通过对各类宏观数据、中观数据和微观数据进行分析,为企业管理和决策提供敏捷、精准的数据支持,从而实现企业价值增值。但是,无论如何,财务会计迄今为止仍然遵循经典的会计学范式。无论技术如何发展,会计职业和会计师永远不会消亡,技术的发展只是让数据的采集、存储、加工、展示更快速便捷,数据分析特别是财务及相关数据分析则是会计人员的主要职能之一。会计有边界,资源有约束,夯实自己的基础,远比了解一个概念噱头更为重要。对于会计人员来说,拥有良好的职业道德、坚实的理论基础、丰富的专业知识和强大的执业能力,永远是其立身的非对称优势。天道酬勤,地道酬德,同样适合于我们每一位会计人员。

对于会计人员,要想真正提升会计执业能力,除了会计知识本身,至少还应熟悉税法相关规定,掌握数字信息技术的运用。毕竟,财税不分家,在会计工作中税法的影响无处不在;同时,无论大、中、小企业,信息化已经成为会计工作的新常态,脱离这个环境,执业能力会大打折扣。

本书具有以下几个特点:第一,遵循我国最新企业会计准则,知识全面,重点突出。第二,便于学习,每章配有引导案例,每个重要知识点配有例题讲解,各知识点配有同步测试题,每章配有本章习题,切实让重点、难点落地,便于读者理解和掌握。第三,配套资源丰富,提供教学大纲、课件、即测即练、习题答案、模拟试卷等丰富的辅助教学资源,尽量降低读者学习成本。

本书适用于高等院校会计、审计、财务管理等专业的本科生、研究生的相关课程教学,也适用于继续教育和社会培训。希望本书能够成为您学习财务会计知识的有力工具和抓手。基于水平和精力所限,瑕疵在所难免,欢迎批评指正。

吕志明

天津财经大学

2021 年 10 月

目 录

第 1 章

财务会计概论

【本章学习目标】

1. 了解我国企业会计准则体系、《企业会计准则——基本准则》框架、财务报告的概念、会计报表的构成。

2. 理解会计假设、会计信息质量要求、会计计量属性。

3. 掌握财务会计报告的目标、权责发生制、会计要素的定义及确认条件。

数 据 石 油

大数据、人工智能、移动互联网、云计算、物联网、区块链等现代信息技术的飞速发展与扩散,极大地改变了人类的生产与生活方式,现代数字信息技术已经不仅仅是工具,而是成为影响企业的重要环境变量,正在改变企业的商业模式、运营模式与管理模式,由此倒逼会计转型,基于大数据背景的会计向智能化转型升级已成为必然发展趋势。我们正在步入数智时代,数据即资产已经越来越成为普遍共识,有人称之为数智时代的"石油"。

问题:

既然数据如此重要,那么从会计角度而言,数据能否作为资产要素加以确认? 如果将数据确认为一项资产,应当满足哪些条件?

1.1 财务会计概述

现代企业会计分支主要包括财务会计、管理会计和税务会计。财务会计也称对外报告会计,管理会计也称对内报告会计,税务会计则是对企业涉税资金运动进行确认、计量、记录和报告的专门会计。本书认为,财务会计以企业会计准则为依据,运用借贷记账法对企业发生的交易和事项进行确认、计量、记录和报告,提供与企业财务状况、经营成果和现金流量等有关的会计信息,从而反映企业管理层受托责任履行情况,有助于财务会计报告使用者作出经济决策。

近年来,我国政府会计改革逐步推进,引入基于权责发生制的财务会计,形成了双基础、双功能、双报告的格局。

大数据、人工智能、移动互联网、云计算、物联网、区块链等现代信息技术,已经越来越成为影响企业的重要环境变量,正在改变企业的商业模式、运营模式与管理方式,从而倒逼会计转型,基于大数据背景的会计向智能化转型升级已成为必然发展趋势。需要强调的是,无论技术如何发展,财务会计迄今为止仍然遵循经典的会计学范式。经济越发达,会计越重要;市场经济越发达,会计越重要;资本市场越发达,作为通用商业语言的财务会计越重要。

1.2　我国企业会计准则

企业会计准则是会计人员进行确认、计量和报告的基本依据。会计确认是判断企业经济活动是否对会计要素产生影响以及影响哪些会计要素,也就是解决能否入账、入表的定性问题,分为初始确认与终止确认。会计计量解决的是对会计要素金额影响多少的定量问题,可计量是确认各类会计要素的前提条件之一,分为初始计量和后续计量。报告是确认、计量的结果,是连接企业与投资人等会计信息使用者的桥梁和载体,投资人等会计信息使用者通过企业披露的财务报告,了解企业财务状况、经营成果、现金流量等信息,判断企业的内在价值,预测企业未来的发展趋势,从而作出经济决策。

会计记录是在确认和计量基础上对经济业务事项运用会计科目进行账务处理的方法,属于技术层面,现代信息技术极大地改变了传统会计记录与报告的手段,不变的是确认、计量和报告原则。

我国企业会计准则分为小企业会计准则与企业会计准则,如图 1-1 所示。

图 1-1　我国企业会计准则的构成

一般情况下,小企业不公开筹集资金,外部财务报表使用者主要是税收征管部门,小企业会计准则缩小了与税法的差异,降低了小企业税法和准则的遵从成本。

我国的企业会计准则保持了与国际财务报告准则的持续趋同。企业会计准则是一个有着严密层次结构的体系,包括基本准则、具体准则、企业会计准则应用指南和企业会计准则解释。

基本准则(概念框架)于 2006 年发布,在整个准则体系中起统驭作用,主要用于规范财务报告目标、会计假设、会计基础、会计信息质量要求、会计要素及其确认与计量原则、财务报告等内容,其作用是指导具体会计准则的制定和为尚未具有具体准则规范的交易事项提供基本处理原则,属于部门规章。

具体准则分为一般业务准则、特殊业务准则和报告类准则,主要规范企业发生的具体交易或事项的确认、计量和报告,属于部门规范性文件。从 2006 年至今,我国已发布 42 项具体准则。

企业会计准则应用指南是对具体准则相关条款的细化和重点难点内容提供的操作性规定,主要包括具体准则条文解释和会计科目、主要账务处理等。

企业会计准则解释对已发布的会计准则进行局部修订或者对执行过程中遇到的一些问题、疑惑等进行解释和明确,与准则具有同等法律效力。从 2007 年至 2021 年已陆续发布 15 项企业会计准则解释。

1.3　借贷记账法

借贷记账法是目前全球企业共用的记账方法。借贷记账法的内容包括记账符号、记账规则、账户结构和试算平衡。借贷记账法以“借”“贷”为记账符号,遵循“有借必有贷,借贷必相等”的记账规则。在借贷记账法下,账户结构为左借右贷,资产类、成本类、费用类账户金额增加记借,减少记贷;负债类、权益类、收入类账户金额增加记贷,减少记借;资产类、成本类账户期末余额在借方,等于期初余额加本期借方发生额合计(增加额)减贷方发生额合计(减少额);负债类、权益类账户(包括资产类账户的抵减账户,如累计折旧、各资产减值准备账户等)期末余额在贷方,等于期初余额和本期贷方发生额合计(增加额)减借方发生额合计(减少额);在账结法下,损益类账户(包括费用类和收入类)期末余额转入本年利润,结转后期末无余额。期末,应当编制试算平衡表,当期各账户期初余额、发生额和期末余额都应当各自试算平衡,借贷合计各自相等。

1.4　财务会计报告的目标

根据《企业会计准则——基本准则》的规定,财务会计报告(又称财务报告)的目标是,向财务会计报告使用者提供与企业财务状况、经营成果和现金流量等有关会计信息,反映企业管理层受托责任履行情况,有助于财务会计报告使用者作出经济决策。我国企业会计准则目标同时遵循了受托责任观和决策有用观,体现了中国特色。目标不同,对于会计信息质量与计量属性的侧重点不同。受托责任观着眼于两权分离带来的企业所有者与管理层之间的委托代理信息不对称问题,更加强调会计信息的可靠性,更加强调历史成本计量属性的应用;决策有用观着眼于资本市场投资者的投资决策,更加强调会计信息的相关性,更加强调公允价值等非历史成本计量属性的应用。

财务会计报告的使用者主要包括投资者、债权人、政府及其有关部门、社会公众等外部使用者,以及企业管理层、企业员工等内部使用者。

1.5　会　计　假　设

会计假设也称会计假定、会计基本前提。面对纷繁复杂的企业经营环境与经营活动,只有明确会计核算的基本假设,才能在统一的规范与框架内,对企业的交易和事项进行确认、计量、记录和报告,以反映企业财务状况、经营成果和现金流量等会计信息。

1.5.1　会计主体

会计主体也称会计实体,是会计为之服务的特定单位,限定了会计为之服务的空间范畴。会计主体假设要求,企业应当对其本身发生的交易或者事项进行会计确认、计量和报告。例如,甲公司从乙公司采购原材料一批,对于甲公司这一会计主体而言,应当按照存货准则的规定进行会计核算,而对于乙公司这一会计主体而言,应当按照收入准则的规定进行会计核算。再如,企业不能对企业所有者发生的与本企业无关的交易事项进行确认、计量和报告。

会计主体不同于法律主体(法人,下同),法律主体必定是会计主体,但会计主体不一定是法律主体。例如,不具备法人资格的独资企业、合伙企业、分公司,虽然不是法律主体,但是属于会计主体。再比如,由母子公司构成的集团公司不是法律主体,但是集团中的母公司需要编制反映集团整体财务状况、经营成果和现金流量等会计信息的合并财务报表,因此,从会计角度而言,集团公司属于会计主体(报告主体)。又比如,企业年金基金尽管不是一个实体,但是依然可以单独作为一个会计主体而存在。

1.5.2　持续经营

持续经营,是会计主体经营活动将按照既定目标持续下去,在可预见的未来,不会发生停业或破产清算。在这一假设下,会计主体所持有的资产,将按照预定目的,在正常经营过程中被耗用、出售或转让,其所承担的负债也将如期偿还。持续经营是一项非常重要的假设,为财产计价、费用摊销和分配等提供了理论依据。正是由于持续经营,资产才会划分为流动资产与非流动资产,负债才会划分为流动负债与非流动负债,固定资产才有必要按期计提折旧,长期待摊费用才有必要分期摊销,才有必要确认递延所得税资产与递延所得税负债,才有了非清算基础下的历史成本、公允价值等计量属性的应用。

对处于非持续经营状况的企业,应当采用清算基础,对清算资产和清算损益进行核算。

1.5.3　会计分期

在持续经营假设下,会计主体在可预见的未来不会停业或破产清算,为了定期反映其财务状况和经营成果,向财务会计报告使用者提供有关会计信息,需要对持续不断的生产经营活动划分会计期间,以便分期结算账目和编制财务会计报告。会计期间分为年度和中期。年度是最重要的会计期间,我国会计年度与纳税年度、财政年度一致,从当年1月1日至12月31日,有的国家或地区则不尽相同,例如,英国是从当年4月1日至下一年的3月31日。中期是指短于一个完整的会计年度的报告期间,如半年度、季度和月度。按会计年度编制的财务报告称为年度财务报告(简称年报),按中期编制的财务报告称为中期财务报告,中期财务报告的编制有其特殊规定,例如,我国《企业会计准则第32号——中期财务报告》规范了中期财务报告的内容及其确认、计量原则。

因为会计分期,才有了本期与非本期的区别,才产生了权责发生制与收付实现制两种不同的核算基础,才有了期末调整账项,才有了对会计信息质量可比性的要求。

1.5.4　货币计量

企业会计应当以货币计量,可以从三个层面理解货币计量这一假设。

第一，会计以货币作为主要计量尺度，当然可以辅以其他计量单位，如企业存货可以辅以相应数量单位进行核算。

第二，我国境内企业通常选择人民币作为记账本位币，业务收支以人民币以外的货币为主的企业，可以选择其中一种货币作为记账本位币，但编报财务报表时应当折算为人民币。记账本位币是指企业经营所处的主要经济环境中的货币，记账本位币以外的货币为外币。对于企业发生的外币交易，应当将外币金额折算为记账本位币。

第三，假定币值是稳定的。计量单位与计量属性的组合构成了计量模式，主要包括历史成本/名义货币、历史成本/不变购买力、现时成本/名义货币、现时成本/不变购买力四种模式，前两种模式体现财务资本保全观，后两种模式体现实物资本保全观。传统财务会计采用历史成本/名义货币模式，以名义货币作为计量单位，也就意味着币值是稳定的。当处于恶性通货膨胀环境时，需要采用通货膨胀会计进行处理。

1.6　权责发生制

企业应当以权责发生制为基础进行会计确认、计量和报告。权责发生制（应计制），顾名思义，是指以经济权利和经济责任的发生与否为标准来判断是否对会计主体发生的经济业务进行确认、计量和报告。凡是符合收入确认条件的本期收入，无论款项是否收取，均应作为本期收入进行确认，凡是符合费用确认条件的本期费用，无论款项是否支付，均应作为本期费用进行确认；相反，凡是不符合收入确认条件的，即使在本期收到款项也不能确认为本期收入，凡是不符合费用确认条件的，即使在本期支付了款项也不能确认为本期费用。收入的确认意味着资产的增加或负债的减少，费用的确认意味着资产的减少或负债的增加，所有者权益等于资产与负债的差额，利润等于收入与费用的差额，所以，权责发生制是各项会计要素确认的共同基础。

与权责发生制对应的是收付实现制，即以款项收付为标准确认本期收入和本期费用。企业会计采用的是权责发生制，预算会计采用的是收付实现制。

1.7　会计信息质量要求

根据《企业会计准则——基本准则》的规定，会计信息质量要求包括以下八个方面。

1.7.1　可靠性

可靠性，也可称为真实性、客观性，是指企业应当以实际发生的交易或事项为依据进行会计确认、计量和报告，如实反映符合确认和计量要求的各项会计要素及其他相关信息，保证会计信息真实可靠、内容完整。

1.7.2　相关性

企业提供的会计信息应当与财务会计报告使用者的经济决策相关，有助于财务会计报告使用者对企业过去、现在或者未来的情况作出评价或者预测。

1.7.3 可理解性

可理解性也可称为明晰性,是指企业提供的会计信息应当清晰明了,便于财务会计报告使用者理解和使用。可理解性是相对的,是建立在财务会计报告使用者具备相关基本知识之上的。在财务会计报告日益复杂从而带来信息过载的情况下,可理解性变得越来越重要,随着 XBRL(可扩展商业报告语言)等网络报告技术的使用,提供个性化报告成为可能,可理解性会得到进一步增强。

1.7.4 可比性

可比性体现在以下两个方面:一方面,同一企业不同时期发生的相同或相似的交易或者事项,应当采用一致的会计政策,不得随意变更,确需变更的,应当在附注中说明;另一方面,不同企业发生的相同或者相似的交易或者事项,应当采用规定会计政策,确保会计信息口径一致、相互可比。

不同会计政策会导致不同的经济后果,随意变更会计政策会误导财务会计报告使用者,同时,投资者的投资决策不是孤立进行的,而是建立在不同企业间比较的基础之上,因此,会计信息的可比性要求非常重要。

1.7.5 实质重于形式

企业应当按照交易或者事项的经济实质进行会计确认、计量和报告,不应仅以交易或者事项的法律形式为依据,也就是经济实质重于法律形式。通常,交易或事项的经济实质与法律形式是一致的,但有时也会产生分离,当发生分离时,对交易或事项进行会计处理应当遵循实质重于形式。会计中体现实质重于形式的例子很多。例如,甲公司与某房东签订了五年期的房屋租赁合同,按照修订后的《企业会计准则第 21 号——租赁》,甲公司应当确认"使用权资产",同时确认"租赁负债",尽管从法律形式上来讲该房屋的产权不属于甲公司,但这种处理方法很好地体现了实质重于形式的要求。又如,售后回购业务,从法律形式看,分为出售和采购两项交易,但企业很可能是出于融资或租赁的目的,因此要按照融资业务或租赁业务来处理。

1.7.6 重要性

重要性是指企业提供的会计信息应当反映与企业财务状况、经营成果和现金流量等有关的所有重要交易或者事项。这里的重要性,是从对财务会计报告使用者决策带来影响的程度来说的。重要性的判断标准是是否足以影响财务报表使用者对企业财务状况、经营成果和现金流量作出正确判断。凡是重要的交易或者事项,应当按照规定的会计方法和程序进行会计处理,并在财务报表中详细列示;凡是不重要的交易或者事项,可以采用简化的会计处理方法和程序,也不必在财务报表中详细列示。

重要性体现了会计信息供给侧的成本效益原则,在不影响财务会计报告使用者决策的情况下,降低了企业的制度遵从成本。重要性的例子也很多,比如企业持有的库存现金、银行存款和其他货币资金,在资产负债表中可以作为"货币资金"项目合并列示。又如,流动负债一般按历史成本而非摊余成本计量,即不考虑货币时间价值。再比如,重要的会计差错应当采用追溯重述法进行更正,不重要的会计差错可适当简化处理,不必调整财务报表相关项目的期初数,但应调整发现当期与前期相同的相关项目。又如,财务报表中的"其他流动资产""其他流动负债""其他非流动资产""其他非流动负债""支付的其他与经营活动有关的现金"等项目,其金额如果较大,应当单独明确列示并在附注中充分披露其详细信息。

1.7.7　谨慎性

谨慎性也称稳健性,是指企业对交易或者事项进行会计确认、计量和报告应当保持应有的谨慎,不应高估资产或者收益、低估负债或者费用。比如,各类资产发生减值之后应当计提资产减值准备,盘亏的资产期末结账前要处理完毕,预计负债的确认、营业收入可变对价的计量等,都体现了谨慎性要求。

1.7.8　及时性

及时性,是指企业对于已经发生的交易或者事项,应当及时进行会计确认、计量和报告,不得提前或者延后。及时性是对相关性、可靠性等信息质量要求的约束,特别是在瞬息万变的经济环境中,会计信息的及时性越发重要,再相关、再可靠的会计信息如果丧失了及时性,也将失去其应有的价值。当前,在企业内部,借助信息技术实现实时会计信息呈现正在成为现实,对外提供实时财务会计报告未来可期。

1.8　会 计 要 素

1.8.1　会计等式

根据《企业会计准则——基本准则》的规定,会计要素分为资产、负债、所有者权益、收入、费用和利润。六要素构成两个基本会计等式:资产＝负债＋所有者权益,这是资产负债表的编制基础;收入－费用＝利润,这是利润表的编制基础。

1.8.2　资产

资产,是指企业过去的交易或事项形成的、由企业拥有或控制的、预期会给企业带来经济利益的资源。

符合上述定义的资源,同时满足以下条件时才能确认为资产:与该资源有关的经济利益很可能流入企业;该资源的成本或者价值能够可靠地计量。

在资产后续计量中,为了确保符合资产定义,同时为了遵循谨慎性,主要通过两种途径防止虚增资产:一是在资产减值的情况下计提资产减值准备;二是盘亏的资产要及时处理,不能列示于资产负债表。

1.8.3　负债

负债,是指企业过去的交易或事项形成的、预期会导致经济利益流出企业的现时义务。

符合上述定义的义务,同时满足以下条件时确认为负债:与该义务有关的经济利益很可能流出企业;未来流出的经济利益的金额能够可靠地计量。

1.8.4　所有者权益

所有者权益,是指企业资产扣除负债后由所有者享有的剩余权益。所有者权益属于差量要素,等于资产减负债。

所有者权益的来源包括所有者投入的资本(实收资本,资本公积)、直接计入所有者权益的利得和损失(其他综合收益)、留存收益(盈余公积和未分配利润)。

1.8.5　收入

收入,是指企业在日常活动中形成的、会导致所有者权益增加的、与所有者投入资本无关的经济利益的总流入。

收入只有在经济利益很可能流入从而导致企业资产增加或负债减少、且经济利益的流入额能够可靠计量时才能予以确认。

《企业会计准则——基本准则》界定的收入要素是指狭义的收入,广义的收入还包括计入当期利润的利得。利得,是指企业在非日常活动中形成的、会导致所有者权益增加的、与所有者投入资本无关的经济利益的总流入,包括计入当期利润的损失(如营业外收入)和直接计入所有者权益的利得(如其他综合收益)。

1.8.6　费用

费用,是指企业在日常活动中发生的、会导致所有者权益减少的、与向所有者分配利润无关的经济利益的总流出。

费用只有在经济利益很可能流出从而导致企业资产减少或者负债增加,且经济利益的流出额能够可靠计量时才能予以确认。

《企业会计准则——基本准则》界定的费用要素是狭义的费用,广义的费用还包括计入当期利润的损失。损失,是指企业在非日常活动中发生的、会导致所有者权益减少的、与向所有者分配利润无关的经济利益的总流出,包括计入当期利润的利得(如营业外支出)和直接计入所有者权益的利得(如其他综合收益)。

1.8.7　利润

利润,是指企业在一定会计期间的经营成果。利润是差量要素,等于当期收入减去费用加上直接计入当期利润的利得减去直接计入当期利润的损失。

一个企业所有者权益的变动归因于两大方面:一方面,企业与所有者之间的资本交易,即权益性交易,比如接受所有者投资会导致所有者权益增加,向所有者分配利润会导致所有者权益减少。另一方面,企业获得了综合收益,综合收益等于净利润加其他综合收益。如果不考虑权益性交易和其他综合收益,一个企业实现所有者权益即净资产持续增长的动力源自利润。企业的天职,就在于通过合法合规诚信经营赚取更多利润,同时可以贡献更多税收、解决带动更多就业,这是企业最基本的社会责任。

会计要素确认问题非常重要,也是会计职业判断的具体体现。当企业发生的交易或者事项尚无具体准则规范时,企业会计人员就要依据《企业会计准则——基本准则》规范的会计要素及其确认条件进行职业判断。

1.9　会计计量属性

根据《企业会计准则——基本准则》的规定,会计计量属性包括历史成本、重置成本、可变现净值、现值和公允价值。

1.9.1　历史成本

资产按照购置时支付的现金或现金等价物的金额,或者按照购置资产所付出的对价的公允价值计量;负债按照因承担现时义务而实际收到的款项或者资产的金额或者承担现时义务的合同金额,或者按照日常活动中为偿还负债预期需要支付的现金的金额计量。历史成本是一种进入价格。

1.9.2　重置成本

资产按照现在购买相同或者类似资产所需支付的现金的金额计量;负债按照现在偿付该项债务所需支付的现金的金额计量。

1.9.3　可变现净值

资产按照其正常对外销售所能收到的现金的金额扣减该资产至完工时估计将要发生的成本、估计的销售费用及相关税费后的金额计量。

1.9.4　现值

资产按照预计从其持续使用和最终处置中所产生的未来现金流入量的折现金额计量;负债按照预计期限内需要偿还的未来净现金流出量的折现金额计量。

1.9.5　公允价值

公允价值,是指市场参与者在计量日发生的有序交易中,出售一项资产所能收到或者转移一项负债所需支付的价格。公允价值是一种脱手价格。

以上五种计量属性,可变现净值一般只适用于资产的计量,如存货的期末计量,其他四种计量属性同时适用于资产和负债的计量。

会计计量分为初始计量和后续计量,采用何种计量属性取决于相关具体准则的规定。在对会计要素进行计量时,一般应当采用历史成本,采用重置成本、可变现净值、现值、公允价值计量的,应当保证所确定的会计要素金额能够取得并可靠计量。

根据现有准则规定,初始计量时,存货、固定资产、无形资产、投资性房地产等均采用成本计量,由《企业会计准则第 22 号——金融工具确认和计量》所规范的金融资产则基于公允价值计量。后续计量方面,对于其他债权投资、其他权益工具投资、交易性金融资产等以公允价值计量的金融资产,以及采用公允价值计量模式的投资性房地产,或者交易性金融负债等,在后续计量时采用公允价值计量;对于债权投资是按摊余成本进行后续计量,其实质就是现值计量;对于存货的后续计量采用成本与可变现净值孰低法;对于固定资产、无形资产以及采用成本模式进行计量的投资性房地产等,在发生减值的情况下,需按可收回金额与账面价值孰低计量,可收回金额的计算涉及公允价值和现值的估计与计算。

【例 1-1】　老师去年花 200 元(等于报价)在活跃交易市场买了一个水杯,现在活跃交易市场中水杯的价格下降为 180 元。

(1) 从现在来看,200 元就是这个水杯的历史成本,等于去年购买时的公允价值。

(2) 活跃市场中当前市场报价 180 元是该水杯当前的公允价值。

(3) 假定现在把水杯卖掉,价格 150 元,销售过程中需支付销售费用及相关税费 10 元,则该水杯的可变现净值＝150－10＝140(元)。

(4) 假定水杯使用寿命为 5 年,由于能够保障及时饮水,从而减少上火、感冒等情况的发生,预计未来剩余 4 年每年可节约医药费 50 元,假定折现率 5%,则该水杯的现值＝$50×(P/A,5\%,4)=177$(元)。

(5) 假定现在老师把该水杯赠给小李,那小李如何计量该水杯呢?由于没有旧水杯的活跃交易市场,这时可以采用重置成本,当前同款新水杯价格 180 元,考虑所赠水杯新旧程度为八成新,则该水杯的重置成本＝180×80%＝144(元)。

采用不同的计量属性对企业财务状况与经营成果的影响不同,这就是计量属性的经济后果,因此,企业要严格按照会计准则的规定对会计要素进行计量,防止误导财务报告使用者作出经济决策。

1.10　财务会计报告

财务会计报告,简称财务报告,是指企业对外提供的反映企业某一特定日期的财务状况和某一会计期间的经营成果、现金流量等会计信息的文件,包括财务报表及其附注和其他应当在财务报告中披露的相关信息与资料。

财务报表包括四表一注,即资产负债表(反映特定日财务状况)、利润表(反映特定期间经营成果)、现金流量表(反映特定期间现金及现金等价物流入流出情况)、所有者权益变动表(反映特定期间所有者权益各构成项目的具体变动情况)和报表附注。四表一注具有同等重要作用。

【本章习题】

1. 企业发生一笔现金支出,从会计要素角度分析其可能的用途。

2. 甲企业当年相关资料如下。

(1) 资产的期初余额和期末余额分别为 12 000 万元和 20 000 万元。

(2) 负债的期初余额和期末余额分别为 3 000 万元和 8 000 万元。

(3) 其他综合收益的期初余额和期末余额分别为 480 万元和 840 万元。

（4）接受投资者投资1 500万元，向股东分配利润900万元。

（5）利润表净利润为2 400万元。

要求：请根据上述资料判断该企业当年财务报表是否正确。

3. 小赵自掏5 000元，另向朋友借款3 000元，从事水果生意，购置电动三轮车一辆，价格3 500元，电子秤一台，价格200元。当月，批发购进水果300千克，每千克10元，最终销售水果200千克，每公斤售价20元，其中某顾客购买8千克水果时给付小赵两张百元钞票，小赵没有零钱便向旁人兑换100元零钱并找付客户40元，最终得知该顾客给付的200元为假钞，于是偿付兑换人100元，另外，偿还朋友欠款1 000元。

要求：根据上述资料，以小赵作为一个会计主体，请回答以下问题。

（1）小赵当月水果生意获取的利润是多少？（不考虑电动三轮车、电子秤折旧等其他因素）

（2）写出反映小赵月末财务状况的会计等式。

（3）月末，小赵拥有哪些资产？金额各是多少？

【即测即练】

第 2 章

货 币 资 金

【本章学习目标】

1. 了解货币资金的内容、库存现金的使用范围和使用限额。
2. 理解库存现金收付、银行存款收付的会计处理,以及其他货币资金的会计处理。
3. 掌握库存现金溢余短缺的会计处理、银行存款余额调节表的编制。

"勤奋"的出纳员

杰克公司始建于 1998 年。经过数十年的发展,公司积累了相当丰富的工艺技术和一定的管理经验,建立了许多公司管理制度。公司经过多年的不间断改造、完善,提高了产品的生产能力和产品市场竞争力,并引进了先进的生产设备。随着公司的发展壮大,企业内部管理制度上的缺陷也逐渐暴露出来。该公司出纳员李敏,给人印象就兢业业、勤勤恳恳、待人热情、积极肯干,因而受到领导的器重和同事的信任。事实上,李敏在其工作的一年半期间,先后利用 22 张现金支票编造各种理由提取现金 98.96 万元,均未记入现金日记账,构成贪污罪,具体手段如下。

(1) 隐匿 3 笔结汇收入和 7 笔会计开好的收汇转账单(记账联),共计 10 笔销售收入 98.96 万元,将其提现的金额与其隐藏的收入相抵销,使 32 笔收支业务均未在银行存款日记账和银行余额调节表中反映。

(2) 由于公司财务印鉴和行政印鉴合并,统一由行政人员保管,李敏利用行政人员疏于监督开具现金支票。

(3) 伪造银行对账单,将提现的整数金额改为带尾数的金额,并将提现的银行代码"11"改成托收的代码"88"。杰克公司在清理逾期未收汇时曾经发现有 3 笔结汇收入未在银行日记账和余额调节表中反映,但当时由于人手较少未能对此进行专项清查。

杰克公司内部控制缺乏、内控监督机制失灵最终导致财产损失,主要体现在以下几个方面。

(1) 出纳兼与银行对账,提供了在编制余额调节表时擅自报销 32 笔支付现金业务的机会。

(2) 印鉴管理失控。财务印鉴与行政印鉴合并使用并由行政人员掌管,出纳在加盖印鉴时未能得到有力的监控。

（3）未建立支票购入、使用、注销的登记制度。

（4）对账单由出纳从银行取得，提供了伪造对账单的机会。

（5）凭证保管不善，会计已开好的 7 笔收汇转账单（记账联）被李敏隐匿，造成此收入无法记入银行存款日记账中。

（6）发现问题追查不及时。在清理逾期未收汇时发现了 3 笔结汇收入未在银行日记账和余额调节表中反映，但由于人手较少未能对此进行专项清查。

资料来源：企业内部控制编审委员会.《企业内部控制基本规范及配套指引》案例讲解［M］.上海：立信会计出版社.2011：216-218.

问题：

本案例说明，银行对账是加强企业银行存款监管的重要手段和内部控制措施。那么在银行对账过程中，如果发现双方余额不一致，具体原因是什么？应当如何编制余额调节表？在对账过程中应重点关注哪些问题？

2.1　货币资金概述

2.1.1　货币资金的概念

货币资金，是指企业可以立即投入流通，用以购买商品或劳务、偿还债务等的交换媒介，是以货币形态表现的资金，主要包括库存现金、银行存款和其他货币资金。

2.1.2　货币资金的性质

资产分为货币性资产和非货币性资产。货币性资产是指企业拥有的货币资金以及将以固定或可确定的金额收取的资产，如应收账款、应收票据以及准备持有至到期的债券投资等。非货币性资产指货币性资产以外的其他资产，包括存货、固定资产、无形资产、股权投资以及不准备持有到期的债权投资等。

货币资金是企业货币性资产的重要组成部分，也是企业的一项流动资产。在流动资产中，货币资金的流动性最强，并且是唯一能够直接转化为其他任何资产形态的流动性资产，也是最能够代表企业现实购买力水平的资产。为了确保生产经营活动的正常进行，企业必须拥有一定数量的货币资金，以便购买存货、支付职工薪酬、缴纳税金、偿还到期债务、支付利息与股利或进行投资等。企业所拥有的货币资金是分析和判断企业偿债能力与支付能力的重要指标。

2.1.3　货币资金的报表列示

与货币资金相关的会计科目包括"库存现金""银行存款"和"其他货币资金"。

"库存现金"科目用以核算企业的库存现金，但不包括企业内部周转备用金。

"银行存款"科目用以核算企业存入银行或其他金融机构的各种存款，但不包括企业的外埠存款、银行本票存款和银行汇票存款等。

"其他货币资金"科目用以核算企业的除库存现金和银行存款以外的其他货币资金，

例如外埠存款、银行汇票存款、银行本票存款、存出投资款、信用证保证金、信用卡存款等。

编制资产负债表时,将"库存现金""银行存款""其他货币资金"各账户余额之和,列示于资产负债表第一项资产项目"货币资金",不再按货币资金的各组成项目单独列示,这也体现了会计信息质量重要性要求。

2.2　库存现金

2.2.1　库存现金的管理

库存现金,是指留存于企业、用于日常零星开支的现钞。根据国务院发布的《现金管理暂行条例》,库存现金管理主要包括以下几个方面。

1.库存现金使用范围

(1) 职工工资、津贴。

(2) 个人劳务报酬。

(3) 根据国家规定颁发给个人的科学技术、文化艺术、体育等各种奖金。

(4) 各种劳保,福利费用以及国家规定的对个人的其他支出。

(5) 向个人收购农副产品和其他物资的价款。

(6) 出差人员必须随身携带的差旅费。

(7) 结算起点以下的零星支出(结算起点目前为 1 000 元)。

(8) 中国人民银行确定需要支付现金的其他支出。

除上述第(5)、(6)项外,开户单位支付给个人的款项,超过使用现金限额的部分,应当以支票或者银行本票支付,确需全额支付现金的,经开户银行审核后,予以支付现金。

2.库存现金限额管理

开户单位的库存现金限额,由其开户银行根据实际需要核定,一般为 3～5 天的日常零星开支所需现金量。边远地区和交通不便地区的企业的库存限额可以多于 5 天,但最多不得超过 15 天的日常零星开支。

3.库存现金日常收支管理

(1) 开户单位现金收入应当于当日送存开户银行。当日送存确有困难的,由开户银行确定送存时间。

(2) 开户单位支付现金,可以从本单位库存现金限额中支付或者从开户银行提取,不得从本单位的现金收入中直接支付,即不允许坐支。因特殊情况需要坐支现金的,应当事先报经开户银行审查批准,由开户银行核定坐支范围和限额。坐支单位应当定期向开户银行报送坐支金额和使用情况。

(3) 开户单位根据规定从开户银行提取现金,应当写明用途,由本单位财会部门负责人签字盖章,经开户银行审核后,予以支付现金。

(4) 因采购地点不固定,交通不便,生产或者市场急需,抢险救灾以及其他特殊情况必须使用现金的,开户单位应当向开户银行提出申请,由本单位财会部门负责人签字盖章,经开户银行审核后,予以支付现金。

4．库存现金账目管理

户单位应当建立健全现金账目,逐笔记载现金支付。账目应当日清月结、账款相符。

2.2.2　库存现金收付的会计处理

为了总括地反映企业库存现金的收支和结存情况,企业应设置"库存现金"科目对库存现金进行总分类核算,还必须设置库存现金日记账进行序时核算。有外币现金的企业,应当按照人民币和各种外币进行明细核算。

库存现金日记账一般采用三栏式订本账格式,由出纳人员根据审核以后的原始凭证、现金收款凭证、现金付款凭证逐日逐笔序时登记,每日营业终了,应当计算当日的现金收入合计额、现金支出合计额和结余额,并将结余额与实际库存额核对,做到账款相符。库存现金总账账户根据现金收、付款凭证登记或定期汇总登记。月末,库存现金日记账余额与库存现金总账余额核对一致。

企业的库存现金收入主要包括:从银行提取现金;收取不足转账起点的小额销货款;职工交回的多余出差借款等。企业收到现金时,应根据审核无误的原始凭证,借记"库存现金"科目,贷记有关科目。

企业的库存现金支出包括现金开支范围以内的各项支出。企业实际支付现金时,应根据审核无误的原始凭证,借记有关科目,贷记"库存现金"科目。

2.2.3　库存现金清查

为了加强现金管理,应对库存现金进行实地盘点清查,然后再与现金日记账余额进行核对,以确定账实是否相符。库存现金清查包括两部分内容,一是出纳人员每日营业终了进行账款核对;二是清查小组进行定期或不定期盘点和核对。

对库存现金进行账实核对,如发现账实不符,应立即查明原因,及时更正。现金清查后,应及时编制库存现金盘点报告表,列明现金账存额、现金实存额、差异额及其原因,对无法确定原因的差异,应及时报告有关负责人。

1．库存现金溢余的会计处理

(1)发现库存现金溢余时,借记"库存现金",贷记"待处理财产损溢——待处理流动资产损溢"。

(2)查明原因后,再根据不同原因及处理结果,将其转入有关科目,具体如下。

① 属于应支付给有关人员或单位的,应借记"待处理财产损溢——待处理流动资产损溢",贷记"其他应付款"。

② 属于无法查明原因的现金溢余,经批准后,借记"待处理财产损溢——待处理流动资产损溢",贷记"营业外收入"。

2. 库存现金短缺的会计处理

(1) 发现库存现金短缺时,借记"待处理财产损溢——待处理流动资产损溢",贷记"库存现金"。

(2) 查明原因后,再根据不同原因及处理结果,将其转入有关科目,具体如下。

① 属于由责任人赔偿的部分,借记"其他应收款"(尚未收到赔偿款)或"库存现金"(已收到赔偿款),贷记"待处理财产损溢——待处理流动资产损溢"。

② 属于应由保险公司赔偿的部分,借记"其他应收款",贷记"待处理财产损溢——待处理流动资产损溢"。

③ 属于非正常损失的部分,借记"营业外支出",贷记"待处理财产损溢——待处理流动资产损溢"。

④ 属于无法查明的其他原因,根据管理权限,经批准后处理,借记"管理费用",贷记"待处理财产损溢——待处理流动资产损溢"。

清查发现库存现金溢余短缺,一般应于期末结账前查明原因,并根据企业的管理权限,报经股东大会或董事会或经理(厂长)会议或类似机构批准后,在期末结账前处理完毕,这是因为"待处理财产损溢"不符合资产定义和确认条件,不应作为资产列示于资产负债表。如清查的现金溢余短缺在期末结账前尚未批准的,在对外提供财务报告时先按上述原则进行处理,并在会计报表附注中作出说明;如经批准处理的金额与已处理的金额不一致的,再按资产负债表日后事项的处理原则调整会计报表相关项目的年初数。

【例 2-1】 某企业在库存现金清查中发现溢余 100 元,原因无法查明,经批准转为营业外收入处理。

(1) 发现现金溢余。

借:库存现金   100

    贷:待处理财产损溢——待处理流动资产损溢   100

(2) 经批准转入营业外收入。

借:待处理财产损溢——待处理流动资产损溢   100

    贷:营业外收入   100

【例 2-2】 某公司 12 月在库存现金清查中发现现金短缺 1 200 元,具体原因尚未查清,年末编制报表前暂时记入"管理费用"。第 2 年 1 月 10 日,经查系出纳原因造成丢失,经批准由其赔偿现金 1 000 元,其他 200 元经批准转入管理费用,12 日收到出纳支付的现金赔偿款 1 000 元。已知该公司适用的企业所得税税率为 25%,盈余公积计提比例为 10%,财务报告批准对外报送日为第 2 年 3 月 31 日,企业所得税汇算清缴日为第 2 年 4 月 30 日。

(1) 发现现金短缺。

借:待处理财产损溢——待处理流动资产损溢   1 200

    贷:库存现金   1 200

(2) 年末的处理。

借:管理费用   1 200

    贷:待处理财产损溢——待处理流动资产损溢   1 200

（3）第 2 年 1 月 10 日批准后。

借：其他应收款　　　　　　　　　　　　　　　　1 000
　　贷：以前年度损益调整　　　　　　　　　　　　　　1 000
借：以前年度损益调整　　　　　　　　　　　　　250
　　贷：应交税费——应交企业所得税　　　　　　　　　250
借：以前年度损益调整　　　　　　　　　　　　　750
　　贷：利润分配——未分配利润　　　　　　　　　　　750
借：利润分配——未分配利润　　　　　　　　　　75
　　贷：盈余公积　　　　　　　　　　　　　　　　　　75

（4）第 2 年 1 月 12 日收到出纳赔偿款。

借：库存现金　　　　　　　　　　　　　　　　　1 000
　　贷：其他应收款　　　　　　　　　　　　　　　　1 000

同时，调整报告年度资产负债表、利润表和所有者权益变动表相关项目金额。

2.3　银 行 存 款

2.3.1　银行账户的分类

根据中国人民银行发布的《人民币银行结算账户管理办法》及其实施细则的规定，企业在银行或其他金融机构开立的存款账户分为以下几种。

1．基本存款账户

基本存款账户是存款人的主办账户，存款人日常经营活动的资金收付及其工资、奖金和现金的支取，应通过该账户办理。单位银行卡账户的资金必须由其基本存款账户转账存入。

2．一般存款账户

一般存款账户是存款人因借款或其他结算需要，在基本存款账户开户银行以外的银行营业机构开立的银行结算账户。一般存款账户用于办理存款人借款转存、借款归还和其他结算的资金收付，该账户可以办理现金缴存，但不得办理现金支取。

3．临时存款账户

临时存款账户是存款人因临时经营活动需要而开立的存款账户。通过本账户企业可办理转账和根据规定办理现金收付。临时存款账户的有效期最长不得超过 2 年。

4．专用存款账户

专用存款账户是存款人按照法律、行政法规和规章，对其特定用途资金进行专项管理和使用而开立的银行结算账户。专用存款账户用于办理各项专用资金的收付，但不得办理现金收付业务。

2.3.2 银行结算方式

1. 支票

支票是出票人签发的,委托办理支票存款业务的银行在见票时无条件支付确定的金额给收款人或持票人的票据。支票上印有"现金"字样的为现金支票,现金支票只能用于支取现金;支票上印有"转账"字样的为转账支票,转账支票只能用于转账。支票上未印有"现金"和"转账"字样的为普通支票,普通支票既可用于支取现金,也可用于转账,但在普通支票左上角画两条平行线的,称为划线支票,划线支票只能用于转账,不能支取现金。

支票的提示付款期为自出票日起 10 日,严禁签发空头支票。

2. 银行本票

银行本票是银行签发的,承诺自己在见票时无条件支付确定金额给收款人或持票人的票据。银行本票的出票人为经中国人民银行当地分支行批准办理银行本票业务的银行机构,该出票人负有无条件支付票款的责任。

单位和个人在同一票据交换区域需支付的各种款项,均可使用银行本票。银行本票用于转账,但票面注明"现金"字样的可以用于支取现金。银行本票的提示付款期为自出票日起 2 个月。

3. 银行汇票

银行汇票是出票银行签发的,由其在见票时按照实际结算金额无条件支付给收款人或持票人的票据。

银行汇票用于单位和个人在异地办理结算或支取现金。企业使用银行汇票,应向银行提交银行汇票申请书并将款项交存银行。银行汇票可以用于转账,填明"现金"字样的银行汇票,也可以用于支取现金。银行汇票的提示付款期限为自出票日起 1 个月。

4. 商业汇票

商业汇票是出票人签发的,委托付款人在指定日期无条件支付特定的金额给收款人或者持票人的票据。

在我国,开立银行存款账户的法人以及其他组织之间必须具有真实的交易关系或债权债务关系,才能使用商业汇票。商业汇票的付款期限,最长不得超过 6 个月。商业汇票的提示付款期限为自汇票到期日起 10 日。商业汇票分为银行承兑汇票和商业承兑汇票。银行承兑的汇票为银行承兑汇票,银行以外的单位承兑的汇票为商业承兑汇票。

5. 汇兑

汇兑是汇款人委托银行将其款项支付给收款人的结算方式。单位和个人各种款项的结算,均可办理汇兑。汇兑分为信汇和电汇两种。信汇是指委托银行通过邮寄方式将款项划给收款人。电汇是指汇款人委托银行,通过电报或其他电子方式将款项划给收款人。

汇兑只用于异地结算。

6. 委托收款

委托收款是收款人委托银行向付款人收取款项的结算方式。单位和个人凭已承兑商业汇票、债券、存单等付款人债务证明办理款项结算，均可使用委托收款方式。委托收款方式下，款项的划回方式，分为邮寄和电报两种。委托收款在同城和异地均可以使用。

7. 托收承付

托收承付是根据购销合同由收款人发货后，委托银行向异地付款人收取款项，由付款人向银行承认付款的结算方式。

使用托收承付的收付款双方单位，必须是国有企业、供销合作社以及经营管理较好并经开户银行审查同意的城乡集体所有制工业企业。办理托收承付的款项，必须是商品交易以及因商品交易而产生的劳务供应的款项。同时，双方必须签订购销合同并在合同上明确规定使用托收承付方式结算。代销、赊销、寄销商品的款项，不得办理托收承付。

8. 信用证

信用证是指开证行依照申请人（买方）的要求并按其指示向受益人开立的载有一定金额的、在一定期限内凭符合规定的单据付款的书面保证文件。信用证起源于国际贸易结算，银行充当进出口商之间的中间人和保证人，以银行信用代替商业信用。1997 年 6 月，中国人民银行发布了《国内信用证结算办法》，信用证开始可用于国内结算。

根据信用证项下的汇票是否附有货运单据，信用证分为跟单信用证和光票信用证。根据信用证的开证银行所承担的责任，信用证可分为可撤销信用证和不可撤销信用证。

9. 银行卡

银行卡是指商业银行（含邮政金融机构）向社会发行的具有消费信用、转账结算、存取现金等全部或部分功能的电子支付工具。

银行卡按币种不同分为人民币卡、外币卡和双币种卡，按发行对象不同分为单位卡（商务卡）和个人卡，按照是否给予持卡人授信额度分为借记卡和贷记卡。

10. 网络银行支付

网络银行支付，是指在银联在线支付平台通过输入用户名和密码的方式登录到网络银行，从而完成支付的在线支付方式。

2.3.3　银行存款收付的会计处理

为了总括地反映企业银行存款的收支和结存情况，应设置"银行存款"账户。除了设置"银行存款"总账外，还应当按照开户银行和其他金融机构、存款种类等，分别设置银行存款日记账，有外币存款的企业，应当分别人民币和各种外币设置银行存款日记账，进行明细核算。收款时，根据审核无误的原始凭证借记"银行存款"，贷记有关账户。付款时，根据审核无误的原始凭证,借记有关科目,贷记"银行存款"。

【例 2-3】 某企业收到甲客户转账支票一张偿还购货款,金额 5 000 元,支票已送存银行。

根据有关原始凭证,编制会计分录:

借:银行存款   5 000

　　贷:应收账款——甲客户   5 000

【例 2-4】 甲公司开出转账支票一张偿还甲供应商材料款,金额 8 000 元。

根据有关原始凭证,编制会计分录:

借:应付账款——甲供应商   8 000

　　贷:银行存款   8 000

2.3.4　银行对账

企业应加强对银行存款的管理,并定期对银行存款进行检查核对,至少每月核对一次。通过将企业银行日记账与银行对账单进行核对,确定银行存款实有数额。企业银行存款账面余额与银行对账单余额之间如有差额,首先应排除计算或记账错误,如果存在错误,应当按照会计差错更正方法进行更正;如果不存在上述错误,导致双方余额不符的主要原因是存在未达账项,对未达账项应通过编制银行存款余额调节表进行调整。

未达账项是指企业与银行取得有关凭证的时间不同,发生的一方已取得凭证并已登记入账,而另一方由于未取得凭证而尚未入账的款项。

通常未达账项分为银行未达账项和企业未达账项两类,具体有四种方式。

1. 企业已收银行未收的款项

企业已收银行未收是指企业根据有关收款的原始凭证编制了记账凭证,并据以登记了银行存款日记账,此时企业的银行存款增加;由于银行没有收到有关原始凭证,因此银行没有进行登记而形成了银行未达账项。此项未达账项使企业银行存款日记账余额大于银行对账单余额。

2.企业已付银行未付的款项

企业已付银行未付是指企业根据有关付款的原始凭证编制了记账凭证,并据以登记了银行存款日记账,此时企业的银行存款减少;由于银行没收到有关原始凭证,因此银行没有进行登记而形成了银行未达账项。此项未达账项使企业银行存款日记账余额小于银行对账单余额。

3. 银行已收企业未收的款项

银行已收企业未收是指银行已根据有关收款的原始凭证进行了登记,但由于企业没有收到有关的原始凭证,因此企业没有进行登记而形成了企业未达账项。此项未达账项使企业银行存款日记账余额小于银行对账单上余额。

4. 银行已付企业未付的款项

银行已付企业未付是指银行已根据有关付款凭证进行了登记,由于企业没有收到有关的原始凭证,因此企业没有进行登记而形成了企业未达账项。此项未达账项使企业银行存款日记账余额大于银行对账单上余额。

企业通过编制"银行存款余额调节表"调整未达账项,公式如下:

企业银行存款日记账余额＋银行已收企业未收的款项－银行已付企业未付的款项
＝银行对账单余额＋企业已收银行未收的款项－企业已付银行未付的款项

【例 2-5】 某企业 7 月 31 日银行存款日记账余额为 1 000 000 元,银行转来对账单余额 1 040 000 元,经核对发现有下列未达账项。

(1)7 月 25 日,企业开出转账支票一张,金额 35 000 元,用于购买原材料,企业已记账,银行尚未记账。

(2)7 月 28 日,委托银行收款 60 000 元,银行已收妥入账,企业尚未接到银行收款通知。

(3)7 月 30 日,银行代企业支付电话费 5 000 元,银行已记账,企业尚未登记。

(4)7 月 31 日,企业收到转账支票一张,金额 50 000 元,企业已记账,银行尚未记账。

根据以上资料编制银行存款余额调节表,结果见表 2-1。

表 2-1　银行存款余额调节表　　　　　　　　　　元

项　目	金　额	项　目	金　额
企业银行存款日记账余额	1 000 000	银行对账单余额	1 040 000
加:银行已收企业未收款项	60 000	加:企业已收银行未收款项	50 000
减:银行已付企业未付款项	5 000	减:企业已付银行未付款项	35 000
调整后余额	1 055 000		1 055 000

编制银行存款余额调节表是为了核对账目,并不能作为调整银行存款账面余额的原始凭证。如果是企业未达账项,必须等到有关凭证到达企业并经审核后再进行相应的会计处理。本例中,该企业在编制 7 月 31 日资产负债表时,应以银行存款日记账调整前余额 1 000 000 元计入"货币资金"项目。

2.4　其他货币资金

其他货币资金是指除库存现金和银行存款以外的货币资金,主要包括外埠存款、银行汇票存款、银行本票存款、信用卡存款、信用证保证金存款和存出投资款等。为了反映和监督企业其他货币资金的收支与结存情况,应设置"其他货币资金"总账,并按其他货币资金的内容设置明细账户进行明细核算,同时按外埠存款的开户银行、各银行汇票或本票、信用证的收款单位等设置明细账对其收付情况进行明细核算,具有信用卡业务的企业应当在"信用卡"明细账户中按开出信用卡的银行和信用卡种类设置明细账对其收付情况进行明细核算。

2.4.1　外埠存款

外埠存款是指企业到外地进行临时和零星采购时,汇往采购地银行开立采购专用临时存款户中的存款。企业到外地采购物资时,往往由于供货单位分散等原因,采购时间较长。为此,可将采购资金汇往采购地的银行开立临时存款账户。采购人员用于差旅费目的可从该账户支取现金,采购物资的款项均应转账支付。采购完毕,外地银行将剩余款项划回企业开户银行。

【例 2-6】　企业到外地某市采购,汇往该市某银行办事处资金 120 000 元,采购员赴该市采购生产用原材料,收到增值税注明的价款为 100 000 元、增值税 13 000 元,材料已验收入库,采购结束银行将余款转回该企业开户银行。

(1) 汇出采购资金。

借:其他货币资金——外埠存款　　　　　　　　　120 000
　　贷:银行存款　　　　　　　　　　　　　　　　　　　120 000

(2) 收到采购员交来的发票账单。

借:原材料　　　　　　　　　　　　　　　　　　100 000
　　应交税费——应交增值税(进项税额)　　　　　13 000
　　　贷:其他货币资金——外埠存款　　　　　　　　　113 000

(3) 收到银行转账通知转回余款。

借:银行存款　　　　　　　　　　　　　　　　　7 000
　　贷:其他货币资金——外埠存款　　　　　　　　　　7 000

2.4.2　银行本票存款

企业办理银行本票,需要将款项交存开户银行。银行本票存款实行全额结算,本票存款额与结算金额之间的差额需要采用支票等其他方式结清。对于逾期尚未办理结算的银行本票存款,应按规定及时转回。

【例 2-7】　某企业银行本票有关业务如下。

(1) 申请办理银行本票,将 100 000 元银行存款转为银行本票存款。

借:其他货币资金——银行本票存款　　　　　　100 000
　　贷:银行存款　　　　　　　　　　　　　　　　　　100 000

(2) 向甲供应商采购原材料一批,已验收入库,收到增值税专用发票注明的价款为 80 000 元、增值税 10 400 元,以上述银行本票支付。

借:原材料　　　　　　　　　　　　　　　　　　80 000
　　应交税费——应交增值税(进项税额)　　　　　10 400
　　　贷:其他货币资金——银行本票存款　　　　　　　90 400

(3) 甲供应商退回银行本票余款 9 600 元存入银行。

借:银行存款　　　　　　　　　　　　　　　　　9 600
　　贷:其他货币资金——银行本票存款　　　　　　　　9 600

2.4.3　银行汇票存款

企业办理银行汇票,需要将款项交存开户银行。银行汇票存款按实际结算金额向收款人或持票人支付,未使用的银行汇票存款或逾期尚未办理结算的银行本票存款,应按规定及时转回。

【例 2-8】　某企业银行汇票有关业务如下。

(1) 申请办理银行汇票,将 100 000 元银行存款转为银行汇票存款。

借:其他货币资金——银行汇票存款　　　　　　　100 000

　　贷:银行存款　　　　　　　　　　　　　　　　　　100 000

(2) 向乙供应商采购原材料一批,已验收入库,收到增值税专用发票注明的价款为 70 000 元、增值税 9 100 元,以上述银行本票支付。

借:原材料　　　　　　　　　　　　　　　　　　70 000

　　应交税费——应交增值税(进项税额)　　　　　9 100

　　　贷:其他货币资金——银行汇票存款　　　　　　79 100

(3) 收到银行多余款项退回通知,余款 20 900 元存入银行。

借:银行存款　　　　　　　　　　　　　　　　　20 900

　　贷:其他货币资金——银行汇票存款　　　　　　20 900

2.4.4　存出投资款

存出投资款是指企业已存入证券公司但尚未进行短期投资的资金,其核算主要包括资金划出和使用两部分内容。

【例 2-9】　某企业存出投资款有关业务如下。

(1) 1 日,将闲置资金 1 000 000 元保证金存入证券公司,进行短期投资。

借:其他货币资金——存出投资款　　　　　　　1 000 000

　　贷:银行存款　　　　　　　　　　　　　　　　　1 000 000

(2) 10 日,用存入证券公司的投资款购买某上市公司股票,买入价格 800 000 元,作为交易性金融资产进行核算,不考虑相关税费。

借:交易性金融资产　　　　　　　　　　　　　800 000

　　贷:其他货币资金——存出投资款　　　　　　　800 000

(3) 20 日,将上述股票全部出售,卖出价格 950 000 元,不考虑相关税费。

借:其他货币资金——存出投资款　　　　　　　950 000

　　贷:交易性金融资产　　　　　　　　　　　　　950 000

2.4.5　信用证保证金

信用证保证金是购货方或进口人申请银行开立信用证时,按银行规定交存的　笔押金,其核算主要包括缴纳保证金和支付货款两部分。

【例 2-10】 某企业信用证保证金有关业务如下。

(1) 申请办理信用证用于境外采购,缴纳信用证保证金 25 000 元。

借:其他货币资金——信用证保证金　　　　　　　　25 000

　　贷:银行存款　　　　　　　　　　　　　　　　　　　25 000

(2) 收到开证银行转来的信用证来单通知书和有关购货凭证,以信用证方式采购的商品已验收入库,商品成本 100 000 元,进口环节增值税 13 000 元,款项已全部支付。

借:库存商品　　　　　　　　　　　　　　　　　　100 000

　　应交税费——应交增值税(进项税额)　　　　　　13 000

　　贷:其他货币资金——信用证保证金　　　　　　　　25 000

　　　　银行存款　　　　　　　　　　　　　　　　　　88 000

2.4.6　信用卡存款

信用卡是商业银行或邮政金融机构发行的信用支付工具,企业存入信用卡的款项通过"其他货币资金——信用卡存款"核算。

【例 2-11】 某企业信用卡存款有关业务如下。

(1) 申请办理信用卡,从其基本存款账户转账存入信用卡 30 000 元。

借:其他货币资金——信用卡存款　　　　　　　　　30 000

　　贷:银行存款　　　　　　　　　　　　　　　　　　30 000

(2) 用信用卡购买办公用品 2 000 元。

借:管理费用　　　　　　　　　　　　　　　　　　　2 000

　　贷:其他货币资金——信用卡存款　　　　　　　　　　2 000

【本章习题】

1. 某企业现金清查业务如下。

(1) 发现长款 200 元,经查,其中 120 元属于应付本企业职工款,另外 80 元原因不明。

(2) 发现短款 120 元,经批准,由出纳负责赔偿 100 元。

要求:写出以上经济业务的会计分录。

2. 某企业 1 月 31 日与开户银行对账,已知当日企业现金日记账余额为 1 200 万元,银行对账单余额为 1 223 万元,经核对存在以下几笔未达账项:

(1) 企业已经入账、银行尚未入账的货款支出 38 万元。

(2) 企业已经入账、银行尚未入账的货款收入 30 万元。

(3) 银行已入账、企业尚未入账的费用支出 10 万元。

(4) 银行已入账、企业尚未入账的货款收入 25 万元。

要求:

(1) 根据上述资料,编制当月银行存款余额调节表。

（2）编制 1 月 31 日资产负债表时，应当在货币资金项目中列示的银行存款余额是多少？

【即测即练】

第 **3** 章

存 货

【本章学习目标】

1. 了解存货的内容、存货的确认条件。

2. 理解存货成本的构成、存货盘存制度、先进先出法、移动加权平均法、全月加权平均法、计划成本法。

3. 掌握可变现净值的计算，以及原材料采购、原材料发出、库存商品入库、库存商品销售出库、委托加工物资、存货减值、存货盘盈盘亏的会计处理。

上市公司会通过存货跌价准备"洗大澡"吗

广东劲胜智能集团股份有限公司（以下简称"劲胜智能"）2019 年 1 月 31 日对外披露了《2018 年度业绩预告》，预计亏损 28.70 亿～28.75 亿元，主要原因是公司对消费电子精密结构件业务的相关存货计提跌价准备 21.44 亿元、相关固定资产计提减值准备 1.81 亿元。2019 年 1 月 31 日，深圳证券交易所创业板公司管理部下发《关于对广东劲胜智能集团股份有限公司的关注函》（创业板关注函〔2019〕第 88 号），涉及以下两方面。

第一，要求该公司结合生产经营或业务整合情况、资产盘点情况、存货跌价准备和固定资产减值占比情况等详细说明 2018 年计提存货跌价准备和固定资产减值准备的依据、相关资产发生减值迹象的时点、本次大额计提存货跌价准备和固定资产减值准备的合理性、是否已及时进行减值测试并履行信息披露义务和风险提示、相关会计估计判断和会计处理是否符合《企业会计准则》的规定。该公司对此回复称，2018 年全球智能手机市场出现首次下滑，同时，受 5G 手机信号传输质量需求的影响，智能手机精密结构件材质预计将由金属材质转向塑胶、玻璃材质，市场对于金属结构件产品的整体需求量进一步减少。此外，公司客户结构发生重大变化。三星曾为公司 2008 年至 2017 年第一大客户，但三星珠江将产品生产制造基地和采购体系转移至越南等国家和地区，2018 年下半年三星陆续停产了天津和深圳工厂手机业务，大幅减少惠州工厂产量。2018 年第四季度，三星停止与公司消费电子金属精密结构件业务的合作。三星客户 2018 年带来营业收入约 2.90 亿元，同比下降约 72％。公司 2018 年度计提减值的存货中计提三星系存货的跌价准备金约 16.2 亿元，占消费电子精密结构件业务存货跌价准备金总金额约 75％。对此，公司解释，三星基于自身智能手机一线品牌的地位，以及对智能手机市场过于乐观的预测，给予公司的预测订单过高。而公司针对与三星未来期间合作关系的预期过高、针对三星客户库存的变现预期过高,以及对三星客户风险管控不足的问题,客观上导致了针对三星客户始终按照滚动预测订单量备货。基于以上原因,2018 年对存货进行减值测试并计提大额跌价准备符合《企业会计准则》的相关规定。

第二,管理部在 2017 年年报问询函和 2018 年半年报问询函中均要求劲胜智能说明存货跌价准备计提是否充分,该公司当时回复称 2017 年度存货跌价准备计提充分、2018 半年度无须计提存货跌价准备。因此,此次关注函要求该公司结合行业发展情况、主要客户销售情况、各库龄段存货情况等,补充说明公司是否存在 2017 年年报和 2018 年半年报存货跌价准备计提不充分的情况,以及是否存在 2018 年度利用大额计提存货跌价准备、未来年度利用存货跌价准备转回分别进行利润调节的动机。该公司结合上述各方面分析,回复称公司针对消费电子精密结构件业务的存货 2017 年计提 5 289.61 万元跌价准备金,2018 年上半年未计提跌价准备金,系按照《企业会计准则》及未来可实现销售的情况进行的合理判断,公司认为 2017 年计提存货跌价准备、2018 年上半年未计提存货跌价准备合规、合理,2018 年度计提存货跌价准备的依据条件未来不会发生逆转,已计提的存货跌价准备将不会转回,因此不存在未来年度利用存货跌价准备转回进行利润调节的可能性、动机或情形。

问题:

根据《企业会计准则第 1 号——存货》的规定,存货减值迹象有哪些? 计提存货跌价准备如何处理? 存货跌价准备何时可以转回? 存货跌价准备的计提与转回对企业资产负债表与利润表有何影响?

3.1 存货的确认与初始计量

3.1.1 存货的概念与分类

1. 存货的概念

存货是指企业在日常活动中持有以备出售的产成品或商品、处在生产过程中的在产品、在生产过程或提供劳务过程中耗用的材料和物料等。

存货通常在一年或超过一年的一个营业周期内被消耗或出售,属于流动资产,在资产负债表流动资产中的"存货"项目列示。

2. 存货的分类

按具体内容分类,存货一般包括原材料、周转材料、在产品、半成品、产成品、商品、委托加工物资等。

(1)原材料,是指用于产品生产并形成产品实体组成部分,或有助于产品形成而不构成产品实体一部分的各种材料物资,主要包括原料及主要材料、辅助材料、外购半成品、修理用备件、燃料、各种包装材料等。

(2)周转材料,是指企业能够多次使用、逐渐转移其价值但仍保持原有形态不确认为固定资产的材料,包括包装物和低值易耗品。包装物是为了包装本企业商品而储备的和在销售过程中周转使用的各种包装容器,如桶、箱、袋、瓶、坛等。低值易耗品,是不能作为固定资产管理的劳动资料,包括一般工具、管理用具、玻璃器皿、劳动保护用品;在经营过程周转使用的包装容器;企业(建造承包商)的钢模板、木模板、脚手架和其他周转材料等。

(3) 在产品,是指企业正在制造尚未完工的生产物,包括正在各个生产工序加工的产品,以及已加工完毕但尚未验收入库的产品。

(4) 半成品,是指经过一定生产加工过程并已检验合格、交付半成品仓库保管,但仍需进一步加工的中间产品。

(5) 产成品,主要是指已经完成整个生产加工过程,经检验合格并办理完工入库手续,可以按照合同规定的条件交送用货单位或者可以直接对外销售的产品。

(6) 商品,主要是指商品流通企业外购且已验收入库的、用于对外销售的库存商品。

(7) 委托加工物资,是指企业委托外部其他单位正在加工的各种材料、产品等物资。

3.1.2 存货的确认

除了符合存货定义,必须同时满足以下两个条件才能确认为存货:一是该存货包含的经济利益很可能流入企业;二是该存货的成本能够可靠地计量。

将存货由虚变实主要通过两个途径:一是存货清查,盘亏的存货应及时进行会计处理;二是存货发生减值时计提存货跌价准备。盘亏的存货和发生减值的存货部分不再符合存货的确认条件,应当终止确认,同时也体现了会计信息质量的谨慎性要求。

3.1.3 存货的初始计量

企业取得存货应当按照其成本进行初始计量。存货成本包括采购成本、加工成本和其他成本。

1. 采购成本

存货的采购成本包括购买价款、相关税费,以及其他可归属于存货采购成本的费用。

(1) 购买价款,是指企业购入的材料或商品的发票账单上所列明的货款金额,但不包括按规定可抵扣的增值税。

(2) 相关税费,一般是指企业外购存货应支付的税金及相关费用,如进口关税、按规定不得抵扣的增值税等。

(3) 其他可归属于存货采购成本的费用,是指除购买价款、相关税费以外的可归属于存货采购成本的其他费用,主要包括运输途中的运输费、装卸费、保险费、包装费、仓储费、合理损耗、入库前的挑选整理费等。

2. 加工成本

存货的加工成本,包括直接人工以及按照一定方法分配的制造费用。

3. 其他成本

存货的其他成本,是指除采购成本、加工成本以外的,使存货达到目前场所和状态所发生的其他支出,如符合资本化条件的应计入存货成本的借款费用。

投资者投入的存货,按照投资合同或协议约定的确认的价值确定,但合同或协议约定的价值不公允时,应按照存货的公允价值入账。收货时农产品的成本、非货币性资产交换、债务重组和企业合并取得的存货的成本,分别按照《企业会计准则第 5 号——生物资产》《企业会计准则第 7 号——非货币性资产交换》《企业会计准则第 12 号——债务重组》和《企业会计准则第 20 号——企业合并》的规定确定。

4. 不计入存货成本的相关费用

下列费用应当在发生时确认为当期损益,不计入存货成本.

(1) 非正常消耗的直接材料、直接人工及制造费用。

(2) 仓储费用(不包括在生产过程中为达到下一个生产阶段所必需的仓储费用)。

(3) 不能归属于使存货达到目前场所和状态所发生的其他支出。

【例 3-1】 某企业系增值税一般纳税人,采购原材料 1 000 千克,取得增值税专用发票注明的价款为 100 000 元、增值税 13 000 元;支付运费 545 元,取得增值税专用发票注明的价款为 500 元、增值税 45 元;支付装卸费 106 元,取得增值税专用发票注明的价款为 100 元、增值税 6 元;运输途中发生合理损耗 5 千克,非合理损耗 15 千克,实际验收入库 980 千克;为入库原材料购买保险,支付保险费 2 500 元。根据上述资料,计算该批原材料入库总成本和单位成本。

入库总成本＝100 000＋500＋100－(100 000＋500＋100)÷1 000×15＝99 091(元)

入库单位成本＝99 091÷980＝101.11(元/千克)

3.2　存货的取得与发出

3.2.1　原材料

1. 实际成本法

在实际成本法下,原材料的核算主要涉及"原材料"账户和"在途物资"账户,并按照不同材料设置明细账户。"原材料"账户借方登记入库材料的实际成本,贷方登记发出材料的实际成本,借方余额反映期末库存原材料的实际成本。"在途物资"账户核算企业已购买但尚未验收入库的各原材料的实际成本,期末借方余额,反映企业已付款或已开出、承兑商业汇票但尚未验收入库的在途物资的实际成本。

1) 采购原材料

企业采购原材料时,根据收到结算凭证的时间与材料验收入库的时间不同,分为以下三种情况。

(1) 收到结算单据,同时材料已验收入库。根据入库材料的实际成本,借记"原材料",根据取得的增值税专用发票上的税额,借记"应交税费——　应交增值税(进项税额)",按实际支付的款项,贷记"银行存款"或"其他货币资金",或根据已承兑的商业汇票贷记"应付票据",或按应付款项贷记"应付账款"。

（2）收到结算单据，但材料尚未验收入库。根据发票账单等结算凭证，借记"在途物资""应交税费——应交增值税（进项税额）"账户，贷记"银行存款""其他货币资金""应付票据""应付账款"等账户。材料验收入库后，再借记"原材料"，贷记"在途物资"。

（3）材料已验收入库，但尚未收到结算单据。平日材料验收入库时，不做会计处理，月末仍未收到结算单据的，按材料的暂估价值，借记"原材料"，贷记"应付账款"，下月初用红字予以冲回，待收到结算单据后，再按上述（1）处理。

【例 3-2】 某企业 1 月份原材料采购业务如下：

（1）10 日，从本地采购原材料一批，收到增值税专用发票注明的价款为 10 000 元、增值税 1 300 元，材料已验收入库，开出商业承兑汇票。

借：原材料	10 000	
应交税费——应交增值税（进项税额）	1 300	
贷：应付票据		11 300

（2）20 日，从外地采购原材料一批，收到增值税专用发票注明的价款为 20 000 元、增值税 2 600 元，材料尚未验收入库，款项已通过外埠存款支付。

借：在途物资	20 000	
应交税费——应交增值税（进项税额）	2 600	
贷：其他货币资金——外埠存款		22 600

（3）28 日，采用托收承付方式从外地采购原材料一批，原材料已验收入库，至月末尚未收到结算单据。2 月 3 日，收到增值税专用发票注明的价款为 30 000 元、增值税 3 900 元，供应商代垫运费 1 090 元，收到增值税专用发票注明的价款 1 000 元、增值税 90 元。所有款项通过银行存款支付。

1 月 28 日暂不进行会计处理。

1 月 31 日，按合同约定的采购价款 30 000 元暂估入库：

借：原材料	30 000	
贷：应付账款		30 000

2 月 1 日红字冲回：

借：原材料	30 000	
贷：应付账款		30 000

2 月 3 日收到结算单据并付款：

借：原材料	31 000	
应交税费——应交增值税（进项税额）	3 990	
贷：银行存款		34 990

企业采购原材料可能会发生溢余或短缺，应及时查明原因，并根据不同情况进行处理。属于定额内合理损耗的，合理损耗部分成本应计入材料成本；属于超定额损耗的，其成本一般应计入当期管理费用；属于自然原因导致的非正常损失，其成本扣除由保险公司、运输部门或其他相关责任人赔偿金额后的部分计入营业外支出；属于管理不善造成被盗、丢失、霉烂变质等税法规定的非正常损失的，其成本以及不得抵扣的进项税额，扣除

由保险公司、运输部门或其他相关责任人赔偿金额后的部分计入营业外支出。

【**例 3-3**】 某企业系增值税一般纳税人,采购原材料 1 000 千克,取得增值税专用发票注明的价款为 100 000 元、增值税 13 000 元;支付运费 545 元,取得增值税专用发票注明的价款为 500 元、增值税 45 元;支付装卸费 106 元,取得增值税专用发票注明的价款为 100 元、增值税 6 元。所有款项均以银行存款支付。验收入库时发现短缺 20 千克,其中 5 千克为合理损耗,另外 15 千克系由于管理不善造成被盗,应由保险公司赔偿 800 元,款项尚未收取,其余经批准转入营业外支出。

（1）材料验收入库时。

借：原材料　　　　　　　　　　　　　　　　　　　　　　99 091

　　待处理财产损溢——待处理流动资产损溢　　　　　　　1 509

　　应交税费——应交增值税（进项税额）　　　　　　　　13 051

　　贷：银行存款　　　　　　　　　　　　　　　　　　　113 651

（2）查明原因时。

应转出的进项税额＝13 051÷1 000×15＝195.77（元）。

借：其他应收款　　　　　　　　　　　　　　　　　　　　800

　　营业外支出　　　　　　　　　　　　　　　　　　　904.77

　　贷：待处理财产损溢——待处理流动资产损溢　　　　　1 509

　　　　应交税费——应交增值税（进项税额转出）　　　195.77

2）发出原材料

（1）存货盘存制度。存货盘存制度,用于解决如何将可耗用或可销售的存货总额（即期初存货成本＋当期购入存货成本）在期末存货成本和当期发出存货成本之间进行分配,分为定期盘存制和永续盘存制。其计算公式如下:

期初存货成本＋当期购入存货成本＝期末存货成本＋当期发出存货成本

① 定期盘存制。定期盘存制也称实地盘存制,指在会计期末通过对全部存货分别进行实地盘点以确定期末的数量和成本,然后倒挤出本期发出存货数量和成本的方法。采用这种方法,平时只记录收入存货的数量和金额,不登记发出数量及金额,期末根据实物盘点数量计算出期末存货金额,进而计算出本期发出存货的数量及成本。这一方法应用于工业企业,称为"以存计耗"或"盘存计耗";在商品流通企业,称为"以存计销"或"盘存计销",其计算公式如下:

本期发出存货成本＝期初存货成本＋本期购货成本－期末存货成本

采用定期盘存制,由于不记录发出存货的数量和金额,简化了平时的会计核算工作量。但是,这种盘存制不能随时反映存货的发出、结存状况,不利于存货日常管理控制。此外,非正常耗用或损失会全部计入发出存货成本,有可能导致发出存货的成本虚增,掩盖存货管理上的不足。

② 永续盘存制。永续盘存制也称账面盘存制,是指对每一笔存货的收发业务,都要在存货明细账中记录,并随时结出结余存货数量及金额,其计算公式如下:

期初存货成本＋本期购货成本－本期发出存货成本＝期末存货成本

采用永续盘存制,通过账簿资料可以完整地反映存货的收入、发出和结存情况,克服了定期盘存制的不足,加强了存货的控制,缺点是平时会计核算工作量较大。为了保证账实相符,在永续盘存制下,仍有必要对存货进行定期盘存清查,一般至少一年进行一次。

(2) 发出存货的计价方法。根据《企业会计准则第 1 号——存货》的规定,发出存货的计价方法包括先进先出法、加权平均法(分为月末一次加权平均法和移动加权平均法)和个别计价法。对于性质和用途相似的存货,应当采用相同的成本计算方法确定发出存货的成本。存货计价方法不同,对于企业资产和损益的影响不同。

① 先进先出法。在该方法下,假定先购入的存货先被发出,并基于此假定计算发出存货的成本和期末存货的成本。

② 月末一次加权平均法。在该方法下,仅在期末计算本期可供耗用或销售的存货的平均单位成本,然后以此计算当期发出存货的成本和期末存货的成本。

③ 移动加权平均法。在该方法下,每次进货后都要重新计算一次当时可供耗用或销售的存货的加权平均单位成本,然后以此计算随后发出存货的成本和期末存货的成本。

④ 个别计价法。对于不能替代使用的存货,为特定项目专门购入或制造的存货,通常采用个别计价法确定发出存货的成本和期末存货的成本。该种计算方法结果最为客观,但在手工核算的情况下工作量较大,对存货管理水平要求较高。

【例 3-4】 某企业当年初甲材料结存 100 千克,单位成本 9 元/千克,1 月份甲材料有关业务如下:

① 10 日,外购甲材料 1 000 千克,单位成本 10 元/千克。

② 15 日,生产产品领用甲材料 800 千克。

③ 20 日,外购甲材料 600 千克,单位成本 11 元/千克。

④ 25 日,生产产品领用甲材料 500 千克。

根据上述资料,分别采用先进先出法、月末一次加权平均法和移动加权平均法计算当月发出材料的总成本和期末结存材料的总成本,并解释哪种方法使得当月利润最高,哪种方法使得月末资产最高。(假定生产的产品全部对外销售。)

① 先进先出法。

15 日发出材料成本＝100×9＋(800－100)×10＝7 900(元),当日结存 300 千克,单位成本 10 元/千克。

25 日发出材料成本＝300×10＋(500－300)×11＝5 200(元),当日结存 400 千克,单位成本 11 元/千克,总成本 4 400 元。

当月发出材料总成本＝7 900＋5 200＝13 100(元),期末结存材料总成本 4 400 元。

② 月末一次加权平均法。

加权平均单位成本＝(100×9＋1 000×10＋600×11)÷(100＋1 000＋600)＝10.29(元/千克)

当月发出材料总成本＝(800＋500)×10.29＝13 377(元),期末结存材料总成本＝(100×9＋1 000×10＋600×11)－13 377＝4 123(元)

③ 移动加权平均法。

10 日加权平均成本＝(100×9＋1 000×10)÷(100＋1 000)＝9.91(元/千克)

15 日发出材料成本＝800×9.91＝7 928(元),结存材料 300 千克,成本 2 972 元。

20 日加权平均成本＝(2 972＋600×11)÷(300＋600)＝10.64(元/千克)

25 日发出材料成本＝500×10.64＝5 320(元),结存材料总成本 4 252 元。

当月发出材料总成本＝7 928＋5 320＝13 248(元),期末结存材料总成本 4 252 元。

可见,假定存货价格持续上涨,企业当月多次购进存货且所购存货当月仅部分发出的情况下,采用先进先出法计算的当期发出存货成本最低,期末结存存货成本最高,故当期利润最高、期末资产最高(假定发出存货全部转化为费用);采用月末一次加权平均法计算的当期发出存货成本最高,期末结存存货成本最低,故当期利润最低、期末资产最低;移动加权平均法计算的当期发出存货成本、期末结存存货成本居中,当期利润、期末资产居中。会计政策具有经济后果,保持会计政策的可比性尤为重要。

(3) 发出原材料的会计处理。发出原材料时,应按领用原材料的用途,借记有关账户,贷记"原材料"。其中,直接用于产品生产的,借记"生产成本";用于车间一般耗用的,借记"制造费用";用于行政管理方面的,借记"管理费用";用于销售产品过程中耗用的,借记"销售费用";用于在建工程的,借记"在建工程";用于无形资产研发的,借记"研发支出";用于委外加工的,借记"委托加工物资"。

【例 3-5】　某企业根据当月发料凭证,按领用部门和材料用途编制发料凭证汇总表。其中,200 000 元直接用于生产产品,30 000 元用于车间一般消耗,10 000 元用于行政管理部门耗用,8 000 元用于产品销售,5 000 元用于自营在建工程,3 000 元用于无形资产研发支出(均为资本化支出)。

借:生产成本　　　　　　　　　　　　　　200 000
　　制造费用　　　　　　　　　　　　　　　30 000
　　管理费用　　　　　　　　　　　　　　　10 000
　　销售费用　　　　　　　　　　　　　　　　8 000
　　在建工程　　　　　　　　　　　　　　　　5 000
　　研发支出——资本化支出　　　　　　　　　3 000
　　　贷:原材料　　　　　　　　　　　　　　　256 000

2. 计划成本法

1) 账户设置

采用计划成本法核算原材料时,应当设置"原材料""材料采购""材料成本差异"等账户。

"原材料"账户按计划成本核算材料的收入、发出和结存金额。

"材料采购"账户借方登记外购材料的实际成本,贷方登记实际验收入库材料的实际成本,期末如有余额,余额在借方,表示在途材料,即已采购但尚未入库的材料实际成本。

"材料成本差异"用于核算原材料实际成本与计划成本之间的差异。材料成本差异等于实际成本减计划成本,大于零时表示超支,小于零时表示节约。入库形成材料成本差异时,超支借记"材料成本差异",节约贷记"材料成本差异"。期末结转已发出材料应负担的材料成本差异时,超支差异贷记"材料成本差异",节约差异借记"材料成本差异"(一般以红字贷记"材料成本差异")。结转已发出材料应负担的材料成本差异后，"材料成本差异"期末余额在借方，表示期末结存材料负担的超支差异，期末余额在贷方，表示期末结存材料负担的节约差异。

材料已验收入库但期末尚未收到结算凭证的，月末按计划成本暂估入库，下月初用红字冲回。

2）材料成本差异率

在计划成本法下，为了核算发出材料和期末结存材料的实际成本，需要计算材料成本差异率，并据此在发出材料和期末结存材料之间分摊材料成本差异，具体有两种方法：一种是按本月的成本差异率计算，另一种是按上月的成本差异率计算，计算公式为

本月材料成本差异率＝（月初结存材料的成本差异＋本月入库材料的成本差异）÷（月初结存材料的计划成本＋本月入库材料的计划成本）×100％

月初材料成本差异率＝月初结存材料的成本差异÷月初结存材料的计划成本×100％

公式中材料成本差异超支用正数表示，节约用负数表示。材料成本差异率为正数，表示超支，为负数表示节约。

当月发出材料应分摊的材料成本差异＝当月发出材料的计划成本×材料成本差异率

发出材料的计划成本与所分摊的材料成本差异（超支为正数，节约为负数）之和，即为发出材料的实际成本。

结转发出材料分摊的差异后，"材料成本差异"期末余额即为月末结存材料应分摊的材料成本差异，"原材料"期末余额（计划成本）与"材料成本差异"（超支为正数，节约为负数）期末余额之和，即为结存材料的实际成本。

3）会计处理

（1）采购材料时，按材料采购成本借记"材料采购"，按可抵扣的进项税额借记"应交税费——应交增值税（进项税额）"，贷记"银行存款""其他货币资金""应付票据""应付账款"等账户。

（2）材料验收入库时，按验收入库材料的计划成本借记"原材料"，按验收入库材料的实际采购成本贷记"材料采购"，按超支差异借记"材料成本差异"或按节约差异贷记"材料成本差异"。出于简化，也可在月末汇总计算本月入库材料差异。此时，平时验收入库时，先按计划成本借记"原材料"，贷记"材料采购"；月末汇总计算本月入库材料差异时，如为超支，按超支差异借记"材料成本差异"，贷记"材料采购"，如为节约，按节约差异借记"材料采购"，贷记"材料成本差异"。

（3）已验收入库尚未收到结算单据时，月末暂估时按验收入库材料的计划成本借记"原材料"，贷记"应付账款"，下月初用红字冲回。

（4）平时发出材料时，根据领用部门和用途，按发出材料的计划成本借记"生产成本""制造费用""管理费用""销售费用""在建工程""研发支出""委托加工物资"等账户，贷记"原材料"。

（5）月末，根据发出材料应分摊的材料成本差异，借记"生产成本""制造费用""管理费用""销售费用""在建工程""研发支出""委托加工物资"等账户，贷记"材料成本差异"，其中超支差异用蓝字登记，节约差异用红字登记。

【例 3-6】　某企业采用计划成本法核算原材料，单位成本 85 元/千克，当月采购原材料 500 千克，收到增值税专用发票注明的价款为 45 000 元、增值税 5 850 元，款项未付。验收入库时发现短缺 15 千克，经查，其中 5 千克为合理损耗，另外 10 千克为运输过程中管理不善被盗，应由运输部门全额赔偿。计算当月入库原材料的实际成本、计划成本与材料成本差异，并写出相关会计分录。

实际成本＝45 000－45 000÷500×10＝44 100（元）

计划成本＝（500－15）×85＝41 225（元）

材料成本差异＝44 100－41 225＝2 875（元）

（1）采购材料时。

借：材料采购	45 000	
应交税费——应交增值税（进项税额）	5 850	
贷：应付账款		50 850

（2）材料验收入库时。

借：原材料	41 225	
待处理财产损溢——待处理流动资产损溢	900	
材料成本差异	2 875	
贷：材料采购		45 000

（3）查明原因时。

借：其他应收款	1 017	
贷：待处理财产损益——待处理流动资产损溢		900
应交税费——应交增值税（进项税额转出）		117

【例 3-7】　某企业采用计划成本法核算甲材料，每月计算本月材料成本差异率分摊差异。甲材料计划单位成本为 10 元/千克，1 月 31 日，与甲材料有关账户余额如下："原材料"借方余额 10 000 元；"材料采购"借方余额 5 500 元；"材料成本差异"贷方余额 200 元。2 月份，甲材料有关业务如下：

（1）5 日，期初在途甲材料 500 千克已全部验收入库。

借：原材料	5 000	
材料成本差异	500	
贷：材料采购		5 500

（2）10 日，采购甲材料 800 千克，取得增值税专用发票注明的价款为 9 600 元、增值税 1 248 元，款项已通过银行存款支付，材料已验收入库。

借：材料采购	9 600	
应交税费——应交增值税（进项税额）	1 248	
贷：银行存款		10 848
借：原材料	8 000	
材料成本差异	1 600	
贷：材料采购		9 600

（3）20日，生产产品领用甲材料1 500千克，车间一般耗用500千克，行政管理部门耗用100千克。

借：生产成本　　　　　　　　　　　　　　　　15 000

制造费用　　　　　　　　　　　　　　　　5 000

管理费用　　　　　　　　　　　　　　　　1 000

贷：原材料　　　　　　　　　　　　　　　　　　21 000

（4）31日，采购甲材料200千克，已验收入库，结算单据尚未收到。

借：原材料　　　　　　　　　　　　　　　　2 000

贷：应付账款　　　　　　　　　　　　　　　　2 000

下月初：

借：原材料　　　　　　　　　　　　　　　　2 000

贷：应付账款　　　　　　　　　　　　　　　　2 000

（5）月末，计算本月材料成本差异率，并结转发出材料分摊的材料成本差异。

本月材料成本差异率＝（－200＋500＋1 600）÷（10 000＋5 000＋8 000＋2 000）×100％＝7.6％

发出材料应分摊的材料成本差异＝21 000×7.6％＝1 596(元)。

借：生产成本　　　　　　　　　　　　　　　　1 140

制造费用　　　　　　　　　　　　　　　　380

管理费用　　　　　　　　　　　　　　　　76

贷：材料成本差异　　　　　　　　　　　　　　1 596

月末结存材料计划成本即"原材料"期末余额为4 000元，月末结存材料分摊的材料成本差异即"材料成本差异"期末余额为1 900－1 596＝304(元)，期末结存材料实际成本为4 000＋304＝4 304(元)。

需要说明的是，暂估入库的原材料只影响到原材料计划成本，并未形成材料成本差异。因此，计算材料成本差异率时有两种处理方式，一种是分母中包括暂估入库的原材料计划成本，另一种是分母中不包括暂估入库的原材料计划成本。这两种方式各有利弊，按照惯例，一般是需要考虑暂估入库计划成本的，尽管这样会导致分子、分母口径不一致问题，所计算出的差异率略小于实际差异率，在当月材料未全部领用的情况下，相当于把部分差异递延到了下个月，但是在当月材料全部领用的情况下，这种方式可以避免发出材料分摊的差异大于总差异这种极端情况的出现，同时采用这种方式不必区分原材料是否为暂估入库。

3.2.2　在产品

工业企业可设置"生产成本"账户，用于核算产品在生产过程中发生的生产费用。该账户可按成本对象(例如产品品种或批次)设置明细账户，并分直接材料、燃料动力、直接人工和制造费用等成本项目进行明细核算。生产费用分为直接生产费用和间接生产费用。直接生产费用是指生产过程中发生的与某个成本对象直接相关的生产费用，如直接用于生产某种产品而耗用的原材料、燃料动力、职工薪酬等,直接生产费用在发生时便可直接计入成本对象的生产成本账户。间接生产费用是指生产过程中发生的与多个成本对象有关,因而不能直接计入某一成本对象生产成本账户的生产费用,如生产车间发生的水电费、厂房折旧、车间管理人员职工薪酬等,这种间接生产费用发生时先通过"制造费用"账户进行归集,而后再按一定标准分配计入各相关成本对象的生产成本账户。

"生产成本"账户借方登记实际发生的生产费用,借记"生产成本",贷记"原材料""应付职工薪酬""制造费用"等账户,贷方登记产品完工入库转出的生产费用,期末借方余额表示尚未完工、仍在车间继续加工的在产品,属于存货的一部分。

3.2.3　库存商品

企业可设置"库存商品"账户,用于核算工业企业完工入库的商品(产成品)或商业企业外购用于销售的商品,并可按商品种类、品种和规格进行明细核算。该账户借方登记外购或完工入库商品的成本,贷方登记商品销售出库等应转出的成本费用。

工业企业产品完工入库时,借记"库存商品",贷记"生产成本"。商业企业外购商品的核算与外购原材料的核算类似,只需要将"原材料"替换为"库存商品"即可。

工业企业销售自制产品或商业企业销售外购商品时,一方面,要确认主营业务收入,借记"银行存款""应收票据""应收账款"等账户,贷记"主营业务收入""应交税费——应交增值税(销项税额)";另一方面,要按所售商品的实际成本结转主营业务成本,借记"主营业务成本",贷记"库存商品"。分别确认收入、结转成本费用,便于清晰地核算企业利润形成过程,也符合收入费用配比原则。

工业企业产品生产、完工入库与销售账务处理流程如图 3-1 所示。

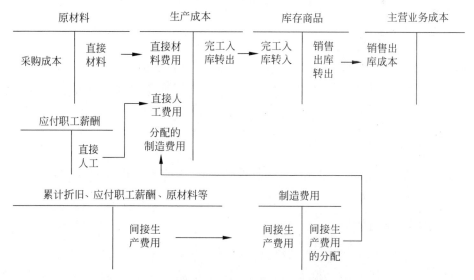

图 3-1　工业企业产品生产、完工入库与销售账务处理流程

3.2.4　委托加工物资

如果企业委托外部其他单位加工各种材料、产品等物资,可设置"委托加工物资"账户,并可根据需要按加工合同、受托加工方以及加工物资的品种等进行明细核算。"委托加工物资"账户用于核算委托加工物资的实际成本,借方反映实际发生的成本,贷方反映物资加工完毕验收入库而转出的成本,期末借方余额反映委托外单位加工但尚未加工完毕的物资的实际成本。

(1)向外单位发出加工物资时,按该物资的实际成本,借记"委托加工物资",贷记"原材料""库存商品"等账户。

(2)向加工方支付加工费用,借记"委托加工物资""应交税费——应交增值税(进项税额)"等账户,贷记"银行存款""应付账款"等账户。

(3)物资往返途中由企业承担的运杂费等,借记"委托加工物资""应交税费——应交增值税(进项税额)"等账户,贷记"银行存款""应付账款"等账户。

(4)如果加工应税消费品,由受托方代收代交的消费税,应按收回应税消费品的用途分别处理:

① 收回后用于对外销售的,应将受托方代收代交的消费税计入委托加工物资成本,借记"委托加工物资",贷记"银行存款"等账户。

② 收回后用于连续生产应税消费品的,受托方代收代交的消费税准予抵扣,此时应借记"应交税费——应交消费税",贷记"银行存款"等账户。

(5)加工完毕验收入库的物资,按验收入库物资的实际成本,借记"原材料""库存商品"等账户,贷记"委托加工物资"。

3.3　存货的期末计量

3.3.1　可变现净值

根据《企业会计准则第 1 号——存货》的规定,资产负债表日,存货应当按照成本与可变现净值孰低计量。存货成本高于其可变现净值的,应当计提存货跌价准备,计入当期损益。

1. 可变现净值的概念

可变现净值,是指在日常活动中,存货的估计售价减去至完工时估计将要发生的成本、估计销售费用以及相关税费后的金额。

2. 可变现净值的计算

由于企业持有存货的目的不同,确定存货可变现净值的计算方法也不同。企业持有存货的目的通常可以分为持有以备出售和将在生产(提供劳务)过程中耗用两大类,其中持有以备出售又分为有合同约定的存货和没有合同约定的存货。

(1)产成品、商品和用于出售的材料等直接用于出售的商品存货,在正常生产经营过程中,应当以该存货的估计售价减去估计的销售费用和相关税费后的金额确定其可变现净值。其计算公式如下：

为出售持有存货的可变现净值＝估计售价－估计销售费用－估计相关税费

用于出售的存货如果已经签订了不可撤销的销售合同,其可变现净值应当以合同价格为基础计算。企业持有的存货数量多于销售合同订购数量的,超出部分的存货的可变现净值应当以一般销售价格为基础计算；企业持有的存货数量少于销售合同订购数量的,实际持有与该销售合同相关的存货应以销售合同所规定的价格作为可变现净值的计算基础,如果该合同为亏损合同,还应同时按照《企业会计准则第 13 号——或有事项》的规定确认预计负债。

（2）用于生产的材料、在产品或自制半成品等为生产目的持有的存货,应当以所生产的产成品的估计售价减去至完工时估计将要发生的成本、估计的销售费用以及相关税费后的金额确定其可变现净值。其计算公式为

为生产持有存货的可变现净值＝所生产产品的估计售价－估计至完工尚需投入的成本－估计销售费用－估计相关税费

如果为生产目的持有的存货所生产的产成品已经签订了不可撤销的销售合同,也应根据销售合同的定价进行确认其所生产的产成品的售价。

对于为生产持有的存货,如果用其生产的产品可变现净值高于产品成本,表明为生产持有的存货未减值,仍应当按照成本计量；如果用其生产的产品可变现净值低于产品成本,表明为生产持有的存货发生减值,应当按照可变现净值计量。

【例 3-8】　某企业 2020 年末库存商品 100 件,期末余额 100 万元,已与某客户签订不可撤销合同规定：2021 年 1 月 30 日购买该商品 60 件,每件不含税价格为 1.2 万元。当前不含税每件产品市场价格为 0.9 万元。假定销售每件产品估计的销售费用及相关税费为 0.1 万元/件。计算该批产品 2020 年应当计提的存货跌价准备。

计算过程如下。

有合同部分 60 件：可变现净值＝60×1.2－60×0.1＝66（万元）,成本 60 万元,可变现净值大于成本,有合同部分未减值。

无合同部分 40 件：可变现净值＝40×0.9－40×0.1＝32（万元）,成本 40 万元,可变现净值小于成本,无合同部分发生减值 40－32＝8（万元）。

综上,该批商品共减值 8 万元,应计提 8 万元存货跌价准备。

【例 3-9】　2019 年 12 月 1 日,甲公司与客户签订一项不可撤销合同,合同约定,甲公司将于 2020 年 3 月 1 日向该客户交付 A 产品 100 件,每件不含税价格 10 200 元。2019 年 12 月 31 日,甲公司尚无 A 产品,已购入生产 A 产品所需的原材料一批,不含税价款 840 000 元,预计可生产 A 产品 120 件,用原材料生产出这 120 件 A 产品尚需投入成本 360 000 元,当日 A 产品一般市场不含税售价 9 900 元,估计销售每件 A 产品将发生相关税费共计 100 元。根据上述资料,计算（以元为单位）：

（1）该批原材料 2019 年应计提的存货跌价准备。

生产每件 A 产品原材料成本＝840 000/120＝7 000（元）

每件 A 产品成本＝7 000＋360 000/120＝10 000（元）

有合同部分：

该 100 件产品成本＝10 000×100＝1 000 000(元)

该 100 件可变现净值＝(10 200－100)×100＝1 010 000(元)

用于生产该 100 件产品的原材料未减值。

无合同部分：

该 20 件产品成本＝10 000×20＝200 000(元)

该 20 件产品可变现净值＝(9 900－100)×20＝196 000(元)

用于生产该 20 件产品的原材料发生减值,该批原材料成本＝7 000×20＝140 000 (元),其可变现净值＝196 000－360 000/120×20＝136 000(元),所以该部分材料减值 140 000－136 000＝4 000(元)。

综上,该批原材料共减值 4 000 元,应计提存货跌价准备 4 000 元。

(2) 甲公司该批原材料在 2019 年 12 月 31 日资产负债表应列示的金额。

该批原材料在 2019 年 12 月 31 日资产负债表列示的金额为其账面价值 840 000－ 4 000＝836 000(元)。

3.3.2　成本与可变现净值的比较方法

成本与可变现净值孰低有三种比较方法,即单项比较法、分类比较法和总额比较法。

1. 单项比较法

单项比较法,是指对每一种存货的成本和可变现净值逐项进行比较,每项存货均取较低者确定存货的期末成本。

2. 分类比较法

分类比较法,是指按存货类别的成本和与可变现净值进行比较,每类存货取其较低者来确定存货的期末成本。

3. 综合比较法

综合比较法,也称总额比较法,是指按全部存货的总成本与可变现净值总额,以其较低者作为期末全部存货的成本。

所采用的具体比较方法不同,可能会导致所计提的存货跌价准备金额不同。

根据我国准则规定,除以下情况外,企业通常应当按照单个存货项目计提存货跌价准备。

(1) 对于数量繁多、单价较低的存货,可以按照存货类别计提存货跌价准备。

(2) 与在同一地区生产和销售的产品系列相关,具有相同或类似最终用途或目的,且难以将其与其他项目区分开计量的存货,可以合并计提存货跌价准备。

3.3.3　存货减值迹象的判断

当存在下列情况之一时,应当计提存货跌价准备。

(1) 市价持续下跌,并且在可预见的未来无回升的希望。

（2）企业使用该项原材料生产的产品，其成本大于产品的销售价格。

（3）企业因产品更新换代，原有库存原材料已不适应新产品的需要，而该原材料的市场价格又低于其账面成本。

（4）所提供的商品或劳务过时或消费者偏好改变而使市场的需求发生变化，导致市场价格逐渐下跌。

（5）其他足以证明该项存货实质上已经发生减值的情形。

当存在以下一项或若干项情况时，应当将存货账面价值全部转入当期损益，即全额计提存货跌价准备。

（1）已霉烂变质的存货。

（2）已过期且无转让价值的存货。

（3）生产中已不再需要，并且已无使用价值和转让价值的存货。

（4）其他足以证明已无使用价值和转让价值的存货。

3.3.4　存货减值的会计处理

1. 账户设置

（1）"存货跌价准备"账户。该账户属于存货的备抵账户，用于核算计提的存货跌价准备。贷方登记计提的存货跌价准备；借方登记由于存货价值回升而转回的存货跌价准备，或者由于存货被耗用或出售而结转的存货跌价准备；该账户期末余额在贷方，表示已累计提取的存货跌价准备。

（2）"资产减值损失"账户。该账户属于损益类账户，用于核算计提存货跌价准备而确认的损失。

2. 会计处理

1）首次计提时的处理

资产负债表日，存货出现减值迹象的，企业应当确定存货的可变现净值，并与存货成本比较，可变现净值低于成本时，应当计提存货跌价准备，按二者差额借记"资产减值损失"，贷记"存货跌价准备"；可变现净值高于等于成本时，不计提存货跌价准备，存货仍以成本计量。

2）后续期间的处理

资产负债表日，应当基于当前状况重新确定该存货的可变现净值，并区分不同情况进行处理。

（1）如果以前减记存货价值的影响因素已消失，则减记的金额应当予以恢复，并在原已计提的存货跌价准备的金额内转回。存货价值完全回升，导致当前可变现净值高于成本的，则之前计提的存货跌价准备应当全额转回，按已累计计提的存货跌价准备金额，借记"存货跌价准备"，贷记"资产减值损失"。存货价值部分回升，按回升价值部分借记"存货跌价准备"，贷记"资产减值损失"。

（2）存货价值进一步下跌时，应当进一步计提存货跌价准备，按进一步下跌价值部分借记"资产减值损失",贷记"存货跌价准备"。

3）已计提存货跌价准备的存货被出售或生产耗用时的处理

在该存货被出售或生产耗用时,应当按其账面价值终止确认。当为出售而持有的存货出售时,应当按其账面价值借记"主营业务成本"或"其他业务成本",按该部分存货已计提的存货跌价准备金额借记"存货跌价准备",按该部分存货的成本贷记"库存商品"或"原材料"。当为生产而持有的存货被生产领用时,应当按其账面价值借记"生产成本"等账户,按该部分存货已计提的存货跌价准备金额借记"存货跌价准备",按该部分存货的成本贷记"原材料"等账户。

【例 3-10】 某企业 A 产品存货跌价准备的处理如下。

（1）第 1 年末,A 产品成本为 100 000 元,可变现净值为 95 000 元。

借:资产减值损失　　　　　　　　　　　　　　5 000
　　贷:存货跌价准备　　　　　　　　　　　　　　　　5 000

（2）第 2 年,出售 A 产品 60%,结转主营业务成本。

借:主营业务成本　　　　　　　　　　　　　　57 000
　　存货跌价准备　　　　　　　　　　　　　　3 000
　　贷:库存商品　　　　　　　　　　　　　　　　　60 000

（3）假定第 2 年末剩余 40% A 产品可变现净值为 37 000 元。

剩余 40% A 产品成本=100 000×40%=40 000（元）,可变现净值 37 000 元,应计提的存货跌价准备总额为 3 000 元,之前已计提 5 000－3 000＝2 000（元）,应进一步计提 1 000 元存货跌价准备。

借:资产减值损失　　　　　　　　　　　　　　1 000
　　贷:存货跌价准备　　　　　　　　　　　　　　　　1 000

（4）假定第 2 年末剩余 40% A 产品可变现净值为 39 000 元。

剩余 40% A 产品成本=100 000×40%=40 000（元）,可变现净值 39 000 元,应计提的存货跌价准备总额为 1 000 元,之前已计提 5 000－3 000＝2 000（元）,应转回 1 000 元存货跌价准备。

借:存货跌价准备　　　　　　　　　　　　　　1 000
　　贷:资产减值损失　　　　　　　　　　　　　　　　1 000

（5）假定第 2 年末剩余 40% A 产品可变现净值为 41 000 元。

剩余 40% A 产品成本=100 000×40%=40 000（元）,可变现净值 41 000 元,可变现净值大于成本,应以成本计量,已计提的 2 000 元货跌价准备应全部转回。

借:存货跌价准备　　　　　　　　　　　　　　2 000
　　贷:资产减值损失　　　　　　　　　　　　　　　　2 000

3.4　存货清查

企业应当定期或不定期进行存货清查,至少每年末清查一次。发生存货盘盈盘亏的,应及时查明原因,并进行相应的会计处理,以保证存货账实相符。

3.4.1　存货盘盈的会计处理

存货盘盈,是指存货实际结存数量大于账面结存数量。

1. 发生盘盈时的处理

盘盈的存货,应按同类或类似存货的重置成本计价入账,借记"原材料""库存商品"等账户,贷记"待处理财产损溢——待处理流动资产损溢"。

2. 查明原因并经批准后的处理

存货盘盈往往是由于计量或管理原因所导致,一般应冲减管理费用,借记"待处理财产损溢——待处理流动资产损溢",贷记"管理费用"。

3.4.2　存货盘亏的会计处理

存货盘亏,是指存货实际结存数量小于账面结存数量。

1. 发生盘亏时的处理

盘亏的存货,应按成本借记"待处理财产损溢——待处理流动资产损溢",贷记"原材料""库存商品"等账户。

2. 查明原因并经批准后的处理

(1) 属于日常收发计量或管理等原因导致的存货盘亏,应按可收回残料价值借记"原材料",按应收回的保险赔偿金额和责任人赔偿金额,借记"其他应收款",按剩余金额借记"管理费用",贷记"待处理财产损溢——待处理流动资产损溢"。

(2) 属于管理不善被盗、丢失、霉烂变质或自然灾害等非常原因造成的存货盘亏,应按可收回残料价值借记"原材料",按应收回的保险赔偿金额和责任人赔偿金额,借记"其他应收款",按剩余金额借记"营业外支出",贷记"待处理财产损溢——待处理流动资产损溢"。如果属于税法规定的管理不善造成的被盗、丢失、霉烂变质,还应将盘亏存货已抵扣的进项税额进行转出。

存货发生盘盈盘亏,应于期末结账前查明原因,并根据企业管理权限经批准后,在期末结账前处理完毕。在期末结账前尚未批准的,在对外提供财务会计报告时先按上述规定进行处理,并在会计报表附注中作出说明;如果其后批准处理的金额与已处理的金额不一致的,应当作为资产负债表日后事项,调整会计报表相关项目金额。

【例 3-11】　某企业为增值税一般纳税人,11 月份外购原材料 1 000 千克,每千克不含税价格 100 元,增值税税率 13%,价税额合计以银行存款支付,取得增值税专用发票。另外,以银行存款支付运费价税合计 1 090 元,增值税税率 9%,取得增值税专用发票。12 月末,盘点发现短缺 50 千克,经查,其中 10 千克为正常损耗,40 千克为管理不善被盗,应收保险公司赔偿款 2 000 元。

相关会计分录如下。

（1）11 月外购原材料。

借：原材料	101 000
应交税费——应交增值税（进项税额）	13 090
贷：银行存款	114 090

（2）12 月盘亏时。

借：待处理财产损溢——待处理流动资产损溢	5 050
贷：原材料	5 050

（3）查明原因经批准时。

借：其他应收款	2 000
管理费用	1 010
营业外支出	2 563.6
贷：待处理财产损溢——待处理流动资产损溢	5 050
应交税费——应交增值税（进项税额转出）	523.6

3.5　存货的报表列示

期末,存货应以账面价值列示于资产负债表"存货"项目。存货账面价值,是指原材料、在途物资、材料采购、材料成本差异、周转材料、委托加工物资、生产成本、库存商品等存货相关账户期末余额合计,减去存货跌价准备后的净额。

【本章习题】

1. 某企业原材料期初余额为 0,当月该种材料相关业务如下:

（1）5 日,采购原材料 100 千克,单位成本 10 元/千克。

（2）10 日,采购原材料 100 千克,单位成本 9 元/千克。

（3）15 日,生产领用原材料 180 千克。

（4）20 日,采购原材料 80 千克,单位成本 8 元/千克。

（5）30 日,生产领用原材料 60 千克。

要求:根据上述资料,分别采用先进先出法、移动加权平均法和月末一次加权平均法计算当月出库材料成本以及期末库存原材料成本。

2. 某企业为增值税一般纳税人,采购原材料 100 千克,不含税单位成本 10 元/千克,取得增值税专用发票注明的价款 1 000 元、增值税 130 元;取得运费发票注明的价款 100 元、增值税 9 元。款项已付,材料已验收入库,入库时发生非合理损耗 10 千克,经查属于运输途中管理不善被盗,运输部门同意赔偿 100 元。

要求:根据上述资料,写出相关会计分录。

3. 某企业采用计划成本法核算原材料,甲材料计划单位成本为 50 元/千克。1 月 31 日,有关账户余额如下:材料采购 4 800 元;原材料 50 000 元;材料成本差异 500 元(借方)。

该企业 2 月份甲材料经济业务如下。

（1）上月已经办理结算但尚未验收入库的在途材料 100 千克,于本月 3 日全部验收入库。

（2）15日，采购甲材料800千克，材料已验收入库，取得增值税专用发票注明的价款为38 000元、增值税4 940元，款项未付。

（3）25日，购进甲材料300千克，材料已验收入库，月末结算凭证仍未达到。

（4）28日，上述材料按计划成本暂估入库。

（5）根据本月发料凭证汇总表，共计发出材料1 200千克，其中，用于生产产品1 000千克，车间一般消耗100千克，管理部门耗用100千克。

（6）计算本月材料成本差异率（百分比，保留两位小数），分摊发出材料负担的成本差异，将发出材料的计划成本调整为实际成本。

要求：写出上述经济业务的会计分录，并计算期末库存原材料实际成本。

4. 某企业从2020年开始，采用成本与可变现净值孰低进行存货期末计量，有关A产品相关资料如下。

（1）2020年末，100件A产品成本为100万元，市场售价102万元，估计该批A产品销售费用及相关税费5万元。

（2）2021年1月，出售A产品50件，不含税价格50万元，增值税6.5万元，款项已收。

（3）2021年末，A产品100件，成本95万元，市场售价92万元，估计该批A产品销售费用及相关税费3万元。

（4）2022年末，A产品100件，成本95万元，市场售价95万元，估计该批A产品销售费用及相关税费4万元。

（5）2023年末，A产品100件，成本95万元，市场售价102万元，估计该批A产品销售费用及相关税费5万元。

要求：写出上述经济业务的会计分录。

5. 甲公司2020年年初"存货跌价准备——甲产品"科目余额为100万元；"原材料——A材料"未计提跌价准备。2020年末"原材料——A材料"科目余额为1 000万元，"库存商品——甲产品"科目余额为500万元，本年没有销售甲产品。库存A原材料将全部用于生产100件乙产品，每件产品直接耗用材料费用为10万元。80件乙产品已经签订销售合同，合同价格为每件11.25万元；其余20件乙产品未签订销售合同，预计乙产品的市场价格为每件11万元，预计生产乙产品还需要发生除A原材料以外的成本3万元/件，预计为销售乙产品发生的相关税费为0.55万元/件。甲产品无不可撤销合同，市场售价为350万元，预计销售甲产品发生的相关税费总额为18万元。

要求（金额以万元单位）：

（1）计算2020年12月31日库存"原材料——A材料"应计提的存货跌价准备。

（2）计算2020年12月31日甲产品应计提的存货跌价准备。

（3）写出2020年12月31日计提存货跌价准备的会计分录。

6. 某酒厂为增值税一般纳税人，11月份外购酒精200吨，每吨不含税价格8 000元，增值税税率13%，价税额合计以银行存款支付，取得增值税专用发票；另外，以银行存款支付运费价税合计54 500元，增值税税率9%，取得增值税专用发票，支付装卸费价税合计31 800元，增值税税率6%，取得增值税专用发票。12月末盘点发现短缺6吨，经查，其中1吨为正常损耗，5吨为管理不善被盗，应收保险公司赔偿款20 000元。

要求：

（1）写出 11 月购进酒精的会计分录。

（2）计算 12 月盘亏应计入营业外支出的金额。

（3）写出 12 月盘亏的会计分录。

【即测即练】

第 4 章

固 定 资 产

【本章学习目标】

1. 了解固定资产的概念与分类、固定资产的确认条件、固定资产与在建工程的报表列示、固定资产减值迹象。

2. 理解固定资产弃置义务的会计处理、固定资产折旧范围、影响固定资产折旧的因素、固定资产可收回金额的计量、在建工程减值。

3. 掌握固定资产折旧的计算，以及外购固定资产、自行建造固定资产、固定资产折旧、固定资产后续支出、固定资产减值、固定资产出售与报废的会计处理。

会计折旧与税法折旧必须一致吗

固定资产，是指企业为生产商品、提供劳务、出租或经营而持有的，使用时间超过一年的非货币性资产。根据我国税法规定，固定资产按照直线法计算的折旧，准予在税前扣除。信息传输、软件和信息服务业，以及全部制造业加速折旧可以在税前扣除，新购进的设备、器具，单位价值不超过 500 万元的，允许一次性在税前扣除。同时，税法还规定了各类固定资产的最低折旧年限，其中房屋、建筑物为 20 年，飞机、火车、轮船、机器、机械和其他生产设备为 10 年，与企业生产经营活动有关的器具、工具、家具等为 5 年，飞机、火车、轮船以外的运输工具为 4 年，电子设备为 3 年。

问题：

企业固定资产折旧方法是否必须与税法要求保持一致？常用的折旧方法有哪些？会计折旧与税法折旧保持一致有何利弊？如果不一致，应当如何处理？

4.1　固定资产概述

4.1.1　固定资产的概念

固定资产，是指企业为生产商品、提供劳务、出租或经营管理而持有的，使用时间超过一年的非货币性资产。固定资产具有以下特征。

（1）为生产商品、提供劳务、出租或经营管理而持有。

（2）使用寿命超过一个会计年度。

使用寿命，是指企业使用固定资产的预计期间，或者该固定资产所能生产产品或提供劳务的数量。

4.1.2　固定资产的分类

1. 按经济用途分类

按经济用途，固定资产可分为生产经营用固定资产和非生产经营用固定资产。

2. 按使用状况分类

按使用状况，固定资产可分为使用中的固定资产、未使用的固定资产和不需用的固定资产。

3. 按经济用途和使用状况综合分类

按经济用途和使用状况综合分类，固定资产可分为生产经营用固定资产、非生产经营用固定资产、出租固定资产、未使用固定资产、不需用固定资产和土地。其中，土地特指企业过去已估价单独入账的土地。

4.1.3　固定资产的确认条件

除了符合固定资产的定义，确认固定资产必须同时满足以下两个条件。
（1）与该固定资产有关的经济利益很可能流入企业。
（2）该固定资产的成本能够可靠地计量。

固定资产的各组成部分具有不同使用寿命或者以不同方式为企业提供经济利益，适用不同折旧率或折旧方法的，应当分别将各组成部分确认为单项固定资产。

4.2　固定资产的取得

根据我国《企业会计准则第4号——固定资产》，固定资产应当按照成本进行初始计量。固定资产的取得方式有多种，例如外购、自行建造、投资者投入、非货币性资产交换、债务重组、企业合并等，本章介绍外购固定资产和自行建造固定资产的会计处理。

4.2.1　外购固定资产

1. 外购固定资产初始成本的计量

（1）企业外购固定资产的成本，包括购买价款、相关税费、使固定资产达到预定可使用状态前所发生的可归属于该项资产的运输费、装卸费、安装费和专业人员服务费等，不包括可抵扣的增值税。

（2）企业以一笔款项同时购入多项没有单独标价的固定资产，在多项资产符合固定资产定义和确认条件的前提下，应当按照各项固定资产公允价值的比例对总购入成本进行分配,分别确定各单项固定资产的入账价值。

(3) 购买固定资产的价款超过正常信用条件延期支付,实质上具有融资性质的,固定资产的成本以购买价款的现值为基础确定。折现率为销售方内含报酬率,也就是将各期支付金额折现后等于现销价格的折现率。实际支付的价款与购买价款的现值之间的差额,除按照《企业会计准则第 17 号——借款费用》应予以资本化的以外,应当在信用期间内计入当期损益。

2. 外购固定资产的会计处理

企业外购的固定资产一般有两种情况:一是购入的固定资产不需经过安装过程就可以直接交付使用;二是购入的固定资产需要经过安装过程才能交付使用。

1) 购入不需要安装的固定资产

企业购入不需要安装而直接交付使用的固定资产,应按照购买价款、相关税费、使固定资产达到预定可使用状态前所发生的可归属于该项资产的运输费、装卸费和专业人员服务费等作为计入固定资产的初始成本,借记"固定资产",根据可抵扣的进项税额借记"应交税费——应交增值税(进项税额)",贷记"银行存款"等账户。

【例 4-1】　甲公司以银行存款购入一台生产用不需安装的数控车床,取得增值税专用发票注明的价款为 100 000 元、增值税 13 000 元,取得运输部门开具的增值税专用发票注明的价款为 1 000 元、增值税 90 元。企业聘请专家为员工培训数控车床使用方法,取得增值税专用发票注明的价款为 500 元、增值税 30 元。所有款项均以银行存款支付。

```
借:固定资产                           101 000
  管理费用                               500
  应交税费——应交增值税(进项税额)         13 120
    贷:银行存款                                114 620
```

【例 4-2】　甲公司以一揽子交易方式购入 A、B、C 三种独立使用的设备,取得的增值税专用发票注明的价款为 1 000 000 元,增值税 130 000 元,取得运费增值税专用发票注明的价款为 1 000 元、增值税 90 元,所有款项均以银行存款支付。已知 A、B、C 三种设备的公允价值分别为 300 000 元、400 000 元、500 000 元,无须安装即可投入使用。

A 设备入账价值 $= 300\,000 \div (300\,000 + 400\,000 + 500\,000) \times (1\,000\,000 + 1\,000)$
　　　　　　　$= 250\,250(元)$

B 设备入账价值 $= 400\,000 \div (300\,000 + 400\,000 + 500\,000) \times (1\,000\,000 + 1\,000)$
　　　　　　　$= 333\,666.67(元)$

C 设备入账价值 $= 500\,000 \div (300\,000 + 400\,000 + 500\,000) \times (1\,000\,000 + 1\,000)$
　　　　　　　$= 417\,083.33(元)$

```
借:固定资产——A 设备                   250 250
          ——B 设备                   333 666.67
          ——C 设备                   417 083.33
  应交税费——应交增值税(进项税额)         130 090
    贷:银行存款                              1 131 090
```

【例 4-3】 甲公司以分期付款方式购入一套生产用特种设备,设备运抵企业后直接交付使用。合同约定,甲公司需在未来 5 年内,每年末各支付不含税价款 2 000 000 元,销售方每期收款时向甲公司开具增值税专用发票。已知该设备当前市场不含税价格为 8 500 000 元。

该交易实质上具有融资性质,固定资产的成本应以购买价款的现值为基础确定。设折现率为 r,则有 $8\,500\,000 = 2\,000\,000 \times (P/A, r, 5)$,经计算 $r = 5.67\%$。

(1)购入时。

借:固定资产   8 500 000
　未确认融资费用   1 500 000
　　贷:长期应付款   10 000 000

(2)每年支付款项时。

借:长期应付款   2 000 000
　应交税费——应交增值税(进项税额)   260 000
　　贷:银行存款   2 260 000

(3)每年末确认利息费用时。

各年利息费用计算见表 4-1,根据当年利息费用借记"财务费用",贷记"未确认融资费用"。

表 4-1 各年利息费用计算表　　　　　　　　　　　　　　　　　元

年　份	利息费用 ①=上一行③×5.67%	偿还应付款 ②	长期应付款摊余成本 ③=上一行③+①-②
			8 500 000
第 1 年末	481 950	2 000 000	6 981 950
第 2 年末	395 877	2 000 000	5 377 827
第 3 年末	304 923	2 000 000	3 682 749
第 4 年末	208 812	2 000 000	1 891 561
第 5 年末	108 439*	2 000 000	0
合计	1 500 000	10 000 000	—

注:* 表示尾数调整。

2)购入需要安装的固定资产

企业购入需要安装调试后方能交付使用的固定资产,应按购买价款、相关税费、使固定资产达到预定可使用状态前所发生的可归属于该项资产的运输费、装卸费、安装费和专业人员服务费等作为计入固定资产的初始成本。发生上述支出时,借记"在建工程",贷记"银行存款"等账户,待安装完毕达到预定可使用状态时,再借记"固定资产",贷记"在建工程"。

【例 4-4】 甲公司购入需要安装的生产设备一台,取得增值税专用发票注明的价款为 100 000 元、增值税 13 000 元,取得运输费增值税专用发票注明的价款为 1 000 元、增值税 90 元,取得装卸费增值税专用发票注明的价款 200 元、增值税 12 元。交付安装时,取得安装费增值税专用发票注明的价款 300 元、增值税 27 元。全部款项均已通过银行支付。

（1）购入设备时。

借：在建工程　　　　　　　　　　　　　　　　101 200

　　应交税费——应交增值税（进项税额）　　　13 102

　　　贷：银行存款　　　　　　　　　　　　　　　　114 302

（2）发生安装费用时。

借：在建工程　　　　　　　　　　　　　　　　300

　　应交税费——应交增值税（进项税额）　　　27

　　　贷：银行存款　　　　　　　　　　　　　　　　327

（3）设备安装完毕达到预定可使用状态时。

借：固定资产　　　　　　　　　　　　　　　　101 500

　　　贷：在建工程　　　　　　　　　　　　　　　　101 500

4.2.2　自行建造固定资产

企业自行建造固定资产的成本，由建造该项资产达到预定可使用状态前所发生的必要支出构成。自行建造固定资产包括自营建造和出包建造。

1. 自营建造固定资产的会计处理

企业以自营方式建造固定资产，是指企业自行采购工程物资、组织工程人员，自行建造房屋、建筑物、各种设施的新建工程、大型机器设备的安装工程等。企业以自营方式建造的固定资产，其成本由该资产达到预定可使用状态前所发生的必要支出构成，包括工程物资成本、人工成本、其他与自营建造固定资产相关的支出以及符合资本化条件的借款费用等。

（1）购入自营工程耗用的工程物资时，根据工程物资成本借记"工程物资"，根据可抵扣的进项税额借记"应交税费——应交增值税（进项税额）"，贷记"银行存款"等账户。

（2）自营工程领用工程物资、原材料或库存商品时，借记"在建工程"，贷记"工程物资""原材料""库存商品"等账户。

（3）自营工程负担的职工薪酬，借记"在建工程"，贷记"应付职工薪酬"。

（4）企业辅助生产部门为自营工程提供水、电、安装、运输等产品或劳务时，按实际成本借记"在建工程"，贷记"生产成本——辅助生产成本"。

（5）由自营工程负担的符合资本化条件的借款费用，借记"在建工程"，贷记"应付利息"等账户。

（6）自营工程发生的其他支出，借记"在建工程"，贷记"银行存款"等账户。

（7）建设期间，发生工程物资盘亏、报废及毁损，工程物资成本减去残料价值以及保险公司、过失人等赔偿款后的净损失计入在建工程成本，按残料收入、责任人赔偿款等借记"原材料""其他应收款"等账户，按盘亏损失借记"在建工程"，按工程物资成本贷记"工程物资"。建设期间发生工程物资盘盈时，借记"工程物资"，贷记"在建工程"。工程完工后发生工程物资盘亏、报废及毁损，工程物资成本减去残料价值以及保险公司、过失人等赔偿款后的净损失计入当期营业外支出；发生工程物资盘盈时，计入当期营业外收入。

（8）在建工程发生部分报废毁损时，按残料收入、责任人赔偿款等借记"原材料""其他应收款"等账户，贷记"在建工程"。在建工程整体报废毁损时，按残料收入、责任人赔偿款等借记"原材料""其他应收款"等账户，按净损失借记"营业外支出"，按已发生成本贷记"在建工程"。

（9）自营工程达到预定可使用状态交付使用，借记"固定资产"，贷记"在建工程"。

（10）自营工程完工后，剩余工程物资转为企业存货时，借记"原材料"等账户，贷记"工程物资"。

如果固定资产交付使用时尚未办理竣工结算，将来办理竣工结算时可能会出现实际原值与原入账价值不等的情况。如果该项固定资产的实际原值大于原入账价值，借记"固定资产"，贷记"在建工程"；如果实际原值小于原入账价值，借记"在建工程"，贷记"固定资产"。竣工结算前已按原入账价值计提的折旧无须追溯调整，采用未来适用法处理。

【例 4-5】 2021 年 1 月 1 日，甲公司采用自营方式建造一座仓库，有关资料与会计处理如下。

（1）1 月 10 日，购入工程物资一批，取得增值税专用发票注明的价款为 300 000 元、增值税 39 000 元，款项以银行存款支付。

借：工程物资	300 000	
应交税费——应交增值税（进项税额）	39 000	
贷：银行存款		339 000

（2）1 月 20 日，领用工程物资 250 000 元。

借：在建工程——仓库	250 000	
贷：工程物资		250 000

（3）2 月 10 日，领用原材料一批，成本 35 000 元。

借：在建工程——仓库	35 000	
贷：原材料		35 000

（4）工程建设期间发生工程人员职工薪酬 65 000 元。

借：在建工程——仓库	65 000	
贷：应付职工薪酬		65 000

（5）工程建设期间，辅助生产车间为工程提供有关的劳务支出 25 000 元。

借：在建工程——仓库	25 000	
贷：生产成本——辅助生产成本		25 000

（6）2 月 20 日，工程某部件报废，残料计价 300 元作为原材料入库，应收有关责任人赔款 1 200 元。

借：原材料	300	
其他应收款	1 200	
贷：在建工程——仓库		1 500

（7）3 月 31 日，剩余工程物资盘亏 10 000 元，经查系保管员管理不善导致被盗，根据企业管理规定，应由保管员赔偿 5 000 元，剩余工程物资转为原材料。

盘亏时：

借：其他应收款　　　　　　　　　　　　　　　　　5 000

　　在建工程——仓库　　　　　　　　　　　　　　6 300

　　　贷：工程物资　　　　　　　　　　　　　　　　　　　10 000

　　　　　应交税费——应交增值税(进项税额转出)　　　　1 300

剩余工程物资转为原材料时：

借：原材料　　　　　　　　　　　　　　　　　　40 000

　　　贷：工程物资　　　　　　　　　　　　　　　　　　40 000

(8) 3 月 31 日，工程完工，经验收合格并交付使用。

借：固定资产——仓库　　　　　　　　　　　　379 800

　　　贷：在建工程——仓库　　　　　　　　　　　　　379 800

2. 出包建造固定资产的会计处理

企业以出包方式建造固定资产，是指企业通过招标方式将工程项目发包给承包商，由承包商组织工程项目施工。企业以出包方式建造固定资产，其成本由为建造该项资产达到预定可使用状态前所发生的必要支出构成，包括应支付给承包商的建筑工程支出、安装工程支出以及需分摊的其他支出。待摊支出，是指在建设期间发生的、不能直接计入某项固定资产价值，而应由所建造固定资产共同负担的相关费用，包括为建造工程发生的管理费、可行性研究费、临时设施费、公证费、监理费、应负担的税金、符合资本化条件的借款费用、建设期间发生的工程物资盘亏、报废及毁损净损失，以及负荷联合试车费。

(1) 企业预付给承包商的工程价款，借记"预付账款"，贷记"银行存款"。

(2) 与承包方办理工程价款结算时，按结算的工程价款借记"在建工程"账户，贷记"预付账款""银行存款"。

(3) 发生待摊支出时，借记"在建工程——待摊支出"，贷记"银行存款"等账户。

(4) 该资产达到预定可使用状态时，借记"固定资产"，贷记"在建工程"，同时分摊待摊支出，借记"固定资产"，贷记"在建工程——待摊支出"。

待摊支出分配率＝累计发生的待摊支出÷(建筑工程支出＋安装工程支出＋在安装设备支出)×100%

某工程应分摊的待摊支出＝该工程支出×待摊支出分配率

【例 4-6】　甲公司经政府批准新建一座发电厂。建造的发电厂包括发电车间、冷却塔、安装发电设备等三个单项工程。2020 年 1 月 5 日，甲公司与承包方签订合同，合同规定建造发电车间的含税价款为 8 720 000 元，建造冷却塔的含税价款为 5 450 000 元，安装发电设备的含税价款为 545 000 元。建造期间有关业务及会计处理如下。

(1) 2020 年 1 月 15 日，甲公司按合同规定向承包方预付 10% 备料款 1 417 000 元。

借：预付账款　　　　　　　　　　　　　　　　1 417 000

　　　贷：银行存款　　　　　　　　　　　　　　　　　1 417 000

(2) 2020 年 6 月 30 日，建造发电车间和冷却塔的工程进度达到 50%，甲公司与承包方办理工程价款结算 7 085 000 元，其中发电车间 4 360 000 元，冷却塔 2 725 000 元，抵扣预付款 1 417 000 元,余款 5 668 000 元以银行存款支付,取得承包方开具的增值税专用发票,税率 9%。

借：在建工程——建筑工程（发电车间）　　　　　 4 000 000

　　　　　　——建筑工程（冷却塔）　　　　　 2 500 000

　　应交税费——应交增值税（进项税额）　　　　　 585 000

　　贷：预付账款　　　　　　　　　　　　　　　　　　 1 417 000

　　　银行存款　　　　　　　　　　　　　　　　　　 5 668 000

（3）2020 年 10 月 10 日,甲公司购入需要安装的发电设备,取得增值税专用发票注明的价款为 3 000 000 元、增值税 390 000 元,以银行存款支付。

借：工程物资——发电设备　　　　　　　　　　　 3 000 000

　　应交税费——应交增值税（进项税额）　　　　　 390 000

　　贷：银行存款　　　　　　　　　　　　　　　　　　 3 390 000

（4）2021 年 3 月 31 日,建筑工程主体完工,甲公司与承包方办理工程价款结算 7 085 000 元,其中发电车间 4 360 000 元,冷却塔 2 725 000 元,款项以银行存款支付,取得承包方开具的增值税专用发票,税率 9%。

借：在建工程——建筑工程（发电车间）　　　　　 4 000 000

　　　　　　——建筑工程（冷却塔）　　　　　 2 500 000

　　应交税费——应交增值税（进项税额）　　　　　 585 000

　　贷：银行存款　　　　　　　　　　　　　　　　　　 7 085 000

（5）2021 年 4 月 15 日,甲公司将发电设备运抵现场,交承包方安装。

借：在建工程——在安装设备（发电设备）　　　　 3 000 000

　　贷：工程物资——发电设备　　　　　　　　　　　 3 000 000

（6）2021 年 5 月 20 日,发电设备安装到位,甲公司与承包方办理设备安装价款结算 545 000 元,其中增值税 45 000 元,取得增值税专用发票。

借：在建工程——安装工程（发电设备）　　　　　 500 000

　　应交税费——应交增值税（进项税额）　　　　　 45 000

　　贷：银行存款　　　　　　　　　　　　　　　　　　 545 000

（7）工程项目发生管理费、可行性研究费、公证费、监理费等共计 300 000 元,以银行存款支付,不考虑增值税。

借：在建工程——待摊支出　　　　　　　　　　　 300 000

　　贷：银行存款　　　　　　　　　　　　　　　　　　 300 000

（8）2021 年 5 月 25 日,进行负荷联合试车领用原材料 150 000 元,以银行存款支付其他试车费用 100 000 元。

借：在建工程——待摊支出　　　　　　　　　　　 250 000

　　贷：银行存款　　　　　　　　　　　　　　　　　　 100 000

　　　原材料　　　　　　　　　　　　　　　　　　　 150 000

（9）2021 年 6 月 10 日,完成试车,验收合格,达到可使用状态。

待摊支出分配率＝(300 000＋250 000)÷(8 000 000＋5 000 000＋3 500 000)×100%

　　　　　　　　＝3.333 3%

发电车间分摊待摊支出＝8 000 000×3.3333%＝266 664(元)

冷却塔分摊待摊支出＝5 000 000×3.3333%＝166 665(元)

发电设备分摊待摊支出＝550 000−(266 664＋166 665)＝116 671(元)

发电车间总成本＝8 000 000＋266 664＝8 266 664(元)

冷却塔总成本＝5 000 000＋166 665＝5 166 665(元)

发电设备总成本＝3 500 000＋116 671＝3 616 671(元)

借：固定资产——发电车间　　　　　　　　8 266 664

　　　　　　——冷却塔　　　　　　　　　5 166 665

　　　　　　——发电设备　　　　　　　　3 616 671

　　贷：在建工程——建筑工程(发电车间)　　　　　8 000 000

　　　　　　　——建筑工程(冷却塔)　　　　　5 000 000

　　　　　　　——安装工程(发电设备)　　　　　500 000

　　　　　　　——在安装设备(发电设备)　　　3 000 000

　　　　　　　——待摊支出　　　　　　　　　550 000

4.2.3　附有弃置义务的固定资产

弃置费用是根据国家法律和行政法规、国际公约等规定,企业承担的环境保护和生态恢复等义务所确定的支出,一般企业发生的固定资产清理费用不属于弃置费用。弃置费用适用于特殊行业的特定固定资产,例如核电站、矿山等的弃置和恢复环境义务。应当按照弃置费用的现值计入固定资产的初始成本和相应的预计负债;在固定资产的使用寿命内按照预计负债的摊余成本和实际利率计算确定每期的利息费用,计入财务费用。

【例 4-7】　甲公司经国家批准,计划建造一座核电站,其主体设备核反应堆将会对当地的生态环境产生一定负面影响,甲公司在该设备使用期满后负责将其拆除,并对造成的污染进行整治。2021 年 3 月 15 日,该项设施建造完成并交付使用,建造成本 5 000 000元,预计使用寿命 20 年,预计弃置费用 1 000 000 元,假定折现率为 8%,已知$(P/F,8\%,20)=0.214\ 5$。

(1) 确认固定资产。

弃置费用的现值＝1 000 000×0.214 5＝214 500(元)

固定资产入账价值＝5 000 000＋214 500＝5 214 500(元)

借：固定资产　　　　　　　　　　　　　5 214 500

　　贷：在建工程　　　　　　　　　　　　　5 000 000

　　　　预计负债　　　　　　　　　　　　　214 500

(2) 每年末计提利息。

第 1 年末计提利息 214 500×8%＝17 160(元)

借：财务费用　　　　　　　　　　　　　17 160

　　贷：预计负债　　　　　　　　　　　　　17 160

第 2 年末计提利息(214 500+17 160)×8%=18 533(元)

以后各年以此类推,20 年后,预计负债余额即为 1 000 000 元。

(3)将来支付弃置费用。

借:预计负债　　　　　　　　　　　　　　　1 000 000

　　贷:银行存款　　　　　　　　　　　　　　　　　1 000 000

4.3　固定资产折旧

4.3.1　固定资产折旧范围

固定资产折旧,是指在固定资产使用寿命内,按照确定的方法对应计折旧总额进行系统分摊。

应计折旧总额是指固定资产原价扣除其预计净残值后的金额,已计提减值准备的固定资产,还应当扣除已计提的固定资产减值准备的累计金额。

1. 固定资产折旧的空间范围

除以下情况外,企业应当对所有固定资产计提折旧。

(1)已提足折旧仍继续使用的固定资产。

(2)单独计价入账的土地。

2. 固定资产折旧的时间范围

企业应当按月计提固定资产折旧。当月增加的固定资产,当月不提折旧,从下月起计提折旧;当月减少的固定资产,当月照提折旧,从下月起停止计提折旧。

固定资产提足折旧后,不论能否继续使用,均不再计提折旧。提前报废的固定资产,不再补提折旧。

4.3.2　影响固定资产折旧的因素

固定资产原值、预计净残值、使用寿命、折旧方法等因素会影响各期折旧额的计算,此外,固定资产发生减值的,也会影响以后各期固定资产折旧的计算。折旧方法将在 4.3.3 小节中单独介绍。

1. 固定资产原值

固定资产原价,也称固定资产原值,是指取得固定资产时的入账价值。

2. 固定资产预计净残值

固定资产预计净残值,是指假定固定资产预计使用寿命已满并处于使用寿命终了时的预期状态,企业目前从该项资产处置中获得的处置收入扣除预计处置费用后的金额。

3. 固定资产使用寿命

固定资产使用寿命,是指企业使用固定资产的预计期间,或者该固定资产所能生产产品或提供劳务的数量。企业确定固定资产使用寿命时间,应当考虑下列因素。

(1) 预计生产能力或实物产量。

(2) 预计有形损耗和无形损耗。

(3) 法律或类似规定对资产使用的限制。

4. 固定资产减值准备

固定资产减值准备,是指固定资产由于发生减值而计提的固定资产减值准备金额。固定资产计提减值准备后,应当在剩余使用寿命内根据调整后的固定资产账面价值(固定资产账面余额扣减累计折旧和累计减值准备后的金额)和预计净残值重新计算确定折旧率与折旧额。

4.3.3 固定资产折旧方法

《企业会计准则第 4 号——固定资产》规定,企业应当根据与固定资产有关的经济利益的预期实现方式,合理选择固定资产折旧方法。

可选用的折旧方法包括年限平均法、工作量法、双倍余额递减法和年数总和法等,其中年限平均法和工作量法属于直线折旧法,双倍余额递减法和年数总和法属于加速折旧法。加速折旧是指前期计提折旧较多后期计提折旧较少,各期折旧呈递减趋势,从而加速固定资产投资的收回。加速折旧时按年加速、年内平均,即月折旧额等于当年度折旧额除以 12。

固定资产的折旧方法一经确定,不得随意变更。企业至少应当于每年年度终了,对固定资产的折旧方法进行复核,与固定资产有关的经济利益预期实现方式有重大改变的,应当改变固定资产折旧方法。

1. 年限平均法

年限平均法,是指将固定资产应计折旧额在固定资产预计使用寿命内平均分摊的一种方法。这种折旧方法的特点是,在固定资产没有增减变化的情况下,每期折旧额相等。这种方法适用于在各个会计期间使用程度比较均衡的固定资产。

年限平均法的折旧额计算公式如下。

固定资产年折旧额＝(固定资产原价－预计净残值)÷预计使用年限

＝[固定资产原价－(预计残值收入－

预计清理费用)]÷预计使用年限

＝固定资产原价×(1－预计净残值率)÷预计使用年限

＝固定资产原价×固定资产年折旧率

固定资产年折旧率＝固定资产年折旧额÷固定资产原价×100%

＝(1－预计净残值率)÷预计使用年限×100%

$$固定资产月折旧率＝固定资产年折旧率÷12×100\%$$

$$固定资产月折旧额＝固定资产年折旧额÷12$$

$$＝固定资产原价×固定资产月折旧率$$

【例 4-8】 已知固定资产原价 125 000 元，预计使用年限 10 年，预计净残值 5 000 元，采用年限平均法计算各月折旧。

年折旧额＝(125 000－5 000)÷10＝12 000(元)

月折旧额＝12 000÷12＝1 000(元)

或者按折旧率计算：

年折旧率＝(1－5 000÷125 000)÷10×100%＝9.6%

月折旧率＝9.6%÷12＝0.8%

月折旧额＝125 000×0.8%＝1 000(元)

2．工作量法

工作量法又称作业量法，是根据固定资产在使用期间完成的总的工作量平均计算折旧的方法。工作量法的折旧计算公式如下：

单位工作量折旧额＝(固定资产原值－预计净残值)÷预计总工作量

＝固定资产原值×(1－预计净残值率)÷预计总工作量

月折旧额＝单位工作量折旧额×当月实际完成工作量

【例 4-9】 已知某运输车辆原价为 200 000 元，预计净残值率为 5%，预计行驶总里程 500 000 公里，采用工作量法计提折旧，当月该车辆共行驶 5 000 公里。

单位工作量折旧额＝200 000×(1－5%)÷500 000＝0.38(元/公里)

当月折旧额＝5 000×0.38＝1 900(元)

3．双倍余额递减法

双倍余额递减法，是指以年初固定资产账面净值为基数，以直线折旧率的两倍为定率，计算各年固定资产折旧额的一种方法。这种方法的特点是，确定双倍直线折旧率时，不考虑固定资产净残值的因素，各年折旧率是固定的，但各年计提固定资产折旧的基数呈递减趋势，故各年折旧额呈递减趋势。

年折旧率＝2÷预计使用年限×100%

年折旧额＝年初固定资产账面净值×年折旧率

在采用双倍余额递减法计算固定资产折旧的情况下，每年年初固定资产净值没有扣除预计净残值，折旧率也没有考虑固定资产净残值的因素，将会导致在固定资产预计使用寿命内，企业实际计提的折旧额超过应计折旧额。因此，采用双倍余额递减法在连续计算各年折旧额时，必须注意以下两个问题。

(1) 各年计提折旧后，固定资产账面净值不能降低到固定资产预计净残值以下。

(2) 由于每年的折旧额是递减的，因而可能出现某年按双倍余额递减法所提折旧额小于按照年限平均法的折旧额。

为简化计算，一般在固定资产使用寿命期限的最后两年，应将固定资产净值扣除预计净残值后的余额平均摊销,即改为年限平均法计提折旧。

【例 4-10】 甲公司购置一台机器,原值 100 000 元,预计净残值率为 5%,预计使用 5 年,采用双倍余额递减法计提折旧。

双倍余额递减法各年折旧计算如表 4-2 所示。

表 4-2 双倍余额递减法各年折旧计算表 元

年 份	年初账面净值 ①=上年⑤	年折旧率 ②=2/5×100%	年折旧额 ③=①×②	累计折旧 ④=上年④+③	期末账面净值 ⑤=①-③ 或=100 000-④
1	100 000	40%	40 000	40 000	60 000
2	60 000	40%	24 000	64 000	36 000
3	36 000	40%	14 400	78 400	21 600
4	21 600	—	(21 600-100 000 ×5%)÷2	8 300	13 300
5	13 300	—	(21 600-100 000 ×5%)÷2	8 300	5 000

4. 年数总和法

年数总和法,是指以固定资产的原值减去预计净残值后的净额为基数,以一个逐年递减的分数为折旧率,计算各年固定资产折旧额的一种方法。这种方法的特点是,计提折旧的基数是固定不变的,折旧率依据固定资产的使用年限来确定,且各年折旧率呈递减趋势,故以此计算出的年折旧额也呈递减趋势。

采用年数总和法确定固定资产各年折旧率,是以固定资产尚可使用的年限做分子,以固定资产使用年限的逐年数字之和做分母。假定固定资产使用年限为 n 年,分母即为 $1+2+3+4+\cdots+n=n(n+1)/2$,其计算公式如下:

$$年折旧率=\frac{预计使用年限-已使用年数}{预计使用年限×(1+预计使用年限)÷2}×100\%$$

年折旧额=(固定资产原值-预计净残值)×年折旧率

月折旧率=年折旧率÷12

月折旧额=(固定资产原值-预计净残值)×月折旧率

【例 4-11】 甲公司购置一台机器,原值 100 000 元,预计净残值率为 5%,预计使用 5 年,采用年数总和法计提折旧。

应计提折旧总额=100 000×(1-5%)=95 000(元)

年数总和法各年折旧计算如表 4-3 所示(保留整数)。

表 4-3 年数总和法各年折旧计算表 元

年 份	应计提折旧总额 ①	年折旧率 ②	年折旧额 ③=①×②	累计折旧 ④=上年④+③
1	95 000	5/15	31 667	31 667
2	95 000	4/15	25 333	57 000

年 份	应计提折旧总额 ①	年折旧率 ②	年折旧额 ③＝①×②	累计折旧 ④＝上年④＋③
3	95 000	3/15	19 000	76 000
4	95 000	2/15	12 667	88 667
5	95 000	1/15	6 333	95 000

【例 4-12】 甲公司 2020 年 6 月购买一台设备原值 100 000 元,预计净残值 10 000 元,预计使用年限 5 年。请分别采用年限平均法、年数总和法、双倍余额递减法计算 2020 年至 2025 年各年折旧。

该设备计提折旧时间范围是 2020 年 7 月至 2025 年 6 月。

(1) 年限平均法。

年折旧额＝(100 000－10 000)/5＝18 000(元)

月折旧额＝18 000/12＝1 500(元)

2020 年折旧额＝1 500×6＝9 000(元)

2021—2024 年各折旧额＝1 500×12＝18 000(元)

2025 年折旧额＝1 500×6＝9 000(元)

(2) 年数总和法。

第 1 年(2020.7—2021.6)折旧额＝(100 000－10 000)×5/15＝30 000(元)

第 2 年(2021.7—2022.6)折旧额＝(100 000－10 000)×4/15＝24 000(元)

第 3 年(2022.7—2023.6)折旧额＝(100 000－10 000)×3/15＝18 000(元)

第 4 年(2023.7—2024.6)折旧额＝(100 000－10 000)×2/15＝12 000(元)

第 5 年(2024.7—2025.6)折旧额＝(100 000－10 000)×1/15＝6 000(元)

2020 年折旧额＝30 000×6/12＝15 000(元)

2021 年折旧额＝30 000/12×6＋24 000×6/12＝27 000(元)

2022 年折旧额＝24 000/12×6＋18 000×6/12＝21 000(元)

2023 年折旧额＝18 000/12×6＋12 000×6/12＝15 000(元)

2024 年折旧额＝12 000/12×6＋6 000×6/12＝9 000(元)

2025 年折旧额＝6 000×6/12＝3 000(元)

(3) 双倍余额递减法。

第 1 年(2020.7—2021.6)折旧额＝100 000×2/5＝40 000(元)

第 2 年(2021.7—2022.6)折旧额＝(100 000－40 000)×2/5＝24 000(元)

第 3 年(2022.7—2023.6)折旧额＝(100 000－40 000－24 000)×2/5＝14 400(元)

第 4 年(2023.7—2024.6)折旧额＝(100 000－40 000－24 000－14 400－10 000)/2＝5 800(元)

第 5 年(2024.7—2025.6)折旧额＝(100 000－40 000－24 000－14 400－10 000)/2＝5 800(元)

2020 年折旧额＝40 000×6/12＝20 000(元)

2021 年折旧额＝40 000/12×6＋24 000×6/12＝32 000(元)

2022 年折旧额＝24 000/12×6＋14 400×6/12＝19 200(元)

2023 年折旧额＝14 400/12×6＋5 800×6/12＝10 100(元)

2024 年折旧额＝5 800/12×6＋58 000×6/12＝5 800(元)

2025 年折旧额＝5 800×6/12＝2 900(元)

4.3.4　固定资产折旧的会计处理

固定资产折旧通过"累计折旧"账户核算,该账户属于资产类账户,是"固定资产"账户的备抵账户。

折旧费用列支科目取决于固定资产的使用部门和用途。生产用固定资产,借记"制造费用",贷记"累计折旧";管理部门用固定资产,借记"管理费用",贷记"累计折旧";销售部门用固定资产,借记"销售费用",贷记"累计折旧";用于出租的固定资产折旧,借记"其他业务成本",贷记"累计折旧";用于在建工程的固定资产折旧,借记"在建工程",贷记"累计折旧";用于无形资产研发的固定资产,借记"研发支出",贷记"累计折旧"。

【例 4-13】　甲公司采用年限平均法计提固定资产折旧,会计部门根据各部门编报的 2021 年 1 月份固定资产折旧计算表,汇总编制的某企业折旧额计算表如表 4-4 所示。

表 4-4　固定资产折旧额计算汇总表

2021 年 1 月　　　　　　　　　　　　　　　　　　金额单位:元

使用部门		上月计提折旧额 ①	上月增加固定资产应计折旧额 ②	上月减少固定资产应计折旧额 ③	本月应计提折旧额 ④＝①＋②－③
生产车间	生产用	100 000	8 000	3 000	105 000
	管理用	20 000	3 000	1 000	22 000
	小计	120 000	11 000	4 000	127 000
管理部门		50 000	6 000	3 000	53 000
销售部门		80 000	12 000	5 000	87 000
合计		250 000	29 000	12 000	267 000

本月,根据表 4-4 第④栏数据作如下会计分录。

借:制造费用　　　　　　　　　　　　127 000

　　管理费用　　　　　　　　　　　　53 000

　　销售费用　　　　　　　　　　　　87 000

　　　贷:累计折旧　　　　　　　　　　　　267 000

4.4　固定资产后续支出

4.4.1　固定资产后续支出的确认

固定资产后续支出,是指固定资产在使用过程中发生的更新改造支出、修理支出等。固定资产后续支出按其经济实质不同可分为资本化支出和费用化支出两类。与固定资有关的后续支出符合固定资产确认条件的,应当计入固定资产成本,即资本化支出;不符合固定资产确认条件的,应当在发生时按照受益对象计入当期损益或计入相关资产的成本。

4.4.2 资本化支出的会计处理

资本化后续支出,如符合固定资产确认条件的改扩建支出,在发生时应计入固定资产成本,具体会计处理如下。

(1) 开始更新改造时,按固定资产更新改造前的账面价值借记"在建工程",按已计提的累计折旧借记"累计折旧",按已计提的资产减值准备借记"固定资产减值准备",按固定资产原价贷记"固定资产"。

(2) 改扩建期间发生后续支出时,借记"在建工程",贷记"工程物资""原材料""应付职工薪酬""银行存款"等账户。

(3) 改扩建过程中拆除原有旧部件时,按残值收入借记"原材料"等账户,按旧部件账面价值与残值收入的差额借记"营业外支出",按旧部件账面价值贷记"在建工程"。

(4) 更新改造完毕,固定资产达到预定可使用状态时,借记"固定资产",贷记"在建工程"。

开始改扩建的当月,原固定资产应照常计提折旧,改扩建期间不再计提折旧,直到改扩建完工达到预定可使用状态的下月起,再按更新改造后固定资产的价值、预计尚可使用年限、预计净残值以及选用的折旧方法计提折旧。

【例 4-14】 2021 年 3 月,甲公司对现有生产用车间进行改扩建,车间购建于 2016 年 6 月,原值 3 000 000 元,预计使用 10 年,预计净残值率 10%,采用年限平均法计提折旧,未计提减值准备,其他相关资料如下。

(1) 3 月,以银行存款购入工程物资款,取得增值税专用发票注明的价款为 100 000 元、增值税 13 000 元。

(2) 4 月,将上述工程物资全部领用于车间改扩建。

(3) 5 月,改扩建过程中拆除原有部分部件,被拆除的部件原值为 30 000 元,拆除后的部件残料作为原材料入库,计价 8 000 元。

(4) 改扩建过程中共发生职工薪酬 50 000 元。

(5) 6 月,改扩建完工,车间达到预定可使用状态。改扩建后,车间预计尚可使用年限为 8 年,预计净残值率仍为 10%,折旧方法改为年数总和法。

相关会计处理与计算如下。

(1) 改扩建开始将车间账面价值转入在建工程。

累计折旧=3 000 000×(1-10%)÷10÷12×(12×4+9)=1 282 500(元)

车间账面价值=3 000 000-1 282 500=1 717 500(元)

借:在建工程	1 717 500	
累计折旧	1 282 500	
贷:固定资产		3 000 000

（2）购入工程物资。

借：工程物资　　　　　　　　　　　　　　　　　　100 000

　　应交税费——应交增值税（进项税额）　　　　 13 000

　　　贷：银行存款　　　　　　　　　　　　　　　113 00

（3）领用工程物资。

借：在建工程　　　　　　　　　　　　　　　　　　100 000

　　　贷：工程物资　　　　　　　　　　　　　　　100 000

（4）拆除原有部分部件。

　　拆除部件账面价值 $= 30\,000 - 30\,000 \div 3\,000\,000 \times 1\,282\,500 = 17\,175$（元）

借：原材料　　　　　　　　　　　　　　　　　　　8 000

　　营业外支出　　　　　　　　　　　　　　　　　9 175

　　　贷：在建工程　　　　　　　　　　　　　　　17 175

（5）确认职工薪酬时。

借：在建工程　　　　　　　　　　　　　　　　　　50 000

　　　贷：应付职工薪酬　　　　　　　　　　　　　50 000

（6）达到预定可使用状态。

　　改扩建后车间原值 $= 1\,717\,500 + 100\,000 - 17\,175 + 50\,000 = 1\,850\,325$（元）

借：固定资产　　　　　　　　　　　　　　　　　　1 850 325

　　　贷：在建工程　　　　　　　　　　　　　　　1 850 325

（7）2021 年 7 月计提折旧。

2021 年 6 月改扩建完工，从 2021 年 7 月起重新计算折旧。

7 月份折旧 $= 1\,850\,325 \times (1 - 10\%) \times 8 \div (8 \times 9 \div 2) \div 12 = 30\,838.75$（元）

借：制造费用　　　　　　　　　　　　　　　　　　30 838.75

　　　贷：累计折旧　　　　　　　　　　　　　　　30 838.75

（8）计算该车间 2021 年折旧总额和 2022 年折旧总额。

2021 年改扩建前计提的折旧额 $= 3\,000\,000 \times (1 - 10\%) \div 10 \div 12 \times 3$

$$= 67\,500（元）$$

2021 年改扩建后计提的折旧额 $= 1\,850\,325 \times (1 - 10\%) \times 8 \div (8 \times 9 \div 2) \div 12 \times 6$

$$= 185\,032.5（元）$$

2021 年计提的折旧总额 $= 67\,500 + 185\,032.5$

$$= 252\,532.5（元）$$

2022 年计提的折旧总额 $= 1\,850\,325 \times (1 - 10\%) \times [8 \div (8 \times 9 \div 2) \div$

$$12 \times 6 + 7 \div (8 \times 9 \div 2) \div 12 \times 6]$$

$$= 346\,935.94（元）$$

4.4.3　费用化支出的会计处理

固定资产的日常维护等费用化支出，通常不满足固定资产的确认条件，应当在发生时按照受益对象计入当期损益或相关资产的成本。与存货的生产和加工相关的固定资产日常修理费用按照存货成本确定原则进行处理,行政管理部门、企业专设的销售机构等发生的固定资产日常修理费用按照功能分类计入管理费用或销售费用。按照发生的费用金额,借记"制造费用""管理费用""销售费用"等账户,贷记"银行存款""原材料"等账户。

如果固定资产修理支出金额较大,也可以确认为"长期待摊费用",并在一定期间内分期摊销。发生修理支出时,借记"长期待摊费用",贷记"银行存款""原材料"等;每期摊销时,借记"管理费用""销售费用"等账户,贷记"长期待摊费用"。

4.5　固定资产减值

4.5.1　固定资产减值迹象

企业在资产负债表日,应当判断固定资产是否存在减值迹象,如果某项固定资产存在减值迹象,应当计算该资产的可收回金额,当该项固定资产的可收回金额低于其账面价值时,应当按照可收回金额低于其账面价值的差额,计提固定资产减值准备,即固定资产期末计量采用账面价值与可收回金额孰低法。

在资产负债表日,固定资产存在下列迹象的,表明该项固定资产可能发生了减值。

(1)资产的市价当期大幅度下跌,其跌幅明显高于因时间的推移或者正常使用而预计的下跌。

(2)企业经营所处的经济、技术或者法律等环境以及资产所处的市场在当期或者将在近期发生重大变化,从而对企业产生不利影响。

(3)市场利率或者其他市场投资报酬率在当期已经提高,从而影响企业计算资产预计未来现金流量现值的折现率,导致资产可收回金额大幅度降低。

(4)有证据表明资产已经陈旧过时或者其实体已经损坏。

(5)资产已经或者将被闲置、终止使用或者计划提前处置。

(6)企业内部报告的证据表明资产的经济绩效已经低于或者将低于预期,如资产所创造的净现金流量或者实现的营业利润(或者亏损)远远低于(或者高于)预计金额等。

(7)其他表明资产可能已经发生减值的迹象。

4.5.2　固定资产可收回金额的计量

企业的固定资产如果在资产负债表日存在减值迹象的,应当估计该固定资产的可收回金额。企业应当以单项资产为基础估计其可收回金额,难以对单项资产的可收回金额进行估计的,应当以该资产所属的资产组为基础确定资产组的可收回金额。

(1)固定资产的可收回金额应当根据固定资产的公允价值减去处置费用后的净额与资产预计未来现金流量的现值两者之间较高者确定。

(2)固定资产的公允价值,应当根据公平交易中销售协议价格确定,不存在销售协议但存在资产活跃市场的,应当按照该资产的市场价格确定。资产的市场价格通常应当根据资产的买方出价确定。在不存在销售协议和资产活跃市场的情况下,应当以可获取的最佳信息为基础,估计资产的公允价值。如果企业按照上述规定仍然无法可靠估计资产的公允价值减去处置费用后的净额的,应当以该资产预计未来现金流量的现值作为其可收回金额。

(3) 预计固定资产未来现金流量的现值,应当综合考虑资产的预计未来现金流量、使用寿命和折现率等因素。

预计未来现金流量应当包括资产持续使用过程中预计产生的现金流入、为实现资产持续使用过程中产生现金流入所必需的预计现金流出(包括为使资产达到预定可使用状态所发生的现金流出)、资产使用寿命结束时处置资产所收到或者支付的净现金流量。预计固定资产未来现金流量时,应当以资产的当前状况为基础,不应包括与将来可能会发生的、尚未作出承诺的重组事项有关或者与资产改良有关的预计未来现金流量,也不应当包括筹资活动产生的现金流入或者流出以及与所得税收付有关的现金流量。

折现率是反映当前市场货币时间价值和资产特定风险的税前利率。折现率的确定通常应当以该资产的市场利率为依据。无法从市场获得的,可以使用替代利率估计折现率。替代利率可以根据加权平均资金成本、增量借款利率或者其他相关市场借款利率做适当调整后确定。调整时,应当考虑与资产预计未来现金流量有关的特定风险以及其他有关货币风险和价格风险等。估计资产未来现金流量现值时,通常应当使用单一的折现率,资产未来现金流量的现值对未来不同期间的风险差异或者利率的期限结构反应敏感的,应当使用不同的折现率。

4.5.3　固定资产减值的会计处理

(1) 固定资产的可收回金额低于其账面价值(固定资产原值－累计折旧－固定资产减值准备)时,应当将固定资产的账面价值减记至预计可收回金额,减记的金额确认为固定资产减值损失,借记"资产减值损失",贷方"固定资产减值准备";固定资产的可收回金额高于其账面价值时,不进行任何会计处理。

(2) 固定资产减值一经确认,在以后会计期间不得转回。不同于存货、金融资产的减值,根据《企业会计准则第 8 号——资产减值》的规定,固定资产、无形资产等长期资产一旦发生减值,即使在以后期间价值回升,已计提的减值准备也不得转回。

(3) 固定资产计提减值准备后,企业应当重新复核固定资产的折旧方法、预计使用寿命和预计净残值,并按照该项资产的账面价值以及尚可使用寿命重新计算确定折旧率和折旧额,减值固定资产的折旧费用应当在未来期间做相应调整。

【例 4-15】甲公司 2019 年 10 月购入一台管理用设备,原值 100 000 元,预计净残值 10 000 元,预计使用年限 5 年,采用年限平均法计提折旧。2020 年末,该设备存在减值迹象,经减值测试,该设备公允价值减处置费用后的净额为 65 000 元,预计未来现金流量的现值为 70 000 元,预计剩余使用年限不变,预计净残值为 5 600 元,仍然采用年限平均法计提折旧。2021 年末,经测试,该设备可收回金额为 53 500 元。根据上述资料,2020 年和 2021 年相关会计处理如下。

(1) 2020 年按月计提折旧。

借:管理费用　　　　　　　　　　　　　　　　　　　1 500

　　贷:累计折旧　　　　　　　　　　　　　　　　　　　　　1 500

（2）2020 年末。

2020 年末设备账面价值＝原值－累计折旧＝100 000－1 500×(2＋12)

$$＝79 000(元)$$

2020 年末设备可收回金额＝max{65 000,70 000}＝70 000(元)

可收回金额小于账面价值，该设备发生减值，应计提减值准备 79 000－70 000＝9 000(元)。

借：资产减值损失　　　　　　　　　　　　　　　9 000

　　贷：固定资产减值准备　　　　　　　　　　　　　　9 000

（3）2021 年按月计提折旧。

每月折旧额＝(70 000－5 600)÷(5×12－14)＝1 400(元)

借：管理费用　　　　　　　　　　　　　　　　　1 400

　　贷：累计折旧　　　　　　　　　　　　　　　　　　1 400

（4）2021 年末。

2021 年末设备账面价值＝70 000－1 400×12＝53 200(元)

2021 年末预计可收回金额为 53 500 元，高于账面价值，因此无须计提减值准备，2020 年计提的减值准备也不得转回。

4.5.4　在建工程减值

企业应当定期或者至少于每年年度终了，对在建工程进行全面检查，如果有证据表明在建工程已经发生了减值，应当按照在建工程预计可收回金额小于其账面价值的差额，确认减值损失并计提减值准备，借记"资产减值损失"，贷记"在建工程减值准备"。在建工程减值一经确认，在以后会计期间不得转回。

需要注意的是，在建工程、企业合并形成的商誉、使用寿命不确定的无形资产等长期资产，因为不计提折旧、摊销，所以，为了遵循谨慎性要求，按照《企业会计准则第 8 号——资产减值》的规定，这些资产无论是否存在减值迹象，每年都应当进行减值测试。

4.6　固定资产清理

固定资产清理涉及固定资产处置、报废或毁损等事项。固定资产处置，通常包括出售、用于对外投资、非货币性资产交换等情形。固定资产处置和报废毁损主要涉及固定资产账面价值结转、处置收入或清理收入、清理费用、结转净损益。应当设置"固定资产清理"账户，以更加清晰地反映固定资产账面价值结转、处置收入或清理收入、清理费用和结转净损益情况。处置固定资产净损益转入"资产处置损益"，报废毁损净损益转入"营业外收入"或"营业外支出"。

4.6.1　固定资产出售

出售固定资产的会计处理如下。

（1）将固定资产账面价值转入"固定资产清理"。按账面价值借记"固定资产清理"，按已计提的累计折旧借记"累计折旧"，按已计提的减值准备借记"固定资产减值准备"，按固定资产原值贷记"固定资产"。

（2）清理费用。清理过程中发生的清理费用，借记"固定资产清理"，贷记"银行存款"等账户。

（3）清理收入。清理过程中发生的转让收入，借记"银行存款"等账户，贷记"固定资产清理"。

（4）结转处置净损益。如果"固定资产清理"余额为贷方，按该余额借记"固定资产清理"，贷记"资产处置损益"；如果"固定资产清理"余额为借方，按该余额借记"资产处置损益"，贷记"固定资产清理"。

【例 4-16】　继【例 4-15】，甲公司 2022 年 3 月将该设备出售，共收到价款 45 200 元，其中含增值税销项税额 5 200 元。出售过程中，以银行存款支付清理费用 500 元。相关会计处理如下。

（1）固定资产账面价值转入固定资产清理。

固定资产原值＝100 000（元）

累计折旧余额＝1 500×（2＋12）＋1 400×（12＋3）＝42 000（元）

固定资产减值准备余额＝9 000（元）

固定资产账面价值＝100 000－42 000－9 000＝49 000（元）

借：固定资产清理	49 000
累计折旧	42 000
固定资产减值准备	9 000
贷：固定资产	100 000

（2）清理收入。

借：银行存款	45 200
贷：固定资产清理	40 000
应交税费——应交增值税（销项税额）	5 200

（3）清理费用。

| 借：固定资产清理 | 500 |
| 贷：银行存款 | 500 |

（4）结转处置损益。

固定资产清理借方余额＝49 000＋500－40 000＝9 500（元）

| 借：资产处置损益 | 9 500 |
| 贷：固定资产清理 | 9 500 |

4.6.2　固定资产报废

（1）将固定资产账面价值转入"固定资产清理"。按账面价值借记"固定资产清理"，按已计提的累计折旧借记"累计折旧"，按已计提的减值准备借记"固定资产减值准备"，按固定资产原值贷记"固定资产"。

（2）清理费用。清理过程中发生的清理费用，借记"固定资产清理"，贷记"银行存款"等账户。

（3）清理收入。清理过程中发生的残料收入、保险公司或有关责任人赔款等清理收入，借记"银行存款""其他应收款"等账户，贷记"固定资产清理"。

（4）结转报废净损益。如果"固定资产清理"余额为贷方，按该余额借记"固定资产清理"，贷记"营业外收入"；如果"固定资产清理"余额为借方，按该余额借记"营业外支出"，贷记"固定资产清理"。

【例 4-17】 继【例 4-15】，甲公司该设备 2024 年 9 月 30 到期报废，通过开户银行取得残值收入 8 000 元，以库存现金支付清理费用 3 000 元，当日清理完毕。

（1）将固定资产账面价值转入清理。

固定资产原值＝100 000（元）

固定资产减值准备余额＝9 000（元）

累计折旧余额＝100 000－9 000－5 600＝85 400（元）

账面价值＝5 600（元）

```
借：固定资产减值准备                          9 000
    累计折旧                                 85 400
    固定资产清理                              5 600
    贷：固定资产                                      100 000
```

（2）清理收入。

```
借：银行存款                                  8 000
    贷：固定资产清理                                  8 000
```

（3）清理费用。

```
借：固定资产清理                              3 000
    贷：库存现金                                      3 000
```

（4）结转报废损失。

```
借：营业外支出                                6 00
    贷：固定资产清理                                  6 00
```

4.7　报　表　列　示

4.7.1　固定资产的报表列示

资产负债表中"固定资产"项目，反映企业在资产负债表日固定资产账面价值和尚未清理完毕固定资产的固定资产清理净损益，应当根据"固定资产"账户期末余额减去"累计折旧""固定资产减值准备"账户期末余额后的净额，以及"固定资产清理"账户期末余额分析填列。

4.7.2　在建工程的报表列示

资产负债表中"在建工程"项目，反映企业在资产负债表日尚未达到预定可使用状态的在建工程账面价值和各种工程物资的期末账面价值，应当根据"在建工程"账户期末余额减去"在建工程减值准备"账户期末余额后的净额，以及"工程物资"账户期末余额减去

"工程物资减值准备"账户期末余额后的净额填列。

【本章习题】

1. 甲公司一次性购入 A、B、C 三种独立使用的设备,取得的增值税专用发票注明的价款为 200 万元,增值税 26 万元,款项已付。A、B、C 三种设备的公允价值分别为 70 万元、80 万元、100 万元。A、B 设备不需安装,C 设备需要安装后才能投入使用,聘请专业人员安装,共支付安装费 10 600 元,取得增值税专用发票,其中可抵扣的增值税 600 元。安装完毕,C 设备达到预定可使用状态。

要求:写出以上经济业务的会计分录。

2. 甲公司自营建造一座核电站,有关资料如下。

(1) 购入工程物资一批,取得增值税专用发票注明的价款为 10 000 万元、增值税 1 300 万元,款项已付。

(2) 建造项目领用工程物资 10 000 万元,原材料 1 000 万元,自制产品成本 500 万元。

(3) 应付建造项目职工薪酬 3 000 万元。

(4) 建造项目消耗外购水费 436 万元,其中可抵扣增值税 36 万元;电费 904 万元,其中可抵扣的增值税 104 万元,所有款项已付。

(5) 建造项目应负担本公司辅助生产部门成本 120 万元。

(6) 预计该核电站 20 年后最终报废时需支付 1 000 万元用于恢复当地生态环境,折现率为 5%。

(7) 核电站建造完成,达到预定可使用状态。

要求:写出上述经济业务的会计分录。

3. 甲公司为增值税一般纳税人,适用的增值税税率为 13%。2019 年 2 月购入生产用设备一台,价款 400 万元,增值税 52 万元,运杂费 2 万元(不考虑增值税),购入后立即投入安装。安装过程中领用工程物资 50 万元,领用原材料 8 万元,安装人员薪酬 10 万元。为达到正常运转发生测试费 26 万元,外聘专业人员服务费 4 万元,员工培训费 120 万元。安装完毕投入使用,该设备预计使用年限 5 年,预计净残值 20 万元。

要求(金额以万元为单位):

(1) 计算安装完毕投入使用的固定资产入账价值。

(2) 假定 2019 年 4 月 10 日安装完毕并交付使用,采用年限平均法计算 2019 年、2020 年折旧额及年末固定资产的账面价值。

(3) 假定 2019 年 9 月 10 日安装完毕并交付使用,采用年数总和法计算 2019 年至 2024 年各年折旧额及当年计提折旧后固定资产的账面价值。

(4) 假定 2019 年 12 月 10 日安装完毕并交付使用,采用双倍余额递减法计算 2020 年至 2024 年各年折旧额。

(5) 假定 2019 年 3 月 10 日安装完毕并交付使用,采用双倍余额递减法计算 2019 年至 2024 年各年折旧额。

4. 甲公司系增值税一般纳税人,2018 年至 2021 年与固定资产有关的业务资料如下。

(1) 2018 年 12 月 5 日,甲公司以银行存款购入一套不需要安装的大型生产设备,取得增值税专用发票注明的价款为 5 000 万元,增值税税额为 650 万元。

(2) 2018 年 12 月 31 日,该设备投入使用,预计使用年限为 5 年,净残值为 50 万元,采用年数总和法计提折旧。

(3) 2020 年 12 月 31 日,该设备出现减值迹象,预计未来现金流量的现值为 1 500 万元,公允价值减去处置费用后的净额为 1 800 万元,甲公司对该设备计提减值准备后,根据新获得的信息预计其使用年限仍为 3 年,净残值为 30 万元,仍采用年数总和法计提折旧。

(4) 2021 年 12 月 31 日,甲公司出售该设备,开具的增值税专用发票注明的价款为 900 万元,增值税税额为 117 万元,款项已收取,另以银行存款支付清理费用 2 万元。

要求(金额以万元为单位):

(1) 编制甲公司 2018 年 12 月 5 日购入该设备的会计分录。

(2) 分别计算甲公司 2019 年和 2020 年对该设备计提的折旧。

(3) 计算甲公司 2020 年 12 月 31 日对该设备计提减值准备的金额,并编写会计分录。

(4) 计算甲公司 2021 年对该设备计提折旧的金额,并编写会计分录。

(5) 编制甲公司 2021 年 12 月 31 日处置该设备的会计分录。

5. 甲公司固定资产有关业务如下。

(1) 2020 年 10 月购入一处厂房,取得增值税专用发票注明的价款为 500 万元、增值税 45 万元,款项已支付。该厂房预计使用年限为 10 年,预计净残值为 20 万元,采用年限平均法计提折旧。

(2) 2025 年末,该厂房出现减值迹象,预计未来现金流量为 225 万元,公允价值减处置费用净额为 220 万元,预计净残值、使用年限不变。

(3) 2026 年 6 月,对该厂房进行改扩建,共消耗原材料 20 万元,应付职工薪酬 8 万元,拆除一个旧部件,原值 5 万元,无回收价值已报废。8 月改扩建完工,投入使用,预计净残值为 25 万元,使用寿命预计延长 2 年,仍采用年限平均法折旧。

要求(以元为单位,保留整数):

(1) 写出购置时的会计分录。

(2) 计算 2025 年末该厂房的净值与可收回金额,并写出计提减值准备的会计分录。

(3) 写出改扩建有关会计分录。

(4) 计算该厂房 2026 年计提的折旧总额。

【即测即练】

第 5 章

无形资产

【本章学习目标】

1. 了解无形资产的定义、无形资产的特征、无形资产的分类、无形资产的确认条件。

2. 理解无形资产使用寿命的确定、使用寿命不确定的无形资产会计处理特点、无形资产减值的会计处理。

3. 掌握外购无形资产、无形资产研发、无形资产摊销、无形资产处置与报废的会计处理。

研发投入——企业创新能力的源泉

如今越来越强调企业的创新能力,研发投入则是企业创新能力的源泉。华为公司之所以能够保持强大的创新能力与竞争能力,巨额研发投入是其重要保障。2020 年,华为公司以 167.1 亿欧元位居全球 R&D(研究与试验发展)经费投入第三名,并位居 2020 年中国企业研发投入第一名。2020 全球 R&D 经费投入前十名和 2020 年中国企业研发投入前十名分别见表 5-1 和表 5-2。

表 5-1　2020 年全球 R&D 经费投入前十企业　　　　　　　　　　　亿欧元

排　　名	公　　司	R&D 经费
1	Alphabet	231.6
2	微软	171.5
3	华为	167.1
4	三星	155.3
5	苹果	144.4
6	大众	143.1
7	脸书	121.1
8	英特尔	118.9
9	罗氏	107.5
10	强生	101.1

表 5-2　2020 年中国企业研发投入前十企业　　　　　　　亿元

排　　名	公　　司	研发费用
1	华为	1 316.59
2	阿里巴巴	430.8
3	中国石油	286.91
4	航天科工	273.05
5	中国移动	234.81
6	吉利控股	207.3
7	百度	183.46
8	一汽集团	180.95
9	中国建筑	172.9
10	中国铁建	165.28

问题：

根据《企业会计准则第 6 号——无形资产》的规定，研发投入在会计上如何处理？符合哪些条件才能够资本化？

5.1　无形资产概述

5.1.1　无形资产的概念

随着科技创新、知识经济的发展，无形资产对于企业而言越来越重要。根据《企业会计准则第 6 号——无形资产》的规定，无形资产是企业拥有或控制的没有实物形态的可辨认非货币性资产。

作为一种非流动资产，无形资产具有如下特征。

(1) 不具有实物形态。无形资产通常表现为某种权利、技术或是某种获取超额利润的综合能力，没有实物形态，却能够为企业带来经济利益，或使企业获得超额收益。不具有实物形态是无形资产区别于固定资产等其他实物资产的主要特征。

(2) 属于可辨认资产。如果能够从企业中分离或者划分出来，并能单独用于出售、转让等，而不需要同时处置在同一获利活动中的其他资产，则说明无形资产具有可辨认性。某些情况下无形资产可能需要与有关的合同一起用于出售转让等，这种情况下也视为具有可辨认性。如果无形资产源自合同性权利或其他法定权利，说明该无形资产具有可辨认性，无论这些权利是否可以从企业或其他权利和义务中转移或分离。可辨认性是相对于商誉等不可辨认资产而言的。

(3) 属于非货币性资产。非货币性资产是指企业持有的货币资金以及将以固定或可确定的金额收取的资产以外的其他资产。无形资产为企业带来的经济利益具有不确定性，属于非货币性资产，这是相对于长期应收款、债权投资等货币性资产而言的。

5.1.2　无形资产的分类

1. 按经济内容分类

无形资产按经济内容分为专利权、非专利技术、商标权、著作权、土地使用权、特许权等。

（1）专利权，是政府依法授予持有者独家制造、销售或处置某项发明的权利。专利权主要包括发明专利权、实用新型专利权和外观设计专利权。专利权向法律机构申请后生效，受到法律保护，某项专利权的非持有者如需使用与其相同的原理、结构和技术用于生产经营，应向该专利权的持有者支付专利使用费，否则视为侵权。

（2）非专利技术，是指发明人未申请专利或不符合申请专利条件而未经公开的先进技术，例如技术设计资料、原料配方等。非专利技术不需到有关管理机关注册登记，一般没有法律意义上的有效期限，通过非专利技术持有者采用保密方式维持其独占性。

（3）商标权，是商标所有者将商标依法注册登记而取得的一种专用权，用来辨认特定商品或劳务的专用标记的权利。

（4）著作权，又称版权，是对文学、艺术、学术、音乐、电影、音像等创作或翻译的出版、销售、表演、演唱、广播等权利。著作权受法律保护，未经著作权所有者许可或转让，他人不得占有和使用。

（5）土地使用权，是指企业经国家土地管理机关批准，在一定期间内享有土地开发、利用和经营的权利。

企业购入的土地使用权，应区分以下不同情况进行确认。

用于非房屋建筑物的土地使用权，应该单独确认为无形资产。

用于房屋建筑物的土地使用权，由于土地使用权和房屋建筑物的使用期限不同，应单独确认为无形资产。

企业购入的房屋建筑物实际支付的价款中包括土地使用权价值，应采用合理的方法将其从全部价款中分离出来，单独确认，不能合理分离出来的，应计入房屋建筑物的成本。

房地产开发企业购入用于建造对外出售房屋建筑物的土地使用权，计入房屋建筑物存货成本，不确认无形资产。

企业购入后用于出租或准备增值后转让的土地使用权，应确认为投资性房地产，不确认无形资产。

（6）特许权，是指经批准在某一地区生产经营某种特定商品的权利，或是一家企业经由另一家企业授权使用其商标、商号、技术秘密等的权利。特许权可以是政府机构授权的，也可以是其他单位或个人授权的。

2. 按取得方式分类

无形资产按取得方式不同，分为外部取得的无形资产和企业自创的无形资产。其中，外部取得的无形资产又可以细分为外购无形资产、投资者投入无形资产、通过非货币性资产交换换入的无形资产、通过债务重组取得的无形资产、接受捐赠取得的无形资产、通过企业合并取得的无形资产等。自创无形资产是指企业自行研究与开发取得的无形资产。

3. 按使用寿命期限分类

无形资产按使用寿命期限，分为使用寿命有限的无形资产和使用寿命不确定的无形资产。例如专利权、商标权、著作权等一般情况下属于使用寿命有限的无形资产，非专利技术一般情况下属于使用寿命不确定的无形资产。

5.1.3　无形资产的确认条件

除符合无形资产定义外,还必须同时满足以下条件,才能确认为无形资产。

(1)该资产产生的经济利益很可能流入企业。

(2)该资产的成本能够可靠计量。

例如,企业自创商誉以及内部产生的品牌、报刊名等,因其成本无法明确区分,不应当确认为无形资产。

5.2　无形资产的取得

《企业会计准则第6号——无形资产》规定,无形资产应当按照成本进行初始计量。

5.2.1　外购无形资产

(1)外购无形资产的成本,包括购买价款、相关税费以及直接归属于使该项资产达到预定用途所发生的其他支出,如律师费、咨询费、公证费、鉴定费、注册登记费等。

(2)外购无形资产时,根据无形资产的实际成本借记"无形资产",根据可抵扣的进项税额借记"应交税费——应交增值税(进项税额)",贷记"银行存款"等账户。

(3)购买无形资产的价款超过正常信用条件延期支付,实质上具有融资性质的,无形资产的成本以购买价款的现值为基础确定。实际支付的价款与确认的成本之间的差额,除符合资本化条件而予以资本化以外,应当在信用期间内计入当期损益。

【例5-1】 2021年8月1日,甲公司购入一项专利技术,取得增值税专用发票注明的价款为100 000元,增值税6 000元,相关费用5 000元,均以银行存款支付。

无形资产入账价值＝100 000＋5 000＝105 000(元)

借:无形资产　　　　　　　　　　　　　　　　105 000

　　应交税费——应交增值税(进项税额)　　　　6 000

　　贷:银行存款　　　　　　　　　　　　　　　　111 000

【例5-2】 甲公司以分期付款方式购入一项专利权。合同约定,甲公司需在未来5年内,每年末各支付价款1 000 000元(不含增值税),销售方每期收款时向甲公司开具增值税专用发票,税率6%。已知该专利当前市场不含税价格为4 000 000元。

该交易实质上具有融资性质,无形资产的成本应以购买价款的现值为基础确定。使用插值法计算利率r,使得$4\,000\,000=1\,000\,000\times(P/A,r,5)$,经计算$r=7.93\%$。

(1)购入时。

借:无形资产　　　　　　　　　　　　　　　　4 000 000

　　未确认融资费用　　　　　　　　　　　　　　1 000 000

　　贷:长期应付款　　　　　　　　　　　　　　　5 000 000

(2)每年支付款项时。

借:长期应付款　　　　　　　　　　　　　　　　1 000 000

　　应交税费——应交增值税（进项税额）　　　　　　60 000
　　贷：银行存款　　　　　　　　　　　　　　　　1 060 000

（3）每年末确认利息费用时。

各年利息费用计算见表 5-3（结果取整），根据当年利息费用借记"财务费用"，贷记"未确认融资费用"。

表 5-3　各年利息费用计算表　　　　　　　　　　　　　　　　　　元

年　份	利息费用 ①＝上一行③×7.93%	偿还应付款 ②	长期应付款摊余成本 ③＝上一行③＋①－②
			4 000 000
第 1 年末	317 200	1 000 000	3 317 200
第 2 年末	263 054	1 000 000	2 580 254
第 3 年末	204 614	1 000 000	1 784 868
第 4 年末	141 540	1 000 000	926 408
第 5 年末	73 592 *	1 000 000	0

注：* 表示尾数调整。

5.2.2　无形资产研发

（1）企业内部研究开发项目的支出，应当区分研究阶段支出和开发阶段支出。研究是指为获取并理解新的科学或技术知识而进行的独创性的有计划调查。开发是指在进行商业性生产或使用前，将研究结果或其他知识应用于某项计划或设计，以生产出新的或具有实质性改进的材料、装置、产品等。

（2）设置"研发支出——费用化支出"和"研发支出——资本化支出"账户，分别核算企业内部研究开发无形资产的费用化支出和资本化支出。

（3）研究阶段的支出应当于发生时计入当期损益。发生费用化支出时，按费用化金额借记"研发支出——费用化支出"，按可抵扣的增值税借记"应交税费——应交增值税（进项税额）"，贷记"银行存款""应付职工薪酬""原材料"等账户；期末，将费用化支出转入当期损益，借记"管理费用——研发费用"（或增设一级账户"研发费用"），贷记"研发支出——费用化支出"。

（4）开发阶段的支出同时符合以下条件的，作为资本化支出确认无形资产，否则作为费用化支出计入当期损益。

①从技术上来讲，完成该无形资产以使其能够使用或出售具有可行性。

②具有完成该无形资产并使用或出售的意图。

③无形资产产生未来经济利益的方式，包括能够证明运用该无形资产生产的产品存在市场或无形资产自身存在市场；无形资产将在内部使用的，应当证明其有用性。

④有足够的技术、财务资源和其他资源支持，以完成该无形资产的开发，并有能力使用或出售该无形资产。

⑤归属于该无形资产开发阶段的支出能够可靠计量。

开发阶段发生资本化支出时，按资本化支出金额借记"研发支出——资本化支出"，按可抵扣的增值税借记"应交税费——应交增值税(进项税额)",贷记"银行存款""应付职工薪酬""原材料"等账户。确认无形资产时,借记"无形资产",贷记"研发支出——资本化支出"。

(5) 企业取得的仍处于研究阶段的无形资产,在取得后发生的支出也应当按照上述规定处理。

(6) 无法区分研究阶段支出和开发阶段支出的,基于谨慎性要求,应当将发生的研发支出全部作为费用化支出计入当期损益。

【例 5-3】 甲公司自行研究开发一项专利技术。研究阶段发生支出 100 000 元,全部以银行存款支付。开发阶段资本化支出包括:购买所需材料,取得增值税专用发票注明的价款 300 000 元,增值税 39 000 元;职工薪酬 500 000 元。开发成功,支付注册登记费 10 600 元,其中 600 元为可抵扣的增值税。

(1) 研究阶段。

发生费用化支出时:

借:研发支出——费用化支出	100 000	
贷:银行存款		100 000

资产负债表日转入损益:

借:管理费用——研发费用	100 000	
贷:研发支出——费用化支出		100 000

(2) 开发阶段。

发生资本化支出时:

借:研发支出——资本化支出	800 000	
应交税费——应交增值税(进项税额)	39 000	
贷:银行存款		339 000
应付职工薪酬		500 000

(3) 研发成功注册登记。

借:无形资产——专利权	810 000	
应交税费——应交增值税(进项税额)	600	
贷:研发支出——资本化支出		800 000
银行存款		10 600

5.3   无形资产摊销

5.3.1   无形资产使用寿命的确定

企业应当于取得无形资产时分析判断其使用寿命。无形资产的使用寿命如为有限的,应当估计该使用寿命的年限或者构成使用寿命的产量等类似计量单位数量。无法预见无形资产为企业带来经济利益期限的,应当视为使用寿命不确定的无形资产。

(1) 企业持有的无形资产,通常来源于合同性权利或是其他法定权利,而且合同规定或法律规定有明确的使用年限。来源于合同性权利或其他法定权利的无形资产,其使用寿命不应超过合同性权利或其他法定权利的期限。例如,企业以支付土地出让金方式取得一块自用土地 50 年的使用权,如果企业准备持续持有该土地使用权,在 50 年内没有出售计划,该土地使用权预期为企业带来经济利益的期限为 50 年。

(2) 如果合同性权利或其他法定权利能够在到期时因续约等延续,且有证据表明企业续约不需要付出重大成本,续约期应当计入使用寿命。如果企业在延续无形资产持有期限时付出的成本与预期流入企业的未来经济利益相比具有重要性,从其本质来看相当于获得了一项新的无形资产。

(3) 合同或法律没有规定使用寿命的,企业应当综合各方面情况,聘请相关专家进行论证,或与同行业的情况进行比较,或参考历史经验等,确定无形资产为企业带来未来经济利益的期限,如果经过上述努力仍无法合理确定无形资产为企业带来经济利益的期限,应将其作为使用寿命不确定的无形资产。

(4) 企业至少应当于每年度终了,对无形资产的使用寿命进行复核,使用寿命与以前估计不同的,应当改变摊销期限,并按照会计估计变更的未来适用法进行会计处理。

5.3.2　使用寿命有限的无形资产

1. 摊销期限

使用寿命确定的无形资产,其应摊销金额应当在无形资产可供使用时起,至不再作为无形资产确认时止的使用寿命内系统合理摊销。需要说明,当月增加的无形资产当月开始摊销,当月减少的无形资产当月不再摊销。

2. 预计残值

一般情况下,使用寿命有限的无形资产,其残值应当为零,但是以下情况除外:有第三方承诺在无形资产使用寿命结束时购买该无形资产;可以根据活跃市场得到残值信息,并且该市场在无形资产使用寿命结束时很可能存在。

3. 摊销方法

企业选择的无形资产摊销方法,应当反映与该项无形资产有关的经济利益的预期实现方式,可以采用年限平均法、产量法、双倍余额递减法和年数总和法。无法可靠确定预期实现方式的,应当采用直线法即年限平均法摊销。企业至少应当于每年度终了,对无形资产的摊销方法进行复核,摊销方法与以前估计不同的,应当改变摊销方法,并按照会计估计变更进行处理。

4. 应摊销金额

无形资产的应摊销金额为其成本扣除预计残值后的金额。已计提减值准备的无形资产,还应扣除已计提的无形资产减值准备累计金额。

5. 摊销的会计处理

生产用无形资产摊销,借记"制造费用",贷记"累计摊销";管理用无形资产摊销,借记"管理费用",贷记"累计摊销";用于出租的无形资产摊销,借记"其他业务成本",贷记"累计摊销"。

【例 5-4】 2020 年 7 月 1 日,甲公司购入一项生产用专利技术,成本 500 000 元,预计残值为零,法律规定的有效年限为 20 年,同时与出售方签订回售合同,合同规定 10 年到期后出售方以 80 000 元回购,采用年限平均法摊销。

摊销年限为 10 年,预计残值为 80 000 元,摊销期限从 2020 年 7 月到 2030 年 6 月,每月摊销额=(500 000-80 000)÷10÷12=3 500(元),分录如下。

借:制造费用　　　　　　　　　　　　　　　3 500
　　贷:累计摊销　　　　　　　　　　　　　　　　　3 500

5.3.3　使用寿命不确定的无形资产

(1)根据可获得的情况判断,有确凿证据表明无法合理估计使用寿命的无形资产,才能作为使用寿命不确定的无形资产。

(2)使用寿命不确定的无形资产在持有期间无须摊销。

(3)期末对无形资产使用寿命进行复核,重新复核后仍为不确定的,出于谨慎性要求,应当每年进行减值测试,如果无形资产发生减值,应当计提无形资产减值准备。如有确凿证据表明其使用寿命是有限的,应当按照会计估计变更处理。

5.4　无形资产减值

5.4.1　无形资产期末计量

(1)对于使用寿命有限的无形资产,有确凿证据表明资产存在减值迹象的,应当在资产负债表日进行减值测试,估计资产的可收回金额。对于使用寿命不确定的无形资产,企业至少应当于每年年末进行减值测试,估计资产的可收回金额。

(2)无形资产期末按照账面价值与可收回金额孰低计量。可收回金额低于账面价值时,应当计提无形资产减值准备,将其账面价值减记至可收回金额。可收回金额高于账面价值时,无须任何处理。

(3)可收回金额是指以下两项金额中的较大者:无形资产的公允价值减去处置费用后的净额;预期从无形资产的持续使用中预计产生的现金流入扣除为使资产达到预定可使用状态和资产持续使用过程中所必需的预计现金流出和使用年限结束时的处置中产生的预计未来现金流量的现值。

(4)已计提的无形资产减值准备,在以后期间不得转回。

5.4.2　无形资产减值的会计处理

企业应设置"无形资产减值准备"账户核算企业计提的无形资产减值准备。期末,企业所持有的无形资产账面价值高于其可收回金额的,按其差额,借记"资产减值损失"账户,贷记"无形资产减值准备"账户。

【例 5-5】　甲公司 2015 年 10 月外购一项专利,原值 1 152 000 元,预计残值为零,预计使用寿命 10 年,采用年限平均法摊销。2020 年末,该专利存在减值迹象,经减值测试,其可收回金额为 500 000 元。

2020 年末,无形资产账面价值 = 1 152 000 − 1 152 000 ÷ 10 ÷ 12 × (3 + 5 × 12) = 547 200(元)

2020 年末,可收回金额为 500 000 元。

2020 年末,可收回金额低于账面价值,无形资产发生减值,应计提减值准备 547 200 − 500 000 = 47 200(元),分录如下:

借:资产减值损失　　　　　　　　　　　　　　　47 200
　　贷:无形资产减值准备　　　　　　　　　　　　　　47 200

5.5　无形资产处置与报废

5.5.1　无形资产处置

无形资产处置包括出售无形资产、将无形资产用于对外投资、将无形资产用于非货币性资产交换等情形。

无形资产处置损益计入"资产处置损益"账户。以出售为例,企业出售无形资产时,按实际取得的转让收入,借记"银行存款"等账户,按该项无形资产已计提的减值准备,借记"无形资产减值准备"账户,按照无形资产摊销的价值,借记"累计摊销"账户,按无形资产的账面余额,贷记"无形资产"账户,按应支付的相关税费,贷记"银行存款""应交税费"等账户,按其差额贷记或借记"资产处置损益"账户。

【例 5-6】　继【例 5-5】,2020 年发生减值后,假定该无形资产使用寿命、预计残值和摊销方法不变。2021 年 6 月,甲公司将该专利出售,共收取价款 424 000 元,其中增值税 24 000 元,另以银行存款支付有关费用 1 000 元。

2021 年 6 月:

累计摊销额 = 1 152 000 ÷ 10 ÷ 12 × (3 + 5 × 12) + 500 000 ÷ (10 × 12 − 63) × 5
　　　　　　= 648 660(元)

无形资产减值准备 47 200 元。

账面价值 = 1 152 000 − 648 660 − 47 200 = 456 140(元)

资产处置损失 = 456 140 + 1 000 − 400 000 = 57 140(元)

借:银行存款　　　　　　　　　　　　　　　424 000
　　累计摊销　　　　　　　　　　　　　　　648 660
　　无形资产减值准备　　　　　　　　　　　　47 200
　　资产处置损益　　　　　　　　　　　　　　57 140
　　贷:无形资产　　　　　　　　　　　　　　　1 152 000
　　　　应交税费——应交增值税(销项税额)　　　24 000
　　　　银行存款　　　　　　　　　　　　　　　1 000

5.5.2　无形资产报废

无形资产报废,是指无形资产由于已被其他新技术所取代或不再受法律保护等原因,预期不能再为企业带来经济利益而终止其确认。无形资产报废时,按累计摊销额借记"累计摊销",按已计提的减值准备借记"无形资产减值准备",按照账面价值借记"营业外支出",按照原值贷记"无形资产"。

5.6　报表列示

5.6.1　无形资产的报表列示

资产负债表"无形资产"项目反映企业全部无形资产在资产负债表日的账面价值,以期末"无形资产"账户余额减去"累计摊销"和"无形资产减值准备"两个账户余额后的净额填列。

5.6.2　研发支出的报表列示

资产负债表"开发支出"项目反映企业全部尚处于开发阶段的无形资产符合资本化条件的支出金额,根据"研发支出——资本化支出"账户余额填列。

【本章习题】

甲公司有关业务如下。

(1) 2015年1月开始进行一项管理用专利研发,当月以银行存款支付相关研究费用10万元,应付研究人员职工薪酬20万元。

(2) 2015年4月进入开发阶段,当月发生可资本化支出95万元,其中银行存款支出50万元、职工薪酬30万元、原材料15万元。

(3) 2015年7月专利研发成功并申请专利,发生专利申请费用1万元,当月投入使用。预计使用年限为10年,预计净残值为0,采用直线法摊销。

(4) 2019年12月,该专利发生减值迹象,经测试其公允价值减处置费用的净额为40万元,预计持续使用未来现金流量的现值为38万元,预计剩余使用寿命不变。

(5) 2020年12月,将该专利以25万元出售,款项已收。

要求:假定不考虑相关税费,请写出以上交易事项的会计分录。

【即测即练】

第 6 章

投资性房地产

【本章学习目标】

1. 了解投资性房地产的概念与范围、投资性房地产的确认、投资性房地产的报表列示。

2. 理解投资性房地产后续计量模式、后续计量模式变更的会计处理。

3. 掌握投资性房地产取得、投资性房地产后续支出、投资性房地产租金、成本计量模式、公允价值计量模式、投资性房地产转换以及投资性房地产处置的会计处理。

 **引导案例**

购租并举

习近平总书记指出,房子是用来住的,不是用来炒的。近年来,我国适时推出了购租并举住房制度,这是完善住房供应体系、培育住房租赁市场、满足城市中等偏下收入家庭基本住房需求的重要举措,是引导城镇居民合理住房消费,调整房地产市场供应结构的必然要求。万科自 2014 年起启动长租公寓业务,致力于成为全球领先的住宅租赁企业,分青年公寓(泊寓)、家庭公寓(禾寓)、服务式公寓三个产品线,为不同阶段客户提供长期租住生活场景,预计至 2025 年,长租公寓业务将为 50% 以上的城市长期租住需求提供解决方案。万科 2020 年合并财务报表附注披露了其持有投资性房地产信息,如表 6-1 所示。

表 6-1 万科 2020 年投资性房地产 元

项 目	已 完 工	在 建	合 计
原值			
年初余额	47 511 179 286.86	31 502 487 574.54	79 013 666 861.40
本年增加			
存货等转入	3 954 991 532.67		3 954 991 532.67
购置	103 650 162.25		103 650 162.25
建筑成本		4 508 610 203.65	4 508 610 203.65
完工转入	10 248 288 986.75	(10 248 288 986.75)	
合并范围变化	(719 669 045.33)	4 315 623 788.38	3 595 954 743.05
汇兑调整	(192 236 307.89)		(192 236 307.89)
持有待售资产转出	(4 327 536 001.15)		(4 327 536 001.15)
年末余额	56 578 668 614.16	30 078 432 579.82	86 657 101 193.98

续表

项　　目	已　完　工	在　　建	合　　计
累计折旧			
年初余额	3 822 870 117.51		3 822 870 117.51
本年计提	1 760 270 189.42		1 760 270 189.42
合并范围变化	（474 204 888.52）		（474 204 888.52）
汇兑调整	（20 588 329.89）		（20 588 329.89）
持有待售资产转出	（11 503 598.52）		（11 503 598.52）
年末余额	5 076 843 490.00		5 076 843 490.00
投资性房地产减值			
年初余额	131 140 472.72	1 494 978 202.06	1 626 118 674.78
本年计提			
年末余额	131 140 472.72	1 494 978 202.06	1 626 118 674.78
账面价值			
年末账面价值	51 370 684 651.44	28 583 454 377.76	79 954 139 029.20
年初账面价值	43 557 168 696.63	30 007 509 372.48	73 564 678 069.11

问题：

根据《企业会计准则第 3 号——投资性房地产》，何谓投资性房地产？投资性房地产如何进行后续计量？存货转为投资性房地产如何处理？

6.1　投资性房地产概述

6.1.1　投资性房地产的概念

投资性房地产，是指为赚取租金或资本增值，或两者兼有而持有的房地产，主要包括已出租的建筑物、已出租的土地使用权、持有并准备增值后转让的土地使用权。

投资性房地产具有以下特征。

（1）目的为赚取租金或资本增值，或两者兼有。投资性房地产投资是企业在经营活动中，将自有的建筑物或土地使用权以两种形式获取经济利益。一种是将自有的建筑物或土地使用权出租给外单位使用，通过收取租金取得使用费收入；另一种是持有并准备增值后转让，取得增值收益。

（2）能够单独计量和出售或转让。投资性房地产能够单独存在，单独确认计量，单独出售或转让。

6.1.2　投资性房地产的范围

1. 属于投资性房地产范围的项目

（1）已出租的建筑物。已出租的建筑物，是指以经营租赁方式出租的建筑物。用于出租的建筑物是指企业拥有产权的建筑物，包括自行建造或开发完成后用于出租的建筑物。已出租的投资性房地产租赁期届满,因暂时空置,但继续用于出租的,仍作为投资性房地产。

（2）已出租的土地使用权。已出租的土地使用权,是指企业通过出让或转让方式取得的土地使用权,以经营租赁方式出租给外单位使用,以赚取租金的土地使用权。

（3）持有并准备增值后转让的土地使用权。持有并准备增值后转让的土地使用权,是指企业取得的、准备增值后转让的土地使用权。需要注意的是,按照国家有关规定认定的闲置土地,不属于持有并准备增值后转让的土地使用权。

（4）某项房地产,部分用于赚取租金或资本增值,部分用于生产商品、提供劳务或经营管理,能够单独计量和出售的、用于赚取租金或资本增值的部分,应当确认为投资性房地产;不能够单独计量和出售的、用于赚取租金或资本增值的部分,不确认为投资性房地产。

（5）企业将建筑物出租,按租赁协议向承租人提供的相关辅助服务在整个协议中不重大的,如企业将办公楼出租并向承租人提供保安、维修等辅助服务,应当将该建筑物确认为投资性房地产。

2. 不属于投资性房地产的项目

（1）自用的房地产。自用的房地产是指为生产商品、提供劳务或者经营管理而持有的房地产。如企业的厂房、仓库、办公楼;企业生产经营用的土地使用权;企业出租给本企业职工居住的宿舍等。需指出的是,企业出租给本企业职工居住的宿舍,即使按照市场价格收取租金,也不属于投资性房地产,因为这部分房产为企业自身的生产经营服务,具有自用性质。

（2）作为存货的房地产。作为存货的房地产是指房地产开发企业销售的或为销售而正在开发的商品房和土地,这部分房地产属于房地产开发企业的存货,不属于投资性房地产。

（3）计划用于出租的房地产。企业计划用于出租,但是尚未出租的建筑物、土地使用权,不属于投资性房地产。

6.1.3　投资性房地产的确认

企业取得的房屋建筑物和土地使用权,除符合投资性房地产的定义外,还应同时满足下列条件才能予以确认为投资性房地产。

（1）与该投资性房地产有关的经济利益很可能流入企业。

（2）该投资性房地产的成本能够可靠地计量。

6.2　投资性房地产的取得

企业可以通过外购和自行建造等方式取得投资性房地产,应设置"投资性房地产"账户,并按具体投资性房地产项目进行明细核算。企业取得的投资性房地产,应当按取得成本借记"投资性房地产",按照可抵扣的增值税额借记"应交税费——应交增值税(进项税额)",按照应支付的全部价款贷记"银行存款"等账户。

【例 6-1】 甲公司为增值税一般纳税人,以银行存款司购买一栋写字楼后直接将其出租给某企业,取得增值税专用发票注明的价款为 2 000 000 元、可抵扣的增值税 180 000 元,另以银行存款支付相关税费 60 000 元。

借:投资性房地产 2 060 000
  应交税费——应交增值税(进项税额) 180 000
  贷:银行存款 2 240 000

6.3 投资性房地产的后续支出

投资性房地产的后续支出,满足投资性房地产确认条件的,应当资本化,将发生的后续支出计入投资性房地产成本;不满足投资性房地产确认条件的,应当费用化,将发生的后续支出计入当期损益,借记"其他业务成本",贷记"银行存款"等账户。

【例 6-2】 甲公司用于出租的办公楼租赁合同即将到期,该办公楼按照成本模式进行后续计量,原值为 5 000 000 元,已计提折旧 1 000 000 元。为了提高租金收入,甲公司决定在租赁期满后对仓库进行改扩建,并与丙公司签订了经营租赁合同,约定自改扩建完工时将办公楼出租给丙公司。与乙公司的租赁合同到期后,该办公楼随即进入改扩建工程,共发生资本化支出 500 000 元,全部支出以银行存款支付,改扩建完工后按照租赁合同出租给丙公司。

(1)改扩建时将投资性房地产转入改扩建工程。

借:投资性房地产——办公楼(在建) 4 000 000
  投资性房地产累计折旧 1 000 000
  贷:投资性房地产——办公楼 5 000 000

(2)改扩建资本化支出。

借:投资性房地产——办公楼(在建) 500 000
  贷:银行存款 500 000

(3)改扩建工程完工。

借:投资性房地产——办公楼 4 500 000
  贷:投资性房地产——办公楼(在建) 4 500 000

6.4 投资性房地产租金的会计处理

投资性房地产对外出租取得的出租收入,属于其他业务收入,取得出租收入时,应根据收取的全部价款借记"银行存款"等科目,根据确认的收入金额,贷记"其他业务收入",根据增值税额金额贷记"应交税费——应交增值税(销项税额)"科目。预收租金的,按照我国税法规定,收取租金时便产生增值税纳税义务。

【例 6-3】 甲公司年初将一栋办公楼出租给乙公司,租期 2 年,每年租金 130 800 元,于每年年初一次性收取,并开具增值税专用发票,税率 9%。

（1）年初收取租金。

借：银行存款　　　　　　　　　　　　　　　　　130 800

　　贷：其他应收款　　　　　　　　　　　　　　　120 000

　　　　应交税费——应交增值税（销项税额）　　　10 800

（2）每月确认租赁收入。

借：其他应收款　　　　　　　　　　　　　　　　　10 000

　　贷：其他业务收入　　　　　　　　　　　　　　　10 000

6.5　投资性房地产的后续计量

6.5.1　后续计量模式

投资性房地产的后续计量模式有成本模式和公允价值模式。同一企业只能选择一种计量模式对其所有投资性房地产进行计量，即不得同时采用两种计量模式对企业不同的投资性房地产进行计量。

1. 成本模式

采用成本模式进行后续计量的投资性房地产，在后续期间应当按期计提折旧或摊销。资产负债表日出现减值迹象的，应当进行减值测试，如果发生减值，应当计提投资性房地产减值准备。

2. 公允价值模式

采用公允价值模式进行后续计量的投资性房地产，在后续期间不计提折旧或摊销，也无须计提减值准备，而是以资产负债表日投资性房地产公允价值与其账面价值的差额，调整投资性房地产的账面价值，同时确认公允价值变动损益。

企业只有存在确凿证据表明投资性房地产的公允价值能够持续可靠取得的，才可以采用公允价值模式计量。采用公允价值模式计量的投资性房地产，应当同时满足下列条件。

（1）投资性房地产所在地有活跃的房地产交易市场。所在地，通常是指投资性房地产所在的城市。对于大中型城市，应当为投资性房地产所在的城区。

（2）企业能够从活跃的房地产交易市场上取得同类或类似房地产的市场价格及其他相关信息，从而对投资性房地产的公允价值和作出合理的估计。同类或类似的房地产，对建筑物而言，是指所处地理位置和地理环境相同、性质相同、结构类型相同或相近、新旧程度相同或相近、可使用状况相同或相近的建筑物；对土地使用权而言，是指同一城区、同一位置区域、所处地理环境相同或相近、可使用状况相同或相近的土地。

6.5.2　成本计量模式的会计处理

1. 投资性房地产的折旧和摊销

采用成本模式进行后续计量的投资性房地产，在后续期间应当按期计提折旧或摊销，其中建筑物的后续计量适用《企业会计准则第 4 号——固定资产》,土地使用权的后续计量适用《企业会计准则第 6 号——无形资产》。按当期折旧或摊销额借记"其他业务成本",贷记"投资性房地产累计折旧(摊销)"。

2. 期末减值的会计处理

采用成本模式进行后续计量的投资性房地产,期末存在减值迹象的,应当进行减值测试,发生减值的,计提资产减值准备,借记"资产减值损失",贷记"投资性房地产减值准备"。投资性房地产已计提的减值准备在以后期间不得转回。

【例 6-4】 甲公司 2020 年 12 月 31 日外购一处办公楼并直接用于对外出租,租期为2021 年 1 月 1 日至 2025 年 12 月 31 日,采用成本模式进行后续计量。该办公楼原值1 000 000 元,预计使用寿命为 10 年,预计净残值为 100 000 元,按年限平均法计提折旧。按月收取租金,每月租金为 10 900 元,其中 900 元为增值税。2021 年末,该项投资性房地产进行减值测试,其预计可收回金额为 800 000 元,预计使用寿命不变,预计净残值为80 000 元。

(1) 2021 年各月计提折旧。

月折旧额＝(1 000 000－100 000)÷10÷12＝7 500(元)

借:其他业务成本　　　　　　　　　　　　　　　　　7 500
　　贷:投资性房地产累计折旧(摊销)　　　　　　　　　　　　　7 500

(2) 每月收取租金。

借:银行存款　　　　　　　　　　　　　　　　　10 900
　　贷:其他业务收入　　　　　　　　　　　　　　　　　10 000
　　　　应交税费——应交增值税(销项税额)　　　　　　　　　900

(3) 2021 年末计提减值准备。

累计折旧＝7 500×12＝90 000(元)

账面价值＝1 000 000－90 000＝910 000(元)

可收回金额为 800 000 元,低于账面价值,应计提减值准备 110 000 元

借:资产减值损失　　　　　　　　　　　　　　　　110 000
　　贷:投资性房地产减值准备　　　　　　　　　　　　　　110 000

以后每月计提折旧额＝(800 000－80 000)÷9÷12＝6 666.67(元)

6.5.3　公允价值计量模式的会计处理

1. 账户设置

采用公允价值进行后续计量的投资性房地产,应当在"投资性房地产"账户下分别设置"成本"和"公允价值变动"明细账户,同时需要设置"公允价值变动损益"账户。"投资性房地产——成本"账户反映投资性房地产的取得成本,"投资性房地产——公允价值变动"账户反映采用公允价值进行后续计量的投资性房地产公允价值的累计变动,"公允价值变动损益"账户反映采用公允价值进行后续计量的投资性房地产因公允价值变动计入损益

的累计金额。

2．会计处理

（1）取得投资性房地产时，按照投资性房地产的取得成本借记"投资性房地产——成本"，按可抵扣的进项税额借记"应交税费——应交增值税（进项税）"，贷记"银行存款"等账户。

（2）资产负债表日，投资性房地产公允价值大于账面价值时借记"投资性房地产——公允价值变动"，贷记"公允价值变动损益"；投资性房地产公允价值小于账面价值时借记"公允价值变动损益"，贷记"投资性房地产——公允价值变动"。

采用公允价值进行后续计量的投资性房地产在持有期间无须计提折旧或摊销，由于公允价值变动已计入当期损益，故也无须计提减值准备。

【例 6-5】　10 月 10 日，甲公司以银行存款 10 000 000 元通过招拍挂购买一项土地使用权用于出租，当年末该土地使用权的公允价值为 12 000 000 元，第 2 年末该土地使用权的公允价值为 11 500 000 元。

（1）取得土地使用权用于经营出租时。

借：投资性房地产——成本　　　　　　　　　　10 000 000

　　贷：银行存款　　　　　　　　　　　　　　　　10 000 000

（2）当年末公允价值上升。

借：投资性房地产——公允价值变动　　　　　　2 000 000

　　贷：公允价值变动损益　　　　　　　　　　　　2 000 000

（3）第 2 年末公允价值下降。

借：公允价值变动损益　　　　　　　　　　　　500 000

　　贷：投资性房地产——公允价值变动　　　　　　500 000

6.5.4　后续计量模式的变更

1．变更原则

（1）为保证企业会计信息的可比性，投资性房地产的后续计量模式一经确定，不得随意变更。

（2）企业采用成本模式后续计量的投资性房地产，在房地产市场比较成熟，满足采用公允价值模式计量条件时，可以变更为采用公允价值模式计量，并按照会计政策变更的要求进行处理。

（3）已采用公允价值模式计量的投资性房地产，不得从公允价值模式转为成本模式。

2．会计处理

投资性房地产后续计量由成本模式转为公允价值模式的，属于会计政策变更，应当进行追溯调整，调整的结果应与假定该投资性房地产从一开始便采用公允价值进行后续计量的结果相一致，具体见第 14 章。

6.6 投资性房地产的转换

1. 转换条件

企业有确凿证据表明房地产用途发生改变,满足下列条件之一的,应当将投资性房地产转换为其他资产或者将其他资产转换为投资性房地产。

(1) 投资性房地产开始自用。

(2) 作为存货的房地产,改为出租,通常是指房地产开发企业将其持有的开发产品以经营租赁方式出租给承租人的房地产。

(3) 自用土地使用权停止自用,用于赚取租金或资本增值。

(4) 自用建筑物停止自用,改为出租。

(5) 房地产企业将用于经营出租的房地产重新开发用于对外销售。

2. 转换日的确定

(1) 投资性房地产开始自用,其转换日为房地产达到自用状态,企业开始将房地产用于生产商品、提供劳务或者经营管理的日期。

(2) 投资性房地产转换为存货,其转换日为租赁期届满、企业董事会或类似机构作出书面协议明确表明将其重新开发使用对外销售的日期。

(3) 作为存货的房地产改为出租,或者自用建筑物、自用土地使用权停止自用改为出租,其转换日为租赁期开始日。租赁期开始日是指承租人有权行使其使用租赁资产权利的日期。

3. 投资性房地产转换的会计处理

(1) 非投资性房地产转换为投资性房地产。企业将作为存货的房地产改用于出租,或将自用的土地使用权改用于出租或资本增值,或将自用房屋建筑物改用于出租,应将上述资产转换为投资性房。

① 转换后投资性房地产采用成本模式进行后续计量。在成本模式下,企业应将其他资产转换前的账面价值作为转换后投资性房地产的入账价值,同时终止确认原资产。

将作为存货的房地产转换为采用成本模式进行后续计量的投资性房地产的,按照该存货在转换日的账面价值借记"投资性房地产",按照原已计提的存货跌价准备借记"存货跌价准备",按照该存货的账面余额,贷记"库存商品"。

将自用房屋建筑物转换为投资性房地产的,按自用房屋建筑物在转换日的账面余额,借记"投资性房地产",贷记"固定资产";按自用房屋建筑物已计提的固定资产折旧,借记"累计折旧",贷记"投资性房地产累计折旧(摊销)";按自用房屋建筑物已计提的减值准备,借记"固定资产减值准备",贷记"投资性房地产减值准备"。

将自用土地使用权转换为投资性房地产的,按自用土地使用权在转换日的账面余额,借记"投资性房地产",贷记"无形资产";按自用土地使用权已累计摊销金额,借记"累计摊销",贷记"投资性房地产累计折旧(摊销)";按自用土地使用权已计提的减值准备,借记"无形资产减值准备",贷记"投资性房地产减值准备"。

【例 6-6】　甲公司将企业自用的办公楼用于经营性出租,该办公楼的原值为5 000 000 元,已计提折旧 1 000 000 元,已计提减值准备 200 000 元,转换后采用成本模式进行后续计量。

借:投资性房地产	5 000 000
累计折旧	1 000 000
固定资产减值准备	200 000
贷:固定资产	5 000 000
投资性房地产累计折旧(摊销)	1 000 000
投资性房地产减值准备	200 000

② 转换后投资性房地产采用公允价值模式进行后续计量。自用房地产或存货转换为采用公允价值模式计量的投资性房地产时,应将转换当日的公允价值作为投资性房地产的入账价值,同时,按账面价值终止确认原资产。转换当日公允价值小于原账面价值的,其差额计入当期损益;转换当日公允价值大于原账面价值的,其差额计入其他综合收益。

将作为存货的房地产转换为采用公允价值模式后续计量的投资性房地产的,按照该存货在转换日的公允价值借记"投资性房地产——成本",按照原已计提的存货跌价准备借记"存货跌价准备",按照该项存货的账面余额贷记"库存商品",转换日该存货公允价值小于其原账面价值时,按其差额借记"公允价值变动损益",转换日该存货公允价值大于其原账面价值时,按其差额贷记"其他综合收益"。

将自用房屋建筑转换为采用公允价值模式后续计量的投资性房地产的,按照该自用房屋建筑在转换日的公允价值借记"投资性房地产——成本",按自用房屋建筑已计提的固定资产折旧,借记"累计折旧",按自用房屋建筑已计提的减值准备,借记"固定资产减值准备",按自用房屋建筑的成本贷记"固定资产",转换日该自用房屋建筑公允价值小于其原账面价值时,按其差额借记"公允价值变动损益",转换日该自用房屋建筑公允价值大于其原账面价值时,按其差额贷记"其他综合收益"。

将自用土地使用权转换为采用公允价值模式后续计量的投资性房地产的,应当按照该自用土地使用权在转换日的公允价值借记"投资性房地产——成本",按自用土地使用权已累计摊销金额借记"累计摊销",按自用土地使用权已计提的减值准备借记"无形资产减值准备",按该自用土地使用权成本贷记"无形资产",转换日该土地使用权公允价值小于其原账面价值时,按其差额借记"公允价值变动损益",转换日该土地使用权公允价值大于其原账面价值时,按其差额贷记"其他综合收益"。

【例 6-7】　甲公司将企业自用的办公楼用于经营性出租,该办公楼的原值为 5 000 000元,已计提折旧 1 000 000 元,已计提减值准备 200 000 元,转换后采用公允价值模式进行后续计量,转换日该办公楼公允价值为 3 500 000 元。

借:投资性房地产——成本	3 500 000
累计折旧	1 000 000

固定资产减值准备	200 000
公允价值变动损益	300 000
贷：固定资产	5 000 000

(2) 投资性房地产转换为非投资性房地产。投资性房地产转换为自用房地产或存货的，自用房地产或存货成本的确定也应考虑投资性房地产后续计量采用的模式。

① 转换前投资性房地产采用成本模式进行后续计量。在成本模式下，企业应按投资性房地产转换前的账面价值作为转换后非投资性房地产的入账价值，同时终止确认投资性房地产。

将成本模式计量的投资性房地产转为存货的，按照该投资性房地产在转换日的账面价值借记"库存商品"，按照原已计提的累计折旧或摊销，借记"投资性房地产累计折旧（摊销）"，按照原已计提的减值准备，借记"投资性房地产减值准备"，按投资性房地产成本贷记"投资性房地产"。

将成本模式计量的投资性房地产转为自用房屋建筑的，按照该投资性房地产成本，借记"固定资产"，贷记"投资性房地产"；按照原已计提的累计折旧，借记"投资性房地产累计折旧（摊销）"，贷记"累计折旧"；按照原已计提的减值准备，借记"投资性房地产减值准备"，贷记"固定资产减值准备"。

将成本模式计量的投资性房地产转为自用土地使用权的，按照该投资性房地产成本，借记"无形资产"，贷记"投资性房地产"；按照原已计提的累计摊销，借记"投资性房地产累计折旧（摊销）"，贷记"累计摊销"；按照原已计提的减值准备，借记"投资性房地产减值准备"，贷记"无形资产减值准备"。

【例 6-8】 甲公司用于出租的办公楼合同到期，转为自用办公楼，原投资性房地产采用成本模式进行后续计量，成本 5 000 000 元，已计提折旧 1 000 000 元，已计提减值准备 200 000 元。

借：固定资产	5 000 000
投资性房地产累计折旧（摊销）	1 000 000
投资性房地产减值准备	200 000
贷：投资性房地产	5 000 000
累计折旧	1 000 000
固定资产减值准备	200 000

② 转换前投资性房地产采用公允价值模式进行后续计量。采用公允价值模式计量的投资性房地产转换为自用房地产时，应当以其转换当日的公允价值作为自用房地产的入账价值，公允价值与原账面价值的差额计入当期损益。转换日，按照该项投资性房地产的公允价值，借记"固定资产""无形资产""库存商品"等账户；按照该项投资性房地产的成本，贷记"投资性房地产——成本"；按该项投资性房地产"投资性房地产——公允价值变动"当前余额反向登记该账户；借贷差额记"公允价值变动损益"。

【例 6-9】 甲公司用于出租的办公楼合同到期，转为自用办公楼，转换日该写字楼的公允价值为 3 500 000 元。该项房地产在转换前采用公允价值模式计量，转换日的账面价值为 4 200 000 元，成本为 5 000 000 元。

借：固定资产 3 500 000
　　投资性房地产——公允价值变动 800 000
　　公允价值变动损益 700 000
　　贷：投资性房地产——成本 5 000 000

6.7　投资性房地产的处置

当投资性房地产被出售，或者永久退出使用且预计不能从其处置中取得经济利益时，应当终止确认该项投资性房地产，并计量投资性房地产处置损益，投资性房地产的处置损益为投资性房地产处置收入扣除其账面价值和发生的相关税费后的净额。按照企业会计准则的规定，出售投资性房地产的收入确认为营业收入。

6.7.1　成本计量模式投资性房地产的处置

1. 确认处置收入

按照实际收到的全部价款，借记"银行存款"等账户；按照不含税收入，贷记"其他业务收入"；按照增值税销项税额，贷记"应交税费——应交增值税（销项税额）"。

2. 结转投资性房地产成本

按照投资性房地产账面价值，借记"其他业务成本"；按照累计折旧（摊销）额，借记"投资性房地产累计折旧（摊销）"；按照已计提的减值准备，借记"投资性房地产减值准备"；按照投资性房地产的成本，贷记"投资性房地产"。

6.7.2　公允价值计量模式投资性房地产的处置

1. 确认处置收入

按照实际收到的全部价款，借记"银行存款"等账户；按照不含税收入，贷记"其他业务收入"；按照增值税销项税额，贷记"应交税费——应交增值税（销项税额）"。

2. 结转投资性房地产成本

按照投资性房地产账面价值，借记"其他业务成本"；按照投资性房地产的初始成本，贷记"投资性房地产——成本"；按照累计公允价值变动额，借记或贷记"投资性房地产——公允价值变动"。

3. 结转公允价值变动损益

投资性房地产持有期间累计公允价值变动损益为贷方时，借记"公允价值变动损益"，贷记"其他业务成本"；投资性房地产持有期间累计公允价值变动损益为借方时，借记"其他业务成本"，贷记"公允价值变动损益"。

4．结转其他综合收益

如果该投资性房地产是由其他资产转换而来,转换时确认了其他综合收益,出售时应将其他综合收益额一并结转,借记"其他综合收益",贷记"其他业务成本"。

处置时将"公允价值变动损益""其他综合收益"余额转入"其他业务成本",意味着将处置该房地产的"其他业务成本"调整为原来的实际成本。假设房地产采用公允价值模式计量,原实际成本 500 万元,持有期间公允价值上涨 100 万元,此时房地产账面价值变为600 万元,同时形成"公允价值变动损益"贷方余额 100 万元,现将该房地产以 650 万元出售,除了反映收入 650 万元,还要将其账面价值 600 万元转为"其他业务成本",同时将"公允价值变动损益"贷方 100 万元转入"其他业务成本"贷方,最终"其他业务成本"为 600 －100＝500(万元),也就是原实际成本。此外,要理解这种结转的意义,"公允价值变动损益"是一种未实现的损益,"其他业务成本"是一种已实现的损益,将"公允价值变动损益"转入"其他业务成本"本身不影响处置当期损益,只是表示该部分损益从未实现变为已实现。"其他综合收益"是一种直接计入所有者权益的未实现利得或损失,将"其他综合收益"转为"其他业务成本"将影响处置当期的损益。如上述示例,我们观察处置当期损益会发现,"其他业务收入"为 650 万元,"其他业务成本"为 500 万元,两者差额 150 万元即表示该房地产从买到卖总共实现的利润,但是处置当期损益＝650－500－100(结转的公允价值变动损益)＝50(万元),这也很好理解,因为在持有期间上涨的 100 万元已通过"公允价值变动损益"计入上涨期间的利润了。

【例 6-10】 甲公司为一家房地产开发企业,2020 年 3 月 10 日,甲公司与乙公司签订租赁协议,将其开发的一栋写字楼出租给乙公司使用,租赁期开始日为 2020 年 4 月15 日。2020 年 4 月 15 日,该写字楼的账面余额 45 000 万元,公允价值 47 000 万元。2020 年 12 月 31 日,该投资性房地产的公允价值为 48 000 万元。2021 年 6 月租赁期届满,甲公司收回该投资性房地产并以 55 000 万元出售,款项已收。甲公司采用公允价值模式对投资性房地产进行后续计量,假定不考虑相关税费及递延所得税。

(1) 2020 年 4 月 15 日转换日。

借:投资性房地产——成本　　　　　　　　　　　470 000 000

　　贷:库存商品　　　　　　　　　　　　　　　　　　450 000 000

　　　　其他综合收益　　　　　　　　　　　　　　　　 20 000 000

(2) 2020 年 12 月 31 日公允价值变动。

借:投资性房地产——公允价值变动　　　　　　　 10 000 000

　　贷:公允价值变动损益　　　　　　　　　　　　　　 10 000 000

(3) 2021 年 6 月出售。

确认收入:

借:银行存款　　　　　　　　　　　　　　　　　 550 000 000

　　贷:其他业务收入　　　　　　　　　　　　　　　　550 000 000

将投资性房地产账面价值转入其他业务成本:

借:其他业务成本　　　　　　　　　　　　　　　 480 000 000

　　　贷：投资性房地产——成本　　　　　　　　　470 000 000

　　　　　　　　　　　——公允价值变动　　　　　10 000 000

将公允价值变动损益转入其他业务成本：

　　借：公允价值变动损益　　　　　　　　10 000 000

　　　贷：其他业务成本　　　　　　　　　　　　10 000 000

将其他综合收益转入其他业务成本：

　　借：其他综合收益　　　　　　　　　　20 000 000

　　　贷：其他业务成本　　　　　　　　　　　　20 000 000

　　不考虑租金等其他因素,该投资性房地产对该企业各年利润影响额合计为 55 000－45 000＝10 000(万元),其中对 2020 年利润影响额为 1 000 万元,对 2021 年利润影响额为 9 000 万元。将公允价值变动损益及其他综合收益转入其他业务成本,相当于把其他业务成本调整到了该房地产最初成本,其他综合收益的结转导致处置当期利润增加 2 000 万元,而公允价值变动损益的结转并不影响处置当期的利润,但利润的构成变了,其他业务成本减少 1 000 万元,公允价值变动收益减少 1 000 万元,意味着未实现损益转为已实现损益。

6.8　投资性房地产的报表列示

　　资产负债表中"投资性房地产"项目,反映企业全部投资性房地产的账面价值。采用成本计量模式的投资性房地产,以"投资性房地产"期末余额,扣除"投资性房地产累计折旧(摊销)"及"投资性房地产减值准备"期末余额后的净额列示。采用公允价值计量模式的投资性房地产,以"投资性房地产"期末余额直接填列。

【本章习题】

　　1. 甲公司为增值税一般纳税人,采用公允价值模式对投资性房地产进行后续计量。有关投资性房地产资料如下。

　　(1) 第 1 年 1 月 1 日,甲公司将当日购入的办公楼出租给丙公司,不含税价款 5 200 万元,增值税 468 万元,取得专用发票,款项已付。租赁期从第 1 年 1 月 1 日至第 2 年末,每年租金 327 万元(含税,增值税税率 9%),在年末收取。

　　(2) 第 1 年末,该办公楼的公允价值为 5 300 万元。

　　(3) 第 2 年末,租赁期届满时,甲公司收回该办公楼并出售,开出的增值税专用发票注明的价款为 5 800 万元,增值税 522 万元,款项已收。

　　要求:假定不考虑所得税因素,回答以下问题。

　　(1) 写出相关会计分录。

　　(2) 该房地产给甲公司带来的利润一共是多少万元? 对两年的利润影响额各是多少万元?

　　2. 甲公司 2017 年 12 月 31 日购买一处房地产用于出租,价款 800 万元,增值税 72 万元,款项已付,取得增值税专用发票。从 2018 年 1 月 1 日开始出租,每年租金 54.5 万元

（含税，增值税税率9％），于每年末收取。甲公司采用成本模式进行后续计量，预计使用年限20年，预计净残值为0，采用直线法折旧。由于已符合公允价值计量条件，出于提高会计信息质量的目的，于2020年7月1日起开始转为采用公允价值进行后续计量。已知该房地产2019年末公允价值为900万元，2020年6月30日公允价值为950万元，甲公司盈余公积计提比例为10％，假定不考虑所得税等因素。

要求（以元为单位，保留至整数）：

（1）写出购买房地产的会计分录。

（2）写出每年收取租金的会计分录。

（3）写出2018年至2019年每月计提折旧的会计分录。

（4）写出2020年7月1日转换计量模式的会计分录。

【即测即练】

第 7 章

金 融 资 产

【本章学习目标】

1. 了解金融工具的概念、金融资产的概念、金融资产的分类、金融资产重分类、债权投资减值、其他债权投资减值、金融资产的报表列示。

2. 理解债券平价发行、溢价发行、折价发行，以及实际利率法利息收入的计算。

3. 掌握应收票据、应收账款、其他应收款、预付账款、坏账准备、交易性金融资产、债权投资、其他债权投资以及其他权益工具投资的会计处理。

引导案例

雅戈尔"会计魔术"①

2018 年 4 月 10 日，雅戈尔发出《关于变更对中国中信股份有限公司会计核算方法的公告》，称鉴于公司副总经理兼财务负责人吴幼光于 2018 年 3 月 20 日获委任为中国中信服份有限公司(以下简称"中信股份")非执行董事，同时公司为中信股份第三大股东，且对中信股份的持股比例于 2018 年 3 月 29 日由 4.99% 增加至 5.00%，公司董事会根据《企业会计准则》的相关规定，判定公司对中信股份的经营决策具有重大影响，应当将中信股份的会计核算方法由可供出售金融资产变更为长期股权投资，并以权益法确认损益，以更加合理、准确地反映公司对中信股份股权投资的会计核算情况。本次会计核算方法变更将增加公司净利润约 93 亿元。

2018 年 4 月 24 日，上海证券交易所向雅戈尔送达《关于雅戈尔集团股份有限公司变更会计核算方法事项的监管工作函》，要求公司及年审注册会计师立信会计师事务所(特殊普通合伙)审慎核实上述会计核算方法变更是否符合企业会计准则的规定及是否符合公司的经营实质。4 月 25 日，立信会计师事务所出具《关于雅戈尔集团股份有限公司变更会计核算方法事项的监管工作函的回复》，认为雅戈尔对中信股份实施实质性重大影响的依据不充分，不建议雅戈尔对中信股份改按权益法核算，具体理由如下。

第一，2018 年 3 月 29 日，雅戈尔在二级市场买入中信股份 0.1 万股，持股比例达到 5%，该 0.1 万股本身并不会实质增加雅戈尔对中信股份的影响，且其增持并不足以表明

---

① 根据张良《上交所监管督促雅戈尔放弃"会计魔术"》(《上海证券报》2018 年 4 月 27)、刘华《雅戈尔新买中信 1 000 股业绩变出 93 亿元的会计"套路"》(《中国会计报》2018 年 5 月 4 日)以及有关公开资料整理。

公司已改变对中信股份的持有意图,其持有意图仍是作为财务投资者以获取中信股份的高额股息分配等收益。

第二,中信股份前两大股东持股比例达到78.13%,在其股东大会的表决权上前两大股东占有绝对优势,增持后雅戈尔持股比例仅为5%。在其他股东持有股份不是高度分散的情况下,5%有表决权的股份通常并不足以达到重大影响,因此雅戈尔通过股东大会参与中信股份的经营及财务决策施加影响的量级不够。

第三,中信股份于2018年4月18日发布《董事会名单与其角色和职能》的公告,公告显示雅戈尔副总经理兼财务负责人吴幼光先生由2018年3月20日起成为中信股份非执行董事。中信股份董事会由17名董事组成,雅戈尔通过其在董事会中1/17的席位对中信股份实施的影响是非常有限的。此外,中信股份董事会设立的五个委员会,包括审计与风险委员会、提名委员会、薪酬委员会、战略委员会和特别委员会,董事会将相关职能授权给该五个委员会。除执行董事外,13名非执行董事中有11名非执行董事均在相关委员会中任职,但雅戈尔派出的吴幼光先生在上述委员会中未担任任何职务,表明相对绝大多数非执行董事而言,雅戈尔派出董事无法参与中信股份的重大经营及财务决策相关专委会职责的履行。

2018年4月26日,雅戈尔发布《关于取消对中国中信股份有限公司会计核算方法变更的提示性公告》,称经公司与立信会计师事务所(特殊普通合伙)讨论,根据会计师意见,公司拟取消对中信股份的会计核算方法变更,继续以可供出售金融资产核算该项投资。

问题:

企业持有的其他方股权投资在会计上如何分类?长期股权投资权益法核算的适用范围是什么?按照现行《企业会计准则第22号——金融工具确认和计量》,雅戈尔变更会计核算方法是否还会增加利润?

7.1 金融资产概述

7.1.1 金融工具

金融工具,是指形成一方的金融资产并形成其他方的金融负债或权益工具的合同,包括金融资产、金融负债和权益工具。

金融工具必须是基于合同的,在形成一方金融负债或权益工具时必须同时形成另一方的金融资产,否则不属于金融工具。例如,应交税费、应付职工薪酬、应付股利并非基于合同,因此不属于金融工具,也即不属于金融负债。

7.1.2 金融资产

根据《企业会计准则第22号——金融工具确认和计量》的规定,金融资产是指企业持有的现金、其他方的权益工具以及符合下列条件之一的资产。

(1)从其他方收取现金或其他金融资产的合同权利。例如,企业的银行存款、应收账款、应收票据和发放的贷款等。预付账款由于产生的未来经济利益是商品或服务而不是收取现金或其他金融资产的权利,因此不属于金融资产。

(2) 在潜在有利条件下,与其他方交换金融资产或金融负债的合同权利。例如,企业购入的看涨期权或看跌期权等衍生工具。假定甲公司与乙公司签订 3 个月后结算的期权合同,根据合同规定,甲公司以每股 5 元的期权费买入 3 个月后执行价格为 100 元的乙公司所持有的丙公司股票的看涨期权。如果 3 个月后丙公司股票价格高于 100 元,则行权对甲公司有利,甲公司将选择执行看涨期权。在此情况下,甲公司应当确认一项衍生金融资产。

(3) 将来须用或可用企业自身权益工具进行结算的非衍生工具合同,且企业根据该合同将收到可变数量的自身权益工具。例如,甲公司为回购其发行在外的普通股,与乙公司签订合同,向其支付 1 000 万元现金,根据合同规定,乙公司将于 2021 年 12 月 31 日向甲公司交付与 1 000 万元等值的甲公司普通股,甲公司可获取的自身普通股的具体数量将取决于 2021 年 12 月 31 日甲公司股价,在此情况下,甲公司应当将向乙公司支付的 1 000 万元确认为一项金融资产。

(4) 将来须用或可用企业自身权益工具进行结算的衍生工具合同,但以固定数量的自身权益工具交换固定金额的现金或其他金融资产的衍生工具合同除外。例如,甲公司 2021 年 1 月 1 日向乙公司支付 10 000 元购入以自身发行在外的普通股为标的的看涨期权,行权日为 2021 年 12 月 31 日,甲公司有权以每股 100 元的价格从乙企业购入甲公司 5 000 股,将以甲公司普通股净额结算。假设行权日甲公司普通股每股市价为 125 元,则期权的公允价值为 $(125-100) \times 5\,000 = 125\,000$(元),甲公司将收到自身普通股 $125\,000 \div 125 = 1\,000$(股)对看涨期权进行净额结算。本例中,期权合同属于将来须用自身权益工具进行结算的衍生工具合同,由于合同约定以甲公司的普通股净额结算期权的公允价值,而非按照每股 100 元的价格全额结算 5 000 股甲公司普通股,不属于"以固定数量的自身权益工具交换固定金额的现金",因此甲公司应当将该看涨期权确认为一项衍生金融该资产。

由《企业会计准则第 2 号——长期股权投资》规范的对子公司、合营企业和联营企业的投资,适用《企业会计准则第 2 号——长期股权投资》,但是企业根据《企业会计准则第 2 号——长期股权投资》对上述投资按照《企业会计准则第 22 号——金融工具确认和计量》相关规定进行会计处理的,适用《企业会计准则第 22 号——金融工具确认和计量》。

由《企业会计准则第 14 号——收入》规范的属于金融工具的合同权利和义务,适用《企业会计准则第 14 号——收入》,但该准则要求在确认和计量相关合同权利的减值损失和利得时应当按照《企业会计准则第 22 号——金融工具确认和计量》规定进行会计处理的,适用《企业会计准则第 22 号——金融工具确认和计量》有关减值的规定。

由《企业会计准则第 21 号——租赁》规范的租赁的权利和义务,适用《企业会计准则第 21 号——租赁》。但是,租赁应收款的减值、终止确认,租赁应付款的终止确认,以及租赁中嵌入的衍生工具,适用《企业会计准则第 22 号——金融工具确认和计量》。

7.1.3　金融资产的分类

企业应当根据其管理金融资产的业务模式和金融资产的合同现金流量特征,将金融资产划分为以下三类:以摊余成本计量的金融资产、以公允价值计量且其变动计入其他综合收益的金融资产和以公允价值计量且其变动计入当期损益的金融资产。

企业管理金融资产的业务模式,是指企业如何管理其金融资产以产生现金流量。业务模式决定企业所管理金融资产现金流量的来源是收取合同现金流量、出售金融资产还是两者兼有。金融资产的合同现金流量特征,是指金融工具合同约定的、反映相关金融资产经济特征的现金流量属性。

1. 以摊余成本计量的金融资产

同时符合下列条件的金融资产应当分类为以摊余成本计量的金融资产。

(1)企业管理该金融资产的业务模式是以收取合同现金流量为目标。

(2)该金融资产的合同条款规定,在特定日期产生的现金流量,仅为对本金和以未偿付本金金额为基础的利息的支付。

常见的以摊余成本计量的金融资产包括但不限于准备持有至到期的应收款项、债权投资、普通零售贷款等。

2. 以公允价值计量且其变动计入其他综合收益的金融资产

金融资产同时符合下列条件的,应当分类为以公允价值计量且其变动计入其他综合收益的金融资产。

(1)企业管理该金融资产的业务模式既以收取合同现金流量为目标又以出售该金融资产为目标。

(2)该金融资产的合同条款规定,在特定日期产生的现金流量仅为对本金和以未偿付本金金额为基础的利息的支付。

在初始确认时,企业可以将非交易性权益工具投资指定为以公允价值计量且其变动计入其他综合收益的金融资产,该指定一经作出,不得撤销。

常见的以公允价值计量且其变动计入其他综合收益的金融资产包括但不限于持有的符合分类条件的债券投资、符合该分类条件的应收款项等,以及不属于长期股权投资核算范围的、指定为该类金融资产的战略性权益投资、非为交易而持有的权益投资。

3. 以公允价值计量且其变动计入当期损益的金融资产

除了以摊余成本计量的金融资产和以公允价值计量且其变动计入其他综合收益的金融资产之外的金融资产,企业应当将其分类为以公允价值计量且其变动计入当期损益的金融资产。

金融资产满足下列条件之一的,表明企业持有该金融资产的目的是交易性的。

(1)取得相关金融资产的目的,主要是近期出售。

(2)相关金融资产在初始确认时属于集中管理的可辨认金融工具组合的一部分,且有客观证据表明近期实际存在短期获利模式。

(3)相关金融资产属于衍生工具,但符合财务担保合同定义的衍生工具以及被指定为有效套期工具的衍生工具除外。

在初始确认时,如果能够消除或显著减少会计错配,企业可以将金融资产指定为以公允价值计量且其变动计入当期损益的金融资产,该指定一经作出,不得撤销。会计错配,是指当企业以不同的会计确认方法和计量属性,对在经济上相关的资产和负债进行确认或计量而产生利得或损失时,可能导致的会计确认和计量上的不一致。

常见的以公允价值计量且其变动计入当期损益的金融资产包括但不限于为交易而持有的债券、股票、基金、衍生金融资产等。

7.2 应 收 款 项

本节介绍以摊余成本计量的应收款项,分类为以公允价值计量且其变动计入其他综合收益的金融资产的应收票据、应收账款等,需要按照该类金融资产的确认计量要求进行会计处理,并在资产负债表的"应收款项融资"项目列示。

7.2.1 应收票据

应收票据,是指企业因销售商品、产品、提供劳务等而收到的尚未到期兑现的商业汇票,包括银行承兑汇票和商业承兑汇票。目前,我国规定商业汇票的期限最长为 6 个月。

1. 商业汇票的分类

1)按承兑人分类

按承兑人不同,商业汇票可分为由付款人承兑的商业承兑汇票和由银行承兑的银行承兑汇票。商业承兑汇票属于商业信用,银行承兑汇票属于银行信用。

2)按是否带息分类

按是否带息,商业汇票可分为带息商业汇票和不带息商业汇票。带息商业汇票在票面上标明利率,到期值为票面本息合计。不带息商业汇票没有利息,到期值为票据面额。

3)按是否带有追索权分类

按是否带有追索权,商业汇票可分为带追索权的商业汇票和不带追索权的商业汇票。在我国,商业票据可以背书转让,持票人可以对背书人、出票人以及票据的其他债务人行使追索权。一般来说,信用等级较高的银行承兑商业汇票不带追索权,信用等级不高的银行承兑汇票或商业承兑汇票贴现一般属于带追索权的商业汇票贴现。

2. 商业汇票到期日的确定

商业汇票的期限一般有按月表示和按日表示两种。按月表示的商业汇票自出票日起按月计算,与各月实际天数无关。例如,3 月 31 日签发承兑期限为 1 个月的商业汇票到期日为 4 月 30 日,4 月 30 日签发承兑期限为 1 个月的商业汇票到期日为 5 月 31 日。按日表示的商业汇票自出票日起按实际天数计算,并遵循"算尾不算头"原则。例如,4 月 30 日签发承兑期限为 30 天的商业汇票到期为 5 月 30 日。

3. 应收票据的取得

企业应设置"应收票据"账户,并按开出承兑商业汇票的单位对应收票据进行明细核算。以销售业务为例,企业收到客户开出承兑的商业汇票时,按票面金额借记"应收票据",贷记"主营业务收入""应交税费——应交增值税(销项税额)"等账户。

【例 7-1】 甲公司向客户销售货物一批,价款 100 000 元,增值税 13 000 元,客户向甲公司开出期限 3 个月的商业承兑汇票。

甲公司会计处理如下。

借:应收票据　　　　　　　　　　　　　　　113 000
　　贷:主营业务收入　　　　　　　　　　　　100 000
　　　　应交税费——应交增值税(销项税额)　　13 000

4. 应收票据利息

1) 应收票据利息的计算

应收票据利息＝应收票据面值×利率×期限

应收票据面值是指商业汇票票面记载的金额;利率是指票据所规定的利率,一般以年利率表示。

当期限按天表示时,应收票据到期利息的计算公式为

$$应收票据利息＝应收票据面值×利率×\frac{时期(天数)}{360}$$

当期限按月表示时,应收票据到期利息的计算公式为

$$应收票据利息＝应收票据面值×利率×\frac{时期(月数)}{12}$$

2) 应收票据利息的会计处理

月末计提利息时,借记"应收票据",贷记"财务费用"。按照重要性要求,如果应收票据的利息金额不大,对企业财务成果的影响较小,可以选择于季末或年末计提利息。

【例 7-2】 甲公司第 1 年 11 月 1 日采用商业汇票结算方式销售产品一批,价款 100 000元,增值税税额为 13 000 元,企业当即收到客户开出承兑的票面金额 113 000 元的带息商业承兑汇票一张,票面利率 5%,期限为 6 个月。甲公司于季度末计提应收票据的利息。

甲公司应编制有关会计分录如下。

(1) 11 月 1 日销售并收到商业承兑汇票。

借:应收票据　　　　　　　　　　　　　　　113 000
　　贷:主营业务收入　　　　　　　　　　　　100 000
　　　　应交税费——应交增值税(销项税额)　　13 000

(2) 12 月 31 日计提应收票据利息。

第 1 年 11、12 月计提应收票据利息＝113 000×5%×2/12＝941.67(元)

借:应收票据　　　　　　　　　　　　　　　941.67
　　贷:财务费用　　　　　　　　　　　　　　941.67

(3) 第 2 年 3 月 31 日计提利息。

第 2 年第 1 季度计提应收票据利息＝113 000×5%×3/12＝1 412.5(元)

借:应收票据　　　　　　　　　　　　　　　1 412.5
　　贷:财务费用　　　　　　　　　　　　　　1 412.5

5. 应收票据到期

企业对持有的即将到期的商业汇票,提前委托开户银行收款。银行承兑汇票到期,一般能够及时收回款项。商业承兑汇票到期有两种情形:一是付款人足额支付票款;二是账户资金不足,无力支付票款。

(1) 应收票据到期,收回票据本息时,按本息合计借记"银行存款",按应收票据的账面余额贷记"应收票据",按尚未计提的利息贷记"财务费用"。

(2) 商业汇票到期,承兑人无力支付票款,收款人收到银行退回的商业承兑汇票及有关凭证时,应按应收票据的到期值借记"应收账款",按应收票据账面余额贷记"应收票据",尚未计提的利息贷记"财务费用"。

【例 7-3】　继【例 7-2】第 2 年 5 月 1 日,票据到期,票款全部收妥入账,共计 115 825 元。

借:银行存款　　　　　　　　　　　　　　115 825
　　贷:应收票据　　　　　　　　　　　　　115 354.17
　　　　财务费用　　　　　　　　　　　　　　470.83

假定票据到期,承兑人无力偿付票款,甲公司接到银行转来的商业汇票和未付票款通知书。

借:应收账款　　　　　　　　　　　　　　115 825
　　贷:应收票据　　　　　　　　　　　　　115 354.17
　　　　财务费用　　　　　　　　　　　　　　470.83

6. 应收票据贴现

贴现是指票据持有人将未到期的票据背书后送交银行,银行受理后从票据到期值中扣除按银行规定的贴现率计算的贴现息,将余额付给持票人的一种融资行为。

贴现息＝到期值×贴现率×贴现期

贴现款＝到期值－贴现息

贴现期从贴现之日起至汇票到期日,按"算尾不算头"的方法计算。

1) 不带追索权的应收票据贴现

将不带追索权的应收票据贴现,企业在转让票据所有权的同时也将票据到期不能收回票款的风险一并转移给了贴现银行,企业对票据到期无法收回票款不承担连带责任,符合《企业会计准则第 23 号——金融资产转移》规定的金融资产终止确认条件,可以直接终止应收票据的确认。信用等级较高的银行承兑汇票贴现一般属于不带追索权的商业汇票贴现。

不带息商业汇票贴现时,按贴现款借记"银行存款",按贴现息借记"财务费用",按应收票据票面金额贷记"应收票据"。

带息商业汇票贴现时,按贴现款借记"银行存款",按应收票据账面余额贷记"应收票据",借贷差额记"财务费用"。

【例 7-4】　甲公司 5 月 15 日将持有的出票日为 2 月 15 日、面额 100 000 元、期限 6 个月的不带息银行承兑汇票向银行办理贴现,不带追索权,银行规定的贴现率为 6%。

票据到期日为 8 月 15 日,贴现期＝16＋30＋31＋15＝92(天)

贴现息＝100 000 ×6％/360×92＝1 533.33(元)

贴现款＝100 000－1 533.33＝98 466.67(元)

借：银行存款　　　　　　　　　　　　98 466.67

　　财务费用　　　　　　　　　　　　 1 533.33

　　贷：应收票据　　　　　　　　　　　　　　　100 000

【例 7-5】 甲公司 5 月 15 日将持有的出票日为 2 月 15 日、面额 100 000 元、期限 6 个月的带息银行承兑汇票向银行办理贴现,票面利率 5％,银行规定的贴现率为 6％,不带追索权。甲公司尚未计提票据利息。

到期值＝100 000×(1＋5％×6/12)＝102 500(元)

贴现息＝102 500×6％/360×92＝1 571.67(元)

贴现款＝102 500－1 571.67＝100 928.33(元)

借：银行存款　　　　　　　　　　　　100 928.33

　　贷：应收票据　　　　　　　　　　　　　　　100 000

　　　　财务费用　　　　　　　　　　　　　　　　 928.33

2) 带追索权的应收票据贴现

将带追索权的应收票据贴现,企业对票据到期贴现银行无法收回票款承担连带责任,不符合《企业会计准则第 23 号——金融资产转移》规定的金融资产终止确认条件,因此,贴现时不能终止应收票据的确认,而应确认一项新的金融负债。信用等级不高的银行承兑汇票或商业承兑汇票贴现一般属于带追索权的商业汇票贴现。

贴现时,按收到的贴现款借记"银行存款",贷记"短期借款"。

票据到期时,如果承兑人已足额向贴现银行支付票款,按贴现款借记"短期借款",按应收票据账面余额贷记"应收票据",借贷差额记"财务费用"。

票据到期时,如果承兑人无法向贴现银行支付票款,贴现企业承担连带责任并向贴现银行支付票据款时,按贴现款借记"短期借款",按贴现息借记"财务费用",按票据到期值贷记"银行存款"。同时,将应收票据转为应收账款,按票据到期值借记"应收账款",按应收票据账面余额贷记"应收票据",借贷差额记"财务费用"。

票据到期时,贴现企业承担连带责任但也无力支付票款时,按贴现款借记"短期借款",按贴现息借记"财务费用",按票据到期值贷记"短期借款——逾期贷款"。同时,将应收票据转为应收账款,按票据到期值借记"应收账款",按应收票据账面余额贷记"应收票据",借贷差额记"财务费用"。

【例 7-6】 沿用【例 7-5】资料,假定为商业承兑汇票贴现,甲公司对贴现票据承担连带责任。

(1) 贴现。

借：银行存款　　　　　　　　　　　　100 928.33

　　贷：短期借款　　　　　　　　　　　　　　　100 928.33

(2) 假定票据到期,付款人已足额向贴现银行支付票款。

借：短期借款　　　　　　　　　　　　100 928.33

贷: 应收票据	100 000
财务费用	928.33

（3）假定票据到期，付款人无法向贴现银行支付票款，甲公司承担连带责任并向贴现银行支付票款。

借: 短期借款	100 928.33
财务费用	1 571.67
贷: 银行存款	102 500
借: 应收账款	102 500
贷: 应收票据	100 000
财务费用	2 500

（4）假定票据到期，付款人无法向贴现银行支付票款，甲公司也无力支付票款。

借: 短期借款	100 928.33
财务费用	1 571.67
贷: 短期借款——逾期贷款	102 500
借: 应收账款	102 500
贷: 应收票据	100 000
财务费用	2 500

7. 应收票据转让

企业可以将持有的应收票据进行背书转让，用以购买所需物资或偿还债务。

企业将持有的商业汇票背书转让以取得所需物资时，根据是否带有追索权，处理如下。

1）不带追索权的票据转让

按所购物资成本借记"原材料""库存商品"等账户，按可抵扣的进项税额借记"应交税费——应交增值税（进项税额）"，按商业汇票的账面余额贷记"应收票据"，按票据尚未计提的利息贷记"财务费用"，按收到或补付的差额款借记或贷记"银行存款"。

2）带追索权的票据转让

企业承担了付款人不能到期支付票款的连带责任，此时应收票据不符合金融资产终止确认条件，不能终止确认应收票据，而应确认"应付账款"。按所购物资成本借记"原材料""库存商品"等账户，按可抵扣的进项税额借记"应交税费——应交增值税（进项税额）"，按价税合计贷记"应付账款"。

7.2.2　应收账款

1. 应收账款的初始计量

应收账款，是指企业因销售商品、提供劳务等经营活动而向应客户收取的款项，包括应向客户收取的货款、增值税和为客户代垫的运杂费，不包括非经营活动发生的应收款项。

　　商业折扣是对商品价目单所列的价格给予一定的折扣,应按扣除商业折扣后的价格计量营业收入。符合税法开票规定的,依据扣除商业折扣后的价格计征增值税。

　　现金折扣是指销货企业为了鼓励客户在一定期间内早日偿还货款,在客户满足特定还款条件下,对销售价格给予的一定比率的扣减。现金折扣条件一般表示为"2/10,1/20,N/30"等,其含义是:客户 10 天内付款可以享受实际售价 2% 的折扣,20 天内付款可以享受 1% 的折扣,30 天内付款则无折扣。计算现金折扣的依据是否含增值税取决于交易双方的约定。现金折扣属于《企业会计准则第 14 号——收入》规定的可变对价,会计上应进行估计并作为对营业收入的调整,计征增值税不应考虑现金折扣。

　　确认销售收入时,按照原销售价格扣除商业折扣后的金额及其对应的增值税额再扣除估计的极有可能发生的现金折扣后的净额借记"应收账款",按原销售价格扣除商业折扣以及估计的极有可能发生的现金折扣后的净额贷记"主营业务收入",按原销售价格扣除商业折扣后的净额对应的增值税额贷记"应交税费——应交增值税(销项税额)"。

　　估计的现金折扣与实际享受现金折扣不符的,相应调整当期应收账款和主营业务收入。

　　客户还款时,按实际收到的金额借记"银行存款",贷记"应收账款"。

　　【例 7-7】　甲公司向客户赊销产品一批,商品原价 100 000 元,商业折扣 10%,增值税税率 13%,按规定开具增值税专用发票,给予客户的现金折扣条件是:2/10,N/30。甲公司根据以往客户还款经验,估计该客户极有可能在 10 天以内付款。假定计算现金折扣时不包括增值税。

　　(1) 销售实现时。

　　估计的现金折扣 = 100 000 × (1 − 10%) × 2% = 1 800(元)

　　主营业务收入 = 100 000 × (1 − 10%) − 1 800 = 88 200(元)

　　增值税销项税额 = 100 000 × (1 − 10%) × 13% = 11 700(元)

　　应收账款 = 88 200 + 11 700 = 99 900(元)

　　借:应收账款　　　　　　　　　　　　　　　　99 900
　　　　贷:主营业务收入　　　　　　　　　　　　　88 200
　　　　　　应交税费——应交增值税(销项税额)　　　11 700

　　(2) 如果客户在 10 天内付款。

　　借:银行存款　　　　　　　　　　　　　　　　99 900
　　　　贷:应收账款　　　　　　　　　　　　　　　99 900

　　(3) 如果客户在 10 天内未付款将不能享受现金折扣,应调整应收账款和主营业务收入。

　　借:应收账款　　　　　　　　　　　　　　　　1 800
　　　　贷:主营业务收入　　　　　　　　　　　　　1 800

　　(4) 将来收款时。

　　借:银行存款　　　　　　　　　　　　　　　　101 700
　　　　贷:应收账款　　　　　　　　　　　　　　　101 700

　　【例 7-8】　甲公司向客户赊销产品一批,商品原价 100 000 元,商业折扣 10%,增值税税率 13％,按规定开具增值税专用发票,给予客户的现金折扣条件是:2/10,N/30。甲公司根据以往客户还款经验,估计该客户极有可能在 30 天以内付款。假定计算现金折扣时不包括增值税。

(1) 销售实现时。

主营业务收入＝100 000×(1−10％)＝90 000(元)

增值税销项税额＝100 000×(1−10％)×13％＝11 700(元)

应收账款＝100 000×(1−10％)×(1+13％)＝101 700(元)

借:应收账款　　　　　　　　　　　　　　　101 700
　　贷:主营业务收入　　　　　　　　　　　　　　90 000
　　　　应交税费——应交增值税(销项税额)　　　　11 700

(2) 如果客户在 30 天内付款。

借:银行存款　　　　　　　　　　　　　　　101 700
　　贷:应收账款　　　　　　　　　　　　　　　101 700

(3) 如果客户在 10 天内付款将享受现金折扣 1 800 元,应调整应收账款和主营业务收入。

借:主营业务收入　　　　　　　　　　　　　　1 800
　　贷:应收账款　　　　　　　　　　　　　　　　1 800

(4) 收款时。

借:银行存款　　　　　　　　　　　　　　　99 900
　　贷:应收账款　　　　　　　　　　　　　　　99 900

也可将上述两个分录合并:

借:银行存款　　　　　　　　　　　　　　　99 900
　　主营业务收入　　　　　　　　　　　　　1 800
　　贷:应收账款　　　　　　　　　　　　　　　101 700

【例 7-9】　沿用【例 7-7】的资料,假定计算现金折扣时包括增值税。

(1) 销售实现时。

估计的现金折扣＝100 000×(1−10％)×(1+13％)×2％＝2 034(元)

主营业务收入＝100 000×(1−10％)−2 034＝87 966(元)

增值税销项税额＝100 000×(1−10％)×13％＝11 700(元)

应收账款＝87 966+11 700＝99 666(元)

借:应收账款　　　　　　　　　　　　　　　99 666
　　贷:主营业务收入　　　　　　　　　　　　　87 966
　　　　应交税费——应交增值税(销项税额)　　　11 700

(2) 如果客户在 10 天内付款。

借:银行存款　　　　　　　　　　　　　　　99 666
　　贷:应收账款　　　　　　　　　　　　　　　99 666

(3) 如果客户在 10 天内未付款将不能享受现金折扣,应调整应收账款和主营业务收入。

　　借：应收账款　　　　　　　　　　　　　　　　　　2 034
　　　　贷：主营业务收入　　　　　　　　　　　　　　　　2 034

（4）将来收款时。

　　借：银行存款　　　　　　　　　　　　　　　　　101 700
　　　　贷：应收账款　　　　　　　　　　　　　　　　　101 700

2. 应收账款的抵借与让售

应收账款的抵借与让售，又称保理安排或应收账款保理，是指应收账款转让方将收取应收账款的权利转让给第三方（保理人）并获取现金的交易事项，是企业以应收账款获得融资并防范坏账的常用手段。

1）应收账款抵借

应收账款抵借又称具有追索权的保理，是指对应收账款进行的附带追索权的保理安排，应收账款转让方向保理人提供全部或部分追索权，并有义务根据追索权条款向保理人支付款项，或在特定情况下回购已出售的应收账款。这种情况下，追索权条款导致应收账款转让方几乎保留了应收账款所有的风险和报酬，应继续确认而不能终止确认被保理的应收账款，同时应收账款受让人（保理人）一般不能出售保理的应收账款。

2）应收账款让售

应收账款让售又称无追索权的保理，是指对应收账款进行的无追索权的保理安排，即应收账款的转让方不向受让方提供应收账款履约情况的担保，也就是说不论应收账款的收款时间长短和金额大小，转让方都无义务偿还让售应收账款的任何款项。这种情况下，应收账款的转让方几乎转移了应收账款所有的风险和报酬，应对应收账款整体予以终止确认，同时应收账款受让方保理人可以出售保理的应收账款。

7.2.3　其他应收款

其他应收款，是指企业除应收票据、应收账款、预付账款等以外的其他各种应收、暂付款项，主要包括应收的各种赔款、罚款，应收的出租包装物租金，支付的包装物押金，应向企业职工收取的各种垫付款项，向企业各职能科室、车间等部门拨出的备用金，以及其他各种应收、暂付款项。

企业应设置"其他应收款"账户，并按其他应收款的项目以及债务人对各种其他应收款进行明细核算。

1. 职工差旅费借款

【例 7-10】　甲公司总经理张超因公出差，以现金支票向其预付差旅费借款 5 000 元。职工出差归来，报销交通费、住宿费等各项费用 4 500 元，余款 500 元以现金形式退回。

（1）出差借款。

　　借：其他应收款——差旅费借款——张超　　　　　　5 000
　　　　贷：银行存款　　　　　　　　　　　　　　　　　5 000

（2）出差归来报销。

借：管理费用　　　　　　　　　　　　　　　　　4 500

　　库存现金　　　　　　　　　　　　　　　　　500

　　　贷：其他应收款——职工差旅费借款——张超　　　　5 000

2. 备用金

备用金分为定额备用金和非定额备用金。企业可以设置"备用金"账户或"其他应收款——备用金"账户，并按领用部门进行明细核算，在资产负债表中的"其他应收款"项目列示。

实行定额备用金制度的企业，向部门拨付备用金时，借记"其他应收款"，贷记"库存现金"；部门定期向财会部门报销并补足备用金时，借记"管理费用"等账户，贷记"库存现金"；撤销备用金收回余款时，借记"库存现金"，贷记"其他应收款"。

实行非定额备用金制度的企业，向部门拨付备用金时，借记"其他应收款"，贷记"库存现金"；部门向财会部门报销时，借记"管理费用"等账户，贷记"其他应收款"；备用金使用完毕收回余款时，借记"库存现金"，贷记"其他应收款"。

【例 7-11】　甲公司定额备用金相关经济业务与会计处理如下。

（1）开出现金支票向总经理办公室拨付定额备用金 5 000 元，用于日常办公费用支出。

借：其他应收款——备用金——总经理办公室　　　5 000

　　　贷：银行存款　　　　　　　　　　　　　　　5 000

（2）总经理办公室报销办公用品支出 3 500 元，财会部门以现金支付。

借：管理费用　　　　　　　　　　　　　　　　　3 500

　　　贷：库存现金　　　　　　　　　　　　　　　3 500

（3）撤销总经理办公室备用金，交回费用凭证共计 4 000 元、交回未用现金 1 000 元。

借：管理费用　　　　　　　　　　　　　　　　　4 000

　　库存现金　　　　　　　　　　　　　　　　　1 000

　　　贷：其他应收款——备用金——总经理办公室　　5 000

【例 7-12】　甲公司非定额备用金相关经济业务与会计处理如下。

（1）以现金向销售部拨付非定额备用金 1 000 元。

借：其他应收款——备用金——销售部　　　　　　1 000

　　　贷：库存现金　　　　　　　　　　　　　　　1 000

（2）销售部报销销售产品运费 654 元，其中增值税 54 元，取得增值税专用发票。

借：销售费用　　　　　　　　　　　　　　　　　600

　　应交税费——应交增值税（进项税额）　　　　　54

　　　贷：其他应收款——备用金——销售部　　　　　654

（3）销售部不再需要备用金，将余款 346 元交回。

借：库存现金　　　　　　　　　　　　　　　　　346

　　　贷：其他应收款——备用金——销售部　　　　　346

7.2.4 预付账款[①]

"预付账款"账户用于核算企业按照购货合同规定预付给供货单位的款项,并按供货单位进行明细核算。

(1)预付款项时,借记"预付账款",贷记"银行存款"等账户。

(2)采购存货时,按存货采购成本借记"在途物资""原材料""库存商品"等账户,按可抵扣的进项税额借记"应交税费——应交增值税(进项税额)",按成本和增值税合计贷记"预付账款"。

(3)预付款不足向供货方补付货款时,按补付的货款借记"预付账款",贷记"银行存款"。

(4)退回多付的款项时,按退回的款项借记"银行存款",贷记"预付账款"。

(5)"预付账款"期末余额在借方,表示企业实际预付的款项,在资产负债表中的"预付款项"项目列示;期末余额在贷方,表示尚未补付的款项,在资产负债表中的"应付账款"项目列示。

(6)预付款项不多的企业,可以不设置该账户,直接通过"应付账款"账户核算。此时,如果"应付账款"期末余额在借方,表示企业实际预付的款项,在资产负债表中的"预付款项"项目列示;如果期末余额在贷方,表示尚未补付的款项,在资产负债表中的"应付账款"项目列示。

【例 7-13】 甲公司预付账款业务资料与会计处理如下。

(1)6 月 25 日,向供货商预付购料款 100 000 元。

借:预付账款　　　　　　　　　　　　　　　　　100 000
　　贷:银行存款　　　　　　　　　　　　　　　　　100 000

(2)6 月 30 日,采购原材料,材料已验收入库,收到增值税专用发票注明的价款为 100 000 元,增值税 13 000 元。

借:原材料　　　　　　　　　　　　　　　　　　100 000
　　应交税费——应交增值税(进项税额)　　　　　 13 000
　　贷:预付账款　　　　　　　　　　　　　　　　　113 000

(3)6 月 30 日编制资产负债表时,"预付账款"贷方余额 13 000 元,应在"应付账款"项目列示。

(4)7 月 10 日,甲公司向供货商补付 13 000 元。

借:预付账款　　　　　　　　　　　　　　　　　 13 000
　　贷:银行存款　　　　　　　　　　　　　　　　　 13 000

7.2.5 坏账准备

企业应当根据《企业会计准则第 22 号——金融工具确认和计量》的规定,以预期信用损失为基础对应收款项进行减值会计处理并确认坏账准备。

---

① 预付账款并非以现金结算,故不属于金融资产,但不便于单独成章,在此与应收款项一并介绍。

预期信用损失,是指以发生违约的风险为权重的金融工具信用损失的加权平均值。信用损失,是指企业按照原实际利率折现的、根据合同应收的所有合同现金流量与预期收取的所有现金流量之间的差额,即全部现金短缺的现值。

对于不含重大融资成分的应收账款,应当始终按照整个存续期内预期信用损失的金额计量其坏账准备。应收款项计提坏账准备的常用方法有余额百分比法、账龄分析法和销货百分比法。对于重大的应收款项,应当按单项计提坏账准备。

1. 余额百分比法

余额百分比法,是按照应收款项期末余额的一定比例估计该应收款项的预期信用损失并计提坏账准备。

(1)首次计提坏账准备时,按各应收款项的期末余额与该应收款项的坏账计提比例计算应提取的坏账准备,借记"信用减值损失",贷记"坏账准备"。

(2)以后期间计提坏账准备时,先按各应收款项的期末余额与该应收款项的坏账计提比例计算应计提的坏账准备余额,然后再区分以下情况进行不同的处理。

① 当前"坏账准备"余额方向为贷方时,将应计提的坏账准备金额与"坏账准备"账户当前余额进行比较,前者大于后者时应进一步计提坏账准备,按二者差额借记"信用减值损失",贷记"坏账准备";前者小于后者时应转回已计提的坏账准备,按二者差额借记"坏账准备",贷记"信用减值损失"。

② 当前"坏账准备"余额方向为借方时,按应计提的坏账准备金额与当前余额之和,借记"信用减值损失",贷记"坏账准备"。

(3)实际发生坏账时,借记"坏账准备"等,贷记"应收账款"。

(4)已发生的坏账又确认能够收回时,借记"应收账款"等,贷记"坏账准备",收到款项时再借记"银行存款",贷记"应收账款"等。

【例 7-14】 甲公司第 1 年末初次计提坏账准备,计提比例 5%。第 1 年末,应收账款账户余额为 1 000 000 元。第 2 年末,应收账款账户余额为 1 500 000 元。第 3 年末,应收账款账户余额为 1 200 000 元。第 4 年 6 月实际发生坏账 80 000 元,年末应收账款账户余额为 2 000 000 元。第 5 年 10 月,上年发生的坏账又收回 30 000 元,年末应收账款账户余额为 1 800 000 元。

(1)第 1 年末计提坏账准备。

借:信用减值损失 50 000
    贷:坏账准备 50 000

(2)第 2 年末计提坏账准备。

应计提的坏账准备＝1 500 000×5%＝75 000(元)

当前"坏账准备"余额为贷方 50 000(元)。

所以,应进一步计提 75 000－50 000＝25 000(元)。

借:信用减值损失 25 000
    贷:坏账准备 25 000

（3）第 3 年转回坏账准备。

应计提的坏账准备＝1 200 000×5％＝60 000（元）

当前"坏账准备"余额为贷方 75 000（元）。

所以,应转回 75 000－60 000＝15 000（元）。

借：坏账准备 15 000
　　贷：信用减值损失 15 000

（4）第 4 年。

6 月发生坏账时：

借：坏账准备 80 000
　　贷：应收账款 80 000

年末计提坏账准备时：

应计提的坏账准备＝2 000 000×5％＝100 000（元）

当前"坏账准备"余额为借方 20 000（元）。

所以,应进一步计提 100 000＋20 000＝120 000（元）。

借：信用减值损失 120 000
　　贷：坏账准备 120 000

（5）第 5 年。

10 月收回已发生的坏账时：

借：应收账款 30 000
　　贷：坏账准备 30 000

借：银行存款 30 000
　　贷：应收账款 30 000

年末：

应计提的坏账准备＝1 800 000×5％＝90 000（元）

当前"坏账准备"余额为贷方 130 000（元）

所以,应转回 130 000－90 000＝40 000（元）。

借：坏账准备 40 000
　　贷：信用减值损失 40 000

2. 账龄分析法

账龄分析法,也是根据应收账款余额来估计坏账,只是需要将企业应收款项按账龄长短分档,并为各档确定一个估计损失率,按应收款项被拖欠的时间越长,收回的可能性越小,发生坏账的可能性越大的假设,分档计算坏账准备余额。具体会计处理与余额百分比法一致。这种方法工作量较大,更适合于在会计软件中使用。

3. 销货百分比法

销货百分比法,是根据销售金额和估计坏账损失占销售金额的比率来估算坏账损失的方法。此方法下,根据当期销售金额与坏账计提比例直接计算当期应计提的坏账准备金额,并按该金额借记"信用减值损失",贷记"坏账准备"。实际发生坏账、发生的坏账又收回的会计处理与余额百分比法一致。

7.2.6　应收款项的报表列示

(1) 以摊余成本计量的应收票据、应收账款、预付账款、其他应收款,应当按照其账面价值,即账户余额减去对应的坏账准备后的净额,分别在"应收票据""应收账款""预付款项""其他应收款"等项目列示。其中,应收账款所属明细账户为贷方余额的,应当将其列示于资产负债表的"预收款项"项目,预付账款所属明细账户为贷方余额的,应将其列式于资产负债表的"应付账款"项目。

(2) 划分为以公允价值计量且其变动计入其他综合收益的应收票据、应收账款等应当在"应收款项融资"项目列示。

7.3　交易性金融资产

交易性金融资产属于以公允价值计量且其变动计入当期损益的金融资产,其特点是为交易目的而持有,如基于交易目的购入的股票、债券、基金等。

7.3.1　交易性金融资产的取得

1. 交易性金融资产的初始计量

(1) 企业初始确认交易性金融资产时,应当按照公允价值计量。公允价值通常为相关金融资产的交易价格。交易价格是取得一项资产所支付或者承担一项负债所收到的价格(进入价格)。金融资产公允价值与交易价格存在差异的,区分不同情况,分别确认为当期的一项利得损失或者予以递延确认为相应期间的利得损失。

(2) 交易费用的处理。交易费用,是指可直接归属于购买、发行或处置金融工具的增量费用。增量费用是指企业没有发生购买、发行或处置相关金融工具的情形就不会发生的费用,包括支付给代理机构、咨询公司、券商、证券交易所、政府有关部门等的手续费、佣金、相关税费以及其他必要支出,不包括债券溢价、折价、融资费用、内部管理成本和持有成本等与交易不直接相关的费用。交易性金融资产的相关交易费用应当计入当期损益。

(3) 取得交易性金融资产所支付的价款中包含的已到期但尚未发放的利息或已宣告但尚未发放的股利,应当单独确认为应收项目。

2. 取得交易性金融资产的会计处理

取得交易性金融资产,按交易性金融资产的公允价值(假定等于交易价格)借记"交易性金融资产——成本",按支付的交易费用借记"投资收益",取得交易性金融资产所支付的价款中包含的已到期但尚未发放的利息或已宣告但尚未发放的股利借记"应收利息"或"应收股利",按实际支付的包含交易费用在内的全部价款贷记"银行存款""其他货币资金"等账户。

【例 7-15】 甲公司第 1 年 3 月 1 日以存入证券公司的投资款从二级市场购入乙公司公开发行的股票 10 万股,每股 10 元,共支付价款 100 万元,另支付交易费用 8 000 元。第 1 年 3 月 20 日,又购入该种股票 5 万股,每股 12 元,共支付价款 60 万元,另支付交易费用 5 000 元。甲公司将其划分为以公允价值计量且其变动计入当期损益的金融资产。

甲公司会计处理如下。

(1) 第 1 年 3 月 1 日购入股票。

借:交易性金融资产——成本	1 000 000
投资收益	8 000
贷:其他货币资金——存出投资款	1 008 000

(2) 第 1 年 3 月 20 日购入股票。

借:交易性金融资产——成本	600 000
投资收益	5 000
贷:其他货币资金——存出投资款	605 000

7.3.2 交易性金融资产持有期间利息或股利的会计处理

持有交易性金融资产期间获得的相关利息或股利应确认投资收益。只有在同时符合下列条件时,才能确认股利收入并计入当期损益:企业收取股利的权利已经确立;与股利相关的经济利益很可能流入企业;股利的金额能够可靠计量。

对于应收的股利收入、利息收入,借记"应收股利"或"应收利息",贷"投资收益"。实际收到股利和利息时,借记"其他货币资金""银行存款"等账户,贷记"应收股利"或"应收利息"。

【例 7-16】 继【例 7-15】甲公司购入的乙公司股票第 1 年 4 月,乙公司宣告发放现金股利,0.1 元/股,5 月实际收到现金股利。

甲公司会计处理如下。

(1) 第 1 年 4 月宣告发放现金股利。

借:应收股利	15 000
贷:投资收益	15 000

(2) 第 1 年 5 月实际收到现金股利。

借:其他货币资金——存出投资款	15 000
贷:应收股利	15 000

7.3.3 交易性金融资产的期末计量

在资产负债表日,交易性金融资产应当按当日公允价值计量。交易性金融资产资产负债表日公允价值大于账面价值时,按其差额借记"交易性金融资产——公允价值变动",贷记"公允价值变动损益";交易性金融资产资产负债表日公允价值小于账面价值时,按其差额借记"公允价值变动损益",贷记"交易性金融资产——公允价值变动"。

【例 7-17】 继【例 7-15】甲公司购入的乙公司股票第 1 年末,每股公允价值为 15 元/股。

公允价值变动＝(100 000＋50 000)×15－(100 000×10＋50 000×12)

　　　　　　　＝650 000(元)

借：交易性金融资产——公允价值变动　　　　　　　　650 000

　　贷：公允价值变动损益　　　　　　　　　　　　　　　650 000

7.3.4　交易性金融资产的出售

出售交易性金融资产时,按实际收到的价款扣除相关交易费用的净额借记"其他货币资金""银行存款"等账户,按交易性金融资产的成本贷记"交易性金融资产——成本",按累计公允价值变动额反向借记或贷记"交易性金融资产——公允价值变动",按处置净额和交易性金融资产的账面价值的差额借记或贷记"投资收益"。

【例 7-18】　继【例 7-15】,第 2 年 5 月,因资金需要,甲公司将持有的乙公司股票出售 8 万股,16 元/股,支付交易费用 10 000 元。假定甲公司按加权平均法结转已售股票账面价值。

应结转的成本＝(1 000 000＋600 000)÷(100 000＋50 000)×80 000

　　　　　　　＝853 333.33(元)

应结转的公允价值变动＝650 000÷(100 000＋50 000)×80 000

　　　　　　　　　　＝346 666.67(元)

借：其他货币资金——存出投资款　　　　　　　　　1 270 000

　　贷：交易性金融资产——成本　　　　　　　　　　　853 333.33

　　　　　　　　——公允价值变动　　　　　　　　　　346 666.67

　　　投资收益　　　　　　　　　　　　　　　　　　　70 000

7.3.5　交易性金融资产的报表列示

交易性金融资产以期末账面价值在资产负债表"交易性金融资产"列示,但是,自资产负债表日起超过一年到期且预期持有超过一年的交易性金融资产,应当在资产负债表"其他非流动金融资产"列示。持有交易性金融资产当期的公允价值变动损益在利润表"公允价值变动收益"项目列示。

7.4　债　权　投　资

债权投资属于符合分类标准的以公允价值计量且其变动计入其他综合收益的金融资产,一般用于核算企业购买并准备持有至到期的债券投资。

7.4.1　债券的分类

债券有多种分类方式,以下重点介绍按付息方式分类、按发行价格与债券面值的关系分类两种分类方式,这两种分类会影响后续每期实际利息收入、摊余成本的计算与会计处理。

1. 按付息方式分类

按债券支付利息的方式不同,债券一般可分为分期付息、到期还本债券和到期一次还本付息债券。分期付息、一次还本债券是指按约定的付息日期每期分别支付利息,债券到期后按面值支付本金。到期一次还本付息是指债券到期后一次性支付本金和利息,此时各期利息一般是按单利计算。

2. 按发行价格与债券面值的关系分类

按债券发行价格与债券面值的不同,债券的发行方式分为平价发行、溢价发行和折价发行。

不考虑交易费用,债券的发行价格等于该债券未来现金流量按市场利率折现的现值。因此,发行价格的高低取决于债券票面利率和市场利率的关系。

1) 平价发行

债券发行价格等于债券面值,称为平价发行。对于分期付息、到期一次还本的债券而言,此时票面利率等于市场利率。由于复利因素,对于到期一次还本付息债券,此时市场利率低于票面利率。

2) 溢价发行

债券发行价格高于债券面值,称为溢价发行。此时,票面利率高于市场利率。债券发行方是根据票面利率向债券购买方支付利息的,当票面利率高于市场利率时,意味着发行方支付了相对较高的利息,作为对债券发行方的补偿,应当以高于面值的价格发行,即溢价发行。或者说,因为债券的发行价格等于该债券未来现金流量按市场利率折现的现值,当市场利率低于票面利率时,该现值将高于面值,即溢价发行。

3) 折价发行

债券发行价格低于债券面值,称为折价发行。对于分期付息、到期一次还本的债券而言,此时票面利率低于市场利率。债券发行方是根据票面利率向债券购买方支付利息的,当票面利率低于市场利率时,意味着发行方支付了相对较低的利息,作为对债券购买方的补偿,应当以低于面值的价格发行,即折价发行。或者说,因为债券的发行价格等于该债券未来现金流量按市场利率折现的现值,当市场利率高于票面利率时,该现值将低于面值,即折价发行。在相同条件下,由于复利因素,到期一次还本付息债券市场利率低于分期付息、到期一次还本债券的市场利率,尽管折价发行,此时市场利率仍有可能低于票面利率。

7.4.2 债权投资的取得

1. 债权投资的初始计量

(1) 企业初始确认债权投资时,应当基于公允价值计量。公允价值通常为相关金融资产的交易价格。交易价格是取得一项资产所支付或者承担一项负债所收到的价格(进入价格)。金融资产公允价值与交易价格存在差异的,区分不同情况,分别确认为当期的一项利得损失或者予以递延确认为相应期间的利得损失。

(2) 企业购买债权投资支付的相关交易费用应当计入债权投资的初始确认金额。交易费用计入债权投资的初始确认金额,意味着调增债券溢价或调减债券折价,此时该债券的实际利率低于不考虑交易费用时的市场利率。实际利率,是指将金融资产在预计存续期的估计未来现金流量,折现为该金融资产账面余额所使用的利率。交易费用,是指可直接归属于购买、发行或处置金融工具的增量费用。增量费用是指企业没有发生购买、发行或处置相关金融工具的情形就不会发生的费用,包括支付给代理机构、咨询公司、券商、证券交易所、政府有关部门等的手续费、佣金、相关税费以及其他必要支出。

（3）企业取得金融资产所支付的价款中包含的已到期但尚未发放的利息,应当单独确认为应收项目。

2. 取得债权投资的会计处理

企业取得债权投资时,应当按照债券的面值借记"债权投资——成本",如果企业在发行日后或两次付息日之间购买债券,实际支付的价款中含有发行日或付息日至购买日之间的利息,应借记"应收利息"（分期付息）或"债权投资——应计利息"（到期一次付息）,按实际支付的价款以及交易费用贷记"银行存款"等账户,借贷差额记"债权投资——利息调整",借差表示溢价,贷差表示折价。

【例7-19】　甲公司第 1 年 1 月 1 日以 1 000 000 元购入某公司当日发行的面值 1 000 000 元、票面利率5％、3 年期的分期付息、到期一次还本的债券,当年利息在下一年的 1 月 5 日支付,甲公司将该债券划分为以摊余成本计量的金融资产核算,假定不考虑相关交易费用。

甲公司取得该债券时的会计处理如下。

借：债权投资——成本　　　　　　　　　　　　　1 000 000
　　贷：银行存款　　　　　　　　　　　　　　　　　　1 000 000

【例7-20】　甲公司第 1 年 1 月 1 日以 1 050 000 元购入某公司当日发行的面值 1 000 000 票面利率5％、3 年期的分期付息、到期一次还本的债券,甲公司将该债券划分为以摊余成本计量的金融资产核算,甲公司另以银行存款支付交易费用 10 000 元。

甲公司取得该债券时的会计处理如下。

借：债权投资——成本　　　　　　　　　　　　　1 000 000
　　　　　　——利息调整　　　　　　　　　　　　　　60 000
　　贷：银行存款　　　　　　　　　　　　　　　　　　1 060 000

【例7-21】　甲公司第 1 年 1 月 1 日以 950 000 元购入某公司当日发行的面值 1 000 000 元、票面利率5％、3 年期的分期付息、到期一次还本的债券,甲公司将该债券划分为以摊余成本计量的金融资产核算,甲公司另以银行存款支付交易费用 10 000 元。

甲公司取得该债券时的会计处理如下。

借：债权投资——成本　　　　　　　　　　　　　1 000 000
　　贷：债权投资——利息调整　　　　　　　　　　　　40 000
　　　　银行存款　　　　　　　　　　　　　　　　　　960 000

7.4.3　债权投资持有期间利息收入的确认

1. 摊余成本

债权投资的摊余成本,应当以该债权投资的初始确认金额经下列调整后的结果确定：

扣除已偿还的本金;加上或减去采用实际利率法将该初始确认金额与到期日金额之间的差额进行摊销形成的累计摊销额;扣除累计计提的损失准备。

不考虑减值准备因素,债权投资的摊余成本即为债权投资账户余额,其本质上代表了该债券未来本金利息按实际利率折现的现值。因此,如果发生预期本金将提前或延后收回、改变利息支付方式等情况,此时未来现金流量的现值将不再等于当前债权投资的余额,根据《企业会计准则第 22 号——金融工具确认和计量》的规定,此时不能调整最初的实际利率,而应调整债权投资的账面余额,并将变动部分计入当期损益。

2. 利息收入

根据《企业会计准则第 22 号——金融工具确认和计量》的规定,企业应当按照实际利率法确认利息收入。

如果债权投资自初始确认后尚未实际发生信用减值,应当按照其账面余额和实际利率计算利息收入。如果债权投资自初始确认后发生信用减值,应当按照其摊余成本和实际利率计算利息收入。

假定不考虑发生信用减值因素,相关计算公式如下:

利息收入=债权投资期初余额×实际利率

应收利息=债券面值×票面利率

由于实际利率与票面利率可能并不相等,因此利息收入与应收利息可能并不相等,其差额即为溢折价的摊销。

1)分期付息到期一次还本——平价

对于按面值发行、分期付息到期一次还本的债券而言,假定不考虑交易费用,此时实际利率等于票面利率,不存在溢折价,期末按应收利息借记"应收利息",贷记"投资收益";实际收到利息时借记"银行存款"等账户,贷记"应收利息"。

在此种情况下,各期利息收入合计等于各期应收利息合计。

【例 7-22】 继【例 7-19】,各年会计分录如下。

$$利息收入=应收利息=1\ 000\ 000×5\%=50\ 000(元)$$

(1)年末确认利息收入。

借:应收利息	50 000	
贷:投资收益		50 000

(2)收到利息时。

借:银行存款	50 000	
贷:应收利息		50 000

2)分期付息到期一次还本——溢价

期末,按面值和票面利率计算的应收利息借记"应收利息",按债权投资期初余额乘以实际利率计算的利息收入贷记"投资收益",按其差额贷记"债权投资——利息调整"(表示当期摊销的溢价);实际收到利息时借记"银行存款"等账户,贷记"应收利息"。

由于存在计算误差,最后一期先将尚未摊销的溢价全部摊销,贷记"债权投资——利息调整",再按应收利息与"债权投资——利息调整"的差额贷记"投资收益"。

债权投资期末余额等于债权投资期初余额减当期摊销的溢价,或者等于债券面值加尚未摊销的溢价。

在此种情况下,各期利息收入合计等于各期应收利息合计减债券溢价。

【例 7-23】 继【例 7-20】,假定每年末付息,第 3 年末支付本金和最后一年利息。不考虑债券减值因素。已知$(P/F,3\%,3)=0.915\,1$,$(P/A,3\%,3)=2.828\,6$,$(P/F,2\%,3)=0.942\,3$,$(P/A,2\%,3)=2.883\,9$。

甲公司持有该债券期间的会计处理如下。

计算实际利率:

$$50\,000\times(P/A,3\%,3)+100\times(P/F,3\%,3)=50\,000\times2.828\,6+1\,000\,000\times0.915\,1$$
$$=1\,056\,530$$

$$50\,000\times(P/A,2\%,3)+100\times(P/F,2\%,3)=50\,000\times2.883\,9+1\,000\,000\times0.942\,3$$
$$=1\,086\,495$$

设实际利率为 r,利用插值法求 r:

3%	1 056 530
r	1 060 000
2%	1 086 495

$(1\,060\,000-1\,056\,530)\div(r-3\%)=(1\,086\,495-1\,056\,530)\div(2\%-3\%)$

$r=2.88\%$

持有期间利息收入的计算见表 7-1。

表 7-1 利息收入计算表(分期付息-溢价) 元

日 期	应收利息 (1) =面值×5%	利息收入 (2) =期初(5)×2.88%	利息调整摊销 (3) =(1)-(2)	利息调整 借方余额 (4) =期初(4)-(3)	期末余额 (5) =期初(5)-(3)
				60 000	1 060 000
第 1 年末	50 000	30 528	19 472	40 528	1 040 528
第 2 年末	50 000	29 967.21	20 032.79	20 495.21	1 020 495.21
第 3 年末	50 000	29 504.79*	20 495.21	0	1 000 000
合计	150 000	90 000	60 000	—	—

注:* 表示尾数调整。

各年确认利息收入分录如下:

(1)第 1 年末确认利息收入。

借:银行存款　　　　　　　　　　　　　　　50 000
　　贷:投资收益　　　　　　　　　　　　　　30 528
　　　　债权投资——利息调整　　　　　　　　19 472

(2)第 2 年末确认利息收入。

借:银行存款　　　　　　　　　　　　　　　50 000
　　贷:投资收益　　　　　　　　　　　　　　29 967.21

　　债权投资——利息调整　　　　　　　　　　　20 032.79

（3）第 3 年末确认利息收入。

借：银行存款　　　　　　　　　　　　　　　50 000

　　贷：债权投资——利息调整　　　　　　　　20 495.21

　　　　投资收益　　　　　　　　　　　　　　29 504.79

　　3）分期付息到期一次还本——折价

　　期末，按面值和票面利率计算的应收利息借记"应收利息"，按债权投资期初余额乘以实际利率计算的利息收入贷记"投资收益"，按其差额借记"债权投资——利息调整"（表示当期摊销的折价）；实际收到利息时借记"银行存款"等账户，贷记"应收利息"。

　　由于存在计算误差，最后一期先将尚未摊销的折价全部摊销，借记"债权投资——利息调整"，再按应收利息与"债权投资——利息调整"合计贷记"投资收益"。

　　债权投资期末余额等于债权投资期初余额加当期摊销的折价，或者等于初始投资成本减尚未摊销的折价。

　　在此种情况下，各期利息收入合计等于各期应收利息合计。

　　【例 7-24】　继【例 7-21】，假定每年末付息，第 3 年末支付本金和最后一年利息。不考虑债券减值因素。已知 $(P/F,6\%,3)=0.839\,6$，$(P/A,6\%,3)=2.673\,0$，$(P/F,7\%,3)=0.816\,3$，$(P/A,7\%,3)=2.624\,3$。

　　甲公司持有该债券期间的会计处理如下：

　　计算实际利率：

$$50\,000\times(P/A,6\%,3)+1\,000\,000\times(P/F,6\%,3)=50\,000\times2.673\,0+1\,000\,000\times0.839\,6$$
$$=973\,250$$

$$50\,000\times(P/A,7\%,3)+1\,000\,000\times(P/F,7\%,3)=50\,000\times2.624\,3+1\,000\,000\times0.816\,3$$
$$=947\,515$$

　　设实际利率为 r，利用插值法求 r：

　　6%　　　　　973 250

　　r　　　　　960 000

　　7%　　　　　947 515

$$(960\,000-973\,250)\div(r-6\%)=(947\,515-973\,250)\div(7\%-6\%)$$

$$r=6.51\%$$

　　持有期间利息收入的计算见表 7-2。

表 7-2　利息收入计算表（分期付息-折价）　　　　　　　　　　元

日　　期	应收利息	利息收入	利息调整摊销	利息调整贷方余额	期末余额
	（1）	（2）	（3）	（4）	（5）
	面值×5%	=期初(5)×6.51%	=(2)−(1)	=期初(4)−(3)	=期初(5)+(3)
				40 000	960 000
第 1 年末	50 000	62 496	12 496	27 504	972 496
第 2 年末	50 000	63 309	13 309	14 195	985 805

续表

日　　期	应收利息	利息收入	利息调整摊销	利息调整贷方余额	期末余额
	（1）	（2）	（3）	（4）	（5）
	面值×5%	＝期初(5)×6.51%	＝(2)-(1)	＝期初(4)-(3)	＝期初(5)+(3)
第 3 年末	50 000	64 195*	14 195	0	1 000 000
合计	150 000	190 000	40 000	—	—

注：* 表示尾数调整。

（1）第 1 年确认利息收入。

借：银行存款　　　　　　　　　　　　　　　　　　50 000
　　债权投资——利息调整　　　　　　　　　　　　12 496
　　贷：投资收益　　　　　　　　　　　　　　　　　　　62 496

（2）第 2 年确认利息收入。

借：银行存款　　　　　　　　　　　　　　　　　　50 000
　　债权投资——利息调整　　　　　　　　　　　　13 309
　　贷：投资收益　　　　　　　　　　　　　　　　　　　63 309

（3）第 3 年末收回本金和利息。

借：银行存款　　　　　　　　　　　　　　　　　　50 000
　　债权投资——利息调整　　　　　　　　　　　　14 195
　　贷：投资收益　　　　　　　　　　　　　　　　　　　64 195

4）到期一次还本付息——平价

对于按面值发行、到期一次还本付息的债券而言，此时实际利率低于分期付息到期一次还本、平价发行的债券实际利率（等于票面利率），因此，实际利率低于票面利率，期末按应收利息借记"债权投资——应计利息"，按债权投资期初余额乘以实际利率计算的利息收入贷记"投资收益"，借贷差额记入"债权投资——利息调整"；最后一期，按应收利息借记"债权投资——应计利息"，按"债权投资——利息调整"余额反向登记该账户，借贷差额记入"投资收益"；到期收到利息时借记"银行存款"等账户，贷记"债权投资——应计利息"。

在此种情况下，各期利息收入合计等于各期应收利息合计。

【例 7-25】　甲公司第 1 年 1 月 1 日以 1 000 000 元购入某公司当日发行的面值 1 000 000 元、票面利率 5%、3 年期的到期一次还本付息的债券，本息于第 4 年 1 月 1 日支付，债券按单利计息，甲公司将该债券划分为以摊余成本计量的金融资产核算，假定不考虑相关交易费用。已知$(P/F,5\%,3)=0.863\,8$，$(P/F,4\%,3)=0.889\,0$。

甲公司取得该债券时的会计处理如下：

（1）取得债券投资时。

借：债权投资——成本　　　　　　　　　　　　　1 000 000
　　贷：银行存款　　　　　　　　　　　　　　　　　　1 000 000

（2）计算实际利率。

到期一次还本付息的实际利率可以按公式直接求解，也可以用插值法简化计算，此处按插值法计算。

债券 3 年利息总和＝100×5％×3＝15（万元）

债券到期支付的本利和＝100＋15＝115（万元）

$1\,150\,000×(P/F,5％,3)=1\,150\,000×0.863\,8=993\,370（元）$

$1\,150\,000×(P/F,4％,3)=1\,150\,000×0.889\,0=1\,022\,350（元）$

设实际利率为 r，采用插值法计算实际利率 r：

5％	993 370
r	1 000 000
4％	1 022 350

$(1\,000\,000-993\,370)÷(r-5％)=(1\,022\,350-993\,370)÷(4％-5％)$

$r=4.77％$

各年利息收入的计算见表 7-3。

表 7-3 利息收入计算表（到期一次还本付息-平价） 元

日　　期	应计利息 (1)＝面值×5％	利息收入 (2)＝期初(4)×4.77％	利息调整 (3)＝(1)−(2)	期末余额 (4)＝期初(4)＋(2)
				1 000 000
第1年末	50 000	47 700	2 300	1 047 700
第2年末	50 000	49 975.29	24.71	1 097 675.29
第3年末	50 000	52 324.71*	−2 324.71	1 150 000
合计	150 000	150 000	0	—

注：*表示尾数调整。

（1）第 1 年 12 月 31 日。

借：债权投资——应计利息　　50 000
　　贷：投资收益　　47 700
　　　　债权投资——利息调整　　2 300

（2）第 2 年 12 月 31 日。

借：债权投资——应计利息　　50 000
　　贷：投资收益　　49 975.29
　　　　债权投资——利息调整　　24.71

（3）第 3 年 12 月 31 日。

借：债权投资——应计利息　　50 000
　　　　——利息调整　　2 324.71
　　贷：投资收益　　52 324.71

（4）债券到期收回本息。

借：银行存款　　1 150 000

　　贷：债权投资——成本　　　　　　　　　　　　　　　1 000 000

　　　　　　　　——应计利息　　　　　　　　　　　　　　150 000

　　5）到期一次还本付息——溢价

　　期末，按面值和票面利率计算的应收利息借记"债权投资——应计利息"，按债权投资期初余额乘以实际利率计算的利息收入贷记"投资收益"，按其差额贷记"债权投资——利息调整"（表示当期摊销的溢价）；实际收到利息时借记"银行存款"等账户，贷记"债权投资——应计利息"。

　　由于存在计算误差，最后一期先将尚未摊销的溢价全部摊销，贷记"债权投资——利息调整"，再按应收利息与"债权投资——利息调整"的差额贷记"投资收益"。

　　债权投资期末余额等于债权投资期初余额加当期确认的应收利息减当期摊销的溢价，也就是等于债权投资期初余额加当期确认的利息收入，这就是复利。

　　在此种情况下，各期利息收入合计＝各期应收利息合计－债券溢价。

　　【例 7-26】　继【例 7-20】，假定该债券第 3 年末到期一次还本付息，不考虑债券减值因素。

　　甲公司持有该债券期间的会计处理如下。

　　计算实际利率：

　　到期一次还本付息的实际利率可以按公式直接求解，也可以用插值法简化计算，此处按公式直接计算：

　　$(1\,000\,000+1\,000\,000\times5\%\times3)/(1+r)^3=1\,060\,000$

　　解得 $r=2.75\%$。

　　持有期间利息收入的计算见表 7-4。

表 7-4　利息收入计算表（到期一次还本付息-溢价）　　　　　　　　　　元

日　　　期	应计利息	利息收入	利息调整摊销	利息调整借方余额	期末余额
	（1）＝面值×5%	（2）＝期初(5)×2.75%	（3）＝(1)-(2)	（4）＝期初(4)-(3)	（5）＝期初(5)+(2)
				60 000	1 060 000
第 1 年末	50 000	29 150	20 850	39 150	1 089 150
第 2 年末	50 000	29 951.63	20 048.37	19 101.63	1 119 101.63
第 3 年末	50 000	30 898.37*	19 101.63	0	1 150 000
合计	150 000	90 000	60 000	—	—

注：*表示尾数调整。

　　（1）第 1 年末确认利息收入。

　　借：债券投资——应计利息　　　　　　　　　　　　　50 000

　　　　贷：投资收益　　　　　　　　　　　　　　　　　　29 150

　　　　　　债权投资——利息调整　　　　　　　　　　　　20 850

　　（2）第 2 年末确认利息收入。

　　借：债券投资——应计利息　　　　　　　　　　　　　50 000

贷：投资收益		29 951.63	
债权投资——利息调整		20 048.37	

（3）第 3 年末确认利息收入。

借：债券投资——应计利息		50 000	
贷：投资收益		30 898.37	
债权投资——利息调整		19 101.63	

（4）第 3 年末收回本金利息。

借：银行存款		1 150 000	
贷：债权投资——应计利息		150 000	
——成本		1 000 000	

6）到期一次还本付息——折价

　　期末，按面值和票面利率计算的应收利息借记"债权投资——应计利息"，按债权投资期初余额乘以实际利率计算的利息收入贷记"投资收益"，按其差额借记"债权投资——利息调整"（表示当期摊销的折价）；实际收到利息时借记"银行存款"等账户，贷记"债权投资——应计利息"。

　　由于存在计算误差，最后一期先将尚未摊销的折价全部摊销，借记"债权投资——利息调整"，再按应收利息与"债权投资——利息调整"合计贷记"投资收益"。

　　债权投资期末余额等于债权投资期初余额加当期确认的应收利息再加当期摊销的折价，也就是等于债权投资期初余额加当期确认的利息收入，这就是复利。

　　在此种情况下，各期利息收入合计＝各期应收利息合计＋债券折价。

　　【例 7-27】　继【例 7-21】，假定该债券第 3 年末到期一次还本付息，不考虑债券减值因素。

　　甲公司持有该债券期间的会计处理如下。

　　计算实际利率：

　　根据公式直接计算实际利率 r：

　　$(1\ 000\ 000+1\ 000\ 000\times5\%\times3)/(1+r)^3=960\ 000$

　　解得 $r=6.2\%$，低于分期付息债券的实际利率 $r=6.52\%$。

　　持有期间利息收入的计算见表 7-5。

表 7-5　利息收入计算表（到期一次还本付息-折价）　　　　　　　　　　　元

日　　期	应计利息	利息收入	利息调整摊销	利息调整贷方余额	期末余额
	（1）	（2）	（3）	（4）	（5）
	＝面值×5％	＝期初(5)×6.2％	＝(2)－(1)	＝期初(4)－(3)	＝期初(5)＋(2)
				40 000	960 000
第 1 年末	50 000	59 520	9 520	30 480	1 019 520
第 2 年末	50 000	63 210.24	13 210.24	17 269.76	1 082 730.24
第 3 年末	50 000	67 269.76*	17 269.76	0	1 150 000
合计	150 000	190 000	40 000	—	—

　　注：＊表示尾数调整。

（1）第 1 年确认利息收入。

借：债券投资——应计利息　　　　　　　　　　50 000

　　　　　　——利息调整　　　　　　　　　　9 520

　　贷：投资收益　　　　　　　　　　　　　　　　59 520

（2）第 2 年确认利息收入。

借：债券投资——应计利息　　　　　　　　　　50 000

　　　　　　——利息调整　　　　　　　　　　13 210.24

　　贷：投资收益　　　　　　　　　　　　　　　　63 210.24

（3）第 3 年确认利息收入。

借：债券投资——应计利息　　　　　　　　　　50 000

　　　　　　——利息调整　　　　　　　　　　17 269.76

　　贷：投资收益　　　　　　　　　　　　　　　　67 269.76

（4）第 3 年末收回本金和利息。

借：银行存款　　　　　　　　　　　　　　　1 150 000

　　贷：债权投资——利息调整　　　　　　　　　150 000

　　　　　　——成本　　　　　　　　　　　　1 000 000

7.4.4　债权投资到期

对于分期付息到期一次还本的债券，到期收回本金时，按债券面值借记"银行存款"等账户，贷记"债权投资——成本"。

对于到期一次还本付息的债券，到期收回本金利息时，按本息合计借记"银行存款"等账户，按债券面值贷记"债权投资——成本"，按各期应计利息合计贷记"债权投资——应计利息"。

7.4.5　债权投资减值

1. 金融工具预期信用损失模型

企业应当以预期信用损失为基础，对金融工具进行减值会计处理并确认损失准备。预期信用损失，是指以发生违约的风险为权重的金融工具信用损失的加权平均值。信用损失，是指企业按照原实际利率折现的、根据合同应收的所有合同现金流量与预期收取的所有现金流量之间的差额，即全部现金短缺的现值。其中，对于企业购买或源生的已发生信用减值的金融资产，应按照该金融资产经信用调整的实际利率折现。

不考虑特殊情况，应当按照下列情形分别计量其损失准备、确认预期信用损失及其变动。

（1）如果该金融工具的信用风险自初始确认后并未显著增加，企业应当按照相当于该金融工具未来 12 个月内预期信用损失的金额计量其损失准备，无论企业评估信用损失的基础是单项金融工具还是金融工具组合，由此形成的损失准备的增加或转回金额，应当作为减值损失或利得计入当期损益，并按其账面余额和实际利率计算利息收入。

（2）如果该金融工具的信用风险自初始确认后已显著增加，企业应当按照相当于该金融工具整个存续期内预期信用损失的金额计量其损失准备。无论企业评估信用损失的基础是单项金融工具还是金融工具组合，由此形成的损失准备的增加或转回金额，应当作为减值损失或利得计入当期损益，并按其账面余额和实际利率计算利息收入。

企业在前一会计期间已经按照相当于金融工具整个存续期间内预期信用损失的金额计量了损失准备，但在当期资产负债表日，该金融工具已不再属于自初始确认后信用风险显著增加的情形的，企业应当在当期资产负债表日按照相当于未来 12 个月内预期信用损失的金额计量该金融工具的损失准备，由此形成的损失准备转回的金额应当作为减值利得计入当期损益。

（3）如果该金融工具自初始确认后发生信用减值，企业应当按照相当于该金融工具整个存续期内预期信用损失的金额计量其损失准备，并按其摊余成本和实际利率计算利息收入。

2. 金融资产发生信用减值的判断

当对金融资产预期未来现金流量具有不利影响的一项或多项事件发生时，该金融资产成为已发生信用减值的金融资产，已发生信用减值的证据包括下列可观察信息。

（1）发行方或债务人发生重大财务困难。

（2）债务人违反合同，如偿付利息或本金违约或逾期等。

（3）债权人出于与债务人财务困难有关的经济或合同考虑，给予债务人在任何其他情况下都不会作出的让步。

（4）债务人很可能破产或进行其他财务重组。

（5）发行方或债务人财务困难导致该金融资产的活跃市场消失。

（6）以大幅折扣购买或源生一项金融资产，该折扣反映了发生信用损失的事实。

3. 债权投资减值的会计处理

（1）债权投资发生预期信用损失时，按预期信用损失金额借记"信用减值损失"，贷记"债权投资减值准备"。

（2）以后期间预期信用损失较上期预期信用损失增加时，按其增加额借记"信用减值损失"，贷记"债权投资减值准备"。

（3）以后期间预期信用损失较上期减少时，按其减少额借记"债权投资减值准备"，贷记"信用减值损失"。

（4）以后期间不再存在预期信用损失时，按已累计计提的减值准备金额借记"债权投资减值准备"，贷记"信用减值损失"。

（5）企业实际发生信用损失，认定相关金融资产无法收回，经批准可以核销的，应当根据批准核销的金额，借记"债权投资减值准备"，贷记"债权投资"，如果核销金额大于已计提的损失准备，按其差额借记"信用减值损失"。

（6）到期收回本金利息时，终止确认债权投资，同时将已计提的减值准备转出，实际收款金额与债权投资账面价值的差额作为利得损失计入"信用减值损失"。

【例 7-28】　甲公司第 1 年 1 月 1 日以 106 万元购入乙公司当日发行的面值 100 万元、票面利率 5％、5 年期的到期一次还本付息的债券,债券利息按单利计算。甲公司将该债券划分为以摊余成本计量的金融资产核算,不考虑相关交易费用。

(1) 第 1 年,该债券信用风险未显著增加,预期未来 12 个月不存在预期信用损失。

(2) 第 2 年,甲公司结合已获信息判定该债券信用风险显著增加,预计债券到期后收回 25 万元利息的可能性为 50％,面值 100 万元可以到期收回。

(3) 第 3 年,乙公司由于经营不善陷入财务困境,甲公司预计债券到期后只能收回面值 80 万元。

(4) 第 4 年,乙公司经营状况进一步恶化,甲公司预计债券到期后只能收回面值 50 万元。

(5) 第 5 年,债券到期,甲公司收回面值 55 万元。

已知实际利率为 3.35％。

甲公司会计处理如下。

(1) 取得债权投资。

借：债权投资——成本　　　　　　　　　　　　　　　1 000 000
　　　　　　——利息调整　　　　　　　　　　　　　 60 000
　　贷：银行存款　　　　　　　　　　　　　　　　　　　 1 060 000

(2) 第 1 年末确认利息收入。

应计利息＝1 000 000×5％＝50 000(元)

利息收入＝1 060 000×3.35％＝35 510(元)

摊销利息调整＝50 000－35 510＝14 490(元)

借：债权投资——应计利息　　　　　　　　　　　　　 50 000
　　贷：投资收益　　　　　　　　　　　　　　　　　　　 35 510
　　　　债权投资——利息调整　　　　　　　　　　　　 14 490

债券面值＝1 000 000(元)

应计利息＝50 000(元)

利息调整借方余额＝60 000－14 490＝45 510(元)

账面余额＝1 000 000＋50 000＋45 510＝1 095 510(元)

(3) 第 2 年末确认利息收入并计提减值准备。

应计利息＝1 000 000×5％＝50 000(元)

利息收入＝1 095 510×3.35％＝36 699.59(元)

摊销利息调整＝50 000－36 699.59＝13 300.41(元)

借：债权投资——应计利息　　　　　　　　　　　　　 50 000
　　贷：投资收益　　　　　　　　　　　　　　　　　　　 36 699.59
　　　　债权投资——利息调整　　　　　　　　　　　　 13 300.41

债券面值＝1 000 000(元)

应计利息＝50 000＋50 000＝100 000(元)

利息调整借方余额＝45 510－13 300.41＝32 209.59(元)

账面余额＝1 000 000＋100 000＋32 209.59＝1 132 209.59(元)

预期现金流量现值＝(1 000 000＋250 000×50%)/(1＋3.35%)³

＝1 019 110.04(元)

减值准备＝1 132 209.59－1 019 110.04＝113 099.55(元)

摊余成本＝1 132 209.59－113 099.55＝1 019 110.04(元)

借：信用减值损失　　　　　　　　　　　　　　113 099.55

　　贷：债权投资减值准备　　　　　　　　　　　　　113 099.55

(4) 第3年末确认利息收入并计提减值准备。

应计利息＝1 000 000×5%＝50 000(元)

利息收入＝1 019 110.04×3.35%＝34 140.19(元)

摊销利息调整＝50 000－34 140.19＝15 859.81(元)

借：债权投资——应计利息　　　　　　　　　　50 000

　　贷：投资收益　　　　　　　　　　　　　　　　34 140.19

　　　　债权投资——利息调整　　　　　　　　　　15 859.81

债券面值＝1 000 000(元)

应计利息＝100 000＋50 000＝150 000(元)

利息调整借方余额＝32 209.59－15 859.81＝16 349.78(元)

账面余额＝1 000 000＋150 000＋16 349.78＝1 166 349.78(元)

预期现金流量现值＝800 000/(1＋3.35%)²＝748 977.94(元)

减值准备＝1 166 349.78－748 977.94＝417 371.84(元)

本期应计提减值准备＝417 371.84－113 099.55＝304 272.29(元)

摊余成本＝1 166 349.78－417 371.84＝748 977.94(元)

借：信用减值损失　　　　　　　　　　　　　　304 272.29

　　贷：债权投资减值准备　　　　　　　　　　　　304 272.29

(5) 第4年末确认利息收入并计提减值准备。

应计利息＝1 000 000×5%＝50 000(元)

利息收入＝748 977.94×3.35%＝25 090.76(元)

利息调整摊销＝50 000－25 090.76＝24 909.24(元)

借：债权投资——应计利息　　　　　　　　　　50 000

　　贷：投资收益　　　　　　　　　　　　　　　　25 090.76

　　　　债权投资——利息调整　　　　　　　　　　24 909.24

债券面值＝1 000 000(元)

应计利息＝150 000＋50 000＝200 000(元)

利息调整贷方余额＝24 909.24－16 349.78＝8 559.46(元)

账面余额＝1 000 000＋200 000－8 559.46＝1 191 440.54(元)

预期现金流量现值＝500 000/(1＋3.35%)＝483 792.94(元)

减值准备＝1 191 440.54－483 792.94＝707 647.6(元)

本期应计提减值准备＝707 647.6－417 371.84＝290 275.76(元)

摊余成本＝1 191 440.54－707 647.6＝483 792.94(元)

借：信用减值损失　　　　　　　　　　　　　290 275.76

　　　贷：债权投资减值准备　　　　　　　　　　　290 275.76

(6) 第5年末确认利息收入并到期收回55万元面值。

应计利息＝1 000 000×5％＝50 000(元)

利息调整摊销＝8 559.46(元)

利息收入＝50 000＋8 559.46＝58 559.46(元)

借：债权投资——应计利息　　　　　　　　　50 000

　　　　　　　——利息调整　　　　　　　　　8 559.46

　　　贷：投资收益　　　　　　　　　　　　　　58 559.46

借：银行存款　　　　　　　　　　　　　　　550 000

　　债权投资减值准备　　　　　　　　　　　707 647.6

　　　贷：债权投资——成本　　　　　　　　　　1 000 000

　　　　　　　——应计利息　　　　　　　　　200 000

　　信用减值损失　　　　　　　　　　　　　57 647.6

7.4.6　债权投资的报表列示

资产负债表日,企业应按债权投资的账面价值即"债权投资"期末余额减"债权投资减值准备"期末余额,在资产负债表进行列示。在资产负债表日,到期日期超过一年的债权投资应当按账面价值列示于"债权投资"项目,对于一年内到期的债权投资应当按账面价值列示于"一年内到期的非流动资产"项目。

7.5　其他债权投资

7.5.1　其他债权投资的会计处理

对于符合以公允价值计量且其变动计入其他综合收益的金融资产的分类条件的债务工具投资,通过"其他债权投资"账户,同时按金融资产类别和品种分别按"成本""利息调整""应计利息""公允价值变动"等进行明细核算。其他债权投资主要涉及取得、利息收入、公允价值变动、出售和减值的会计处理。

1. 取得其他债权投资的会计处理

取得其他债权投资的会计处理与取得债权投资类似。按债券面值借记"其他债权投资——成本",按已到期但尚未应收的利息借记"应收利息"或"其他债权投资——应计利息",按支付的购买价款(假定等于公允价值)及交易费用金额合计贷记"银行存款"等账户,按其差额借记或贷记"其他债权投资——利息调整"。

2. 利息收入的处理

其他债权投资利息收入的计算与会计处理,应当采用与债权投资利息收入相一致的原则,公允价值变动不影响利息收入的计量。

3. 公允价值变动的处理

在资产负债表日,应按资产负债表日公允价值高于其账面价值的差额借记"其他债权投资——公允价值变动",贷记"其他综合收益——其他债权投资公允价值变动";资产负债表日公允价值低于其账面价值的,按其差额借记"其他综合收益——其他债权投资公允价值变动",贷记"其他债权投资——公允价值变动"。

4. 出售其他债权投资的处理

按处置价款减去相关费用后的处置净额借记"银行存款"等账户,按处置净额与处置部分的账面价值和应收利息(已到期尚未收到的利息)的差额贷记或借记"投资收益",同时注销该处置部分的资产账面价值和应收利息,即贷记"其他债权投资——成本",贷记"其他债权投资——应计利息"或"应收利息",借记或贷记"其他债权投资——公允价值变动""其他债权投资——利息调整"。同时,将处置比例部分对应的其他综合收益转入当期损益,借记或贷记"其他综合收益——其他债权投资公允价值变动",按已计提的减值准备金额借记"其他综合收益——信用减值准备",按借贷差额记"投资收益"。

5. 其他债权投资减值的处理

其他债权投资减值的处理方法、计量原则与债权投资相同,区别在于:其他债权投资应当在其他综合收益中确认其损失准备,并将减值损失或利得计入当期损益,且不应减少该金融资产在资产负债表中列示的账面价值,即按预期信用损失金额借记"信用减值损失",贷记"其他综合收益——信用减值准备"。

【例 7-29】 甲公司第 1 年 1 月 1 日以 1 050 000 元购入某公司当日发行的面值 1 000 000 元、票面利率5%、3 年期的分期付息到期还本的债券,另以银行存款支付交易费用 10 000 元。甲公司将该债券划分为以公允价值计量且其变动计入其他综合收益的金融资产核算。

甲公司会计处理如下。

借:其他债权投资——成本　　　　　　　　　　　　1 000 000

　　　　　　——利息调整　　　　　　　　　　　　60 000

　　贷:银行存款　　　　　　　　　　　　　　　　　　1 060 000

【例 7-30】 继【例 7-29】,假定利息在每年末收取,不考虑预期信用损失,已知$(P/F, 2\%, 3) = 0.942\,3$,$(P/A, 2\%, 3) = 2.883\,9$,$(P/F, 3\%, 3) = 0.915\,1$,$(P/A, 3\%, 3) = 2.828\,6$。第 1 年末该债券公允价值为 1 050 000 元,第 2 年末公允价值为 1 030 000 元。

计算实际利率:

$50\,000 \times 2.883\,9 + 1\,000\,000 \times 0.942\,3 = 1\,086\,495$

$50\,000 \times 2.828\,6 + 1\,000\,000 \times 0.915\,1 = 1\,056\,530$

设实际利率为 r:

　　　2%　　　　　　1 086 495

r	1 060 000
3%	1 056 530

$(1\,060\,000-1\,086\,495)\div(r-2\%)=(1\,056\,530-1\,086\,495)\div(3\%-2\%)$

解得 $r=2.88\%$

(1) 第 1 年末。

应收利息 $=1\,000\,000\times5\%=50\,000$(元)

利息收入 $=1\,060\,000\times2.88\%=30\,528$(元)

利息调整摊销 $=50\,000-30\,528=19\,472$(元)

摊余成本 $=1\,060\,000-19\,472=1\,040\,528$(元)

借：应收利息　　　　　　　　　　　　　　　　　　50 000

　　贷：投资收益　　　　　　　　　　　　　　　　　　30 528

　　　　其他债权投资——利息调整　　　　　　　　　　19 472

收到利息时：

借：银行存款　　　　　　　　　　　　　　　　　　50 000

　　贷：应收利息　　　　　　　　　　　　　　　　　　50 000

　　　　　公允价值变动 $=1\,050\,000-1\,040\,528=9\,472$(元)

借：其他债权投资——公允价值变动　　　　　　　　9 472

　　贷：其他综合收益——其他债权投资公允价值变动　　9 472

(2) 第 2 年末。

应收利息 $=1\,000\,000\times5\%=50\,000$(元)

利息收入 $=1\,040\,528\times2.88\%=29\,967.21$(元)

利息调整摊销 $=50\,000-29\,967.21=20\,032.79$(元)

摊余成本 $=1\,040\,528-20\,032.79=1\,020\,495.21$(元)

账面价值 $=1\,050\,000-20\,032.79=1\,029\,967.21$(元)

借：应收利息　　　　　　　　　　　　　　　　　　50 000

　　贷：投资收益　　　　　　　　　　　　　　　　　　29 967.21

　　　　其他债权投资——利息调整　　　　　　　　　　20 032.79

收到利息时：

借：银行存款　　　　　　　　　　　　　　　　　　50 000

　　贷：应收利息　　　　　　　　　　　　　　　　　　50 000

　　　　　公允价值变动 $=1\,030\,000-1\,029\,967.21=32.79$(元)

借：其他债权投资——公允价值变动　　　　　　　　32.79

　　贷：其他综合收益——其他债权投资公允价值变动　　32.79

【例 7-31】　继【例 7-30】，假定第 3 年 1 月甲公司将该债券全部出售，取得价款 1 020 000 元，支付相关费用 1 万元。

甲公司会计处理如下：

处置损益 $=1\,020\,000-10\,000-1\,030\,000=-20\,000$(元)

成本 $=1\,000\,000$(元)

利息调整借方余额＝20 495.21(元)

公允价值变动借方余额＝9 472＋32.79＝9 504.79(元)

投资收益＝－20 000＋9 504.79＝－10 495.21(元)

借：银行存款　　　　　　　　　　　　　　　1 010 000

　　投资收益　　　　　　　　　　　　　　　　10 495.21

　　其他综合收益——其他债权投资公允价值变动 9 504.79

　　贷：其他债权投资——成本　　　　　　　　　　1 000 000

　　　　　　　　　　——公允价值变动　　　　　　　9 504.79

　　　　　　　　　　——利息调整　　　　　　　　20 495.21

7.5.2　其他债权投资的报表列示

资产负债表日,企业应将其他债权投资按照其在资产负债表日的公允价值列示于资产负债表的"其他债权投资"项目。

对于一年内到期的其债权投资,应当在"一年内到期的非流动资产"项目列示。

7.6　其他权益工具投资

7.6.1　其他权益工具投资的会计处理

在初始确认时,企业可以将非交易性权益工具投资指定为以公允价值计量且其变动计入其他综合收益的金融资产,该指定一经作出,不得撤销。

将非交易性权益工具投资指定为以公允价值计量且其变动计入其他综合收益的金融资产,可设置"其他权益工具投资"账户,同时按其他权益工具投资的类别和种类分别按"成本""公允价值变动"进行明细核算。其他权益工具投资的会计处理主要包括取得、股利、期末公允价值变动以及处置,其他权益工具投资无须计提减值准备。

1. 取得其他权益工具投资的会计处理

按支付的购买价款(假定等于公允价值)及交易费用金额合计贷记"银行存款"等科目,按应收的股利借记"应收股利",按借贷差额借记"其他权益工具投资——成本"。

2. 取得股利的会计处理

该类资产持有期间,除了获得的股利计入当期损益外,其他相关利得和损失(包括汇兑损益)均应当计入其他综合收益,且后续不得转入当期损益。对于应收的股利,借记"应收股利",贷记"投资收益";实际收到股利时,借记"银行存款",贷记"应收股利"。

3. 公允价值变动的会计处理

在资产负债表日,应按资产负债表日公允价值高于其账面价值的差额借记"其他权益工具投资——公允价值变动",贷记"其他综合收益——其他权益工具投资公允价值变动";资产负债表日公允价值低于其账面价值的,按其差额借记"其他综合收益——其他权益工具投资公允价值变动",贷记"其他权益工具投资——公允价值变动"。

4. 出售其他权益工具投资的会计处理

应将处置价款扣除相关税费后的净额与其账面价值之间的差额确认为留存收益,同时,之前计入其他综合收益的累计利得或损失应当从其他综合收益中转入留存收益。按处置价款扣除相关税费后的净额借记"银行存款"等科目,按该金融资产的初始成本贷记"其他权益工具投资——成本",按该金融资产累计公允价值变动贷记或借记"其他权益工具投资——公允价值变动",按该资产累计公允价值变动利得或损失金额借记或贷记"其他综合收益——其他权益工具投资公允价值变动",按上述借贷差额贷记或借记"盈余公积""利润分配——未分配利润"。

【例 7-32】 甲公司第 1 年 1 月 1 日以 10 000 000 元购入某公司通过 IPO(首次公开募股)发行的股票 1 000 000 股,准备长期持有,另以银行存款支付相关税费 100 000 元,甲公司对被投资方不具有重大影响,将其指定为以公允价值计量且其变动计入其他综合收益的金融资产核算。

甲公司会计处理如下。

借:其他权益工具投资——成本　　　　　　　　10 100 000
　　贷:银行存款　　　　　　　　　　　　　　　　　10 100 000

【例 7-33】 继【例 7-32】,甲公司持有的股票第 1 年末的公允价值为 11 000 000 元,第 2 年 3 月宣告发放现金股利,甲公司应分得 500 000 元,4 月收到现金股利,第 2 年末的公允价值为 10 800 000 元。

甲公司会计处理如下。

(1) 第 1 年末:

公允价值变动=11 000 000-10 100 000=900 000(元)

借:其他权益工具投资——公允价值变动　　　　900 000
　　贷:其他综合收益——其他权益工具投资公允价值变动
　　　　　　　　　　　　　　　　　　　　　　　　　900 000

(2) 第 2 年 3 月宣告发放现金股利:

借:应收股利　　　　　　　　　　　　　　　　500 000
　　贷:投资收益　　　　　　　　　　　　　　　　500 000

(3) 第 2 年 4 月实际收到现金股利:

借:银行存款　　　　　　　　　　　　　　　　500 000
　　贷:应收股利　　　　　　　　　　　　　　　　500 000

(4) 第 2 年末:

公允价值变动=10 800 000-11 000 000=-200 000(元)

借:其他综合收益——其他权益工具投资公允价值变动
　　　　　　　　　　　　　　　　　　　　　　　　　200 000
　　贷:其他权益工具投资——公允价值变动　　　　200 000

【例 7-34】 继【例 7-33】,第 3 年 1 月,出于战略调整考虑,甲公司将持有的股票全部售出,取得价款 12 000 000 元,支付相关税费 20 000 元。已知甲公司盈余公积计提比例为 10%。

甲公司会计处理如下。

资产账面价值为 10 800 000 元,其中"其他权益工具投资——成本"为 10 100 000 元,"其他权益工具投资——公允价值变动"借方余额 700 000 元。

借:银行存款   11 980 000

  其他综合收益——其他权益工具投资公允价值变动

                                                           700 000

  贷:其他权益工具投资——成本   10 100 000

              ——公允价值变动   700 000

    盈余公积   188 000

    利润分配——未分配利润   1 692 000

7.6.2　其他权益工具投资的报表列示

其他权益工具投资应当按照其在资产负债表日的公允价值列示于资产负债表的"其他权益工具投资"项目。

7.7　金融资产的重分类

7.7.1　金融资产重分类的条件

企业改变其管理金融资产的业务模式时,应当对所有受影响的相关金融资产进行重分类。企业对金融资产进行重分类,应当自重分类日起采用未来适用法进行相关会计处理,不得对以前已经确认的利得、损失(包括减值损失或利得)或利息进行追溯调整。

重分类日,是指导致企业对金融资产进行重分类的业务模式发生变更后的首个报告期间的第一天。

只有当企业开始或终止某项对其经营影响重大的活动时(例如当企业收购、处置或终止某一业务线时),其管理金融资产的业务模式才会发生变更。企业持有特定金融资产的意图改变、金融资产特定市场暂时性消失从而暂时影响其金融资产出售、金融资产在企业具有不同业务模式的各部门之间转移等,均不属于业务模式变更。

7.7.2　以摊余成本计量的金融资产重分类

(1) 企业将一项以摊余成本计量的金融资产重分类为以公允价值计量且其变动计入当期损益的金融资产的,应当按照该资产在重分类日的公允价值进行计量,原账面价值与公允价值之间的差额计入当期损益即公允价值变动损益。

【例 7-35】 甲公司第 1 年 10 月以公允价值 1 000 000 元购入一项按面值发行的债券投资,并将其划分为以摊余成本计量的金融资产。第 2 年 10 月,甲公司变更其管理债券投资组合的业务模式,其变更符合重分类的要求,因此第 3 年 1 月 1 日将该债券从以摊余成本计量的金融资产重分类为以公允价值计量且其变动计入当期损益的金融资产。第

3 年 1 月 1 日其公允价值为 990 000 元,已确认的减值准备为 5 000 元。假设不考虑债券的交易费用和利息收入。

在重分类日第 3 年 1 月 1 日,甲公司会计处理如下。

借:交易性金融资产——成本　　　　　　　　　990 000

　　债权投资减值准备　　　　　　　　　　　　　5 000

　　公允价值变动损益　　　　　　　　　　　　　5 000

　　贷:债权投资——成本　　　　　　　　　　　　　　1 000 000

（2）企业将一项以摊余成本计量的金融资产重分类为以公允价值计量且其变动计入其他综合收益的金融资产的,应当按照该金融资产在重分类日的公允价值进行计量。原账面价值与公允价值之间的差额计入其他综合收益。该金融资产重分类不影响其实际利率和预期信用损失的计量。

【例 7-36】　以【例 7-35】为例,假定将该债券重分类为以公允价值计量且其变动计入其他综合收益的金融资产。

在重分类日第 3 年 1 月 1 日,甲公司会计处理如下。

借:其他债权投资——成本　　　　　　　　　　990 000

　　债权投资减值准备　　　　　　　　　　　　　5 000

　　其他综合收益　　　　　　　　　　　　　　　5 000

　　贷:债权投资——成本　　　　　　　　　　　　　　1 000 000

7.7.3　以公允价值计量且其变动计入其他综合收益的金融资产（FVOCI）重分类

（1）企业将一项以公允价值计量且其变动计入其他综合收益的金融资产重分类为以摊余成本计量的金融资产的,应当将之前计入其他综合收益的累计利得或损失转出,调整该金融资产在重分类日的公允价值,并以调整后的金额作为新的账面价值,即视同该金融资产一直以摊余成本计量。该金融资产重分类不影响其实际利率和预期信用损失的计量。

【例 7-37】　甲公司第 1 年 10 月以公允价值 1 000 000 元购入按面值发行的债券并将其划分为以公允价值计量且其变动计入其他综合收益的金融资产。第 2 年 10 月,甲公司变更了其管理债券投资组合的业务模式,其变更符合重分类的要求,因此第 3 年 1 月 1 日将该债券从以公允价值计量且其变动计入其他综合收益的金融资产重分类为以摊余成本计量的金融资产。第 3 年 1 月 1 日其公允价值为 990 000 元,已确认的减值准备为 5 000元。假设不考虑债券的交易费用和利息收入。

在重分类日第 3 年 1 月 1 日,甲公司会计处理如下。

借:债权投资——成本　　　　　　　　　　　　1 000 000

　　其他债权投资——公允价值变动　　　　　　　10 000

　　其他综合收益——信用减值准备　　　　　　　5 000

　　贷:其他债权投资——成本　　　　　　　　　　　　1 000 000

　　　　其他综合收益——其他债权投资公允价值变动　　10 000

　　　　债权投资减值准备　　　　　　　　　　　　　5 000

（2）企业将一项以公允价值计量且其变动计入其他综合收益的金融资产重分类为以公允价值计量且其变动计入当期损益的金融资产的,应当继续以公允价值计量该金融资产。同时,企业应当将之前计入其他综合收益的累计利得或损失从其他综合收益转入当期损益。

【例 7-38】 以【例 7-37】为例,假定将该债券重分类为以公允价值计量且其变动计入当期损益的金融资产。

在重分类日第 3 年 1 月 1 日,甲公司会计处理如下。

借:交易性金融资产——成本   1 000 000
  其他债权投资——公允价值变动   10 000
  其他综合收益——信用减值准备   5 000
  公允价值变动损益   5 000
  贷:其他债权投资——成本   1 000 000
    交易性金融资产——公允价值变动   10 000
    其他综合收益——其他债权投资公允价值变动 10 000

7.7.4 以公允价值计量且其变动计入当期损益的金融资产(FVTPL)重分类

（1）企业将一项以公允价值计量且其变动计入当期损益的金融资产重分类为以摊余成本计量的金融资产的,应当以其在重分类日的公允价值作为新的账面余额。

（2）企业将一项以公允价值计量且其变动计入当期损益的金融资产重分类为以公允价值计量且其变动计入其他综合收益的金融资产的,应当继续以公允价值计量该金融资产。

【例 7-39】 甲公司由于业务模式变更,将一项原作为交易性金融资产核算的债券投资重分类为以摊余成本计量的金融资产,该债券的面值为 100 000 元,票面利率 3%,按年付息,剩余期限 2 年,重分类日公允价值为 90 000 元。

甲公司重分类日会计处理如下。

借:债权投资——成本   100 000
  交易性金融资产——公允价值变动   10 000
  贷:交易性金融资产——成本   100 000
    债权投资——利息调整   10 000

依据重分类日的公允价值确定实际利率:

$3\,000 \times (P/A, i, 2) + 100\,000 \times (P/F, i, 2) = 90\,000$

使用插值法解得 $i = 8.66\%$。

第 1 年确认利息收入 $= 90\,000 \times 8.66\% = 7\,794$(元)

借:应收利息   3 000
  债权投资——利息调整   4 794
  贷:投资收益   7 794

第 2 年摊销折价 $= 10\,000 - 4\,794 = 5\,206$(元),确认利息收入 $= 3\,000 + 5\,206 = 8\,206$(元)。

借：应收利息　　　　　　　　　　　　　　　　3 000

　　债权投资——利息调整　　　　　　　　　　5 206

　　　贷：投资收益　　　　　　　　　　　　　　　　8 206

到期收回本金：

借：其他货币资金　　　　　　　　　　　　　10 000

　　　贷：债权投资——成本　　　　　　　　　　　100 000

金融资产重分类归纳为表 7-6 所示。

表 7-6　金融资产重分类

类　　别		转　入　类　别		
		FVTPL 类别	FVOCI 类别	摊余成本类别
转出类别	FVTPL 类别		继续以公允价值计量	新的账面余额＝在重分类日的公允价值
			根据该资产在重分类日的公允价值确定实际利率	
	FVOCI 类别	(1) 继续以公允价值计量；(2) 计入其他综合收益的累计利得或损失在重分类日转入当期损益		(1) 计入其他综合收益的累计利得或损失从权益中转出并调整重分类日金融资产的公允价值；(2) 以调整后的金额作为新的账面价值，即视同该金融资产一直以摊余成本计量；(3) 实际利率及预期信用损失不进行调整
	摊余成本类别	在重分类日以公允价值计量		
		原摊余成本与公允价值之间的差额计入当期损益	(1) 原摊余成本与公允价值之间的差额计入其他综合收益；(2) 实际利率及预期信用损失不进行调整	

【本章习题】

1. 甲公司为增值税一般纳税人，当年 1 月 31 日销售产品一批，开具的增值税专用发票注明的价款为 100 万元，增值税 13 万元，收到对方开具的面值为 113 万元、利率 5%、期限 3 个月的商业汇票一张。

要求：

(1) 写出销售当日的会计分录。

(2) 甲公司按月计提商业汇票利息，写出 2 月和 3 月计提利息的会计分录。

(3) 假定票据到期，承兑人已承兑商业汇票，写出 4 月 30 日的会计分录。

(4) 假定票据到期，承兑人无力承兑，将应收票据转为应收账款，写出 4 月 30 日的会计分录。

(5) 假定 3 月 16 日，甲公司将商业汇票到银行进行贴现（不带追索权），贴现率 9%，计算贴现息(一年按 360 天计算)、贴现款,并写出会计分录。

(6) 假定 3 月 16 日,甲公司将商业汇票到银行进行贴现(带追索权),贴现率 9%,计算贴现息(一年按 360 天计算)、贴现款,并写出贴现会计分录。

(7) 继上述第(6),假定票据到期后承兑人承兑,写出甲公司会计分录。

(8) 继上述第(6),假定票据到期后承兑人无力承兑,甲公司偿还银行票据款 1 144 125 元,同时将应收票据转为应收账款,写出甲公司会计分录。

2. 甲公司为增值税一般纳税人,当年 1 月 15 日销售产品一批,产品原价 100 万元,给予对方商业折扣 10%,开具的增值税专用发票注明的价款为 90 万元,增值税 11.7 万元,款项未收,给予对方现金折扣政策为"2/10,N/20"(折扣包含增值税)。

要求:

(1) 假定根据以往经验估计,该客户将在 10 日内付款,写出销售日的会计分录。

(2) 继(1),假定客户最终在 1 月 25 日付款,写出 1 月 25 日甲公司会计分录。

(3) 继(1),假定客户最终在 2 月 4 日付款,写出 2 月 4 日甲公司会计分录。

(4) 假定根据以往经验估计,该客户将在 20 日内付款,写出销售日的会计分录。

(5) 继(4),假定客户最终在 1 月 25 日付款,写出 1 月 25 日甲公司会计分录。

(6) 继(4),假定客户最终在 2 月 4 日付款,写出 2 月 4 日甲公司会计分录。

3. 甲公司采用应收余额百分比法计提坏账准备,计提比例 5%,有关资料如下。

(1) 第 1 年末应收账款余额为 100 万元,坏账准备期初余额为 0。

(2) 第 2 年实际发生坏账 10 万元,年末应收账款余额为 120 万元。

(3) 第 3 年,上年发生的 10 万元坏账又收回 2 万元,年末应收账款余额为 80 万元。

要求:写出上述经济业务的会计分录。

4. 甲公司第 1 年 10 月,以其存入证券公司的投资款 100 000 元从二级市场购入股票,并划分为交易性金融资产,另支付交易费用 1 000 元。第 1 年年末,股票公允价值为 120 000 元。第 2 年 1 月,甲公司将该股票全部出售,取得价款 150 000 元,支付交易费用 1 500 元。

要求:请结合上述资料分别回答以下问题。

(1) 写出与该交易性金融资产相关的会计分录。

(2) 计算该交易性金融资产对甲公司第 1 年的利润影响额。

(3) 计算该交易性金融资产对甲公司第 2 年的利润影响额。

(4) 计算甲公司买卖该股票获得的总收益。

5. 甲公司第 1 年 1 月 1 日,以银行存款 103 万元购入某公司债券,并划分为以摊余成本计量的金融资产,另支付交易费用 5 000 元。该债券面值 100 万元,票面利率 3%,期限 3 年,每年末付息,第 4 年 1 月 1 日返还面值。甲公司一直将该债券持有至到期,假定不存在预期信用损失。已知 $(P/F,1\%,3)=0.9706$,$(P/A,1\%,3)=2.9410$,$(P/F,2\%,3)=0.9423$,$(P/A,2\%,3)=2.8839$。

要求:

(1) 计算实际利率。

(2) 写出相关的会计分录。

（3）计算甲公司持有该债券获得的利息收入总额。

6. 甲公司第 1 年 1 月 1 日，以银行存款 96 万元购入某公司债券，并划分为以摊余成本计量的金融资产，另支付交易费用 5 000 元。该债券面值 100 万元，票面利率 3%，期限 3 年，每年末付息，第 4 年 1 月 1 日返还面值。甲公司一直将该债券持有至到期，假定不存在预期信用损失。已知 $(P/F,4\%,3)=0.889\,0$，$(P/A,4\%,3)=2.775\,1$，$(P/F,5\%,3)=0.863\,8$，$(P/A,5\%,3)=2.723\,2$。

要求：

（1）计算实际利率。

（2）写出相关的会计分录。

（3）计算甲公司持有该债券获得的利息收入总额。

7. 甲公司第 1 年 1 月 1 日，以银行存款 103 万元购入某公司债券，并划分为以摊余成本计量的金融资产，另支付交易费用 5 000 元。该债券面值 100 万元，票面利率 3%，期限 3 年，第 3 年末到期后一次还本付息。甲公司一直将该债券持有至到期，假定不存在预期信用损失。已知 $(P/F,1\%,3)=0.970\,6$，$(P/F,2\%,3)=0.942\,3$。

要求：

（1）计算实际利率。

（2）写出相关的会计分录。

（3）计算甲公司持有该债券获得的利息收入总额。

8. 甲公司第 1 年 1 月 1 日，以银行存款 103 万元（等于公允价值）购入某公司债券，并划分为以公允价值计量且其变动计入其他综合收益的金融资产，另支付交易费用 5 000 元。该债券面值 100 万元，票面利率 3%，期限 3 年，第 3 年末到期后一次还本付息。第 1 年末该债券公允价值为 106 万元，第 2 年末公允价值为 108 万元，第 3 年 1 月甲公司将该债券全部出售，取得价款 110 万元，支付交易费用 1 万元。已知实际利率为 1.74%，不存在预期信用损失。

要求：写出以上经济业务的会计分录。

9. 甲公司第 1 年 1 月 1 日以 800 万元购入乙公司通过 IPO 发行的股票 80 万股准备长期持有，另以银行存款支付相关税费 3 万元，甲公司对被投资方不具有重大影响，将其指定为以公允价值计量且其变动计入其他综合收益的金融资产。第 1 年末，该股票的公允价值为 13 元/股。第 2 年 3 月 10 日，乙公司宣告分配现金股利，0.2 元/股，3 月 25 日收到现金股利，第 2 年末，其公允价值为 12 元/股。第 3 年 1 月 10 日，出于公司战略调整，甲公司将该股票出售，取得价款 1 280 万元，另支付相关交易费用 5 万元，所有款项均通过银行存款收付。已知甲公司盈余公积计提比例为 10%。

要求：写出以上经济业务的会计分录。

10. 2019 年 1 月 1 日，甲公司支付价款 1 000 万元（含交易费用）从上海证券交易所购入 A 公司同日发行的 5 年期公司债券 12 500 份，债券票面价值总额为 1 250 万元，票面年利率为 4.72%，于年末支付本年度债券利息（即每年利息为 59 万元），本金在债券到期时一次性偿还。合同约定：A 公司在遇到特定情况时可以将债券赎回，且不需要为提前赎回支付额外款项。甲公司在购买该债券时，预计 A 公司不会提前赎回。甲公司根据其管理该债券的业务模式和该债券的合同现金流量特征,将该债券分类为以摊余成本计量的金融资产。假定不考虑所得税、减值损失等因素。已知$(P/A,9\%,5)=3.8897$,$(P/A,11\%,5)=3.6959$,$(P/F,9\%,5)=0.6499$,$(P/F,11\%,5)=0.5935$。

要求:

(1) 计算该债券的实际利率(百分比,保留整数)。

(2) 写出各年相关会计分录(以万元为单位,保留整数)。

11. 继第 10 题,假定在 2021 年 1 月 1 日,甲公司预计本金的一半(即 625 万元)将会在该年末收回,而其余的一半本金将于 2023 年末付清。在这种情况下,甲公司应当如何进行会计处理?

【即测即练】

第 8 章

长期股权投资

【本章学习目标】

1. 了解长期股权投资核算方法的转换、长期股权投资减值。

2. 理解长期股权投资的核算范围、成本法的适用范围、权益法的适用范围、长期股权投资的报表列示。

3. 掌握控股合并形成的长期股权投资的会计处理、非控股合并形成的长期股权投资的会计处理、长期股权投资成本法的会计处理、长期股权投资权益法的会计处理、长期股权投资处置的会计处理。

联通混改

中国联通是首家在集团公司层面进行混改的央企,混改完成后,联通集团对中国联通失去了绝对控股地位。此次混改是新一轮国企改革以来力度最大的一次。中国联通混改的相关资料如下。

(1) 向战略投资者非公开发行不超过约 90.37 亿股股份,中国人寿、百度、腾讯、阿里巴巴、京东、苏宁等多家公司作为战略投资者参与其中。

(2) 由联通集团向结构调整基金协议转让其持有的中国联通约 19.00 亿股股份,联通集团对中国联通的持股比例从原来的 62.7% 降低到约 36.7%。

(3) 向核心员工首期授予不超过约 8.48 亿股限制性股票,募集资金不超过约 32.13 亿元。

(4) 混改后中国联通的股权结构为:联通集团公司占 36.7%、战略投资者占 35.2%、员工股权激励占 2.7%,公众股东占 25.4%。在互联网公司中,腾讯占 5.18%;百度占 3.30%;阿里巴巴占 2.04%;京东占 2.36%;苏宁占 1.88%。

(5) 公司董事会成员由 7 名扩大至 13 名,其中非独立董事 8 名,这 8 名非独立董事中有 3 人来自联通,其余 5 人分别来自中国人寿、腾讯、百度、京东以及阿里巴巴,国内互联网四巨头 BATJ 已占据中国联通非独立董事的半壁江山。

(6) 针对核心员工的限制性股票激励计划的有效期为 10 年,激励计划首期授予方案的有效期为 60 个月,自激励对象获授限制性股票之日起生效。其中前 24 个月为禁售期,激励对象通过激励计划所持有的限制性股票将被锁定,且不得以任何形式转让,不得用于担保或偿还债务；限制性股票禁售期满后为限制性股票解锁期,解锁期至少为 36 个月。在 36 个月的解锁期中,中国联通分别对 2018 年至 2020 年的主营业务、利润增长、净资产收益率提出了数据指标要求。第一个解锁期要求 2018 年主营业务收入基准增长率不低于 4.4%,利润总额较 2017 年增长率不低于 65.4%,净资产收益率不低于 2%；第二个解锁期要求上述数据分别为 11.7%、224.8% 和 3.9%；第三个解锁期的条件则为 20.9%、378.2% 和 5.4%。

问题：

在本次混改中,联通集团与战略投资者各自涉及的会计问题是什么？其处理原则是什么？

8.1 长期股权投资概述

8.1.1 长期股权投资的核算范围

长期股权投资,是指投资方对被投资方实施控制、重大影响的权益性投资,以及对其合营企业的权益性投资。

长期股权投资的核算范围包括对子公司的权益性投资、对合营企业的权益性投资和对联营企业的权益性投资。

1. 对子公司的权益性投资

投资方能够对被投资方实施控制的,被投资方称为其子公司,投资方称为被投资方的母公司。投资方对其子公司的权益性投资,属于长期股权投资,但投资方属于《企业会计准则第 33 号——合并财务报表》规定的投资性主体且子公司不纳入合并财务报表的情况除外。

所谓控制,是指投资方拥有对被投资方的权力,通过参与被投资方的相关活动而享有可变回报,并且有能力运用对被投资方的权力影响其回报金额。

2. 对合营企业的权益性投资

合营企业属于合营安排的一种。合营安排,是指一项由两个或两个以上的参与方共同控制的安排。共同控制,是指按照相关约定对某项安排所共有的控制,并且该安排的相关活动必须经过分享控制权的参与方一致同意后才能决策。合营安排,分为共同经营和合营企业。共同经营,是指合营方享有该安排相关资产且承担该安排相关负债的合营安排。合营企业,是指合营方仅对该安排的净资产享有权利的合营安排。投资方对其合营企业的权益性投资属于长期股权投资。

3. 对联营企业的权益性投资

投资方能够对被投资方施加重大影响的,被投资方为其联营企业。重大影响,是指投资方对被投资方的财务和经营政策有参与决策的权力,但并不能够控制或者与其他方一起控制这些政策的制定。实务中,较为常见的重大影响体现为在被投资方的董事会或类似权力机构中派有代表,通过在被投资方财务和经营决策制定过程中的发言权实施重大影响。投资方直接或通过子公司间接持有被投资方 20％以上但低于 50％的表决权时,一般认为对被投资方具有重大影响,除非有明确的证据表明该种情况下不能参与被投资方的生产经营决策,不形成重大影响。

投资方对其联营企业的权益性投资属于长期股权投资。

8.1.2 不作为长期股权投资核算的权益性投资

以下各项权益性投资不属于长期股权投资,而是按照《企业会计准则第 22 号——金融工具确认和计量》的规定作为金融资产核算。

(1) 投资方对被投资方不具有控制和重大影响且非其合营企业的权益性投资。

(2) 风险投资机构、共同基金以及类似主体持有的、在初始确认时按照《企业会计准则第 22 号——金融工具确认和计量》的规定以公允价值计量且其变动计入当期损益的金融资产。

(3) 投资性主体对不纳入合并财务报表的子公司的权益性投资,该类投资应当作为公允价值计量且其变动计入当期损益的金融资产核算。投资性主体应同时满足以下条件:该公司是向投资者提供投资管理服务为目的,从一个或多个投资者处获取资金;该公司的唯一经营目的,是通过资本增值、投资收益或两者兼有而让投资者获得回报;该公司按照公允价值对几乎所有投资的业绩进行考量和评价。

8.2 长期股权投资的取得

长期股权投资分为企业合并(控股合并)形成的长期股权投资和非企业合并形成的长期股权投资。企业合并形成的长期股权投资,即对子公司的投资,又分为同一控制下企业合并形成的长期股权投资和非同一控制下企业合并形成的长期股权投资。非企业合并形成的长期股权投资,包括对其合营企业的长期股权投资和对其联营企业的长期股权投资。不同类型的长期股权投资,其核算方法不同。

企业应设置"长期股权投资"科目并按照被投资方进行明细核算。采用权益法核算长期股权投资的,还应当分别"投资成本""损益调整""其他综合收益""其他权益变动"进行明细核算。

8.2.1 控股合并形成的长期股权投资

企业合并,是指将两个或两个以上单独的企业合并形成一个报告主体的交易或事项。企业合并会导致企业控制权的变化,进而导致报告主体的变化。

根据合并方与被合并方关系的不同,企业合并分为同一控制下的企业合并和非同一控制下的企业合并。同一控制下的企业合并,是指参与合并的企业在合并前后均受同一方或相同的多方最终控制且该控制并非暂时性的企业合并。同一控制下的企业合并,合并方实际取得对被合并方控制权的日期为合并日,在合并日取得对其他参与合并企业控制权的一方称为合并方,参与合并的其他企业称为被合并方。非同一控制下的企业合并,是指参与合并的各方在合并前后不受同一方或相同多方最终控制的企业合并。非同一控制下的企业合并,合并方实际取得对被合并方控制权的日期为购买日,在购买日取得对其他参与合并企业控制权的一方称为购买方,参与合并的其他企业称为被购买方。

企业合并分为吸收合并、新设合并和控股合并。在吸收合并中,被合并方法人资格丧失,只有合并方续存,合并方将取得被合并方的各项可辨认净资产。在新设合并中,参与合并的各方法人资格丧失,新设企业取得参与合并各方的各项可辨认净资产。在控股合并中,合并方与被合并方依然各自作为法人独立存在,被合并方将成为合并方的子公司,形成母子公司构成的企业集团,合并方应当将其对子公司的投资作为长期股权投资核算。

1. 同一控制下控股合并形成的长期股权投资

1) 处理原则

在对同一控制下控股合并形成的长期股权投资进行会计处理时,应遵循以下原则。

(1) 同一控制下控股合并形成的长期股权投资,合并方应当在合并日按照被合并方在最终控制方合并财务报表中净资产的账面价值的份额作为长期股权投资的初始投资成本。被合并方在合并日的净资产账面价值为负数的,长期股权投资成本按零确定,并在备查簿中予以登记。如果被合并方在被合并以前,是最终控制方通过非同一控制下的企业合并所控制的,则合并方长期股权投资的初始投资成本还应包含相关的商誉金额。

(2) 以支付现金、转让非现金资产或承担负债等作为合并对价的,合并对价按照其账面价值计量,以发行权益性证券作为合并对价的,合并对价按照其面值总额计量,转让非现金资产需要计缴增值税的,还应当确认应缴纳的增值税。

(3) 长期股权投资初始投资成本大于合并对价账面价值或权益性证券面值的,其差额贷记资本溢价(股本溢价);长期股权投资初始投资成本小于合并对价账面价值或权益性证券面值的,其差额依次冲减资本溢价(股本溢价)、盈余公积和未分配利润,资本溢价(或股本溢价)和盈余公积均以减记至零为限。

(4) 在按照合并日应享有被合并方净资产账面价值的份额确定长期股权投资初始投资成本时,前提是合并前合并方与被合并方采用的会计政策应当一致。企业合并前合并方与被合并方采用的会计政策不一致的,应基于重要性原则,统一合并方与被合并方的会计政策。在按照合并方的会计政策对被合并方净资产的账面价值进行调整的基础上,计算确定长期股权投资的初始投资成本。

2) 会计处理

同一控制下控股合并形成的长期股权投资,合并方应当在合并日按照被合并方在最终控制方合并财务报表中净资产的账面价值的份额作为长期股权投资的初始投资成本,借记"长期股权投资";合并方以支付现金、转让非现金资产或承担债务方式作为合并对价的,按合并对价的账面价值贷记或借记有关资产、负债科目,合并方以发行权益性证券作为合并对价的,按发行股份的面值总额,贷记"股本";如为贷方差额,贷记"资本公积——资本溢价(或股本溢价)"科目;如为借方差额,借记"资本公积——资本溢价(或股本溢价)"科目,资本溢价或股本溢价不足冲减的应调整留存收益,即依次借记"盈余公积""利润分配——未分配利润"科目。

【例 8-1】　乙公司和丙公司均为甲公司出资设立的子公司。7 月 1 日,乙公司向甲公司定向增发 2 000 万股普通股股票,每股面值为 1 元、市价为 8 元,取得丙公司 100% 的股权,相关手续于当日完成,并能够对丙公司实施控制。合并后丙公司仍维持其独立法人资格继续经营。合并日,丙公司净资产账面价值为 4 500 万元。乙公司为此项合并发生审计、评估等费用 8 万元,为定向增发股票支付发行费用 10 万元,合并日乙公司账面股本溢价 50 万元。

乙公司在合并日的会计处理如下。

借:长期股权投资　　　　　　　　　　　　　　45 000 000
　　管理费用　　　　　　　　　　　　　　　　　　80 000
　　贷:股本　　　　　　　　　　　　　　　　20 000 000
　　　　银行存款　　　　　　　　　　　　　　　180 000
　　　　资本公积——股本溢价　　　　　　　24 900 000

【例 8-2】　甲公司为某集团母公司,分别控制乙公司和丙公司。第 1 年 1 月 1 日,甲公司以 4 500 万元从本集团外部购入丁公司 80% 股权,购买日,丁公司可辨认净资产公允价值为 5 000 万元,账面价值为 3 500 万元。第 3 年 1 月 1 日,乙公司以 7 000 万元购入甲公司持有丁公司的 80% 股权,形成同一控制下的企业合并。第 1 年 1 月 1 日至第 2 年 12 月 31 日,丁公司按照购买日净资产公允价值计算的净利润为 1 200 万元,按购买日净资产账面价值计算的净利润为 1 500 万元,无其他所有者权益变动。合并日乙公司股本溢价余额为 500 万元,盈余公积余额为 900 万元。假定各方会计政策、会计期间一致且不存在内部交易,不考虑相关费用。

乙公司在合并日个别报表的会计处理如下。

乙公司对丁公司长期股权投资的初始投资成本=(5 000＋1 200)×80%＋
　　　　　　　　　　　　　　　　　　　　　(4 500－5 000×80%)
　　　　　　　　　　　　　　　　　　　＝4 960＋500＝5 460(万元)

借:长期股权投资　　　　　　　　　　54 600 000
　　资本公积——股本溢价　　　　　　　5 000 000
　　盈余公积　　　　　　　　　　　　　9 000 000
　　利润分配——未分配利润　　　　　　1 400 000
　　贷:银行存款　　　　　　　　　　　　　70 000 000

2. 非同一控制下控股合并形成的长期股权投资

1) 处理原则

在对非同一控制下控股合并形成的长期股权投资进行会计处理时,应遵循以下原则。

(1) 购买方在购买日应当按照《企业会计准则第 20 号——企业合并》的有关规定确定的合并成本作为长期股权投资的初始投资成本。合并成本,是指购买方在购买日为取得被购买方的控制权而付出的资产、发生或承担的负债以及发行的权益性证券的公允价值。

(2) 以转让非现金资产作为合并对价的,应当确认资产处置损益,也就是根据其公允价值、账面价值、处置费用确认资产处置损益,并按照处置存货、固定资产、无形资产、投资性房地产、长期股权投资、金融资产等分别对处置损益作出相应的会计处理。

(3) 长期股权投资的初始投资成本与享有被投资方在购买日可辨认净资产公允价值的份额之间存在差额的,该差额在购买方即母公司个别财务报表中不做调整。长期股权投资的初始投资成本大于享有被投资方在购买日可辨认净资产公允价值份额的差额,在母公司编制合并财务报表时应确认为合并商誉;长期股权投资的初始投资成本小于享有被投资方在购买日可辨认净资产公允价值份额的差额,在母公司编制合并财务报表时应计入当期损益(营业外收入),同时调增长期股权投资的初始投资成本。

2) 会计处理

(1) 购买方以现金作为合并对价的,购买方在购买日应当按照支付的现金借记“长期股权投资”,贷记“银行存款”。

(2) 购买方以非现金资产作为合并对价的,购买方在购买日应当按照非现金资产在购买日的公允价值借记“长期股权投资”,同时贷记“主营业务收入”(合并对价为库存商品)、“其他业务收入”(合并对价为原材料)、“固定资产清理”(合并对价为固定资产)、“无形资产”“资产处置损益”(合并对价为无形资产)、“应交税费——应交增值税”(合并对价需计缴的增值税)等科目,同时按账面价值终止确认非现金资产,其公允价值与账面价值的差额计入当期损益。

(3) 购买方以承担债务的方式作为合并对价的,购买方在购买日按照承担债务的公允价值借记“长期股权投资”,贷记有关负债科目。

(4) 购买方以发行权益性证券作为合并对价的,应当在购买日按照发行的权益性证券的公允价值,借记“长期股权投资”;按照发行的权益性证券的面值总额贷记“股本”,按其差额贷记“资本公积——股本溢价”。

3. 相关费用的处理

合并方(购买方)发生的审计、法律服务、评估咨询等中介费用以及其他直接相关费用,于发生时计入“管理费用”科目。

与发行权益工具直接相关的交易费用,应当冲减“资本公积——资本溢价(股本溢价)”,资本溢价(股本溢价)不足冲减的,依次冲减盈余公积和未分配利润。

与发行债务工具直接相关的交易费用,应当计入债务工具的初始确认金额,即调整债务工具的溢价或折价。

4. 已宣告但尚未发放的现金股利或利润的处理

取得投资时,对于支付的对价中包含的应享有被投资方已经宣告但尚未发放的现金股利或利润应确认为应收项目,借记“应收股利”科目。

5. 或有对价的处理

或有对价应当按照《企业会计准则第 13 号——或有事项》的规定进行判断,符合确认条件的应当确认预计负债或资产,并作为非同一控制下企业合并成本的一部分。后续期间预计金额与实际情况不符的,应进行相应调整。对于同一控制下的企业合并而言,应调整资本溢价(股本溢价),资本溢价(股本溢价)不足冲减的,调整留存收益;对于非同一控制下的企业合并,应对企业合并成本进行相应调整。

【例 8-3】　1 月 1 日,甲公司取得乙公司 80％的股权,并能够对乙公司实施控制,合并前甲公司和乙公司不存在关联方关系,所有手续于当日办理完毕。为核实乙公司的资产价值,甲公司聘请资产评估机构对乙公司的资产进行评估,以银行存款支付评估费 30 万元。购买日,甲公司合并对价的账面价值和公允价值如表 8-1 所示,增值税税率 6％。

表 8-1　合并对价账面价值和公允价值　　　　　　　　　　　　　元

项　　　目	原　　　值	累 计 摊 销	账 面 价 值	公 允 价 值
自用土地使用权	35 000 000	5 000 000	30 000 000	45 000 000
专利技术	12 000 000	4 000 000	8 000 000	10 000 000
银行存款	15 000 000		15 000 000	15 000 000
合　计	62 000 000	9 000 000	53 000 000	70 000 000

甲公司会计处理如下。

借:长期股权投资　　　　　　　　　　　　　　73 300 000
　　管理费用　　　　　　　　　　　　　　　　　　300 000
　　累计摊销　　　　　　　　　　　　　　　　　9 000 000
　　贷:无形资产——土地使用权　　　　　　　　　　　35 000 000
　　　　　　　　——专利技术　　　　　　　　　　　12 000 000
　　　应交税费——应交增值税(销项税额)　　　　　　3 300 000
　　　银行存款　　　　　　　　　　　　　　　　15 300 000
　　　资产处置损益　　　　　　　　　　　　　　17 000 000

8.2.2　非控股合并形成的长期股权投资

非控股合并形成的长期股权投资,是指对合营企业或联营企业的权益性投资。根据取得方式不同,分为以下几种情况。

1. 以支付现金取得长期股权投资

以支付现金取得长期股权投资的,应当按照实际应支付的购买价款作为长期股权投资的初始投资成本,包括购买过程中支付的手续费等必要支出,但所支付价款中包含的被投资方已宣告但尚未发放的现金股利或利润应当确认为应收项目,不构成长期股权投资的初始投资成本。

【例 8-4】　甲公司 7 月 1 日自公开市场买入乙公司 20％的股份,实际支付价款为 1 650 万元,其中包含已宣告但尚未发放的现金股利 150 万元,支付手续费等相关费用 50 万元,并于当日完成了相关手续。甲公司取得该部分股权后能够对乙公司施加重大影响。

甲公司会计处理如下。

```
借：长期股权投资——投资成本              15 500 000
    应收股利                            1 500 000
    贷：银行存款                               17 000 000
```

2. 以发行权益性证券取得长期股权投资

以发行权益性证券取得长期股权投资的,应当按照所发行证券的公允价值作为初始投资成本,但不包括应自被投资方收取的已宣告但尚未发放的现金股利或利润。为发行权益性证券支付给有关承销机构的佣金、手续费等与权益性证券直接相关的费用,不构成取得长期股权投资的初始投资成本,该部分费用应自所发行权益性证券的溢价发行收入中扣除,溢价收入不足冲减的,应依次冲减盈余公积和未分配利润。

【例 8-5】 3 月 1 日,甲公司通过定向增发 5 000 万股普通股从非关联方取得乙公司 20%的股权并对乙公司能够施加重大影响,每股面值 1 元,定向增发的普通股公允价值为 10 000 万元,向承销机构等支付 300 万元的佣金和手续费,相关手续于当日完成。

甲公司会计处理如下。

```
借：长期股权投资——投资成本             100 000 000
    贷：股本                                    50 000 000
       资本公积——股本溢价                      47 000 000
       银行存款                                 3 000 000
```

3. 以非货币性资产交换方式取得长期股权投资

1) 以存货换取长期股权投资

企业转让存货而取得的长期股权投资属于非现金对价,根据《企业会计准则第 14 号——收入》的规定,企业应当按照该项股权投资在合同开始日的公允价值确定交易价格,其公允价值不能合理估计的,应当参照其承诺向客户转让商品的单独售价间接确定交易价格。

2) 其他非货币性资产交换取得长期股权投资

(1) 以公允价值为基础计量。非货币性资产交换具有商业实质且换出资产或换入资产的公允价值能够可靠计量的,应当以公允价值为基础计量。

对于换入资产,应当以换出资产的公允价值加上支付补价的公允价值(减去收到补价的公允价值)再加上应支付的相关税费,作为换入资产的成本。对于换出资产,应当在终止确认时,将换出资产的公允价值与其账面价值的差额计入当期损益。

换出资产的公允价值不能可靠计量,或有确凿证据表明换入资产的公允价值更可靠的,应当以换入资产的公允价值和应支付的相关税费作为换入资产的初始计量金额。对于换出资产,应当在终止确认时,将换入资产的公允价值加上收到补价的公允价值(减去支付补价的公允价值)与换出资产账面价值的差额计入当期损益。

【例 8-6】 1 月 1 日,甲公司以其特种设备一台交换乙公司持有的对丙公司的长期股权投资,并于当日完成相关手续。已知该股权投资当日公允价值 1 500 万元,甲公司取得该股权后对于丙公司具有重大影响,作为长期股权投资核算,支付相关费用 3 万元。设备原值 1 000 万元,累计折旧 200 万元,取得该设备时已抵扣增值税进项税额,当日公允价值(等于计税价格)900 万元,应确认增值税销项税额 144 万元,甲公司另以银行存款向乙公司支付补价 456 万元。该非货币性资产交换具有商业实质。

甲公司会计处理如下。

长期股权投资初始投资成本=900+144+456+3=1 503(万元)

资产处置损益=900-(1 000-200)=100(万元)

借:累计折旧　　　　　　　　　　　　　　　　　　　2 000 000

　　固定资产清理　　　　　　　　　　　　　　　　　8 000 000

　　　贷:固定资产　　　　　　　　　　　　　　　　　　　　10 000 000

借:长期股权投资——投资成本　　　　　　　　　　　15 030 000

　　　贷:固定资产清理　　　　　　　　　　　　　　　　　　8 000 000

　　　　　应交税费——应交增值税(销项税额)　　　　　　　1 440 000

　　　　　资产处置损益　　　　　　　　　　　　　　　　　　1 000 000

　　　　　银行存款　　　　　　　　　　　　　　　　　　　　4 590 000

(2) 以账面价值为基础计量。非货币性资产交换不具有商业实质或者虽具有商业实质但换入资产和换出资产的公允价值均不能可靠计量的,应当以账面价值为基础计量。

对于换入资产,应当以换出资产的账面价值加上支付补价的账面价值(减去收到补价的公允价值)再加应支付的相关税费作为换入资产的初始计量金额。对于换出资产,在终止确认时不确认损益。

4. 以债务重组方式取得长期股权投资

以债务重组方式取得的对合营企业或联营企业的长期股权投资,应当以放弃债权的公允价值以及可直接归属于该资产的税金及其他成本作为取得的长期股权投资的成本。放弃债权的公允价值与其账面价值之间的差额计入当期损益。

【例 8-7】　甲公司与债务人乙公司达成债务重组协议,甲公司同意乙公司以其持有一项长期股权投资偿还对甲公司的购货欠款。已知应收账款账户余额为 500 万元,已计提坏账准备 100 万元,公允价值 300 万元,甲公司为取得此项股权支付相关手续费 1 万元,相关手续已办妥,假定不考虑其他因素。

甲公司的会计处理如下。

长期股权投资入账价值=放弃债权的公允价值+手续费=300+1=301(万元),重组日放弃债权的公允价值 300 万元与账面价值 400 万元的差额 100 万元计入当期损益

借:长期股权投资——投资成本　　　　　　　　　　3 010 000

　　坏账准备　　　　　　　　　　　　　　　　　　1 000 000

　　投资收益　　　　　　　　　　　　　　　　　　1 000 000

　　　贷:应收账款　　　　　　　　　　　　　　　　　　　5 000 000

　　　　　银行存款　　　　　　　　　　　　　　　　　　　　　10 000

8.3　长期股权投资的后续计量

8.3.1　长期股权投资后续计量方法

长期股权投资的后续计量分为成本法和权益法两种方法。

成本法,适用于投资方对其子公司的长期股权投资,投资方即母公司在其个别财务报表中应当以成本法核算对其子公司的长期股权投资。

权益法,适用于投资方对其合营企业和联营企业的长期股权投资。需要说明的是,投资方对联营企业的权益性投资,其中一部分通过风险投资机构、共同基金、信托公司或包括投连险基金在内的类似主体间接持有的,无论以上主体是否对这部分投资具有重大影响,投资方都可以按照《企业会计准则第 22 号——金融工具确认和计量》的有关规定,对间接持有的该部分投资选择以公允价值计量且其变动计入当期损益,并对其余部分采用权益法核算。

8.3.2　长期股权投资的成本法

采用成本法核算的长期股权投资,在后续计量时应当按照初始投资成本计价,只有在追加投资或收回投资时才调整长期股权投资的初始投资成本。

持有长期股权投资期间,被投资方宣告分派现金股利或利润时,按应分得的现金股利或利润借记"应收股利"等科目,贷记"投资收益";收到现金股利或利润时,借记"银行存款"等科目,贷记"应收股利"等科目。被投资方宣告发放股票股利时,无须进行会计处理,但需要在备查簿中登记持股数量的变化。

【例 8-8】　4 月 10 日,甲公司的子公司宣告分派现金股利 1 000 万元,甲公司持股比例 60%,4 月 25 日实际收到现金股利并存入开户银行。

甲公司会计处理如下。

(1) 4 月 10 日子公司宣告分派现金股利。

借:应收股利　　　　　　　　　　　　　　　　　6 000 000
　　贷:投资收益　　　　　　　　　　　　　　　　　　6 000 000

(2) 4 月 25 日收到现金股利。

借:银行存款　　　　　　　　　　　　　　　　　6 000 000
　　贷:应收股利　　　　　　　　　　　　　　　　　　6 000 000

8.3.3　长期股权投资的权益法

长期股权投资的权益法适用于对合营企业和联营企业的权益性投资,其特点是长期股权投资的账面价值随着被投资方所有者权益的变动而同向变动,长期股权投资账面价值基本上代表了投资方在被投资方所有者权益中所享有的份额,当然也可能包含商誉的价值。

1. 初始投资成本的调整

(1) 长期股权投资初始投资成本大于投资时应享有被投资方可辨认净资产公允价值

份额的,不调整长期股权投资的初始投资成本,其差额是投资方在取得投资过程中通过作价体现出的与所取得股权份额相对应的商誉价值,此时商誉的价值是包含在长期股权投资初始投资成本中的。

（2）长期股权投资的初始投资成本小于投资时应享有被投资方可辨认净资产公允价值份额的,其差额应当计入当期损益,同时将长期股权投资的成本调整至应享有被投资方可辨认净资产公允价值的份额,即按差额借记"长期股权投资——投资成本",贷记"营业外收入"。

【例 8-9】　甲公司以银行存款 1 000 万元取得乙公司 20％股权,并能够对其施加重大影响,采用权益法核算长期股权投资,取得投资日,乙公司可辨认净资产公允价值为 6 000 万元。

取得投资日甲公司会计处理如下。

借：长期股权投资——投资成本　　　　　　　　　10 000 000
　　贷：银行存款　　　　　　　　　　　　　　　　　　10 000 000

初始投资成本 1 000 万元,小于应享有乙公司可辨认净资产公允价值份额 6 000×20％＝1 200（万元）,应将其差额 200 万元计入当期营业外收入,同时调增长期股权投资初始投资成本。

借：长期股权投资——投资成本　　　　　　　　　2 000 000
　　贷：营业外收入　　　　　　　　　　　　　　　　　2 000 000

2. 享有被投资方所有者权益份额变动的处理

权益法核算的要点在于投资方长期股权投资的账面价值随着被投资方所有者权益的变动而变动。企业所有者权益的变动源自两大方面：一是综合收益,二是与企业所有者之间的资本交易。综合收益又包括净损益和其他综合收益,与企业所有者之间的资本交易包括接受投资者投资和向所有者分配现金股利或利润。按照权益法的要求,当被投资方实现净损益、分配现金股利、实现其他综合收益或者发生其他所有者权益变动时,投资方要按照持股比例相应调整长期股权投资的账面价值。

1）被投资方实现净损益时投资方的处理

投资方取得长期股权投资后,应当按照应享有的被投资方实现的净利润的份额,确认投资收益,同时调整长期股权投资的账面价值,借记"长期股权投资——损益调整",贷记"投资收益"；被投资方发生净亏损时,投资方按照应负担的被投资方发生的净亏损的份额,借记"投资收益",贷记"长期股权投资——损益调整"。

在按照以上方法确认投资方应分享或负担的被投资方实现的净损益份额时,不是简单地根据被投资方账面净损益直接计算,而是要进行以下几个方面的调整。

（1）被投资方采用的会计政策及会计期间与投资方不一致的,应当按照投资方的会计政策及会计期间对被投资方的财务报表进行调整,并据以确认投资收益。

（2）投资方在确认应享有被投资方净损益的份额时,应当以取得投资时被投资方可辨认净资产的公允价值为基础,对被投资方的净利润进行调整后确认。存在以下情况的,投资方可以以被投资方的账面净利润为基础,计算确认投资收益,同时应在财务报表附注中说明不能按照准则规定进行核算的原因：投资方无法合理确定取得投资时被投资方各项可辨认资产等的公允价值；投资时被投资方可辨认资产等的公允价值与其账面价值相比，两者的差额不具有重要性；其他原因导致无法取得被投资方的有关资料，不能按照准则中规定的原则对被投资方的净损益进行调整的。

（3）投资方计算确认应享有或应分担被投资方的净损益时，投资方或纳入投资方合并报表范围的子公司与其联营企业、合营企业之间发生的未实现内部交易损益（包括逆流交易和顺流交易）按照应享有的比例计算归属于投资方的部分，应当予以抵销，在此基础上确认投资收益。但是，投资方与被投资方发生的未实现内部交易损失，按照《企业会计准则第8号——资产减值》等的有关规定属于资产减值损失的，应当全额确认。

需要注意的是，投资方与联营、合营企业之间发生投出或出售资产的交易，应当区分该资产是否构成业务，进行相应的会计处理。不构成业务的，按照上述原则处理；构成业务的，按照以下规定进行处理：联营、合营企业向投资方出售业务的，投资方应全额确认与交易相关的利得或损失。投资方向联营、合营企业投出业务，投资方因此取得长期股权投资但未取得控制权的，应以投出业务的公允价值作为新增长期股权投资的初始投资成本，初始投资成本与投出业务的账面价值之差，全额计入当期损益。投资方向联营、合营企业出售业务，取得的对价与业务的账面价值的差额，全额计入当期损益。

【例 8-10】 第1年1月1日，甲公司以银行存款1 000万元取得乙公司20%股权并完成相关手续，能够对其施加重大影响，采用权益法核算长期股权投资，相关资料如下。

（1）取得投资日，乙公司可辨认净资产公允价值为4 000万元，账面价值为3 800万元，其差额产生于一项管理用办公楼和一批库存商品。该办公楼原值800万元，乙公司预计其使用年限为20年，预计净残值为0，直线法折旧，已使用10年，累计折旧400万元，当日公允价值为500万元，甲公司预计其剩余使用年限为8年。该批库存商品成本为500万元，未计提存货跌价准备，当日公允价值为600万元。

（2）第1年，乙公司实现净利润400万元，上述库存商品对外售出60%。当年11月，甲公司将其成本为100万元的库存商品出售给乙公司，不含税价款为160万元，乙公司将其作为管理用固定资产，预计使用年限5年，预计净残值为0，直线法折旧。

（3）第2年，乙公司实现净利润500万元，甲公司投资日库存商品剩余的40%全部对外出售。当年，乙公司向甲公司出售商品一批，成本100万元，不含税售价150万元，至年末，甲公司尚未对外销售。

假定甲公司和乙公司的会计政策和会计期间一致，不考虑其他因素。

甲公司会计处理如下。

（1）取得投资。

借：长期股权投资——投资成本   10 000 000

  贷：银行存款   10 000 000

初始投资成本1 000万元，大于投资日享有乙公司可辨认净资产公允价值的份额4 000×20%＝800（万元），所以不调整长期股权投资的初始投资成本。

（2）第1年末。

乙公司账面利润＝400（万元）

取得投资时乙公司办公楼公允价值与账面价值的差额应调增折旧费用 $500 \div 8 - 800 \div 20 = 22.5$（万元），因此应调减利润 22.5 万元；取得投资时库存商品公允价值与账面价值的差额应调减的利润为 $(600 - 500) \times 60\% = 60$（万元）。

甲公司当年出售给乙公司的商品毛利为 $160 - 100 = 60$（万元），乙公司将其作为管理用固定资产核算，当年通过折旧已实现部分为 $60 \div 5 \div 12 = 1$（万元），因此应调减净利润 $60 - 1 = 59$（万元）。

综上，调整后的乙公司净利润 $= 400 - 22.5 - 60 - 59 = 258.5$（万元）

甲公司应确认投资收益 $= 258.5 \times 20\% = 51.7$（万元）

借：长期股权投资——损益调整　　　　　　　　517 000

　　贷：投资收益　　　　　　　　　　　　　　　　517 000

（3）第 2 年末。

乙公司账面利润 $= 500$（万元）

取得投资时乙公司办公楼公允价值与账面价值的差额应调增折旧费用 $500 \div 8 - 800 \div 20 = 22.5$（万元），因此应调减利润 22.5 万元；取得投资时库存商品公允价值与账面价值的差额应调减的利润为 $(600 - 500) \times 40\% = 40$（万元）。

甲公司第 1 年出售给乙公司的管理用设备计提折旧实现的内部交易损益 $= 60 \div 5 = 12$（万元），应调增利润 12 万元。

乙公司当年销售给甲公司商品未实现内部交易损益为 $150 - 100 = 50$（万元），应调减利润 50 万元。

综上，乙公司调整后的净利润 $= 500 - 22.5 - 40 + 12 - 50 = 399.5$（万元）

甲公司应确认投资收益 $399.5 \times 20\% = 79.9$（万元）

借：长期股权投资——损益调整　　　　　　　　799 000

　　贷：投资收益　　　　　　　　　　　　　　　　799 000

投资方确认被投资方发生的净亏损，应以长期股权投资的账面价值以及其他实质上构成对被投资方净投资的长期权益减记至零为限，投资方负有承担额外损失义务的除外。

在长期股权投资的账面价值减记至零的情况下，如果仍有未确认的投资损失，应以其他长期权益的账面价值为基础继续确认。

其他长期权益的账面价值减记至零的情况下，如果仍有未确认的投资损失，如果在投资合同或协议中约定将履行其他额外的损失补偿义务，还应按《企业会计准则第 13 号——或有事项》的规定确认预计将承担的损失金额。

此外，如仍有未确认的投资损失，不再进行会计处理，而应在备查簿进行登记。

被投资方以后实现净利润的，投资方在其收益分享额弥补未确认的亏损分担额后，恢复确认收益分享额。此时，应按以上相反的顺序，先冲减尚未确认的损失，再依次冲减已确认的预计负债、恢复其他长期权益和长期股权投资的账面价值，同时确认投资收益。

【例 8-11】 甲公司持有乙公司 40% 的股权，对其具有重大影响。第 0 年 12 月 31 日，长期股权投资的账面价值为 2 000 万元。乙公司第 1 年净亏损 6 000 万元，甲公司拥有一笔实质上构成对乙公司净投资的长期应收款 100 万元。此外，按协议规定，如果乙公司发生亏损，甲公司需额外承担 100 万元的损失。第 2 年，乙公司实现净利润 3 000 万元。

假定取得投资时乙公司可辨认净资产的公允价值等于其账面价值,甲乙公司双方的会计政策、会计期间均相同,甲乙公司不存在内部交易,不考虑所得税的影响。

甲公司会计处理如下。

(1) 第 1 年。

甲公司当年应分担损失 $6\,000\times40\%=2\,400$(万元)

首先,长期股权投资账面价值减记至零:

借:投资收益　　　　　　　　　　　　　　　20 000 000

　　贷:长期股权投资——损益调整　　　　　　　20 000 000

然后,剩余 400 万元亏损冲减 100 万元长期应收款。

借:投资收益　　　　　　　　　　　　　　　1 000 000

　　贷:长期应收款　　　　　　　　　　　　　　1 000 000

其次,剩余 300 万元亏损中需要甲公司额外承担亏损义务的 100 万元确认为预计负债。

借:投资收益　　　　　　　　　　　　　　　1 000 000

　　贷:预计负债　　　　　　　　　　　　　　　1 000 000

最后,甲公司尚未确认的投资损失为 200 万元,需要在备查簿中进行登记。

(2) 第 2 年。

甲公司按持股比例计算的投资收益 $3\,000\times40\%=1\,200$(万元),首先要弥补未确认的投资损失 200 万元,然后再依次冲减预计负债 100 万元、恢复长期应收款 100 万元、恢复长期股权投资 800 万元,会计分录如下。

借:预计负债　　　　　　　　　　　　　　　1 000 000

　　长期应收款　　　　　　　　　　　　　　1 000 000

　　长期股权投资——损益调整　　　　　　　　8 000 000

　　贷:投资收益　　　　　　　　　　　　　　10 000 000

2) 被投资方分配现金股利或利润时投资方的处理

被投资方宣告分派现金股利或利润时,投资方按照应享有的部分借记“应收股利”等科目,贷记“长期股权投资——损益调整”;实际收到现金股利或利润时,借记“银行存款”等科目,贷记“应收股利”等科目。

【例 8-12】 3 月 20 日,甲公司的联营企业宣告分派现金股利 500 万元,甲公司持股比例为 20%,现金股利于 4 月 10 日收存开户银行。

甲公司会计处理如下。

应收股利 $=500\times20\%=100$(万元)

(1) 联营企业宣告分派现金股利时。

借:应收股利　　　　　　　　　　　　　　　1 000 000

　　贷:长期股权投资——损益调整　　　　　　　1 000 000

(2) 收到现金股利时。

借:银行存款　　　　　　　　　　　　　　　1 000 000

　　贷:应收股利　　　　　　　　　　　　　　　1 000 000

3）被投资方实现其他综合收益时投资方的处理

投资方取得长期股权投资后,应当按照应享有的被投资方实现的其他综合收益的份额,确认其他综合收益,同时调整长期股权投资的账面价值。当被投资方实现的其他综合收益为利得时,投资方应按享有的份额借记"长期股权投资——其他综合收益",贷记"其他综合收益";当被投资方实现的其他综合收益为损失时,投资方应按分担的份额,借记"其他综合收益",贷记"长期股权投资——其他综合收益"。

需要注意以下两点。

(1) 被投资方采用的会计政策及会计期间与投资方不一致的,应当按照投资方的会计政策及会计期间对被投资方的财务报表进行调整,并据以确认其他综合收益。

(2) 被投资方实现的其他综合收益为损失时,应当以长期股权投资的账面价值以及其他实质上构成对被投资方净投资的长期权益减记至零为限,投资方负有承担额外损失义务的除外。被投资方以后实现利得的,投资方在其利得分享额弥补未确认的损失分担额后,恢复确认利得分享额。

【例 8-13】　乙公司为甲公司的联营企业,甲公司持股比例为 30%。第 1 年,乙公司将其购入的某公司公开发行的债券划分为以公允价值计量且其变动计入其他综合收益的金融资产核算,第 1 年末其公允价值上升 100 万元,第 2 年末其公允价值下降 80 万元。假定甲乙公司双方的会计政策、会计期间均相同,不考虑其他交易、事项及所得税的影响。

甲公司会计处理如下。

(1) 第 1 年末。

甲公司应确认其他综合收益＝100×30%＝30(万元)

借:长期股权投资——其他综合收益　　　　　　　　　300 000
　　贷:其他综合收益　　　　　　　　　　　　　　　　　　300 000

(2) 第 2 年末。

甲公司应冲减其他综合收益＝80×30%＝24(万元)

借:其他综合收益　　　　　　　　　　　　　　　　　240 000
　　贷:长期股权投资——其他综合收益　　　　　　　　　240 000

4）被投资方发生其他所有者权益变动时投资方的处理

对于被投资方发生除净损益、其他综合收益和利润分配以外的因素导致的其他所有者权益变动,投资方相应调整长期股权投资的账面价值,记入"长期股权投资——其他权益变动",同时确认"资本公积——其他资本公积",主要包括被投资方接受其他股东的资本性投入、被投资方发行可分离交易的可转换债中包含的权益成分、以权益结算的股份支付、其他股东对被投资单位增资导致投资方持股比例变动等情况。

【例 8-14】　第 1 年 1 月 1 日,甲公司 1 800 万元收购乙公司 30% 股份,对其具有重大影响,当日乙公司可辨认净资产公允价值为 5 000 万元(等于账面价值),甲公司和乙公司会计政策和会计期间一致,第 1 年乙公司实现净利润 1 000 万元,当年未发生内部交易。第 2 年 1 月 1 日,出于公司发展战略考虑,经各方协商,乙公司获得某项战略投资 4 000 万元并按规定完成增资手续。增资后,甲公司持股比例被稀释为 20%,仍对乙公司具有重大影响,继续采用权益法对股权投资进行后续计量。假定不考虑所得税及其他因素。

(1) 第 1 年 1 月 1 日取得投资。

借:长期股权投资——成本　　　　　　　　18 000 000

　　贷:银行存款　　　　　　　　　　　　　　　　18 000 000

(2) 第 1 年 12 月 31 日确认投资收益:

投资收益＝1 000×30％＝300(万元)

借:长期股权投资——损益调整　　　　　　3 000 000

　　贷:投资收益　　　　　　　　　　　　　　　　3 000 000

(3) 第 2 年 1 月 1 日确认其他权益变动:

甲公司享有乙公司的变化额＝(5 000＋1 000＋4 000)×

20％－(5 000＋1 000)×30％＝200(万元)

借:长期股权投资 ——其他权益变动　　　　2 000 000

　　贷:资本公积——其他资本公积　　　　　　　　2 000 000

3. 投资方持股比例增加但仍采用权益法核算的处理

投资方因增加投资等原因对被投资方的持股比例增加,但被投资方仍然是投资方的联营企业或合营企业时,投资方应按照新的持股比例对股权投资继续采用权益法核算。在新增投资日,如果新增投资成本大于按新增持股比例计算的被投资方可辨认净资产在新增投资日的公允价值份额,不调整长期股权投资的投资成本;如果新增投资成本小于按新增持股比例计算的被投资方可辨认净资产在新增投资日的公允价值份额,应按其差额调整长期股权投资和营业外收入。进行上述调整时,应综合考虑与原持有投资和追加投资相关的商誉或计入当期损益的金额。

【例 8-15】 第 1 年 1 月 1 日,甲公司以银行存款 1 000 万元向非关联方购买乙公司 20％的股权,并对其具有重大影响,当日乙公司可辨认净资产公允价值为 4 000 万元(等于账面价值)。第 1 年,乙公司实现净利润 500 万元。第 2 年 1 月 1 日,甲公司以银行存款 420 万元从另一非关联方取得乙公司 10％股权,当日乙公司可辨认净资产公允价值为 4 500 万元,相关手续于当日完成,甲公司仍对乙公司具有重大影响。假定不考虑相关税费等其他因素的影响。

本例中,甲公司第 2 年 1 月 1 日取得乙公司 10％股权的投资成本为 420 万元,享有其可辨认净资产公允价值的份额为 4 500×10％＝450(万元),本应确认 30 万元的营业外收入,同时调增长期股权投资 30 万元,但是第 1 年 1 月 1 日取得 20％股权时存在 1 000－4 000×20％＝200(万元)的正商誉,两次投资综合考虑后的商誉为正商誉 170 万元,因此第二次投资应确认的投资成本仍为 420 万元,并在备查簿中记录两次投资各自产生的商誉和综合考虑两次投资产生的商誉后的调整情况。

借:长期股权投资——投资成本　　　　　　4 200 000

　　贷:银行存款　　　　　　　　　　　　　　　　4 200 000

8.4　长期股权投资的处置

8.4.1　处置损益的确认

企业处置长期股权投资时,按收到的对价借记"银行存款",同时按账面价值终止确认与所售股权相对应的长期股权投资,收到的对价与处置长期股权投资账面价值之间的差额作为处置损益,记入"投资收益"账户。

8.4.2　原权益法核算形成的其他综合收益的结转

投资方将全部股权处置时,原权益法核算的其他综合收益应当采用与被投资方直接处置相关资产或负债相同的基础进行会计处理。投资方部分处置权益法核算的长期股权投资而剩余股权仍采用权益法核算的,原权益法核算的相关其他综合收益,应当采用与被投资方直接处置相关资产或负债相同的基础按处置比例进行结转。

(1) 如果被投资方相关资产或负债形成的其他综合收益属于以后期间能够重分类进损益的,则投资方在终止权益法核算时,应将权益法核算的相关其他综合收益全部计入当期损益。其他综合收益为贷方余额时,借记"其他综合收益",贷记"投资收益";其他综合收益为借方余额时,借记"投资收益",贷记"其他综合收益"。

(2) 如果被投资方相关资产或负债形成的其他综合收益属于以后期间不能够重分类进损益的,则投资方在终止权益法核算时,应将权益法核算的相关其他综合收益全部结转至留存收益。其他综合收益为贷方余额时,借记"其他综合收益",贷记"盈余公积""利润分配——未分配利润";其他综合收益为借方余额时,借记"盈余公积""利润分配——未分配利润",贷记"其他综合收益"。

8.4.3　原权益法核算形成的其他资本公积的结转

投资方将股权全部处置时,因被投资方除净损益、其他综合收益和利润分配以外的其他所有者权益变动而确认的其他资本公积,应当全部转入当期投资收益,借记"资本公积——其他资本公积",贷记"投资收益"。投资方部分处置权益法核算的长期股权投资而剩余股权仍采用权益法核算的,因被投资方除净损益、其他综合收益和利润分配以外的其他所有者权益变动而确认的其他资本公积,应当按比例转入当期投资收益。

【例 8-16】　甲公司持有乙公司 20% 股权,对其具有重大影响,采用权益法核算对乙公司的股权投资。当年末,该长期股权投资相关资料如下:"长期股权投资——投资成本"账户余额为 1 000 万元,"长期股权投资——损益调整"账户借方余额为 300 万元,"长期股权投资——其他综合收益"账户借方余额为 200 万元,"长期股权投资——其他资本公积"账户余额为借方 100 万元,未计提减值准备。甲公司于当年末将对乙公司股权投资的 25% 转让出售,取得价款 580 万元,持有的剩余 15% 股权仍能对乙公司施加重大影响,仍采用权益法核算。已知该股权投资相关的其他综合收益源于乙公司持有的两项以公允价值计量且其变动计入其他综合收益的金融资产的公允价值变动,其中一项为债务工具,形成的其他综合收益为 600 万元,另一项为非交易性权益工具,形成的其他综合收益为

400万元。假定甲公司盈余公积计提比例为10％,不考虑其他因素。

甲公司会计处理如下。

(1) 处置损益的处理。

处置损益＝580－(1 000＋300＋200＋100)×25％＝180(万元)

借:银行存款	5 800 000
贷:长期股权投资——投资成本	2 500 000
——损益调整	750 000
——其他综合收益	500 000
——其他权益变动	250 000
投资收益	1 800 000

(2) 其他综合收益和其他资本公积的处理。

股权投资形成的其他资本公积100万元的25％即25万元转入当期投资收益。股权投资形成的其他综合收益共计200万元,应结转200×25％＝50(万元),其中50×600÷(600＋400)＝30(万元)应转入投资收益,50×400÷(600＋400)＝20(万元)应转入留存收益。

借:其他综合收益	500 000
其他资本公积	250 000
贷:投资收益	550 000
利润分配——未分配利润	180 000
盈余公积	20 000

8.5　长期股权投资核算方法的转换

根据投资方对被投资方的影响程度不同,企业对被投资方的股权投资,在会计上分为成本法核算的长期股权投资、权益法核算的长期股权投资和公允价值计量的金融资产等三种情况进行核算。投资方追加投资或转让部分股权,可能导致对被投资方的影响程度有所改变,因而会导致会计核算方法的转换,包括由于追加投资导致的公允价值计量转权益法核算、公允价值计量转成本法核算、权益法核算转成本法核算,以及由于转让部分股权导致的成本法核算转权益法核算、成本法核算转公允价值计量、权益法核算转公允价值计量等六种情况。

8.5.1　公允价值计量转权益法核算

(1) 投资方原持有的对被投资方的股权投资按照公允价值计量的金融资产核算的,因追加投资等原因能够对被投资单位实施重大影响或共同控制但不构成控制的,应当按照《企业会计准则第22号——金融工具确认和计量》确定的原持有的股权投资的公允价值加上新增投资成本之和,作为改按权益法核算的初始投资成本。

(2) 原股权投资分类为以公允价值计量且其变动计入当期损益的金融资产的,其公允价值与原账面价值之间的差额应当转入改按权益法核算的当期损益。

（3）原持有的非交易性股权投资指定为以公允价值计量且其变动计入其他综合收益的金融资产的,其公允价值与账面价值之间的差额以及原计入其他综合收益的累计公允价值变动应当在改按权益法核算的当期转入留存收益。

（4）因为转换为权益法核算,所以需要比较以上计算的初始投资成本与按照追加投资后的持股比例计算确定的应享有被投资方在追加投资日可辨认净资产公允价值的份额,前者大于后者的,不调整长期股权投资的初始投资成本;前者小于后者的,差额应调增长期股权投资的初始投资成本,同时计入当期营业外收入。

【例 8-17】　第 1 年 1 月 1 日,甲公司以 1 000 万元现金自非关联方处取得非上市公司乙公司 10% 的股权,并将其指定为以公允价值计量且其变动计入其他综合收益的金融资产。第 2 年 1 月 1 日,甲公司又以 1 200 万元的现金自另一非关联方取得乙公司 12% 的股权,相关手续当日完成,能够对乙公司施加重大影响。当日,乙公司可辨认净资产公允价值为 10 000 万元,甲公司针对乙公司的以公允价值计量且其变动计入其他综合收益的金融资产的账面价值 1 000 万元,计入其他综合收益的累计公允价值变动为 400 万元。假定甲公司盈余公积计提比例为 10%,不考虑相关税费等其他因素。

转换日甲公司会计处理如下。

甲公司对乙公司 22% 股权的初始投资成本为 1 000+1 200＝2 200（万元）,享有乙公司可辨认净资产公允价值的份额为 10 000×22%＝2 200 万元,因此,无须调整长期股权投资的初始投资成本

```
借：长期股权投资——投资成本        22 000 000
    其他综合收益                    4 000 000
    贷：其他权益工具投资——成本                6 000 000
                      ——公允价值变动          4 000 000
        银行存款                             12 000 000
        利润分配——未分配利润                  3 600 000
        盈余公积                                400 000
```

8.5.2　公允价值计量或权益法核算转成本法核算

投资方原持有的对被投资方的股权投资不具有控制、共同控制或重大影响的按照《企业会计准则第 22 号——金融工具确认和计量》进行核算的权益性投资,或者原持有对联营企业、合营企业的权益法核算的长期股权投资,因追加投资等原因,能够对被投资方实施控制的,应区分同一控制控股合并和非同一控制控股合并以及是否为一揽子交易进行处理。

1. 通过多次交易分步取得同一控制下被投资方股权并最终形成控股合并

企业通过多次交易分步取得同一控制下被投资方股权并最终形成控股合并的,应当判断多次交易是否属于一揽子交易。属于一揽子交易的,合并方应当将各项交易作为一项取得控制权的交易进行会计处理;不属于一揽子交易的,取得控制权日,应按照以下步骤进行会计处理。

（1）确定同一控制下企业合并形成的长期股权投资的初始投资成本。在合并日，根据合并后应享有被合并方净资产在最终控制方合并财务报表中的账面价值的份额，确定长期股权投资的初始投资成本。

（2）长期股权投资初始投资成本与合并对价账面价值之间的差额的处理。合并日长期股权投资的初始投资成本，与达到合并前的股权投资账面价值加上合并日进一步取得股份新支付对价的账面价值之和的差额，调整资本公积（资本溢价或股本溢价），资本公积不足冲减的，冲减留存收益，即依次冲减盈余公积和未分配利润。

（3）合并日之前持有的股权投资，因采用权益法核算或按照《企业会计准则第 22 号——金融工具确认和计量》核算而确认的其他综合收益，暂不进行会计处理，直至处置该项投资时再按照企业会计准则的规定进行相应处理。其中权益法核算形成的其他综合收益应采用与被投资方直接处置相关资产或负债相同的基础进行会计处理。因采用权益法核算而确认的被投资方净资产中除净损益、其他综合收益和利润分配以外的所有者权益其他变动即其他资本公积，暂不进行会计处理，直至处置该项投资时转入当期损益。其中，处置后的剩余股权采用成本法或权益法核算的，其他综合收益和其他资本公积应按比例结转；处置后的剩余股权改按《企业会计准则第 22 号——金融工具确认和计量》进行会计处理的，其他综合收益和其他资本公积应全部结转。

【例 8-18】 第 1 年 1 月 1 日，甲公司取得同一控制下的乙公司 25％的股份，实际支付价款 6 000 万元，能够对乙公司施加重大影响，相关手续于当日办理完毕。当日，乙公司可辨认净资产账面价值为 22 000 万元。当年乙公司共实现净利润 1 000 万元，无其他所有者权益变动。第 2 年 1 月 1 日，甲公司定向增发 2 000 万股普通股，每股面值 1 元，购买同一控制下另一公司所持有的乙公司 40％股权，相关手续于当日办理完毕。进一步投资后，甲公司能够对乙公司实施控制。当日，乙公司在最终控制方合并财务报表中的净资产的账面价值为 23 000 万元。假定甲公司和乙公司采用的会计政策与会计期间一致，上述交易不属于一揽子交易，不考虑相关税费等其他因素的影响。

甲公司会计处理如下。

（1）确定合并日长期股权投资的初始投资成本。

合并日追加投资后甲公司持有乙公司股权比例为 65％，合并日甲公司享有乙公司在最终控制方合并财务报表中净资产账面价值的份额为 23 000×65％＝14 950（万元）。

（2）长期股权投资初始投资成本与合并对价账面价值之间差额的处理。

原 25％股权采用权益法核算，在合并日的原账面价值为 6 000＋1 000×25％＝6 250（万元），追加投资所支付对价的账面价值为 2 000 万元，合并对价账面价值合计为 6 250＋2 000＝8 250（万元）。长期股权投资初始投资成本大于合并对价账面价值的金额为 14 950－8 250＝6 700（万元），应调增资本公积。

借：长期股权投资	149 500 000
贷：长期股权投资——投资成本	60 000 000
——损益调整	2 500 000
股本	20 000 000
资本公积——股本溢价	67 000 000

2．通过多次交易分步取得非同一控制下被投资方股权并最终形成控股合并

企业通过多次交易分步实现非同一控制下企业控股合并的,多次交易属于一揽子交易的,投资方应当将各项交易作为一项取得控制权的交易进行会计处理;不属于一揽子交易的,投资方在编制个别财务报表时应按以下方法进行处理。

(1)购买日之前持有的股权投资采用权益法核算的,应当按照原持有的股权投资的账面价值加上追加投资支付对价的公允价值之和,作为改按成本法核算的长期股权投资的初始投资成本。原权益法核算的相关其他综合收益,暂不进行会计处理,直至处置该项投资时采用与被投资方直接处置相关资产或负债相同的基础进行会计处理;因采用权益法核算而确认的被投资方净资产中除净损益、其他综合收益和利润分配以外的所有者权益其他变动即其他资本公积,暂不进行会计处理,直至处置该项投资时转入当期损益。其中,处置后的剩余股权采用成本法或权益法核算的,其他综合收益和其他资本公积应按比例结转;处置后的剩余股权改按《企业会计准则第 22 号——金融工具确认和计量》进行会计处理的,其他综合收益和其他资本公积应全部结转。

(2)购买日之前持有的股权投资按照《企业会计准则第 22 号——金融工具确认和计量》核算的,应当将按照该准则核算的股权投资的公允价值加上新追加投资支付对价的公允价值之和,作为改按成本法核算的初始投资成本。原股权投资分类为以公允价值计量且其变动计入当期损益的金融资产的,其公允价值与原账面价值之间的差额应当转入改成本法核算的当期损益;原持有的非交易性股权投资指定为以公允价值计量且其变动计入其他综合收益的金融资产的,其公允价值与账面价值之间的差额以及原计入其他综合收益的累计公允价值变动应当在改按成本法核算的当期转入留存收益。

【例 8-19】　1 月 1 日,甲公司以每股 5 元的价格购入上市公司乙公司股票 100 万股,持股比例为 2%,甲公司和乙公司不存在关联关系。甲公司将对乙公司的股权投资指定为以公允价值计量且其变动计入其他综合收益的金融资产。当年 12 月 31 日,甲公司又以现金 1.75 亿元向乙公司的大股东收购乙公司 50% 的股权,相关手续于当日办理完毕,甲公司能够对乙公司实施控制,当日乙公司每股价格为 7 元,乙公司可辨认净资产公允价值为 2 亿元。

假定以上交易不属于一揽子交易,不考虑相关税费等其他因素的影响。盈余公积计提比例为 10%。

甲公司会计处理如下。

购买日为取得对乙公司控制权日,即当年 12 月 31 日。购买日前甲公司原持有以公允价值计量且其变动计入其他综合收益的金融资产的公允价值为 $7 \times 100 = 700$(万元)。追加投资支付对价的公允价值为 17 500 万元,购买日按成本法核算的长期股权投资的初始投资成本为 $700 + 17\ 500 = 18\ 200$(万元)。购买日前原持有的以公允价值计量且其变动计入其他综合收益的金融资产相关的其他综合收益为 $(7-5) \times 100 = 200$(万元),应于购买日转入当期留存收益。

借:长期股权投资　　　　　　　　　　　　　182 000 000

　　　　贷：其他权益工具投资——成本　　　　　　　　　5 000 000

　　　　　　　　　　　　——公允价值变动　　　　　　　2 000 000

　　　　　　银行存款　　　　　　　　　　　　　　　175 000 000

　　借：其他综合收益　　　　　　　　　　　　　　　　2 000 000

　　　　贷：盈余公积　　　　　　　　　　　　　　　　　　200 000

　　　　　　利润分配——未分配利润　　　　　　　　　　1 800 000

8.5.3　成本法核算转权益法核算

　　因处置投资等原因导致对被投资方由能够实施控制转为具有重大影响或者与其他方一起实施共同控制的,投资方在其个别报表中应当将成本法追溯调整为权益法,并按照以下步骤进行会计处理。

　　(1) 按处置投资的比例结转应终止确认的长期股权投资,同时确认处置损益。

　　(2) 比较剩余长期股权投资的成本与按照剩余持股比例计算原投资时应享有被投资方可辨认净资产公允价值的份额,前者大于后者的,属于投资作价中体现的商誉,不调整长期股权投资的初始投资成本;前者小于后者的,按其差额调增长期股权投资的初始投资成本,同时调整当期营业外收入(处置投资与原取得投资属于同一会计年度)或留存收益(处置投资在原取得投资当年的以后会计年度)。

　　(3) 对于原取得投资时至处置投资时之间被投资方实现净损益中投资方应享有的份额,一方面调整长期股权投资的账面价值;另一方面,对于原取得投资时至处置投资当期期初被投资方实现的净损益扣除已宣告发放的现金股利或利润后金额中享有的份额,调整留存收益,对于处置投资当期期初至处置投资日被投资方实现的净损益扣除已宣告发放的现金股利或利润后金额中享有的份额,调整当期损益;在被投资方其他综合收益变动中享有的份额,在调整长期股权投资账面价值的同时,调整其他综合收益;除净损益、其他综合收益和利润分配以外的其他原因导致被投资方其他所有者权益变动中享有的份额,在调整长期股权投资账面价值的同时,调整其他资本公积。

　　(4) 长期股权投资自成本法转为权益法核算后,未来期间应当按照权益法核算的要求进行相应的会计处理。

　　【例 8-20】　第 1 年 1 月 1 日,甲公司以 600 万元取得乙公司 100% 股权,乙公司当日可辨认净资产公允价值 500 万元(等于账面价值),至第 2 年末,乙公司净资产增加 75 万元,其中按购买日公允价值计量实现的净利润 50 万元(未发生内部交易),未分配现金股利,以公允价值计量且其变动计入其他综合收益的金融资产公允价值上升 25 万元。第 3 年 1 月 1 日,甲公司转让乙公司 60% 股权,收到价款 480 万元,剩余 40% 股权能对乙公司施加重大影响,当日剩余股权公允价值为 320 万元。甲、乙公司会计政策和会计期间一致,盈余公积计提比例均为 10%,不考虑其他因素。

　　甲公司处置投资日个别财务报表的处理如下。

　　(1) 处置损益的处理。

　　借：银行存款　　　　　　　　　　　　　　　　　　4 800 000

　　　　贷：长期股权投资　　　　　　　　　　　　　　　3 600 000

投资收益   1 200 000

(2) 对剩余 40% 股权追溯调整为权益法。

① 比较剩余股权在取得日的投资成本和享有被投资方可辨认净资产公允价值份额。剩余 40% 股权的投资成本＝600×40%＝240(万元)，享有乙公司可辨认净资产公允价值的份额＝500×40%＝200 万元，投资成本大于当日乙公司可辨认净资产公允价值份额，无须调整长期股权投资的账面价值，否则需调增长期股权投资和留存收益。

② 原取得投资后至处置日之间享有的被投资方实现净损益的份额，一方面调整长期股权投资的账面价值；另一方面，原取得投资后至处置当期期初享有的被投资单位实现净损益的份额调整留存收益。

应确认的留存收益为 500 000×40%＝200 000(元)，其中盈余公积为 200 000×10%＝20 000(元)，未分配利润为 200 000×(1−10%)＝180 000(元)

借：长期股权投资   200 000

    贷：盈余公积   20 000

        未分配利润   180 000

③ 确认在被投资方其他综合收益变动中享有的份额，同时调整长期股权投资账面价值 250 000×40%＝100 000(元)。

借：长期股权投资   100 000

    贷：其他综合收益   100 000

8.5.4　成本法核算转公允价值计量

原持有的对被投资方具有控制的长期股权投资，因部分处置等原因导致持股比例下降，不能再对被投资方实施控制、共同控制或重大影响的，应改按《企业会计准则第 22 号——金融工具确认和计量》进行核算，其会计处理方法如下。

(1) 按处置投资的比例结转应终止确认的长期股权投资，同时确认处置损益。

(2) 将剩余股权在丧失控制之日按公允价值改按金融资产核算，其公允价值与账面价值的差额计入当期损益。

8.5.5　权益法核算转公允价值计量

原持有的对被投资方具有共同控制或重大影响的长期股权投资，因部分处置等原因导致持股比例下降，不能再对被投资方实施共同控制或重大影响的，应改按《企业会计准则第 22 号——金融工具确认和计量》进行核算，其会计处理方法如下。

(1) 按处置投资的比例结转应终止确认的长期股权投资，同时确认处置损益。

(2) 将剩余股权在丧失共同控制或重大影响之日按公允价值改按金融资产核算，其公允价值与账面价值的差额计入当期损益。

(3) 原采用权益法核算的相关其他综合收益应当在终止采用权益法核算时，采用与被投资方直接处置相关资产或负债相同的基础进行会计处理，因被投资方除净损益、其他综合收益和利润分配以外的其他所有者权益变动而确认的其他资本公积，应当在终止采用权益法核算时全部转入当期损益即投资收益。

【**例 8-21**】 甲公司持有乙公司 30％的表决权股份,能够对其施加重大影响。10 月,甲公司将该项投资中的 50％出售给非关联方,取得价款 1 800 万元,相关手续当日完成。甲公司无法再对乙公司施加重大影响,对剩余股权投资指定为以公允价值计量且其变动计入其他综合收益的金融资产。出售时,该项长期股权投资的账面价值为 3 200 万元,其中投资成本 2 600 万元,损益调整 300 万元,其他综合收益 200 万元(其中源自被投资方债务工具投资累计公允价值变动的为 120 万元,源自被投资方非交易性权益工具的累计公允价值变动为 80 万元),其他权益变动 100 万元,剩余股权的公允价值 1 800 万元,不考虑相关税费等因素。盈余公积计提比例为 10％。

甲公司处置投资的会计处理如下。

(1) 确认处置损益。

借:银行存款　　　　　　　　　　　　　　　　　18 000 000
　　贷:长期股权投资　　　　　　　　　　　　　　　　16 000 000
　　　　投资收益　　　　　　　　　　　　　　　　　　 2 000 000

(2) 将剩余股权转为金融资产核算。

剩余股权的公允价值 1 800 万元,原账面价值 1 600 万元,两者差异计入当期投资收益。

借:其他权益工具投资——成本　　　　　　　　　18 000 000
　　贷:长期股权投资　　　　　　　　　　　　　　　　16 000 000
　　　　投资收益　　　　　　　　　　　　　　　　　　 2 000 000

(3) 将其他综合收益转入当期损益和留存收益。

应转入投资收益的金额为 120 万元,应转入留存收益的金额为 80 万元。

借:其他综合收益　　　　　　　　　　　　　　　　 2 000 000
　　贷:投资收益　　　　　　　　　　　　　　　　　　 1 200 000
　　　　盈余公积　　　　　　　　　　　　　　　　　　　　80 000
　　　　利润分配——未分配利润　　　　　　　　　　　　 720 000

(4) 将原计入其他资本公积的金额转入当期损益。

借:资本公积——其他资本公积　　　　　　　　　 1 000 000
　　贷:投资收益　　　　　　　　　　　　　　　　　　 1 000 000

8.6　长期股权投资减值

投资方应当关注长期股权投资的账面价值是否大于享有被投资方所有者权益账面价值的份额等类似情况。出现类似情况时,投资方应当按照《企业会计准则第 8 号——资产减值》对长期股权投资进行减值测试,当长期股权投资可收回金额低于长期股权投资账面价值时,应当计提减值准备,按其差额借记"资产减值损失",贷记"长期股权投资减值准备"。长期股权投资减值准备一经计提,在以后年度不得转回。

【**例 8-22**】 第 1 年 1 月,甲公司以 2 800 万元取得 Y 公司 30％的股份,对其具有重大影响,采用权益法核算对 Y 公司的长期股权投资。取得投资日,Y 公司可辨认净资产公允价值(等于其账面价值)为 10 000 万元。第 1 年,Y 公司发生亏损 1 000 万元,甲公司对该项长期股权投资进行减值测试,已知其公允价值为 2 500 万元,预计处置费用为 50 万元,预计未来现金流量现值为 2 400 万元。假定甲公司和 Y 公司会计政策与会计期间一致,当年未发生内部交易。

甲公司会计处理如下。

(1) 取得投资时。

借:长期股权投资——投资成本　　　　　　　　　28 000 000
　　贷:银行存款　　　　　　　　　　　　　　　　　　　28 000 000
借:长期股权投资——投资成本　　　　　　　　　　2 000 000
　　贷:营业外收入　　　　　　　　　　　　　　　　　　　2 000 000

(2) Y 公司发生亏损。

借:投资收益　　　　　　　　　　　　　　　　　　3 000 000
　　贷:长期股权投资——损益调整　　　　　　　　　　　3 000 000

(3) 计提减值准备。

　　　　长期股权投资账面价值=(2 800+200)-300=2 700(万元)
　　　　公允价值减去处置费用的净额=2 500-50=2 450(万元)
　　　　未来现金流量现值=2 400(万元)
　　　　长期股权投资可收回金额=2 450(万元)

综上,应计提减值准备=2 700-2 450=250(万元)

借:资产减值损失　　　　　　　　　　　　　　　　2 500 000
　　贷:长期股权投资减值准备　　　　　　　　　　　　　2 500 000

8.7　长期股权投资的报表列示

资产负债表日,长期股权投资应当按其账面价值,即"长期股权投资"的余额减去"长期股权投资减值准备"贷方余额后的金额,列示于资产负债表中的"长期股权投资"项目。

【本章习题】

1. 乙公司和丙公司均受甲公司控制。12 月 31 日,乙公司向甲公司定向增发 5 000 万股普通股股票,每股面值为 1 元,市价为 5 元,取得丙公司 100% 的股权,相关手续于当日完成,并能够对丙公司实施控制。合并后丙公司仍维持其独立法人资格继续经营。已知丙公司系甲公司两年前以非同一控制下企业合并的方式收购的全资子公司。合并日,甲公司合并财务报表中的丙公司净资产账面价值为 4 000 万元,其中含商誉 500 万元。乙公司为此项合并发生审计、评估等费用 10 万元,为定向增发股票支付发行费用 15 万元。当日,乙公司"股本溢价"余额为 500 万元,"盈余公积"余额为 300 万元。

要求:根据上述资料,写出乙公司取得丙公司投资的会计分录。

2. 1 月 1 日,甲公司以银行存款 1 000 万元、一批库存商品、一台设备、一项专利、增发的 800 万股自身普通股取得乙公司 60% 的股权。投出的库存商品成本 200 万元,未计提跌价准备,公允价值 300 万元(等于计税价格),增值税税率 13%。投出的设备原值 500

万元,累计折旧 100 万元,未计提减值准备,当日公允价值 450 万元(等于计税价格),增值税税率 13%。投出的专利原值 100 万元,累计摊销 10 万元,当日公允价值 150 万元(等于计税价格),增值税税率 6%。增发的 800 万股自身普通股每股面值 1 元,公允价值每股 10 元,支付发行费用 10 万元。投资后,甲公司能够对乙公司实施控制,合并前甲公司和乙公司不存在关联方关系。为核实乙公司的资产价值,甲公司聘请资产评估机构对乙公司的资产进行评估,以银行存款支付评估费等 20 万元。购买日,乙公司可辨认净资产公允价值为 20 000 万元。不考虑其他因素。

要求:根据上述资料写出甲公司取得乙公司投资的会计分录。

3. 1 月 1 日,甲公司以银行存款 1 500 万元取得乙公司 20%股权,并能够对其施加重大影响,采用权益法核算长期股权投资,取得投资日,乙公司可辨认净资产公允价值为 8 000 万元,甲公司以银行存款支付相关费用 15 万元。不考虑其他因素。

要求:根据上述资料,写出甲公司取得对乙公司股权投资及其调整的会计分录。

4. 第 1 年 1 月 1 日,甲公司以银行存款 1 300 万元取得乙公司 30%股权并完成相关手续,能够对其施加重大影响,采用权益法核算长期股权投资,相关资料如下。

(1) 取得投资日,乙公司可辨认净资产公允价值为 5 000 万元,账面价值为 4 800 万元,其差额产生于一项管理用办公楼。该办公楼原值 1 200 万元,乙公司预计其使用年限为 20 年,预计净残值为 0,直线法折旧,已使用 10 年,当日公允价值为 800 万元,甲公司预计其剩余使用年限为 8 年。

(2) 第 1 年,乙公司实现净利润 500 万元。当年 6 月,甲公司将其成本为 100 万元的库存商品出售给乙公司,不含税价款为 150 万元,乙公司将其作为存货核算,至年末对外出售 60%。

(3) 第 2 年,乙公司实现净利润 600 万元,其他综合收益 100 万元,宣告分配现金股利 300 万元。乙公司上年从甲公司购入的存货剩余 40%全部对外销售。

假定甲公司和乙公司的会计政策与会计期间一致,不考虑其他因素的影响。

要求:根据上述资料写出相关会计分录。

5. 第 1 年 1 月 1 日,甲公司以 1 000 万元取得乙公司 100%股权,乙公司当日可辨认净资产公允价值 800 万元(等于账面价值),至第 2 年 6 月 30 日,乙公司净资产增加 200 万元,其中按购买日公允价值计量实现的净利润 150 万元,其中至第 1 年末实现的净利润为 100 万元,可供出售金融资产公允价值上升 50 万元。第 2 年 7 月 1 日,甲公司转让乙公司 60%股权,收到价款 720 万元,剩余 40%股权能对乙公司施加重大影响,当日剩余股权公允价值为 480 万元。甲、乙公司会计政策和会计期间一致,甲乙公司盈余公积计提比例均为 10%,不考虑其他因素。

要求:写出处置投资日甲公司在个别财务报表中的会计处理。

【即测即练】

第 9 章

负　债

【本章学习目标】

1. 了解负债的概念与分类,职工薪酬的概念与分类,应交税费、或有事项的概念与特征,预计负债的确认条件。

2. 理解离职后福利、辞退福利、其他长期职工福利、以现金结算的股份支付的会计处理,以及应付债券实际利率法利息费用的计算、借款费用的计量。

3. 掌握短期借款、应付账款、应付票据、短期职工薪酬、其他应付款、长期借款、应付债券、预计负债的会计处理。

设定受益计划：既是福利也是激励

克劳斯玛菲为德国、瑞士及英国的职工提供国家规定的保险制度外的补充退休福利,该类补充退休福利属于设定受益计划。资产负债表上确认的设定受益负债为设定受益义务的现值减去计划资产的公允价值。对于本集团职工离职后福利计划等设定受益计划,于各年度末,管理层聘请专家进行精算,精算涉及折现率、工资增长率及退休金增长率等主要估计,若未来现金流量的实际情况与估计数不同,有关差额则会影响长期应付职工薪酬的账面价值,其2020年设定受益计划义务现值、计划资产与设定受益计划净负债分别如表9-1、表9-2和表9-3所示。

表 9-1　设定收益计划义务现值　　　　　　　　　　万元人民币

项　　目	本期发生额	上期发生额
一、期初余额	168 233	150 890
二、计入当期损益的设定受益成本	6 689	6 666
1. 当期服务成本	5 176	4 222
2. 利息净额	1 513	2 444
三、计入其他综合收益的设定受益成本	6 996	14 880
精算利得	6 996	14 880
四、其他变动	−1 001	− 4203
1. 结算时支付的对价	0	0
2. 已支付的福利	− 7 261	− 8330

项　　目	本期发生额	上期发生额
3. 员工缴款	1 765	1 597
4. 重分类	−65	−62
5. 外币报表折算差异	4 560	2 592
五、期末余额	180 917	168 233

表 9-2　计划资产　　　　　　　　　　　　　万元人民币

项　　目	本期发生额	上期发生额
一、期初余额	8 3178	74 893
二、计入当期损益的设定受益成本	310	875
利息净额	310	875
三、计入其他综合收益的设定受益成本	4 893	5 527
1. 计划资产回报(计入利息净额的除外)	−1 246	4 770
2. 资产上限影响的变动(计入利息净额的除外)	6 139	757
3. 精算利得(损失以"−"表示)	0	
四、其他变动	3 143	1 883
1. 结算时支付的对价	0	−6 314
2. 已支付的福利	−4 959	
3. 雇主缴款	3 971	3 583
4. 员工缴款	1 765	1 993
5. 重分类	−65	2 683
6. 外币报表折算差异	2 431	−62
五、期末余额	91 524	83 178

表 9-3　设定受益计划净负债　　　　　　　　万元人民币

项　　目	本期发生额	上期发生额
一、期初余额	85 055	75 997
二、计入当期损益的设定受益成本	6 379	5 791
三、计入其他综合收益的设定受益成本	2 103	9 354
四、其他变动	−4 144	−6 087
五、期末余额	89 393	85 055

问题:

　　设定受益计划与设定提存计划有何区别?设定受益计划当期服务成本如何计算?其精算利得或损失如何进行会计处理?结算设定受益计划应当如何进行会计处理?

9.1　负债概述

9.1.1　负债的概念

　　负债,是指企业过去的交易或者事项形成的、预期会导致经济利益流出企业的现时义务。现时义务是指企业在现行条件下已承担的义务,分为法定义务和推定义务。一项义务同时满足以下条件时,可以确认为负债。

（1）与该义务有关的经济利益很可能流出企业。

（2）未来流出的经济利益的金额能够可靠地计量。

9.1.2　负债的分类

1.流动负债与非流动负债

满足下列条件之一的,应当归类为流动负债,否则为非流动负债。

（1）预计在一个正常营业周期中清偿。

（2）主要为交易目的而持有。

（3）自资产负债表日起一年内到期应予以偿还。

（4）企业无权自主地将清偿推迟到资产负债表日后一年以上。

流动负债主要包括短期借款、应付票据、应付账款、预收账款、应付职工薪酬、应交税费、应付股利、应付利息、其他应付款、交易性金融负债、衍生金融负债、合同负债等。

非流动负债主要包括长期借款、长期应付款、应付债券、预计负债、递延所得税负债等。

2.金融负债与非金融负债

1）金融负债

短期借款、应付票据、应付账款、应付利息、其他应付款、交易性金融负债、衍生金融负债、长期借款、长期应付款、应付债券等属于金融负债。

金融负债分为以摊余成本计量的金融负债和以公允价值计量且其变动计入当期损益的金融负债,常见金融负债通常都以摊余成本计量,交易性金融负债、衍生金融负债则以公允价值计量且其变动计入当期损益。

2）非金融负债

预收账款、应付职工薪酬、应交税费、应付股利、合同负债、预计负债、递延所得税负债等则属于非金融负债。

9.2　流 动 负 债

9.2.1　短期借款

短期借款是指企业从金融机构借入的偿还期限在 1 年以内的借款。

（1）取得借款时,借记“银行存款”,贷记“短期借款”。

（2）根据权责发生制按月计提借款利息时,借记“财务费用”,贷记“应付利息”。如果利息金额较小不具重要性,可以在季末或年末计提利息。

（3）实际支付利息时,按照已经计提的利息金额,借记“应付利息”,按尚未计提的利息借记“财务费用”,按实际支付的利息金额贷记“银行存款”；或者先按实际支付的利息,借记“应付利息”,贷记“银行存款”,再借记“财务费用”,贷记“应付利息”。

（4）偿还短期借款时,按偿还的借款本金借记"短期借款",贷记"银行存款"。

9.2.2 应付票据

1. 商业汇票的签付

应付票据是指企业购买原材料、商品或因偿还债务开出、承兑的商业汇票,包括银行承兑汇票和商业承兑汇票。在我国,商业承兑汇票最长期限不超过 6 个月,因而应付票据属于流动负债。

企业购买原材料、商品开出承兑商业汇票时,借记"原材料""应交税费——应交增值税（进项税额）"等账户,贷记"应付票据"。

企业开出商业汇票抵偿应付账款时,借记"应付账款",贷记"应付票据"。

企业向银行申请承兑支付的手续费,借记"财务费用",贷记"银行存款"。

2. 带息商业汇票的利息

商业汇票为带息汇票的,企业应按月计提利息费用,金额较小不具重要性的,可以在季末或年末计提利息,借记"财务费用",贷记"应付票据"。

3. 商业汇票到期

1）票据到期企业有能力支付票据款

商业汇票到期,企业有能力支付票据款的,企业在收到开户银行的付款通知时,按应付票据账面余额借记"应付票据",带息票据按尚未计提的利息借记"财务费用",按实付款项贷记"银行存款"。

2）票据到期企业无能力支付票据款

对于商业承兑汇票,借记"应付票据""财务费用"（带息汇票尚未计提的利息）,按票据到期值贷记"应付账款"。对于银行承兑汇票,借记"应付票据""财务费用"（带息汇票尚未计提的利息）,按票据到期值贷记"短期借款",银行要求企业支付的罚息计入财务费用。

【例 9-1】 甲公司 1 月 1 日购入原材料一批,材料已验收入库,收到增值税专用发票注明的价款为 100 000 元,增值税 13 000 元,甲公司签发一张不带息商业汇票,付款期限 3 个月。

（1）1 月 1 日签付汇票。

借：原材料   100 000

　　应交税费——应交增值税（进项税额）   13 000

　　　贷：应付票据   113 000

（2）4 月 1 日到期支付票据款。

借：应付票据   113 000

　　　贷：银行存款   113 000

（3）假定为商业承兑汇票,4 月 1 日到期甲公司无力支付票据款。

借：应付票据   113 000

　　　　贷：应付账款　　　　　　　　　　　　　　　　　　　113 000

（4）假定为银行承兑汇票，4 月 1 日到期甲公司无力支付票据款。

借：应付票据　　　　　　　　　　　　　　　　　　　113 000

　　贷：短期借款　　　　　　　　　　　　　　　　　　113 000

9.2.3　应付账款

　　应付账款是企业因购买材料、商品或接受劳务供应等应在 1 年以内或一个营业周期内偿付的债务。

　　（1）赊购货物时，按货物采购成本借记"原材料""库存商品""在途物资"等账户，按可抵扣的增值税借记"应交税费——应交增值税（进项税额）"，按采购成本与增值税合计贷记"应付账款"。

　　（2）货物已验收入库，尚未收到结算单据，月末进行暂估处理，借记"原材料""库存商品"等账户，贷记"应付账款"，下月初用红字冲回。

　　（3）支付货款时，按应付账款余额借记"应付账款"，按能够享受的现金折扣贷记"财务费用"，按实际付款额贷记"银行存款"。

　　【例 9-2】　甲公司 1 月 1 日赊购原材料一批，材料已验收入库，取得增值税专用发票注明的价款为 100 000 元，增值税 13 000 元，双方约定的现金折扣为：2/10,1/20,N/30，现金折扣按价税合计计算。

　　（1）购入原材料。

借：原材料　　　　　　　　　　　　　　　　　　　100 000

　　应交税费——应交增值税（进项税额）　　　　　　13 000

　　　贷：应付账款　　　　　　　　　　　　　　　　113 000

　　（2）假定甲公司第 10 天付款。

借：应付账款　　　　　　　　　　　　　　　　　　113 000

　　贷：财务费用　　　　　　　　　　　　　　　　　　2 260

　　　银行存款　　　　　　　　　　　　　　　　　110 740

　　（3）假定甲公司第 20 天付款。

借：应付账款　　　　　　　　　　　　　　　　　　113 000

　　贷：财务费用　　　　　　　　　　　　　　　　　　1 130

　　　银行存款　　　　　　　　　　　　　　　　　111 870

　　（4）假定甲公司第 30 天付款。

借：应付账款　　　　　　　　　　　　　　　　　　113 000

　　贷：银行存款　　　　　　　　　　　　　　　　　113 000

9.2.4　应付职工薪酬

1. 职工薪酬的概念与分类

　　职工薪酬是指企业为获得职工提供的服务或解除劳动关系而给予的各种形式的报酬

或补偿。

企业提供给职工配偶、子女、受赡养人、已故员工遗属及其他受益人等的福利,也属于职工薪酬。

职工薪酬中的"职工"包括与企业订立正式劳动合同的所有人员(含全职、兼职和临时职工),以及企业正式任命的人员(如董事会、监事会和内部审计委员会成员等)。未与企业订立劳动合同或未由其正式任命,但向企业所提供服务与职工所提供服务类似的人员,也属于职工的范畴,包括通过企业与劳务中介公司签订用工合同而向企业提供服务的人员。

职工薪酬包括短期薪酬、离职后福利、辞退福利和其他长期职工福利。

1) 短期薪酬

短期薪酬是指企业在职工提供相关服务的年度报告期间结束后 12 个月内需要全部予以支付的职工薪酬,因解除与职工的劳动关系给予的补偿除外。短期薪酬具体包括:职工工资、奖金、津贴和补贴,职工福利费,医疗保险费、工伤保险费和生育保险费等社会保险费,住房公积金,工会经费和职工教育经费,短期带薪缺勤,短期利润分享计划,非货币性福利以及其他短期薪酬。

需要注意的是,企业为职工缴纳的基本养老保险费、基本医疗保险费、工伤保险费、失业保险费、生育保险费和住房公积金(简称"五险一金")中,医疗保险费、工伤保险费、生育保险费和住房公积金属于短期薪酬,而基本养老保险、失业保险则属于离职后福利。

2) 离职后福利

离职后福利是指企业为获得职工提供的服务而在职工退休或与企业解除劳动关系后,提供的各种形式的报酬和福利,短期薪酬和辞退福利除外。

3) 辞退福利

辞退福利是指企业在职工劳动合同到期之前解除与职工的劳动关系,或者为鼓励职工自愿接受裁减而给予职工的补偿。

4) 其他长期职工福利

其他长期职工福利是指除短期薪酬、离职后福利、辞退福利之外所有的职工薪酬,包括长期带薪缺勤、长期残疾福利、长期利润分享计划等。

2. 短期薪酬

1) 工资

企业应设置"应付职工薪酬——工资"账户,核算工资的分配与结算。

企业向职工支付的工资,应在职工为企业提供服务的会计期间内确认负债,并按照职工提供服务的受益对象计入当期费用或资产成本。分配工资时,按生产人员应付工资借记"生产成本",按车间管理人员应付工资借记"制造费用",按销售人员应付工资借记"销售费用",按在建工程人员应付工资借记"在建工程",按自行研发无形资产人员应付工资借记"研发支出",按行政管理人员及其他人员应付工资借记"管理费用",按工资总额贷记"应付职工薪酬——工资"。

工资结算包括工资的计算与发放。企业发放工资时,会从应付工资中代扣代缴一些款项,如由职工个人负担的社保费、住房公积金、个人所得税等,应付工资减去代扣款项即为实发工资。企业可以编制工资结算汇总表,按照职工类别分别反映其应付工资、代扣款项及实发工资。发放工资时,按照实发工资借记"应付职工薪酬——工资",贷记"银行存款"或"库存现金"。企业代扣职工个人负担的社保费和住房公积金时,借记"应付职工薪酬——工资",贷记"其他应付款"。企业代扣职工个人所得税时,借记"应付职工薪酬——工资",贷记"应交税费——代扣代缴个人所得税"。

2) 职工福利

企业应设置"应付职工薪酬——职工福利"账户,核算职工福利的分配与支出。

企业负担的职工福利,应在职工为企业提供服务的会计期间内确认负债,并按照职工提供服务的受益对象计入当期费用或资产成本。分配职工福利时,按生产人员职工福利借记"生产成本",按车间管理人员职工福利借记"制造费用",按销售人员职工福利借记"销售费用",按在建工程人员职工福利借记"在建工程",按自行研发无形资产人员职工福利借记"研发支出",按行政管理人员及其他人员职工福利借记"管理费用",按职工福利总额贷记"应付职工薪酬——职工福利"。

企业支出福利费时,借记"应付职工薪酬——职工福利",贷记"银行存款"等账户。

3) 医疗险、工伤险和生育险

企业应分别设置"应付职工薪酬——基本医疗保险费""应付职工薪酬——工伤保险费""应付职工薪酬——生育保险费",分别用于核算企业为职工负担的基本医疗保险费、工伤保险费和生育保险费。

企业负担的医疗保险费、工伤保险费和生育保险费,应在职工为企业提供服务的会计期间内确认负债,并按照职工提供服务的受益对象计入当期费用或资产成本。按负担的生产人员的基本医疗保险费、工伤保险费和生育保险费借记"生产成本",按负担的车间管理人员基本医疗保险费、工伤保险费和生育保险费借记"制造费用",按负担的销售人员基本医疗保险费、工伤保险费和生育保险费借记"销售费用",按负担的在建工程人员基本医疗保险费、工伤保险费和生育保险费借记"在建工程",按负担的自行研发无形资产人员基本医疗保险费、工伤保险费和生育保险费借记"研发支出",按负担的行政管理人员及其他人员基本医疗保险费、工伤保险费和生育保险费借记"管理费用",分别按负担的基本医疗保险费、工伤保险费和生育保险费各自总额贷记"应付职工薪酬——基本医疗保险费""应付职工薪酬——工伤保险费""应付职工薪酬——生育保险费"。

企业缴纳企业负担的医疗保险费、工伤保险费和生育保险费时,分别借记"应付职工薪酬——基本医疗保险费""应付职工薪酬——工伤保险费""应付职工薪酬——生育保险费",贷记"银行存款"账户。

需要注意的是,基本养老保险、失业保险属于离职后福利,应当通过"应付职工薪酬——设定提存计划义务(基本养老保险费)""应付职工薪酬——设定提存计划义务(失业保险费)"账户核算。

4) 住房公积金

企业应设置"应付职工薪酬——住房公积金"用于核算企业为职工负担的住房公积金。

企业负担的住房公积金,根据职工工资的一定比例计算,应在职工为企业提供服务的会计期间内确认负债,并按照职工提供服务的受益对象计入当期费用或资产成本。按负担的生产人员的住房公积金借记"生产成本",按负担的车间管理人员住房公积金借记"制造费用",按负担的销售人员住房公积金借记"销售费用",按负担的在建工程人员住房公积金借记"在建工程",按负担的自行研发无形资产人员住房公积金借记"研发支出",按负担的行政管理人员及其他人员住房公积金借记"管理费用",按负担的住房公积金总额贷记"应付职工薪酬——住房公积金"。

企业缴纳企业负担的住房公积金时,借记"应付职工薪酬——住房公积金",贷记"银行存款"账户。

【例 9-3】 甲公司某月职工薪酬资料如下。

(1) 工资总额为 500 万元,其中生产工人 100 万元,生产管理人员 20 万元,销售人员 180 万元,管理人员 200 万元。

(2) 由企业负担的基本养老保险费 100 万元(其中生产工人 20 万元、生产管理人员 4 万元、销售人员 36 万元、管理人员 40 万元)、基本医疗保险费 50 万元(其中生产工人 10 万元、生产管理人员 2 万元、销售人员 18 万元、管理人员 20 万元)、失业保险费 5 万元(其中生产工人 1 万元、生产管理人员 0.2 万元、销售人员 1.8 万元、管理人员 2 万元)、工伤保险费 2.5 万元(其中生产工人 0.5 万元、生产管理人员 0.1 万元、销售人员 0.9 万元、管理人员 1 万元),生育保险费 5 万元(其中生产工人 1 万元、生产管理人员 0.2 万元、销售人员 1.8 万元、管理人员 2 万元)。

(3) 由企业负担的住房公积金 50 万元(其中生产工人 10 万元、生产管理人员 2 万元、销售人员 18 万元、管理人员 20 万元)。

(4) 由企业代扣代缴职工个人负担的基本养老保险费、基本医疗保险费、失业保险费等共计 55 万元(其中生产工人 11 万元、生产管理人员 2.2 万元、销售人员 19.8 万元、管理人员 22 万元)。

(5) 由企业代扣代缴职工个人负担的住房公积金 50 万元(其中生产工人 10 万元、生产管理人员 2 万元、销售人员 18 万元、管理人员 20 万元)。

(6) 由企业代扣代缴的个人所得税共计 25 万元。

(7) 以银行存款向有关机构缴纳社保费(含企业和个人负担部分)217.5 万元、住房公积金(含企业和个人负担部分)100 万元、个税 25 万元。

(8) 以银行存款发放当月工资。

根据上述资料,相关会计处理如下。

(1) 确认职工薪酬。

```
借:生产成本                                              1 425 000
    制造费用                                                285 000
    销售费用                                              2 565 000
    管理费用                                              2 850 000
    贷:应付职工薪酬——工资                                        5 000 000
              ——设定提存计划义务(基本养老保险费)           1 000 000
                             (失业保险费)                      50 000
          ——基本医疗保险费                                     500 000
```

——工伤保险费	25 000
——生育保险费	50 000
——住房公积金	500 000

（2）代扣职工负担的社保费、住房公积金、个税。

借：应付职工薪酬——工资 　 1 300 000

　　贷：其他应付款 　 1 050 000

　　　　应交税费——代扣代缴个人所得税 　 250 000

（3）缴纳社保费、住房公积金、个税。

借：应付职工薪酬——设定提存计划义务（基本养老保险费）1 000 000

　　　　　　　　——设定提存计划义务（失业保险费） 　 50 000

　　　　　　　　——基本医疗保险费 　 500 000

　　　　　　　　——工伤保险费 　 25 000

　　　　　　　　——生育保险费 　 50 000

　　　　　　　　——住房公积金 　 500 000

　　其他应付款 　 1 050 000

　　应交税费——代扣代缴个人所得税 　 250 000

　　贷：银行存款 　 3 425 000

（4）发放工资。

借：应付职工薪酬——工资 　 3 700 000

　　贷：银行存款 　 3 700 000

5）工会经费

工会经费是按照国家有关规定由企业负担的用于企业工会活动的经费。企业应设置"应付职工薪酬——工会经费"账户，核算企业负担的工会经费。

企业负担的工会经费，根据职工工资的一定比例计算，应在职工为企业提供服务的会计期间内确认负债，并按照职工提供服务的受益对象计入当期费用或资产成本。按负担的生产人员的工会经费借记"生产成本"，按负担的车间管理人员工会经费借记"制造费用"，按负担的销售人员工会经费借记"销售费用"，按负担的在建工程人员工会经费借记"在建工程"，按负担的自行研发无形资产人员工会经费借记"研发支出"，按负担的行政管理人员及其他人员工会经费借记"管理费用"，按负担的工会经费总额贷记"应付职工薪酬——工会经费"。

企业向工会划拨工会经费时，借记"应付职工薪酬——工会经费"，贷记"银行存款"账户。

6）职工教育经费

职工教育经费是按照国家有关规定由企业负担的用于企业职工教育培训有关的经费。企业应设置"应付职工薪酬——职工教育经费"账户，核算企业负担的职工教育经费。职工教育经费应当据实列支。

企业实际发生的职工教育经费，应在职工为企业提供服务的会计期间内确认负债，并按照职工提供服务的受益对象计入当期费用或资产成本。按负担的生产人员的职工教育经费借记"生产成本",按负担的车间管理人员职工教育经费借记"制造费用",按负担的销售人员职工教育经费借记"销售费用",按负担的在建工程人员职工教育经费借记"在建工程",按负担的自行研发无形资产人员职工教育经费借记"研发支出",按负担的行政管理人员及其他人员职工教育经费借记"管理费用",按负担的职工教育经费总额贷记"应付职工薪酬——工会经费"。

企业实际支出职工教育经费时,借记"应付职工薪酬——职工教育经费",贷记"银行存款"等账户。

7) 带薪缺勤

带薪缺勤分为累积带薪缺勤和非累积带薪缺勤。

(1) 累积带薪缺勤。累积带薪缺勤是指带薪缺勤权利可以结转下期的带薪缺勤,本期尚未用完的带薪缺勤权利可以在未来期间使用。例如,企业每年为职工提供 10 天带薪年假,如果本年没进行年休,则该权利可以结转到下一年,这就属于累积带薪确认,如果该权利不能结转到以后年度,就属于非累积带薪确认。

企业应当在职工提供了服务从而增加了其未来享有的带薪缺勤权利时,确认与累积带薪缺勤相关的职工薪酬,并以累积未行使权利而增加的预期支付金额计量,计入当期费用或资产成本,借记"生产成本""制造费用""销售费用""管理费用""在建工程""研发支出"等账户,贷记"应付职工薪酬——累积带薪缺勤"。

如果职工在离开企业时,对未行使的权利有权获得现金支付的,企业应当确认必须支付的、职工全部累积未使用权利的金额。如果职工在离开企业时不能获得现金支付,企业应当根据资产负债表日因累积未使用权利而导致的预期支付的追加金额,作为累积带薪缺勤费用进行预计。

职工在未来期间实际享受前期未使用的带薪缺勤权利时,由于在未来期间并未提供服务,应在未来期间冲减当期成本费用,借记"应付职工薪酬——累积带薪缺勤",贷记"生产成本""制造费用""销售费用""管理费用""在建工程""研发支出"等账户。

(2) 非累积带薪缺勤。非累积带薪缺勤是指带薪缺勤权利不能结转下期的带薪缺勤,本期尚未用完的带薪缺勤权利将予以取消,并且职工离开企业时也无权获得现金支付。例如,病假、婚假、丧假、探亲假一般都属于非累积带薪缺勤。

由于职工提供服务本身不能增加其能够享有的福利金额,企业在职工未缺勤时不应当计提相关费用和负债。所以,企业应当在职工实际发生缺勤的会计期间确认与非累积带薪缺勤相关的职工薪酬。通常,与非累积带薪缺勤相关的职工薪酬已包含在正常的职工薪酬中,不必额外进行处理。

【例 9-4】 甲公司有 1 000 名职工,从 2020 年 1 月 1 日起,该公司实行累积带薪缺勤制度。该制度规定:每个职工每年可享受 5 个工作日的带薪年休假,未使用的年休假只能向后结转一个日历年度,超过 1 年未使用的权利作废;职工休年休假时,首先使用当年可享受的权利,不足部分再从上年结转的带薪年休假中扣除;职工离开公司时,对未使用的累积带薪年休假无权获得现金支付。

2020 年 12 月 31 日,每个职工当年平均未使用带薪休假为 2 天。公司预计 2021 年有 950 名职工将享受不超过 5 天的带薪年休假,剩余 50 名全部为总部管理人员,每人将平均享受 6 天半年休假,这 50 名管理人员平均日工资为 300 元。

公司在 2020 年 12 月 31 日应预计职工当年享有但尚未使用的、预期将在下一年度使用的累积带薪缺勤,并计入当期损益或相关资产成本。由于职工累积未使用的带薪年休假权利而导致预期将支付的工资负债为 50×1.5×300＝22 500(元),会计分录如下:

借:管理费用　　　　　　　　　　　　　　　　　22 500
　　贷:应付职工薪酬——累积带薪缺勤　　　　　　　　　22 500

假定 2021 年有 30 名职工享受了累积未使用的带薪年休假,应相应冲减 2021 年费用,分录如下:

借:应付职工薪酬——累积带薪缺勤　　　　　　　13 500
　　贷:管理费用　　　　　　　　　　　　　　　　　　13 500

假定公司预计 2021 年有 970 名职工将享受不超过 5 天的带薪年休假,剩余 30 名全部为总部管理人员,每人将平均享受 6 天半年休假,该公司平均每名职工每个工作日工资为 300 元。由于职工累积未使用的带薪年休假权利而导致预期将支付的工资负债为 30×1.5×300＝13 500(元),"应付职工薪酬——累积带薪缺勤"余额为 9 000 元,需要进一步确认职工薪酬负债 4 500 元,分录如下。

借:应付职工薪酬——累积带薪缺勤　　　　　　　4 500
　　贷:管理费用　　　　　　　　　　　　　　　　　　4 500

8) 利润分享计划

利润分享计划,是指因职工提供服务而与职工达成的基于利润或其他经营成果提供薪酬的协议。利润分享计划符合确认条件的,应当确认相关的应付职工薪酬,并按照职工提供服务的受益对象计入当期费用或者相关资产成本。

企业确认职工利润分享计划薪酬时,借记"生产成本""制造费用""销售费用""管理费用""在建工程""研发支出"等账户,贷记"应付职工薪酬——利润分享计划"。实际发放利润分享计划薪酬时,借记"应付职工薪酬——利润分享计划",贷记"银行存款"等账户。

【例 9-5】 甲公司实施一项利润分享计划,将公司 2020 年净利润按一定比例支付给在 2020 年 1 月 1 日至 2021 年 12 月 31 日为公司提供服务的职工,并于 2021 年 12 月 31 日支付。2020 年甲公司实现净利润 2 000 万元。如果公司在 2020 年 1 月 1 日至 2021 年 12 月 31 日期间没有职工离职,支付比例为 5%。2020 年 12 月 31 日,公司估计职工离职将使支付比例降至 3%,其中,直接参加生产的职工享有 1%,总部管理人员享有 2%。2021 年 12 月 31 日,公司的职工离职使其实际支付比例为 4%,其中,直接参加生产的职工享有 2%,总部管理人员享有 2%。

(1) 2020 年 12 月 31 日。

由于业绩是基于职工在 2020 年 1 月 1 日至 2021 年 12 月 31 日期间为企业提供的服务,所以甲公司在 2020 年 12 月 31 日应按照支付总额的 50% 确认负债和成本费用,其中计入生产成本的金额为 20 000 000×1%×50%＝100 000(元),计入管理费用的金额为 20 000 000×50%×2%＝200 000(元)。

借:生产成本　　　　　　　　　　　　　　　　　100 000
　　管理费用　　　　　　　　　　　　　　　　　　200 000

　　贷：应付职工薪酬——利润分享计划　　　　　　　　　　300 000

（2）2021 年 12 月 31 日。

确认剩余的利润分享金额,同时针对估计金额与实际支付金额之间的差额作出调整,金额为 $20\ 000\ 000 \times 3\% \times 50\% + 20\ 000\ 000 \times (4\% - 3\%) = 500\ 000$（元）,或者 $20\ 000\ 000 \times 4\% - 300\ 000 = 500\ 000$ 元,其中计入生产成本的利润分享计划金额为 $20\ 000\ 000 \times 2\% - 100\ 000 = 300\ 000$（元）,计入管理费用的利润分享计划金额 $20\ 000\ 000 \times 2\% - 200\ 000 = 200\ 000$（元）。

　　借：生产成本　　　　　　　　　　　　　　　　　　　300 000
　　　　管理费用　　　　　　　　　　　　　　　　　　　200 000
　　　　贷：应付职工薪酬——利润分享计划　　　　　　　　 500 000

支付利润分享计划金额：

　　借：应付职工薪酬——利润分享计划　　　　　　　　　　800 000
　　　　贷：银行存款　　　　　　　　　　　　　　　　　　 800 000

9）非货币性福利

非货币性福利,是指企业以非货币性资产支付给职工的福利,包括企业以自制产品、外购商品等有形资产作为福利发放给职工,无偿将企业自有资产提供给职工使用,以及为职工无偿提供租房、医疗保健服务等。

企业应设置"应付职工薪酬——非货币性福利"账户,核算企业为职工提供的各种非货币性福利。企业向职工提供非货币性福利的,应当确认相关的应付职工薪酬,并按照职工提供服务的受益对象计入当期费用或者相关资产成本。常见非货币性福利的会计处理见表 9-4。

表 9-4　常见非货币性福利的会计处理

	发　放　时	确认成本费用时
自制产品发放职工	借：应付职工薪酬——非货币性福利 　　贷：主营业务收入 　　　　应交税费——应交增值税（销项税额） 借：主营业务成本 　　贷：库存商品	借：生产成本 　　制造费用 　　管理费用 　　销售费用 　　在建工程 　　研发支出 　　贷：应付职工薪酬——非货币性福利
外购商品发放职工	发放时	
	借：应付职工薪酬——非货币性福利 贷：库存商品 　　应交税费——应交增值税（进项税额转出）	
将自有房屋无偿提供给职工个人使用	计提折旧时	
	借：应付职工薪酬——非货币性福利 　　贷：累计折旧	
租赁房屋无偿提供给职工个人使用、无偿提供医疗服务	支付款项时	
	借：应付职工薪酬——非货币性福利 　　贷：银行存款	

续表

向职工提供企业支付了补贴的商品或服务	应当将此类商品或服务的公允价值与其内部销售价格之间的差额分以下情况处理。 （1）如果合同或协议中规定了职工在获得资产或服务后至少应当提供服务的年限且如果职工提前离开则应退回部分差价，企业应当将该项差额作为长期待摊费用处理，并在合同或协议规定的服务年限内平均摊销，根据受益对象分别计入相关资产成本或当期损益。 （2）如果合同或协议中未规定职工在获得资产或服务后必须服务的年限，企业应当将该项差额直接计入出售资产当期相关资产成本或当期损益

【**例 9-6**】　甲公司为一家生产笔记本电脑的企业，共有职工 200 名，当年 2 月，公司以其生产的成本为 10 000 元的高级笔记本电脑和外购的每部不含税价格为 1 000 元的手机作为春节福利发放给公司每名职工。该型号笔记本电脑售价为每台 14 000 元，增值税税率为 13%；甲公司以银行存款支付了购买手机的价款和增值税进项税额，已取得增值税专用发票，增值税税率 13%。200 名职中工有 170 名为生产工人，30 名为管理人员。

（1）自制笔记本电脑用于非货币性福利的会计处理。

笔记本电脑总售价＝14 000×200＝2 800 000（元）

笔记本电脑销项税额＝2 800 000×13%＝364 000（元）

笔记本电脑价税合计＝3 164 000（元），其中计入生产成本的金额为 3 164 000/200×170＝2 689 400（元），计入管理费用的金额为 3 164 000/200×30＝474 600（元）。

实际发放时：

借：应付职工薪酬——非货币性福利　　　　　　3 164 000

　　贷：主营业务收入　　　　　　　　　　　　　　2 800 000

　　　　应交税费——应交增值税（销项税额）　　　　364 000

借：主营业务成本　　　　　　　　　　　　　　2 000 000

　　贷：库存商品　　　　　　　　　　　　　　　　2 000 000

确认成本费用时：

借：生产成本　　　　　　　　　　　　　　　　2 689 400

　　管理费用　　　　　　　　　　　　　　　　　474 600

　　贷：应付职工薪酬——非货币性福利　　　　　　3 164 000

（2）外购手机用于非货币性福利的会计处理。

计入生产成本的金额＝1 000×(1+13%)×170＝192 100（元）

计入管理费用的金额＝1 000×(1+13%)×30＝33 900（元）

非货币性福利总金额＝192 100＋33 900＝226 000（元）

购买手机并发放时：

借：库存商品　　　　　　　　　　　　　　　　200 000

　　应交税费——应交增值税（进项税额）　　　　26 000

　　贷：银行存款　　　　　　　　　　　　　　　　226 000

借：应付职工薪酬——非货币性福利　　　　　　226 000
　　贷：库存商品　　　　　　　　　　　　　　　　　200 000
　　　　应交税费——应交增值税（进项税额转出）　　26 000
确认成本费用时：
借：生产成本　　　　　　　　　　　　　　　　192 100
　　管理费用　　　　　　　　　　　　　　　　　33 900
　　贷：应付职工薪酬——非货币性福利　　　　　226 000

【例 9-7】　甲公司为生产工人提供自建单位宿舍免费使用，同时为总裁租赁一套高档住房。生产工人共 100 名，每人提供一间单位宿舍免费使用，每间宿舍每月计提折旧 1 000 元。每月支付总裁高档住房租金 10 000 元。

（1）自有宿舍供职工无偿使用。

计提折旧时：

借：应付职工薪酬——非货币性福利——宿舍　　100 000
　　贷：累计折旧　　　　　　　　　　　　　　　100 000

确认费用时：

借：生产成本　　　　　　　　　　　　　　　　100 000
　　贷：应付职工薪酬——非货币性福利　　　　　100 000

（2）为总裁租赁住房。

支付租金时：

借：应付职工薪酬——非货币性福利　　　　　　10 000
　　贷：银行存款　　　　　　　　　　　　　　　　10 000

确认费用时：

借：管理费用　　　　　　　　　　　　　　　　10 000
　　贷：应付职工薪酬——非货币性福利　　　　　　10 000

【例 9-8】　甲公司以每套 3 000 000 元的价格购买了 10 套商品房，以每套 1 000 000 元的优惠价格分别向 10 名高管出售，高管取得公寓后必须为公司服务 10 年。

（1）向高管出售商品房。

借：银行存款　　　　　　　　　　　　　　10 000 000
　　长期待摊费用　　　　　　　　　　　　20 000 000
　　贷：固定资产　　　　　　　　　　　　　　30 000 000

（2）在服务期限内摊销。

借：管理费用　　　　　　　　　　　　　　2 000 000
　　贷：应付职工薪酬——非货币性福利　　　　2 000 000

借：应付职工薪酬——非货币性福利　　　　2 000 000
　　贷：长期待摊费用　　　　　　　　　　　　2 000 000

3. 离职后福利

离职后福利，是指企业为获得职工提供的服务而在职工退休或与企业解除劳动关系后,提供的各种形式的报酬和福利,短期薪酬和辞退福利除外。

离职后福利计划,是指企业与职工就离职后福利达成的协议,或企业为向职工提供离职后福利制定的规章、办法等。离职后福利计划分为两种类型:设定提存计划和设定受益计划。

1) 设定提存计划

设定提存计划,是指向独立的基金缴存固定费用后,企业不再承担进一步支付义务的离职后福利计划,如基本养老保险、失业保险等。

在设定提存计划下,企业的法定义务是以企业同意向基金的缴存额为限,职工所取得的离职后福利金额取决于向离职后福利计划或保险公司支付的提存金额,以及提存金所产生的投资回报,从而精算风险(福利将少于预期)和投资风险(投资的资产将不足以支付预期的福利)由职工承担。

企业应当在资产负债表日确认为换取职工在会计期间内为企业提供的服务而应付给设定提存计划的提存金,并计入当期损益或相关资产成本,借记“生产成本”“制造费用”“销售费用”“管理费用”“在建工程”“无形资产”等账户,贷记“应付职工薪酬——设定提存计划”。实际缴存时,借记“应付职工薪酬——设定提存计划义务”,贷记“银行存款”。

2) 设定受益计划

设定受益计划是指除设定提存计划以外的离职后福利计划。在设定受益计划下,企业的义务是为现在及以前的职工提供约定的福利,并且精算风险和投资风险实质上由企业来承担。

企业如果存在一项或多项设定受益计划的,对于每一项设定受益计划应当分别进行会计处理。

设定受益计划的核算包括以下四个步骤。

(1) 确定设定受益计划义务现值和当期服务成本。企业应当根据预期累计福利单位法,采用无偏且相一致的精算假设对有关人口统计变量(如职工离职率、死亡率、伤残率、提前退休率等)和财务变量(如福利水平、未来薪金、医疗费用的增加等)等作出估计,计量设定受益计划所产生的义务,并确定相关义务的归属期间。根据资产负债表日与设定受益计划义务期限和币种相匹配的国债或活跃市场上的高质量公司债券的市场收益率确定折现率,将设定受益计划所产生的义务予以折现,以确定设定受益计划义务的现值和当期服务成本。

(2) 确定设定受益计划净负债或净资产。

(3) 确定应当计入当期损益的金额。报告期末,企业应当在损益中确认的设定受益计划产生的职工薪酬成本包括:服务成本和设定受益净负债或净资产的利息净额。服务成本包括当期服务成本、过去服务成本和结算利得或损失。

(4) 确定应当计入其他综合收益的金额。其包括精算利得或损失,计划资产回报扣除包括在设定受益净负债或净资产的利息净额中的金额,资产上限影响的变动扣除包括在设定受益计划净负债或净资产的利息净额中的金额。精算利得或损失,是由于精算假设和经验调整导致之前所计量的设定受益计划义务现值的增加或者减少。企业未能预计的过高或过低的职工离职率、提前退休率、死亡率、过高或过低的薪酬、福利的增长以及折现率变化等因素,将导致设定受益计划产生精算利得和损失。

【例 9-9】 甲公司在 2020 年 1 月 1 日设立一项设定受益计划,并于当日开始实施,具体规定如下。

甲公司向所有在职管理人员提供统筹外补充退休金,这些职工在退休后每年可以额外获得 10 万元退休金,直至去世。职工获得该额外退休金基于自该计划开始日期为公司提供的服务,而且应当自该设定受益计划开始日期起一直为公司服务至退休。简化起见,假定符合计划的管理人员为 10 人,当前平均年龄为 40 岁,退休年龄为 60 岁,还可以为公司服务 20 年。假定在退休前无人离职,退休后平均剩余寿命为 20 年。适用的折现率为 8%,假定不考虑未来通货膨胀等其他因素。

(1) 当期服务成本和利息。

该设定受益计划义务在退休时点的现值 $= 100\,000 \times 10 \times (P/A, 8\%, 20) = 9\,818\,147$ (元),各年福利归属 $= 9\,818\,147 \div 20 = 490\,907$(元),当期服务成本、利息和期末义务的计算如表 9-5 所示(保留整数)。

表 9-5 当期服务成本、利息和期末义务的计算　　　　　　　　　　元

服 务 年 份	2020 年	2021 年	...	2038 年	2039 年
福利归属——以前年度	0	490 907		8 836 326	9 327 233
福利归属——当年	490 907	490 907		490 907	490 914[*]
福利归属——以前年度和当年	490 907	981 814		9 327 233	9 818 147[*]
期初义务	0	113 749		7 575 725	8 636 327
利息	0	9 100		606 058	690 906
当期服务成本	$490\,907/1.08^{19}$ $=113\,749$	$490\,907/1.08^{18}$ $=122\,849$		$490\,907/1.08$ $=454\,544$	490 914[*]
期末义务	113 749	245 698		8 636 327	9 818 147[*]

注:* 表示尾数调整。

① 2020 年。

借:管理费用　　　　　　　　　　　　　　　　113 749

　　贷:应付职工薪酬——设定受益计划义务　　　　113 749

② 2021 年。

借:管理费用　　　　　　　　　　　　　　　　122 849

　　贷:应付职工薪酬——设定受益计划义务　　　　122 849

借:财务费用　　　　　　　　　　　　　　　　9 100

　　贷:应付职工薪酬——设定受益计划义务　　　　9 100

以后各年以此类推。

(2) 精算利得或损失。

假设 2021 年末,甲公司进行精算重估时发现折现率已经由 8% 变为 6%,不考虑其他

因素，2021 年末按 6% 重新计量的设定受益计划义务现值＝100 000×10×$(P/A,6\%,20)÷20×(P/F,6\%,18)×2＝401 842$（元），较之前 245 698 元增加 156 144 元，会计处理如下。

借：其他综合收益　　　　　　　　　　　　156 144

　　贷：应付职工薪酬——设定受益计划义务　　　156 144

（3）结算设定受益计划义务。

结算是未在计划条款中规定的福利的支付，并未纳入精算假设中，因此，企业如果结算了设定受益计划，应确认一项利得或损失并计入当期损益，即营业外收入或营业外支出。假定甲公司 2021 年因经营困难需要重组，重组日的该项设定受益计划义务总现值为 245 698 元，一次性支付给职工补贴 200 000 元，则结算利得为 45 698 元，应当计入结算当期营业外收入，会计处理如下。

借：应付职工薪酬——设定受益计划义务　　　245 698

　　贷：银行存款　　　　　　　　　　　　　　200 000

　　　　营业外收入　　　　　　　　　　　　　 45 698

4．辞退福利

辞退福利，是指企业在职工劳动合同到期之前解除与职工的劳动关系，或者为鼓励职工自愿接受裁减而给予职工的补偿。

企业应当按照辞退计划条款的规定，合理预计并确认辞退福利产生的应付职工薪酬，同时计入当期损益，即管理费用。对于辞退福利预期在年度报告期间期末后 12 个月内不能完全支付的，企业应当选择恰当的折现率，以折现后的金额计量计入当期损益的辞退福利金额。

对于企业实施的职工内部退休计划，由于这部分职工不再为企业带来经济利益，企业应当比照辞退福利处理。在内退计划符合确认条件时，按照内退计划规定，将自职工停止提供服务日至正常退休日期间、企业拟支付的内退人员工资和缴纳的社会保险费等，确认为预计负债，一次性计入当期管理费用，不能在职工内退后各期分期确认因支付内退职工工资和为其缴纳社会保险费而产生的义务。

【例 9-10】　甲公司为了能够顺利实施转产，2020 年 10 月制订了一项辞退计划，规定自 2021 年 1 月 1 日起，企业将以职工自愿方式辞退部分职工，并与职工沟通达成一致意见，辞退计划已于 2020 年 12 月 20 日经董事会批准，将于下年度内实施完毕。2020 年末，甲公司辞退人员最佳估计数及补偿金额如下：车间主任 10 人，每人补偿 10 万元；高级技工 20 人，每人补偿 8 万元；一般技工 50 人，每人补偿 5 万元。估计的补偿金额合计 510 万元。2020 年末，甲公司会计处理如下。

借：管理费用　　　　　　　　　　　　　　5 100 000

　　贷：应付职工薪酬——辞退福利　　　　　　5 100 000

5．其他长期职工福利

其他长期职工福利，是指除短期薪酬、离职后福利和辞退福利以外的其他所有职工福利,包括长期带薪缺勤、其他长期服务福利、长期残疾福利、长期利润分享计划、长期奖金计划以及递延劳酬等。

其他长期职工福利符合设定提存计划条件的,应当按照设定提存计划的有关规定进行会计处理。符合设定受益计划条件的,应当按照设定受益计划的有关规定进行会计处理,重新计量其他长期职工福利所产生的变动直接计入当期损益或资产成本。

6. 以现金结算的股份支付

股份支付,是指企业为获取职工和其他方提供服务而授予权益工具或者承担以权益工具为基础确定的负债的交易。股份支付分为以权益结算的股份支付和以现金结算的股份支付。与上述职工薪酬不同,股份支付相关的职工薪酬由《企业会计准则第 11 号——股份支付》予以规范。在此介绍以现金结算的股份支付,以权益结算的股份支付会计处理见第 10 章。

以现金结算的股份支付,是指企业为获取服务而承担的以股份或其他权益工具为基础计算的交付现金或其他资产的义务的交易,常用工具包括现金股票增值权和模拟股票。

对于授予后立即可行权的现金结算的股份支付,企业应当在授予日按照企业承担负债的公允价值计入相关资产成本或费用,同时确认应付职工薪酬负债。在结算前的每个资产负债表日和结算日,应对应付职工薪酬的公允价值进行重新计量,并将公允价值变动计入当期损益(公允价值变动损益)。

对于有等待期的现金结算的股份支付,企业在授予日不进行会计处理,应当在等待期内的每个资产负债表日,以对可行权情况的最佳估计为基础,按照基于企业股份或其他权益工具的价值确定的企业应承担的负债的公允价值,将当期取得的服务计入相关资产成本或费用,同时确认负债(应付职工薪酬)。在结算前的每个资产负债表日和结算日,应对应付职工薪酬的公允价值进行重新计量,并将公允价值变动计入当期损益(公允价值变动损益)。

【例 9-11】 2021 年 1 月 1 日,甲公司授予 10 名高管每人 10 000 份现金股票增值期权,高管从 2021 年 1 月 1 日起连续为公司服务 3 年,即可按照行权时甲公司股价的增长幅度获得现金,该增值权必须在 2024 年 12 月 31 日前行权。甲公司估计该增值权在结算之前的每个资产负债表日以及结算日的公允价值分别为:51 元(2021 年)、54 元(2022 年)、58 元(2023 年)、60 元(2024 年);估计的可行权后每份增值权现金支出分别为:55 元(2023 年)、60 元(2024 年)。2021 年,有 1 名高管离职,甲公司估计未来两年还将有 2 名高管离职;2022 年,又有 1 名高管离职,甲公司估计未来一年还将有 1 名高管离职;2023 年有 2 名高管离职。2023 年末,有 4 名高管行使股票增值权;2024 年末,剩余 2 名高管行使股票增值权。

甲公司有关会计处理如下。

(1) 2021 年末。

应确认管理费用 $= (10 - 1 - 2) \times 10\,000 \times 51 \times 1/3 = 1\,190\,000$(元)

借:管理费用　　　　　　　　　　　　　　　　1 190 000

　　贷:应付职工薪酬——股份支付　　　　　　　　　　1 190 000

（2）2022 年末。

应确认管理费用＝（10－1－1－1）×10 000×54×2/3－1 190 000＝1 330 000（元）

借：管理费用　　　　　　　　　　　　　　　1 330 000

　　贷：应付职工薪酬——股份支付　　　　　　　　　1 330 000

（3）2023 年末。

支付现金＝4×10 000×55＝2 200 000（元）

应确认管理费用＝（10－4－4）×10 000×58－1 190 000－1 330 000＋2 200 000

　　　　　　　＝840 000（元）

借：应付职工薪酬——股份支付　　　　　　　2 200 000

　　贷：银行存款　　　　　　　　　　　　　　　　2 200 000

借：管理费用　　　　　　　　　　　　　　　　840 000

　　贷：应付职工薪酬——股份支付　　　　　　　　　840 000

（4）2024 年末。

支付现金＝2×10 000×60＝1 200 000（元）

应确认公允价值变动损失＝（10－4－4）×10 000×（60－58）＝40 000（元）

借：应付职工薪酬——股份支付　　　　　　　1 200 000

　　贷：银行存款　　　　　　　　　　　　　　　　1 200 000

借：公允价值变动损益　　　　　　　　　　　　40 000

　　贷：应付职工薪酬——股份支付　　　　　　　　　40 000

9.2.5　其他应付款

其他应付款，是指除短期借款、应付票据、应付账款、应付职工薪酬、应交税费、应付利润、应付利息、预收账款等以外的偿付期限在 1 年以内的各种应付款项。例如，出租出借包装物收取的押金，从职工工资中代扣的应由职工负担的社保费、住房公积金，应付赔偿款、罚款、应付个人款项等。

初始确认应付款时，借记"银行存款"等账户，贷记"其他应付款"。偿付其他应付款时，借记"其他应付款"，贷记"银行存款"等账户。

9.2.6　预收账款

"预收账款"账户用于核算企业预收的款项，属于流动负债。预收款项不多的企业，可以不设置该账户，直接通过"应收账款"账户核算。编制资产负债表时，"应收账款"和"预收款项"所属明细账户的期末借方余额在"应收账款"项目列示，贷方余额在"预收款项"项目列示。

企业因转让商品或提供服务收到的预收款适用《企业会计准则第 14 号——收入》时，不再使用"预收账款"核算，而是通过"合同负债"核算。"合同负债"核算企业已收或应收客户对价而应向客户转让商品或服务的义务。

9.2.7　应交税费

企业应当设置"应交税费"账户，用于核算企业在生产经营过程中产生的应向国家缴纳的各种税费,如增值税、消费税、城市维护建设税、教育费附加、资源税、进口关税、出口关税、企业所得税、个人所得税、土地增值税、耕地占用税、城镇土地使用税、房产税、车船税、印花税、契税、车辆购置税、环境保护税等。企业在确认应交税费负债的同时,应确认计入当期的费用或资产成本,但增值税属于价外税,执行进销项抵扣的征税方式,不影响企业费用或资产成本,不得抵扣的增值税应计入资产成本。

需要说明的是,"应交税费——应交增值税""应交税费——未交增值税"期末余额如为借方,应当根据具体情况,在资产负债表"其他流动资产"或"其他非流动资产"项目列示。"应交税费——应交增值税""应交税费——未交增值税"期末为贷方的,应当在资产负债表的"应交税费"项目列示。例如,某企业 12 月末"应交增值税"科目期末留抵进项税额为借方 1 000 万元,预计明年销项税额为 800 万元,因为预计明年可抵扣 800 万元,所以将 800 万元列示为"其他流动资产",而将剩余的 200 万元列示为"其他非流动资产"。

9.3　非流动负债

非流动负债主要包括长期借款、长期应付款、应付债券、预计负债。长期应付款的核算参见本书第 4 章固定资产和第 5 章无形资产。

9.3.1　长期借款

长期借款,是企业向银行或其他金融机构借入的、偿还期在 1 年或超过 1 年的一个营业周期以上的负债。

企业应设置"长期借款"账户,并按照贷款单位和贷款种类,分别"本金""利息调整""应计利息"等进行明细核算。

长期借款按照付息方式分为分期付息和到期一次性付息。计提的分期付息的利息通过"应付利息"核算,计提的到期一次付息的利息通过"长期借款——应计利息"核算。

1. 借入长期借款

按实际收到的金额借记"银行存款",贷记"长期借款——本金";如果存在差额,借贷差额记"长期借款——利息调整"。当借款实际利率小于合同利率时,将产生溢价,差额贷记"长期借款——利息调整";当借款实际利率大于合同利率时,将产生折价,差额借记"长期借款——利息调整";当实际利率等于合同利率时,不存在溢折价,此时不涉及"长期借款——利息调整"账户。

2. 计提利息

在资产负债表日计提利息时,按长期借款期初摊余成本和实际利率计算的利息费用,费用化的利息借记"财务费用",符合资本化条件的利息借记"在建工程"等账户,按借款本金和合同利率计算应付利息,贷记"应付利息"或"长期借款——应计利息",借贷差额记"长期借款——利息调整"。

3. 还本付息

（1）分期付息的长期借款，每期支付利息时，借记"应付利息"，贷记"银行存款"。到期偿还本金时，借记"长期借款——本金"，贷记"银行存款"。

（2）到期还本付息的长期借款，到期还本付息时，借记"长期借款——本金""长期借款——应计利息"，贷记"银行存款"。

【例 9-12】　甲公司从银行取得 3 年期长期借款 5 000 000 元，用于经营周转，年利率 5%，单利计息，到期一次还本付息。

（1）取得借款时。

```
借：银行存款                              5 000 000
    贷：长期借款——本金                            5 000 000
```

（2）每年末计提利息时。

```
借：财务费用                               250 000
    贷：长期借款——应计利息                          250 000
```

（3）到期还本付息时。

```
借：长期借款——本金                         5 000 000
          ——应计利息                       750 000
    贷：银行存款                                5 750 000
```

9.3.2　应付债券

1. 债券的分类

发行债券是一种重要的直接融资方式，债券是依照法定程序发行的并约定在一定期限内还本付息的有价证券。企业应设置"应付债券"账户核算所发行的债券，并按各债券分"面值""利息调整""应计利息"进行明细核算。

（1）按偿还本金的方式，债券可分为一次还本债券和分期还本债券。

（2）按支付利息的方式，债券可分为分期付息债券和到期一次付息债券。

（3）按可否转换为发行企业的股票，债券可分为普通债券和可转换债券。

（4）按有无抵押担保，债券可分为信用债券和抵押债券。

（5）按是否记名，债券可分为记名债券和不记名债券。

2. 债券的发行价格

（1）债券的发行价格等于支付的债券本金（面值）及利息按市场利率折现的现值。在债券的面值、票面利率、偿还期限、还本付息方式一定的情况下，已知市场利率便可计算发行价格，已知发行价格便可计算市场利率。例如，债券面值 100 元、票面利率 5%、期限 3 年，按年付息、到期还本，假定市场利率为 5%，则发行价格＝$100×5\%×(P/A,5\%,3)+100×(P/F,5\%,3)=100$（元）。相反，如果已知发行价格为 100 元，则可计算市场利率为 5%。

（2）债券发行价格等于债券面值,称为平价发行。对于分期付息到期一次还本的债券而言,此时市场利率等于票面利率。对于到期一次还本付息的债券而言,此时市场利率低于票面利率。例如,债券面值 100 元、票面利率 5%、期限 3 年、按年付息、到期还本,假定市场利率为 5%,则发行价格$=100×5%×(P/A,5%,3)+100×(P/F,5%,3)=100$（元）,属于平价发行。如果改为到期一次还本付息,发行价格仍为 100 元,假定市场利率为 r,根据$(100×5%×3+100)×(P/F,r,3)=100$,也就是 $115÷(1+r)^3=100$,求解 $r=4.77%$,低于分期付息债券的市场利率 5%。

（3）债券发行价格高于债券面值,称为溢价发行。此时,市场利率低于票面利率,溢价是作为对发行企业将来多付利息的一种补偿。例如,债券面值 100 元、票面利率 5%、期限 3 年、按年付息、到期还本,假定市场利率为 4%,则发行价格$=100×5%×(P/A,4%,3)+100×(P/F,4%,3)=102.78$（元）,属于溢价发行,3 年实际支付利息 15 元,按市场利率计算的实际利息费用为 12.22 元,多付的利息 2.78 元即为债券溢价。

（4）债券发行价格低于债券面值,称为折价发行。对于分期付息到期一次还本的债券而言,此时市场利率高于票面利率,折价是作为对债券购买方将来少收利息的一种补偿。例如,债券面值 100 元、票面利率 5%、期限 3 年、按年付息、到期还本,假定市场利率为 6%,则发行价格$=100×5%×(P/A,6%,3)+100×(P/F,6%,3)=97.33$（元）,属于折价发行,3 年实际支付利息 15 元,按市场利率计算的实际利息费用为 17.67 元,少付的利息 2.67 元即为债券折价。

3. 交易费用、实际利率与摊余成本

（1）交易费用,是指可直接归属于发行债券新增的外部费用,包括支付给代理机构、咨询公司、券商等的手续费和佣金及其他必要支出,不包括债券溢价、折价、融资费用、内部管理成本及其他与交易不直接相关的费用。

按照《企业会计准则第 22 号——金融工具确认和计量》的规定,发行债券的交易费用应当计入债券的初始确认金额。

（2）企业应当采用实际利率法,按摊余成本对应付债券进行后续计量。实际利率,是指将应付债券在存续期间内的未来现金流量,折现为该应付债券当前账面价值所使用的利率。

（3）摊余成本是指应付债券的初始确认金额扣除已偿还的本金、加上或减去采用实际利率法将该初始确认金额与到期日金额之间的差额进行摊销形成的累计摊销额。摊余成本的实质是债券未来本息按实际利率折现的现值。

（4）由于交易费用计入应付债券初始确认金额,从而使得初始确认金额减少,因此,实际利率相对于不考虑交易费用的市场利率会更高。可以这样理解,利率是企业发行债券融资的成本,考虑到发行企业支付了交易费用,因而融资成本相对更高。

4. 债券的发行

企业发行债券时,按发行价格扣除交易费用的净额借记"银行存款",按债券的面值贷记"应付债券——面值",溢价发行时按借贷差额贷记"应付债券——利息调整",折价发行

时按借贷差额借记"应付债券——利息调整"。

【例 9-13】　2021 年 1 月 1 日,甲公司以 1 010 000 元的价格发行面值 1 000 000 元、票面利率 5%、3 年期的债券用于公司经营周转,每年末付息,到期一次还本。发行债券支付交易费用 10 000 元,直接从发行价款中扣除。

借：银行存款　　　　　　　　　　　　　　　　1 000 000
　　贷：应付债券——面值　　　　　　　　　　　　1 000 000

【例 9-14】　2021 年 1 月 1 日,甲公司以 1 060 000 元的价格发行面值 1 000 000 元、票面利率 5%、3 年期的债券用于公司经营周转,每年末付息,到期一次还本。发行债券支付交易费用 10 000 元,直接从发行价款中扣除。

借：银行存款　　　　　　　　　　　　　　　　1 050 000
　　贷：应付债券——面值　　　　　　　　　　　　1 000 000
　　　　　　　　——利息调整　　　　　　　　　　　50 000

【例 9-15】　2021 年 1 月 1 日,甲公司以 950 000 元的价格发行面值 1 000 000 元、票面利率 5%、3 年期的债券用于公司经营周转,每年末付息,到期一次还本。发行债券支付交易费用 10 000 元,直接从发行价款中扣除。

借：银行存款　　　　　　　　　　　　　　　　940 000
　　应付债券——利息调整　　　　　　　　　　　60 000
　　贷：应付债券——面值　　　　　　　　　　　　1 000 000

5. 利息费用

1) 分期付息到期还本-平价发行

此种情况下,摊余成本即为债券面值,即"应付债券——面值"的余额,各期确认的利息费用等于应付利息,也就是债券面值×票面利率。各期确认利息费用时,费用化的利息借记"财务费用",符合资本化条件的利息借记"在建工程"等账户,贷记"应付利息"或"银行存款"。

【例 9-16】　继【例 9-13】,甲公司各年末确认利息费用分录如下。

借：财务费用　　　　　　　　　　　　　　　　50 000
　　贷：银行存款　　　　　　　　　　　　　　　　50 000

2) 分期付息到期还本－溢价发行

此种情况下,摊余成本为"应付债券——面值"与"应付债券——利息调整"余额合计。每期确认利息费用时,按利息费用即期初摊余成本乘以实际利率的金额借记"财务费用"或"在建工程"等账户,按应付利息即债券面值乘以票面利率的金额贷记"银行存款"或"应付利息",按借方差额借记"应付债券——利息调整",表示摊销的溢价。

由于存在计算误差,最后一期先计算应付利息并摊销溢价,按"应付债券——利息调整"贷方余额借记"应付债券——利息调整",然后再按借贷差额借记"财务费用"。

应付债券期末摊余成本等于应付债券期初摊余成本减当期摊销的溢价,或者等于面值加尚未摊销的溢价,以此作为计算下一期利息费用的期初摊余成本。

各年利息费用合计等于应付利息总额减溢价总额。

【例 9-17】 继【例 9-14】计算各年利息费用和摊余成本,并写出相关会计分录。已知 $(P/A,3\%,3)=2.828\,6$,$(P/F,3\%,3)=0.915\,1$,$(P/A,4\%,3)=2.775\,1$,$(P/F,4\%,3)=0.889\,0$。

利用插值法计算该债券实际利率假设实际利率为 r,计算过程如下。

每期应付利息 $=1\,000\,000\times5\%=50\,000$(元)

3% $\quad 50\,000\times(P/A,3\%,3)+1\,000\,000\times(P/F,3\%,3)=1\,056\,530$

r $\qquad\qquad\qquad\qquad\qquad\qquad\qquad\qquad\qquad\qquad\qquad\quad 1\,050\,000$

4% $\quad 50\,000\times(P/A,4\%,3)+1\,000\,000\times(P/F,4\%,3)=1\,027\,755$

$(3\%-r)\div(1\,056\,530-1\,050\,000)=(3\%-4\%)\div(1\,056\,530-1\,027\,755)$

解得 $r=3.23\%$

每期利息费用和摊余成本计算(保留整数)如表 9-6 所示。

表 9-6 利息费用与摊余成本计算(分期付息到期还本-溢价) 元

日　　期	应付利息 ①	利息费用 ②=上期⑤× 3.23%	溢价摊销 ③=①-②	尚未摊销溢价 ④=上期④-③	摊余成本 ⑤=上期⑤-③ 或=1 000 000+④
2021 年 1 月 1 日				50 000	1 050 000
2021 年 12 月 31 日	50 000	33 915	16 085	33 915	1 033 915
2022 年 12 月 31 日	50 000	33 395	16 605	17 310	1 017 310
2023 年 12 月 31 日	50 000	32 690*	17 310	0	1 000 000
合计	150 000	100 000	50 000		

注: * 表示尾数调整。

(1)2021 年末确认利息费用并支付利息时。

借:财务费用　　　　　　　　　　　　　　　　33 915

　　应付债券——利息调整　　　　　　　　　　16 085

　　贷:银行存款　　　　　　　　　　　　　　　　　50 000

(2)2022 年末确认利息费用并支付利息时。

借:财务费用　　　　　　　　　　　　　　　　33 395

　　应付债券——利息调整　　　　　　　　　　16 605

　　贷:银行存款　　　　　　　　　　　　　　　　　50 000

(3)2023 年末确认利息费用并支付利息时。

借:财务费用　　　　　　　　　　　　　　　　32 690

　　应付债券——利息调整　　　　　　　　　　17 310

　　贷:银行存款　　　　　　　　　　　　　　　　　50 000

3)分期付息到期还本-折价发行

此种情况下,摊余成本为"应付债券——面值"余额减去"应付债券——利息调整"余额后的净额。每期确认利息费用时,按利息费用即期初摊余成本乘以实际利率的金额借记"财务费用"或"在建工程"等账户,按应付利息即债券面值乘以票面利率的金额贷记"银行存款"或"应付利息",按贷方差额贷记"应付债券——利息调整",表示摊销的折价。

由于存在计算误差,最后一期先计算应付利息并摊销折价,按"应付债券——利息调整"借方余额贷记"应付债券——利息调整",然后再按贷方合计借记"财务费用"。

应付债券期末摊余成本等于应付债券期初摊余成本加当期摊销的折价,或者等于面值减尚未摊销的折价,以此作为计算下一期利息费用的期初摊余成本。

各年利息费用总额等于应付利息总额加折价总额。

【例 9-18】 继【例 9-15】,计算各年利息费用和摊余成本。已知$(P/A,7\%,3)=2.624\,3$,$(P/F,7\%,3)=0.816\,3$,$(P/A,8\%,3)=2.577\,1$,$(P/F,8\%,3)=0.793\,8$。

利用插值法计算该债券实际利率假设实际利率为r,计算过程如下。

每期应付利息$=1\,000\,000\times5\%=50\,000$(元)

7%	$50\,000\times(P/A,7\%,3)+1\,000\,000\times(P/F,7\%,3)=947\,514$	
r		$940\,000$
8%	$50\,000\times(P/A,4\%,3)+1\,000\,000\times(P/F,4\%,3)=922\,687$	

$(7\%-r)\div(947\,514-940\,000)=(7\%-8\%)\div(947\,514-922\,687)$

解得 $r=7.3\%$

每期利息费用和摊余成本计算(保留整数)如表 9-7 所示。

表 9-7　利息费用与摊余成本计算(分期付息到期还本-折价)　　　　　　　元

日　　期	应付利息 ①	利息费用 ②=上期⑤× 7.3%	折价摊销 ③=②-①	尚未摊销折价 ④=上期④-③	摊余成本 ⑤=上期⑤+③ 或=1 000 000-④
2021 年 1 月 1 日				60 000	940 000
2021 年 12 月 31 日	50 000	68 620	18 620	41 380	958 620
2022 年 12 月 31 日	50 000	69 979	19 979	21 401	978 599
2023 年 12 月 31 日	50 000	71 401*	21 401	0	1 000 000
合计	150 000	200 000	50 000		

注:* 表示尾数调整。

(1)2021 年末确认利息费用并支付利息时。

借:财务费用　　　　　　　　　　　　　　　　　68 620
　　贷:应付债券——利息调整　　　　　　　　　　　　　18 620
　　　　银行存款　　　　　　　　　　　　　　　　　　50 000

(2)2022 年末确认利息费用并支付利息时。

借:财务费用　　　　　　　　　　　　　　　　　69 979
　　贷:应付债券——利息调整　　　　　　　　　　　　　19 979
　　　　银行存款　　　　　　　　　　　　　　　　　　50 000

(3)2023 年末确认利息费用并支付利息时。

借:财务费用　　　　　　　　　　　　　　　　　71 401
　　贷:应付债券——利息调整　　　　　　　　　　　　　21 401
　　　　银行存款　　　　　　　　　　　　　　　　　　50 000

4）到期一次还本付息-平价发行

对于到期一次还本付息的债券，即便是平价发行时不涉及溢折价，因为实际利率低于票面利率，在确认利息费用过程中仍然会涉及利息调整问题。各年末，按期初摊余成本乘以实际利率计算利息费用，并借记"财务费用"或"在建工程"等账户，按面值乘以票面利率计算应付利息，并贷记"应付债券——应计利息"，差额记入"应付债券——利息调整"。最后一期，先贷记"应付债券——应计利息"，再按"应付债券——利息调整"余额反向记入"应付债券——利息调整"，再将借贷差额记入"财务费用"或"在建工程"等账户。

需要注意到期一次付息与分期付息债券摊余成本计算的区别，此时分录中的"应付债券——应计利息"和"应付债券——利息调整"均构成应付债券摊余成本的一部分，此时期末摊余成本等于期初摊余成本加当期利息费用，以此作为计算下一期利息费用的期初摊余成本。

此种情况下，各期利息费用合计等于各期应付利息总额。

【例 9-19】 沿用【例 9-13】资料，将付息方式改为到期一次付息，计算各年利息费用和摊余成本，并写出会计分录。

每期应付利息＝$1\,000\,000 \times 5\% = 50\,000$（元）

3 年应付利息总额＝$150\,000$（元）

$(1\,000\,000 + 150\,000) \div (1 + r)^3 = 1\,000\,000$

解得 $r = 4.77\%$（低于相同条件下分期付息债券利率）

每期利息费用和摊余成本计算（保留整数）如表 9-8 所示。

表 9-8 利息费用与摊余成本计算（到期一次还本付息-平价） 元

日　　期	应付利息 ①	利息费用 ②=上期⑤× 4.77%	利息调整 借方金额 ③=①－②	利息调整余额 ④=上期④＋③	摊余成本 ⑤=上期⑤＋②
2021 年 1 月 1 日				0	1 000 000
2021 年 12 月 31 日	50 000	47 700	2 300	2 300	1 047 700
2022 年 12 月 31 日	50 000	49 975	25	2 325	1 097 675
2023 年 12 月 31 日	50 000	52 325*	－2 325	0	1 150 000
合计	150 000	150 000	0		

注：* 表示尾数调整。

（1）2021 年末确认利息费用并支付利息时。

借：财务费用　　　　　　　　　　　　　　　　47 700

　　应付债券——利息调整　　　　　　　　　　2 300

　　贷：应付债券——应计利息　　　　　　　　　　50 000

（2）2022 年末确认利息费用并支付利息时。

借：财务费用　　　　　　　　　　　　　　　　49 975

　　应付债券——利息调整　　　　　　　　　　25

　　贷：应付债券——应计利息　　　　　　　　　　50 000

（3）2023 年末确认利息费用并支付利息时。

借：财务费用　　　　　　　　　　　　　　　　　52 325

　　贷：应付债券——利息调整　　　　　　　　　　　　2 325

　　　　　　——应计利息　　　　　　　　　　　　　　50 000

　5）到期一次还本付息-溢价发行

此种情况下，摊余成本为"应付债券——面值""应付债券——利息调整""应付债券——应计利息"余额合计。每期确认利息费用时，按利息费用即期初摊余成本乘以实际利率的金额借记"财务费用"或"在建工程"等账户，按应付利息即债券面值乘以票面利率的金额贷记"应付债券——应计利息"，按借方差额借记"应付债券——利息调整"，表示摊销的溢价。

由于存在计算误差，最后一期先计算应付利息并摊销溢价，按"应付债券——利息调整"贷方余额借记"应付债券——利息调整"，然后再按借贷差额借记"财务费用"。

应付债券期末摊余成本等于应付债券期初摊余成本加当期确认的利息费用，或者等于面值加尚未摊销的溢价再加应计利息余额，以此作为计算下一期利息费用的期初摊余成本。

各年利息费用合计等于应付利息总额减溢价总额。

【例 9-20】　沿用【例 9-14】资料，将付息方式改为到期一次付息，计算各年利息费用和摊余成本，并写出会计分录。

每期应付利息＝1 000 000×5%＝50 000（元）

3 年应付利息总额＝150 000（元）

$(1\,000\,000+150\,000)\div(1+r)^3=1\,050\,000$

解得 $r=3.08\%$（低于相同条件下分期付息债券利率）

每期利息费用和摊余成本计算（保留整数）如表 9-9 所示。

表 9-9　利息费用与摊余成本计算（到期一次还本付息-溢价）　　　　　　　元

日　　期	应付利息①	利息费用②＝上期⑤×3.08%	溢价摊销③＝①－②	尚未摊销溢价④＝上期④－③	摊余成本⑤＝上期⑤＋②
2021 年 1 月 1 日				50 000	1 050 000
2021 年 12 月 31 日	50 000	32 340	17 660	32 340	1 082 340
2022 年 12 月 31 日	50 000	33 336	16 664	15 676	1 115 676
2023 年 12 月 31 日	50 000	34 324*	15 676	0	1 150 000
合计	150 000	100 000	50 000		

注：*表示尾数调整。

（1）2021 年末确认利息费用并支付利息时。

借：财务费用　　　　　　　　　　　　　　　　　32 340

　　应付债券——利息调整　　　　　　　　　　　　17 660

　　贷：应付债券——应计利息　　　　　　　　　　　　50 000

（2）2022 年末确认利息费用并支付利息时。

借：财务费用   33 336

  应付债券——利息调整   16 664

   贷：应付债券——应计利息   50 000

（3）2023 年末确认利息费用并支付利息时。

借：财务费用   34 324

  应付债券——利息调整   15 676

   贷：应付债券——应计利息   50 000

6）到期一次还本付息-折价发行

此种情况下，摊余成本为"应付债券——面值"与"应付债券——应计利息"余额合计再减"应付债券——利息调整"余额。每期确认利息费用时，按利息费用即期初摊余成本乘以实际利率的金额借记"财务费用"或"在建工程"等账户，按应付利息即债券面值乘以票面利率的金额贷记"应付债券——应计利息"，按贷方差额贷记"应付债券——利息调整"，表示摊销的折价。

由于存在计算误差，最后一期先计算应付利息并摊销折价，按"应付债券——利息调整"借方余额贷记"应付债券——利息调整"，然后再按"应付债券——应计利息"和"应付债券——利息调整"贷方合计金额借记"财务费用"。

应付债券期末摊余成本等于应付债券期初摊余成本加当期确认的利息费用，或者等于面值减尚未摊销的折价再加应计利息余额，以此作为计算下一期利息费用的期初摊余成本。

各年利息费用合计等于应付利息总额加折价总额。

【例 9-21】 继【例 9-16】，计算各年利息费用和摊余成本。

每期应付利息＝1 000 000×5％＝50 000（元）

3 年应付利息总额＝150 000（元）

（1 000 000＋150 000）÷（1+r)^3＝940 000

解得 r＝6.95％（低于相同条件下分期付息债券利率）

每期利息费用和摊余成本计算（保留整数）如表 9-10 所示。

表 9-10　利息费用与摊余成本计算（到期一次还本付息-折价）   元

日　　期	应付利息 ①	利息费用 ②=上期⑤× 6.95％	折价摊销 ③=②-①	尚未摊销折价 ④=上期④-③	摊余成本 ⑤=上期⑤+②
2021 年 1 月 1 日				60 000	940 000
2021 年 12 月 31 日	50 000	65 330	15 330	44 670	1 005 330
2022 年 12 月 31 日	50 000	69 870	19 870	24 800	1 075 200
2023 年 12 月 31 日	50 000	74 800*	24 800	0	1 150 000
合计	150 000	210 000	60 000		

注：＊表示尾数调整。

（1）2021 年末确认利息费用并支付利息时。

借：财务费用　　　　　　　　　　　　　　　　　　65 330
　　贷：应付债券——利息调整　　　　　　　　　　　　　15 330
　　　　　　　　——应计利息　　　　　　　　　　　　　50 000

（2）2022 年末确认利息费用并支付利息时。

借：财务费用　　　　　　　　　　　　　　　　　　69 870
　　贷：应付债券——利息调整　　　　　　　　　　　　　19 870
　　　　　　　　——应计利息　　　　　　　　　　　　　50 000

（3）2023 年末确认利息费用并支付利息时。

借：财务费用　　　　　　　　　　　　　　　　　　74 800
　　贷：应付债券——利息调整　　　　　　　　　　　　　24 800
　　　　　　　　——应计利息　　　　　　　　　　　　　50 000

6. 债券到期

对于分期付息到期一次还本债券，债券到期返还本金时，借记"应付债券——面值"，贷记"银行存款"。

对于到期一次还本付息的债券，债券到期支付本金利息时，借记"应付债券——面值""应付债券——应计利息"，贷记"银行存款"。

【例 9-22】　沿用【例 9-16】、【例 9-17】、【例 9-18】，到期后，甲公司返还债券本金时作如下分录：

借：应付债券——面值　　　　　　　　　　　　　　1 000 000
　　贷：银行存款　　　　　　　　　　　　　　　　　　1 000 000

【例 9-23】　沿用【例 9-19】、【例 9-20】、【例 9-21】，到期后，甲公司支付债券本金和利息时作如下分录：

借：应付债券——面值　　　　　　　　　　　　　　1 000 000
　　　　　　——应计利息　　　　　　　　　　　　　　150 000
　　贷：银行存款　　　　　　　　　　　　　　　　　　1 150 000

7. 可转换债券

可转换债券，是指可以在一定期间之后按规定的转换比率或转换价格转换为债券发行企业股票的债券，具有债务工具和权益工具的双重性质，属于混合金融工具。可转换债券的发行价格由两部分构成：一是负债成分，是指债券面值及票面利息按不附转换权的同类债券市场利率计算的现值；二是权益成分，即转换权的价值。

（1）在发行可转换债券时，发行方应将其包含的负债成分和权益成分进行分拆，将负债成分确认为应付债券，将权益成分确认为其他权益工具。其中，负债成分的金额，是假设债券不附转换权时的发行价格，通常以不附转换权的同类债券的市场利率对债券未来的票面利息及面值进行折现而得到。权益成分的金额为可转换债券的发行价格总额减去负债成分金额后的余额。

（2）企业发行可转换债券的交易费用,应当按照负债成分和权益成分的公允价值比例进行分摊,属于负债成分的调整应付债券的溢折价,属于权益成分的冲减其他权益工具。

（3）如果债券持有方按规定将可转换债券转换为发行方的普通股,一方面要注销已转换部分的应付债券账面价值和其他权益工具账面价值;另一方面按转换的普通股面值贷记"股本",借贷差计入"资本公积——股本溢价"。

（4）如果到期未转换,只需按债券到期处理,偿还面值、利息,同时将"其他权益工具"转入资本公积。

【例 9-24】 甲公司 2020 年 1 月 1 日发行面值为 300 000 元、票面利率 4％、5 年期的可转换债券。规定每年末支付利息,发行 2 年后,可按每 1 000 元面值转换为甲公司每股面值为 1 元的普通股 600 股。实际发行价格为 287 013 元,已知不附转换权的同类债券市场利率为 6％。假定不考虑交易费用。

负债成分公允价值$=300\ 000\times4\%\times(P/A,6\%,5)+300\ 000\times(P/F,6\%,5)$
$$=274\ 726(元)$$

利息调整借方差额$=300\ 000-274\ 726=25\ 274(元)$

权益成分公允价值$=287\ 013-274\ 726=12\ 287(元)$

（1）发行债券时。

借：银行存款　　　　　　　　　　　　　　　　　287 013
　　应付债券——可转换公司债券——利息调整　　 25 274
　　贷：应付债券——可转换公司债券——面值　　　　　　300 000
　　　　其他权益工具　　　　　　　　　　　　　　　　　 12 287

（2）2020 年末确认利息费用并支付利息。

实际利息费用$=274\ 726\times6\%=16\ 484(元)$

应付利息$=300\ 000\times4\%=12\ 000(元)$

摊销的债券折价$=16\ 484-12\ 000=4\ 484(元)$

借：财务费用　　　　　　　　　　　　　　　　　 16 484
　　贷：应付债券——可转换公司债券——利息调整　　　　　4 484
　　　　银行存款　　　　　　　　　　　　　　　　　　　 12 000

（3）2021 年末确认利息费用并支付利息。

年初应付债券摊余成本$=274\ 726+4\ 484=279\ 210(元)$

实际利息费用$=279\ 210\times6\%=16\ 753(元)$

应付利息$=300\ 000\times4\%=12\ 000(元)$

摊销的债券折价$=16\ 753-12\ 000=4\ 753(元)$

借：财务费用　　　　　　　　　　　　　　　　　 16 753
　　贷：应付债券——可转换公司债券——利息调整　　　　　4 753
　　　　银行存款　　　　　　　　　　　　　　　　　　　 12 000

（4）假定 2022 年 1 月 1 日,该可转换债券的 80％转换为普通股。

2022 年 1 月 1 日债券摊余成本总额$=279\ 210+4\ 753=283\ 963$元,未摊销利息调整

借方余额＝25 274－4 484－4 753＝16 037(元)。

已转换部分债券摊余成本＝283 963×80％＝227 170(元)

已转换部分对应的其他权益工具投资＝12 287×80％＝9 830(元)

已转换部分债券面值＝300 000×80％＝240 000(元)

已转换部分债券利息调整＝16 037×80％＝12 830(元)

转换的普通股股数＝240 000/1 000×600＝144 000(股)

转换的普通股股本＝144 000×1＝144 000(元)

计入"资本公积"的转换差额＝227 170＋9 830－144 000＝93 000(元)

借：应付债券——可转换公司债券——面值　　　　　240 000

　　其他权益工具　　　　　　　　　　　　　　　　9 830

　　　贷：应付债券——可转换公司债券——利息调整　　12 830

　　　　股本　　　　　　　　　　　　　　　　　　144 000

　　　　资本公积——股本溢价　　　　　　　　　　　93 000

(5) 2022 年末,剩余 20％未转换债券的利息费用。

面值＝300 000×20％＝60 000(元)

利息调整借方余额＝16 037－12 830＝3 207(元)

期初摊余成本＝60 000－3 207＝56 793(元)

实际利息费用＝56 793×6％＝3 408(元)

应付利息＝60 000×4％＝2 400(元)

摊销的债券折价＝3 408－2 400＝1 008(元)

借：财务费用　　　　　　　　　　　　　　　　　3 408

　　　贷：应付债券——可转换公司债券——利息调整　　1 008

　　　　银行存款　　　　　　　　　　　　　　　　2 400

(6) 2023 年利息费用。

期初摊余成本＝56 793＋1 008＝57 801(元)

实际利息费用＝57 801×6％＝3 468(元)

应付利息＝60 000×4％＝2 400(元)

摊销的债券折价＝3 468－2 400＝1 068(元)

借：财务费用　　　　　　　　　　　　　　　　　3 468

　　　贷：应付债券——可转换公司债券——利息调整　　1 068

　　　　银行存款　　　　　　　　　　　　　　　　2 400

(7) 2024 年末到期偿还剩余未转换的 20％债券的面值利息。

利息调整借方余额＝3 207－1 008－1 068＝1 131(元)

应付利息＝60 000×4％＝2 400(元)

实际利息费用＝2 400＋1 131＝3 531(元)

借：应付债券——可转换公司债券——面值　　　　　60 000

　　财务费用　　　　　　　　　　　　　　　　　　3 531

　　　贷：应付债券——可转换公司债券——利息调整　　1 131

   银行存款   62 400

  剩余 20% 对应的其他权益工具 $= 12\ 287 - 9\ 830 = 2\ 475$（元）

 借：其他权益工具   2 475

  贷：资本公积——股本溢价   2 475

9.3.3 预计负债

1. 或有事项的概念与特征

  或有事项是指过去的交易或事项形成的，其结果由某些未来事项的发生或不发生才能决定的不确定事项。常见的或有事项有未决诉讼或未决仲裁、债务担保、产品质量保证（包括产品安全担保）、承诺、亏损合同、重组义务和环境污染整治等。

  或有事项具有以下特征。

  （1）或有事项是由过去交易或事项形成的。或有事项作为一种不确定事项，是由企业过去的交易或者事项形成的。由过去的交易或者事项形成，是指或有事项的现存状况是由过去交易或者事项引起的客观存在。

  （2）或有事项的结果具有不确定性。或有事项结果的不确定性，主要体现在发生的具体时间或金额具有不确定性。例如，债务担保中担保方在债务到期时是否承担和履行连带责任，需要根据被担保方是否按时还款决定，其结果在担保协议签订时是无法确定的。

  （3）或有事项的结果由未来事项决定。或有事项发生时，将来对企业产生的是有利影响还是不利影响，以及带来的影响有多大，在或有事项发生时是很难确定的。例如，产品质量担保，其费用是否发生，以及带来的影响有多大，必须等到未来，产品产生维修范围内的具体事项时才能决定。

  或有资产，是指过去的交易或事项形成的潜在资产，其存在须通过未来不确定事项的发生或不发生予以证实。企业通常不确认、披露或有资产。如果或有资产很可能（概率大于 50% 且小于等于 95%）导致经济利益流入企业，应当在报表附注中披露。如果企业基本确定（概率大于 95% 且小于 100%）能够收到该潜在资产且其金额能够可靠计量，则应当将其确认为企业的资产。

  或有负债，是指过去的交易或事项形成的潜在义务，其存在须通过未来不确定事项的发生或不发生予以证实；或过去的交易或事项形成的现时义务，履行该义务不是很可能导致经济利益流出企业或该义务的金额不能可靠计量。或有负债不符合负债确认条件，因而不能确认，但应当在附注中披露或有负债相关信息，但极小可能（概率大于 0 且小于等于 5%）导致经济利益流出企业的可以不披露。

2. 预计负债的确认条件

  与或有事项相关的义务同时满足下列条件的，应当确认为负债，作为预计负债进行确认和计量。

  （1）该义务是企业承担的现时义务。现时义务是企业在当前条件下已承担的义务，包括法定义务和推定义务。其中,法定义务是指因合同、法律法规等产生的义务。推定义务,是指由企业以往的习惯做法、已经公开的承诺或已经公布的经营政策等所产生的义务。

(2)履行该义务很可能导致经济利益流出企业。如果企业履行或有事项有关的现时义务导致经济利益流出企业的可能性超过50%,可以认为履行该义务很可能导致经济利益流出企业。

(3)该义务的金额能够可靠地计量。该义务的金额能够可靠地计量,是指与或有事项相关的现时义务的金额能够合理地估计。

3. 预计负债的初始计量

或有负债应当按照最佳估计数进行初始计量。在确定最佳估计数时,应当综合考虑与或有事项有关的风险、不确定性和货币时间价值等因素。货币时间价值影响重大的,应当通过对相关未来现金流出进行折现后确定最佳估计数。

(1)所需支出存在一个连续范围,且该范围内各种结果发生的可能性相同的,最佳估计数应当按照该范围内的中间值确定。

(2)如果或有事项涉及单个项目的,按照最有可能发生金额确定。

(3)如果或有事项涉及多个项目的,应当按照各种可能结果及相关概率计算确定。

4. 预计可获得补偿的处理

如果企业清偿预计负债所需支出全部或部分预期由第三方补偿的,补偿金额只有在基本确定能收到时才能作为资产单独确认,并且确认的补偿金额不能超过预计负债的账面价值。

5. 预计负债账面价值的复核

企业应当在资产负债表日对预计负债的账面价值进行复核,有确凿证据证明该账面价值不能真实反映当前最佳估计数的,应当按照当前最佳估计数对该账面价值进行调整。

6. 预计负债的会计处理

1)未决诉讼或未决仲裁

【例 9-25】 甲公司因侵犯乙公司的专利权被起诉,要求赔偿 1 200 000 元,至年末法院尚未判决。甲公司经研究认为侵权事实成立,诉讼败诉的可能性为 85%,最可能赔偿的金额在 800 000 元至 1 000 000 元之间,而且该范围内各种结果发生的可能性相同。同时,上述侵权行为是由于甲公司委托丙公司在完成该项专利项目时造成的,甲公司已向该公司索赔 800 000 元,基本确定能够获赔 600 000 元。

预计负债＝(800 000＋1 000 000)÷2＝900 000(元)

借:营业外支出　　　　　　　　　　　　　　　　900 000

　　贷:预计负债——未决诉讼　　　　　　　　　　　　900 000

借:其他应收款　　　　　　　　　　　　　　　　600 000

　　贷:营业外支出　　　　　　　　　　　　　　　　600 000

2）产品质量保证

产品质量保证,通常是指销售商或制造商在销售产品或提供劳务后,对客户提供服务的一种承诺。在约定期内(或终身保修),若产品或劳务在正常使用过程中出现质量或与之相关的其他属于正常范围的问题,企业负有更换产品、免费或只收成本价进行修理等责任。企业应当在符合确认条件的情况下,于销售成立时确认预计负债。

【例 9-26】 甲公司 2020 年销售产品 10 000 000 元,将在两年保修期内对发生的质量问题免费维修。根据以往经验,不发生质量问题的可能性为 90%,无须支付维修费;发生较小质量问题的可能性为 5%,维修费为收入的 1%;发生较大质量问题的可能性为 3%,维修费为收入的 5%;发生严重质量问题的可能性为 2%,维修费为收入的 10%。2021 年实际发生维修费 30 000 元。

甲公司 2020 应计提的产品质量保证金为

$$10\ 000\ 000 \times 1\% \times 5\% + 10\ 000\ 000 \times 5\% \times 3\% + 10\ 000\ 000 \times 10\% \times 2\% = 40\ 000(元)$$

借:销售费用　　　　　　　　　　　　　　　　40 000
　　贷:预计负债——产品质量保证　　　　　　　　　40 000

2021 年实际发生维修费时:

借:预计负债——产品质量保证　　　　　　　　　30 000
　　贷:银行存款　　　　　　　　　　　　　　　　30 000

3）亏损合同

亏损合同,是指履行合同义务不可避免发生的成本超过预期经济利益的合同。待执行合同变为亏损合同,同时该亏损合同产生的义务满足预计负债的确认条件的,应当确认为预计负债。

如果亏损合同相关的义务不需支付任何补偿即可撤销,企业通常就不存在现时义务,不应确认预计负债。如果与亏损合同相关的义务不可撤销,企业就存在了现时义务,同时该义务很可能导致经济利益流出企业且其金额能够可靠计量的,应当确认为预计负债。

待执行合同变为亏损合同时,合同存在标的资产的,应当对标的资产进行减值测试并按规定确认减值损失,在这种情况下,企业通常不需确认预计负债,如果预计亏损超过该减值损失,应将超过部分确认为预计负债。不存在标的资产的,亏损合同相关义务满足预计负债确认条件时,应当确认预计负债。

预计负债的计量应当反映退出该合同的最低净成本,即履行该合同的成本与未能履行该合同而发生的补偿成本或处罚两者之中较低者。

【例 9-27】 2020 年 12 月,甲公司与乙公司签订不可撤销合同,甲公司将于 2021 年 1 月向乙公司销售 A 产品 100 件,不含税合同价格为每件 10 000 元。由于原材料价格上涨,A 产品单位成本上涨到 11 000 元。2020 年末,甲公司已生产 60 件 A 产品。不考虑相关税费。

此合同为亏损合同,有标的部分确认减值损失,无标的部分应确认预计负债。

（1）有标的部分确认减值损失。

借:资产减值损失　　　　　　　　　　　　　　　60 000

　　　贷：存货跌价准备　　　　　　　　　　　　　　　　　60 000

　（2）无标的部分确认预计负债。

　　借：营业外支出　　　　　　　　　　　　　　　　　　40 000

　　　贷：预计负债　　　　　　　　　　　　　　　　　　　40 000

　（3）剩余 40 件产品生完工入库后冲减成本。

　　借：预计负债　　　　　　　　　　　　　　　　　　　40 000

　　　贷：库存商品　　　　　　　　　　　　　　　　　　　40 000

9.4　借 款 费 用

9.4.1　借款费用的范围

1. 借款的范围

　　借款包括专门借款和一般借款。

　　（1）专门借款,是指为购建或者生产符合资本化条件的资产而专门借入的款项。专门借款一般具有明确的用途,也就是为购建或生产某项符合资本化条件的资产而专门借入的,并且通常具有标明该用途的借款合同。

　　（2）一般借款,是指除专门借款以外的借款,其借款用途通常没有特指用于符合资本化条件的资产的购建或者生产。

2. 借款费用

　　借款费用,是指企业因借入资金所付出的代价,包括借款利息、折价或溢价的摊销、辅助费用以及因外币借款而发生的汇兑差额。

　　（1）因借款而发生的利息,包括企业向银行或其他金融机构等借入资金发生的利息、发行公司债券发生的利息,以及为购建或者生产符合资本化条件的资产而发生的带息债务所承担的利息。

　　（2）因借款而发生的折价或溢价,是指发行债券等所发生的折价或溢价,其实质是对债券票面利息的调整,也就是将票面利率调整为实际利率。按摊余成本与实际利率计算的利息费用,是考虑了溢折价因素的,也就是经溢折价调整后的实际利息费用。

　　（3）因借款而发生的辅助费用,是指企业在借款过程中发生的手续费、佣金等费用,属于借款费用的构成部分。

　　（4）因外币借款而发生的汇兑差额,是指由于汇率变动对外币借款及其利息的记账本位币金额所产生的影响金额。

9.4.2　符合资本化条件的资产范围

　　符合资本化条件的资产,是指需要经过相当长时间的购建或者生产活动才能达到预定可使用或可销售状态的固定资产、投资性房地产和存货等资产。建造合同成本、确认为无形资产的开发支出等,在符合条件的情况下,也可认定为符合资本化条件的资产。

"相当长时间"是指为资产的购建或生产所必要的时间,通常为 1 年及以上。

以下资产不属于符合资本化条件的资产。

(1)由于人为或者故意等非正常因素导致资产的购建或者生产时间相当长的,该资产不属于符合资本化条件的资产。

(2)购入即可使用的资产,或者购入后需要安装但安装时间较短的资产。

(3)需要建造或者生产但所需建造或者生产时间较短的资产。

9.4.3 借款费用资本化期间的确定

借款费用资本化期间,是指从借款费用开始资本化时点到停止资本化时点的期间,但不包括借款费用暂停资本化的期间。

1. 借款费用开始资本化的时点

借款费用开始资本化必须同时满足以下三个条件。

(1)资产支出已经发生。资产支出包括支付现金、转移非现金资产和承担带息债务形式所发生的支出。

(2)借款费用已经发生,是指企业已经发生了因购建或者生产符合资本化条件的资产而专门借入款项的费用或者所占用一般借款的借款费用。

(3)为使资产达到预定可使用状态或者可销售状态所必要的购建或者生产活动已经开始。

2. 借款费用暂停资本化

符合资本化条件的资产在购建或者生产过程中发生非正常中断且中断时间连续超过3 个月的,应当暂停借款费用的资本化。

非正常中断,通常是由于企业管理决策上的原因或者其他不可预见的原因等所导致的中断。例如,企业因与施工方发生了质量纠纷,或者工程、生产用料没有及时供应或者资金周转出现了困难,或者施工、生产发生了安全事故,或者发生了与资产购建、生产有关的劳动纠纷等原因,导致资产购建或者生产活动发生中断,均属于非正常中断。因购建或者生产符合资本化条件的资产达到预定可使用或可销售状态所必要的程序导致的中断,或者事先可预见的不可抗力因素导致的中断,均不属于非正常中断。

3. 借款费用停止资本化的时点

购建或生产符合资本化条件的资产达到预定可使用状态或可销售状态时,借款费用应当停止资本化。

所购建或者生产的符合资本化条件的资产的各部分分别完工,且每部分在其他部分继续建造或者生产过程中可供使用或者可对外销售,且为使该部分资产达到预定可使用或可销售状态所必要的购建或者生产活动实质上已经完成的,应当停止与该部分资产相关的借款费用的资本化。

所购建或者生产的符合资本化条件的资产的各部分分别完工,但必须等到整体完工后才可使用或者对外销售的,应当在该资产整体完工时停止借款费用资本化。

9.4.4　借款费用资本化的计量

1. 借款利息资本化金额的计量

在借款费用资本化期间内,每一会计期间的借款利息资本化金额,应当按照以下原则计量。

（1）为购建或者生产符合资本化条件的资产而借入专门借款的,应当以专门借款当期实际发生的利息费用,减去尚未动用的借款资金存入银行取得的利息收入或进行暂时性投资取得的投资收益后的金额确定。

专门借款利息费用资本化金额＝专门借款当期实际发生的利息－

专门借款闲置资金当期所产生的投资收益或利息

【例 9-28】 甲公司 2021 年 1 月 1 日采用出包方式建造一栋办公楼,工期预计为 1 年零 6 个月,按照合同规定分别于 2021 年 1 月 1 日、2021 年 7 月 1 日和 2022 年 1 月 1 日支付工程进度款。甲公司为建造办公楼于 2021 年 1 月 1 日借款 4 000 万元,借款期限 3 年,年利率为 6%,另外在 2021 年 7 月 1 日又专门借款 8 000 万元,借款期限 3 年,年利率 7%,借款利息均按年支付,假定实际利率与名义利率相同。闲置借款资金用于固定收益短期债券投资,月收益率为 5‰。办公楼于 2022 年 6 月 30 日完工,达到预定可使用状态。建造办公楼资产支出如表 9-11 所示。

表 9-11　建造办公楼资产支出　　　　　　　　　　　　　　　　万元

日　　　期	当期资产支出金额	累计资产支付金额	闲置借款资金用于 短期债券投资金额
2021 年 1 月 1 日	3 000	3 000	1 000
2021 年 7 月 1 日	5 000	8 000	4 000
2022 年 1 月 1 日	3 000	11 000	1 000
合计	11 000		6 000

① 确定借款费用资本化期间。

2021 年 1 月 1 日,购建办公楼的资产支出已经发生,借款费用已经发生,为使办公楼达到预定可使用状态的购建活动已经开始;2022 年 6 月 30 日,办公楼已完工并达到预定可使用状态。因此,借款费用资本化期间为 2021 年 1 月 1 日至 2022 年 6 月 30 日。

② 计算资本化期间内专门借款实际利息金额。

2021 年专门借款利息金额＝4 000×6%＋8 000×7%×6/12＝520(万元)

2022 年 1 月 1 日至 6 月 30 日专门借款利息金额＝4 000×6%×6/12＋8 000×7%×6/12＝400(万元)

③ 计算资本化期间内闲置专门借款短期投资收益。

2021 年投资收益＝1 000×5‰×6＋4 000×5‰×6＝150(万元)

2022 年 1 月 1 日至 6 月 30 日投资收益＝1 000×5‰×6＝30(万元)

④ 计算资本化期间内借款利息资本化金额。

2021 年专门借款利息资本化金额＝520－150＝370(万元)

2022 年专门借款利息资本化金额＝400－30＝370(万元)

⑤ 会计分录。

2021 年 12 月 31 日。

借：在建工程	3 700 000	
应收利息(或银行存款)	1 500 000	
贷：应付利息		5 200 000

2022 年 6 月 30 日。

借：在建工程	3 700 000	
应收利息(或银行存款)	300 000	
贷：应付利息		4 000 000

(2) 为购建或者生产符合资本化条件的资产而占用了一般借款的,应当根据累计资产支出超过专门借款部分的资产支出加权平均数乘以所占用一般借款的资本化率,计算确定一般借款应予以资本化的利息金额。资本化率应当根据一般借款加权平均利率计算确定。

① 一般借款利息费用资本化金额＝累计资产支出超过专门借款部分的资产支出加权平均数×所占用一般借款的资本化率

② 累计支出超过专门借款部分的资产支出加权平均数＝$\sum$(所占用的每笔资产支出×每笔资产支出在当期所占用的天数/当期天数)

③ 所占用一般借款的资本化率＝所占用一般借款当期实际发生的利息之和÷所占用一般借款本金加权平均数×100%

④ 所占用一般借款本金加权平均数＝$\sum$(所占用每笔一般借款本金×每笔一般借款在当期所占用的天数/当期天数)

(3) 每一会计期间的利息资本化金额,不应当超过当期借款实际发生的利息金额。

【例 9-29】 甲公司 2021 年 1 月 1 日采用出包方式建造一处厂房,工期预计为 1 年零 6 个月,按照合同规定分别于 2021 年 1 月 1 日、2021 年 7 月 1 日和 2022 年 1 月 1 日支付工程进度款。甲公司为建造办公楼于 2021 年 1 月 1 日借款 4 000 万元,借款期限 3 年,年利率为 6%,借款利息按年支付,除此以外无其他专门借款,闲置借款资金用于固定收益短期债券投资,月收益率为 5‰。在厂房建造过程中占用了以下两笔一般借款。

① 银行长期借款 4 000 万元,期限为 2020 年 12 月 1 日至 2023 年 12 月 1 日,年利率为 6%,按年支付利息。

② 发行公司债券 20 000 万元,发行日期为 2020 年 1 月 1 日,期限 5 年,年利率为 8%,按年支付利息。

办公楼于 2022 年 6 月 30 日完工,达到预定可使用状态。建造厂房资产支出如表 9-12 所示。假定实际利率与名义利率相同,一年按 360 日计算。

表 9-12　建造厂房资产支出　　　　　　　　　　万元

日　　期	当期资产支出金额	累计资产支付金额	闲置借款资金用于短期债券投资金额
2021 年 1 月 1 日	3 000	3 000	1 000
2021 年 7 月 1 日	5 000	8 000	
2022 年 1 月 1 日	3 000	11 000	
合　计	11 000		1 000

甲公司相关会计处理如下。

（1）确定借款费用资本化期间。

2021 年 1 月 1 日，购建厂房的资产支出已经发生，借款费用已经发生，为使厂房达到预定可使用状态的购建活动已经开始；2022 年 6 月 30 日，厂房已完工并达到预定可使用状态。因此，借款费用资本化期间为 2021 年 1 月 1 日至 2022 年 6 月 30 日。

（2）计算专门借款利息资本化金额。

2021 年专门借款利息资本化金额 $= 4\,000 \times 6\% - 1\,000 \times 5\permil \times 6 = 210$（万元）

2022 年专门借款利息资本化金额 $= 4\,000 \times 6\% \times 180/360 = 120$（万元）

（3）计算一般借款利息资本化金额。

2021 年占用一般借款的资产支出加权平均数 $= 4\,000 \times 180/360 = 2\,000$（万元）

一般借款利息资本化率 $= (4\,000 \times 6\% + 20\,000 \times 8\%)/(4\,000 + 20\,000) = 7.67\%$

2021 年一般借款利息资本化金额 $= 2\,000 \times 7.67\% = 153.4$（万元）

2022 年占用一般借款的资产支出加权平均数 $= (4\,000 + 3\,000) \times 180/360 = 3\,500$（万元）

2022 年一般借款利息资本化金额 $= 3\,500 \times 7.67\% = 268.46$（万元）

（4）借款利息资本化金额的计算。

2021 年借款利息资本化金额 $= 210 + 153.4 = 363.4$（万元）

2022 年借款利息资本化金额 $= 120 + 268.46 = 388.46$（万元）

（5）借款利息金额。

2021 年实际借款款利息金额 $= 4\,000 \times 6\% + 4\,000 \times 6\% + 20\,000 \times 8\% = 2\,080$（万元）

2022 年 1 月 1 日至 6 月 30 日实际借款利息金额 $= 4\,000 \times 6\% \times 180/360 + 4\,000 \times 6\% \times 180/360 + 20\,000 \times 8\% \times 180/360 = 1\,040$（万元）

（6）借款利息费用化金额。

2021 年借款利息费用化金额 $= 4\,000 \times 6\% + 20\,000 \times 8\% - 153.4 = 1\,686.6$（万元）

2022 年 1 月 1 日至 6 月 30 日借款利息费用化金额 $= 4\,000 \times 6\% \times 180/360 + 20\,000 \times 8\% \times 180/360 - 268.46 = 651.54$（万元）

（7）会计分录。

① 2021 年 12 月 31 日。

借：在建工程　　　　　　　　　　　　　3 634 000

　　应收利息（或银行存款）　　　　　　　 300 000

　　财务费用　　　　　　　　　　　　　16 866 000

　　贷：应付利息　　　　　　　　　　　　　　20 800 000

② 2022 年 6 月 30 日。

借：在建工程   3 884 600

  应收利息（或银行存款）   6 515 400

  贷：应付利息   10 400 000

2. 辅助费用资本化金额的计量

（1）对于企业发生的专门借款辅助费用，在所购建或者生产的符合资本化条件的资产达到预定可使用或可销售状态之前发生的，应当在发生时计入相关资产成本；在所购建或者生产的符合资本化条件的资产达到预定可使用或可销售状态之后发生的，应当在发生时根据其发生额确认为费用。此处资本化或计入当期损益的辅助费用的发生额，是指根据《企业会计准则第 22 号——金融工具确认和计量》，按照实际利率法所确定的金融负债交易费用对每期利息费用的调整额。借款实际利率与合同利率相差很小的，也可以采用合同利率计算确定利息费用。

（2）对于一般借款发生的辅助费用，也应当按照上述原则确定发生额。

3. 外币专门借款汇兑差额资本化金额的确定

在资本化期间内，外币专门借款及其利息的汇兑差额应当予以资本化，计入符合资本化条件的资产的成本；除外币专门借款之外的其他外币借款本金及其利息的汇兑差额应当作为财务费用，计入当期损益。

【例 9-30】 甲公司为建造工程项目，于 2021 年 1 月 1 日按面值发行美元公司债券 1 000 万美元，年利率 5%，期限为 3 年，每年年初支付利息，到期一次还本，不考虑债券发行费用。工程于 2021 年 1 月 1 日开始建造，2022 年 6 月 30 日完工，达到预定可使用状态。甲公司的记账本位币为人民币，外币业务发生当日的即期汇率如下。

（1）2021 年 1 月 1 日汇率为 1 美元＝6.70 人民币。

（2）2021 年 12 月 31 日汇率为 1 美元＝6.75 人民币。

（3）2022 年 1 月 1 日汇率为 1 美元＝6.77 人民币。

（4）2022 年 6 月 30 日汇率为 1 美元＝6.80 人民币。

根据上述资料，甲公司外币借款汇兑差额资本化金额计算如下。

（1）2021 年债券利息资本化金额与债券本金汇兑差额资本化金额。

债券应付利息＝1 000×5%×6.75＝337.5（万元）

借：在建工程   3 375 000

  贷：应付利息   3 375 000

外币债券本金汇兑差额＝1 000×(6.75−6.70)＝50（万元）

借：在建工程   500 000

  贷：应付债券   500 000

（2）2022 年 1 月 1 日利息汇兑差额资本化金额。

利息汇兑差额＝1 000×5%×(6.77−6.75)＝1（万元）

借：在建工程   10 000

应付利息	3 375 000
贷：银行存款	3 385 000

（3）2022 年 6 月 30 日债券利息资本化金额与债券本金汇兑差额资本化金额。

债券应付利息＝1 000×5％×1/2×6.80＝170（万元）

借：在建工程	1 700 000
贷：应付利息	1 700 000

外币债券本金汇兑差额＝1 000×(6.80－6.75)＝50（万元）

借：在建工程	500 000
贷：应付债券	500 000

【本章习题】

1. 甲公司当月将自制手机作为节日福利发给职工,每名职工 1 部,其中生产工人 200 人、生产管理人员 5 人、销售人员 50 人、行政管理人员 30 人。每部手机成本 2 000 元,市场零售价 3 390 元,增值税税率 13％。供生产工人免费居住的宿舍本月折旧 3 万元,另以银行存款支付高档公寓租金 2 万元,供高管人员免费居住。

要求：根据上述资料,写出甲公司相关会计分录。

2. 甲公司从 2020 年 1 月 1 日起针对 50 名中层以上管理人员实行累积带薪缺勤制度,该制度规定：每名职工每年可享受 10 个工作日的带薪年休假,未使用的年休假只能向后结转一个日历年度,超过 1 年未使用的权利作废;职工休年休假时,首先使用当年可享受的权利,不足部分再从上年结转的带薪年休假中扣除;职工离开公司时,对未使用的累计带薪年休假无权获得现金支付。2020 年 12 月 31 日,符合条件的管理人员当年平均未使用带薪休假为 3 天,公司预计 2021 年每人将平均享受 15 天年休假,平均每名管理人员日工资为 500 元。2021 年实际每人平均享受 14 天年休假,尚未使用的累积带薪缺勤权利作废。

要求：根据上述资料,写出甲公司相关会计分录。

3. 甲公司在 2021 年 1 月 1 日设立一项设定受益计划,并于当日开始实施,具体规定如下。

甲公司向所有在职员工提供统筹外补充退休金,这些职工在退休后每年可以额外获得 10 万元退休金,直至去世。职工获得该额外退休金基于自该计划开始日期为公司提供的服务,而且应当自该设定受益计划开始日期起一直为公司服务至退休。假定符合计划的职工为 50 人,当前平均年龄为 45 岁,退休年龄为 60 岁,还可以为公司服务 15 年。假定在退休前无人离职,平均寿命为 75 岁,适用的折现率为 8％。2023 年末,由于折现率下降,甲公司重新计量设定受益计划净负债增加 148 万元,不考虑其他因素。

要求：根据上述资料,写出甲公司 2021 年至 2023 年有关会计分录(计算结果以万元为单位,保留整数)。

4. 2021 年 1 月 1 日,甲公司经批准发行公司债券,面值 10 000 万元,票面利率 5％,期限 3 年,每年末付息,到期一次还本,发行价格 10 500 万元,支付相关发行费用 100 万元。

要求：

(1) 计算该债券的实际利率(百分比,保留1位小数)。

(2) 写出各年相关会计分录(以万元为单位,保留整数)。

5. 2021年1月1日,甲公司经批准发行公司债券,发行价格9 728万元,面值10 000万元,票面利率4%,期限3年,每年末付息,到期一次还本,甲公司另支付债券发行费用100万元。

要求：

(1) 计算该债券的实际利率(百分比,保留1位小数)。

(2) 写出各年相关会计分录(以万元为单位,保留整数)。

6. 2021年1月1日,丙公司经批准发行公司债券,面值10 000万元,票面利率5%,期限3年,到期一次还本付息,发行价格10 100万元,支付相关发行费用100万元。

要求：

(1) 计算该债券的实际利率(百分比,保留1位小数)。

(2) 写出各年相关会计分录(以万元为单位,保留整数)。

7. 甲公司经批准于2020年1月1日按面值发行分期付息、到期一次还本的可转换公司债券200 000万元,每份面值100元,实际募集的资金已存入银行专户。根据可转换公司债券募集说明书的约定,可转换公司债券的期限为3年,票面利率2%,可转换公司债券的利息自发行之日起每年支付一次,起息日为可转换公司债券发行之日即2020年1月1日,每年年初付息;可转换公司债券在发行1年后可转换为甲公司普通股股票,初始转股价格为每股10元,每份债券可转换为10股普通股股票(每股面值1元)。发行时二级市场上与之类似的没有附带转换权的债券市场利率为6%。

发行可转换公司债券募集的资金专门用于生产用厂房的建设。截至2020年12月31日,全部募集资金已使用完毕。生产用厂房于2020年4月1日满足开始资本化的条件,闲置资金存入银行的利息收入为1 600万元(其中2020年前3个月为1 500万元)。

2021年7月1日,由于甲公司股票价格涨幅较大,全体债券持有人将其持有的可转换公司债券全部转换为甲公司普通股股票。2021年7月1日,生产用厂房达到预定可使用状态。

已知：$(P/F,6\%,3)=0.839\,6$；$(P/A,6\%,3)=2.673\,0$

要求(金额以万元为单位,结果保留两位小数)：

(1) 计算负债成分和权益成分的公允价值,并编制发行债券的会计分录。

(2) 计算2020年度借款费用资本化的金额,并编制相关会计分录。

(3) 计算2021年度借款费用资本化的金额,并编制会计分录。

(4) 计算转股数,并编制与转股相关的会计分录。

8. 甲公司拟建造一处厂房,有关资料如下。

(1) 2020年1月1日向银行专门借款5 000万元,期限3年,年利率6%,每年1月1日付息。

(2) 除专门借款外,甲公司还有两笔一般借款,分别为2019年12月1日借入的长期借款1 000万元,期限5年,年利率7%,每年12月1日付息;2020年7月1日借入的长期借款 2 000 万元,期限 3 年,年利率 9%,每年 7 月 1 日付息。

（3）厂房于 2020 年 4 月 1 日开始动工兴建,当日支付工程款 2 000 万元。工程建设期间的支出情况如下:2020 年 6 月 1 日支出 1 000 万元,2020 年 7 月 1 日支出 3 000 万元,2021 年 1 月 1 日支出 1 000 万元,2021 年 4 月 1 日支出 500 万元,2021 年 7 月 1 日支出 800 万元。工程于 2021 年 9 月 30 日完工,达到预定可使用状态。其中,由于施工质量问题工程于 2020 年 9 月 1 日至 12 月 31 日停工 4 个月。

（4）专门借款中未支出部分全部存入银行,月收益率 0.25%。假定全年按照 360 天计算,每月按 30 天计算。

要求（金额以万元为单位）:

（1）指出开始资本化和停止资本化的时点,同时判断 2020 年费用化和资本化期间。

（2）根据表 9-13,计算资产支出与占用一般借款相关金额。

表 9-13　资产支出与占用一般借款相关金额　　　　　　万元

日　　期	每期资产 支出金额	资产支出 累计金额	闲置专门借款 存款利息收入	占用一般借款 的资产支出
2020 年 1 月 1 日				
2020 年 4 月 1 日				
2020 年 6 月 1 日				
2020 年 7 月 1 日				
2021 年 1 月 1 日				
2021 年 4 月 1 日				
2021 年 7 月 1 日				

（3）计算 2020 年利息资本化和费用化的金额,并编制会计分录。

（4）计算 2021 年 1 月 1 日至 9 月 30 日的利息资本化和费用化金额,并编制会计分录。

（5）计算固定资产完工的入账价值。

【即测即练】

第 10 章

所有者权益

【本章学习目标】

1. 了解所有者权益的概念与来源、所有者权益与负债的区别、其他权益工具和专项储备。

2. 理解其他资本公积、库存股、其他综合收益的会计处理。

3. 掌握实收资本(股本)的会计处理、资本溢价(股本溢价)的会计处理、盈余公积的会计处理、弥补亏损。

密尔克卫激励计划

2021 年 10 月 28 日,密尔克卫(603713)发布《密尔克卫化工供应链服务股份有限公司 2021 年股票期权与限制性股票激励计划(草案)》,主要内容如下。

(1) 本激励计划包括股票期权激励计划和限制性股票激励计划两部分。股票来源为公司从二级市场回购或向激励对象定向发行的本公司人民币 A 股普通股股票。

(2) 本激励计划拟授予激励对象的权益总计为 623.00 万份,约占本激励计划草案公告日公司股本总额 16 448.443 6 万股的 3.79%。其中首次授予的权益为 498.40 万份,占本激励计划拟授予权益总数的 80.00%,约占本激励计划草案公告日公司股本总额 16 448.443 6 万股的 3.03%;预留授予的权益为 124.60 万份,占本激励计划拟授予权益总数的 20.00%,约占本激励计划草案公告日公司股本总额 16 448.443 6 万股的 0.76%。

(3) 股票期权激励计划:本激励计划拟授予激励对象的股票期权为 591.89 万份,约占本激励计划草案公告日公司股本总额 16 448.443 6 万股的 3.60%。其中,首次授予的股票期权为 467.29 万份,约占本激励计划拟授予股票期权总数的 78.95%,约占本激励计划草案公告日公司股本总额 16 448.443 6 万股的 2.84%;预留授予的股票期权为 124.60 万份,约占本激励计划拟授予股票期权总数的 21.05%,约占本激励计划草案公告日公司股本总额 16 448.443 6 万股的 0.76%。本计划下授予的每份股票期权拥有在满足生效条件和生效安排的情况下,在可行权期内以行权价格购买 1 股本公司人民币 A 股普通股股票的权利。

(4) 限制性股票激励计划:本激励计划拟授予激励对象的限制性股票为 31.11 万股,约占本激励计划草案公告日公司股本总额 16 448.443 6 万股的 0.19%。本次授予为一次性授予,无预留权益。公司 2019 年第三次临时股东大会审议通过的《公司 2019 年限制性股票激励计划》尚在实施中。截至本激励计划草案公告日,公司全部有效期内股权激励计划所涉及的标的股票总数累计未超过公司股本总额的 10.00%。本激励计划中任何一名激励对象通过全部有效期内的股权激励计划获授的公司股票数量未超过公司股本总额的 1.00%。在本激励计划公告当日至激励对象完成股票期权股份登记或限制性股票登记期间,若公司发生资本公积转增股本、派发股票红利、股份拆细或缩股、配股等事宜,股票期权和限制性股票的数量将根据本激励计划做相应的调整。

(5) 本激励计划首次授予的股票期权的行权价格为 95.86 元/股,限制性股票的授予价格为 47.93 元/股。在本激励计划公告当日至激励对象完成股票期权股份登记或限制性股票登记期间,若公司发生资本公积转增股本、派发股票红利、股份拆细或缩股、配股、派息等事宜,股票期权的行权价格和限制性股票的授予价格将根据本激励计划做相应的调整。

(6) 本激励计划的有效期为自股票期权授权之日和限制性股票授予之日起至激励对象获授的所有股票期权行权或注销和限制性股票解除限售或回购注销完毕之日止,最长不超过 60 个月。

(7) 本激励计划首次授予的激励对象共计 92 人,包括公司公告本激励计划时在公司(含子公司,下同)任职的高级管理人员、中层管理人员、核心技术/业务人员、其他骨干员工。不含密尔克卫独立董事、监事、单独或合计持股 5% 以上的股东或实际控制人及其配偶、父母、子女。预留激励对象指本计划获得股东大会批准时尚未确定但在本计划存续期间纳入激励计划的激励对象,由本计划经股东大会审议通过后 12 个月内确定。预留激励对象的确定标准参照首次授予的标准确定。

(8) 本激励计划首次授予的股票期权在授权日起满 12 个月后分四期行权,每期行权的比例分别为 25%、25%、25%、25%;预留的股票期权在预留授予部分股票期权授权日起满 12 个月后分三期行权,每期行权的比例分别为 30%、30%、40%。本激励计划授予的限制性股票在授予日起满 12 个月后分四期解除限售,每期解除限售的比例各为 25%、25%、25%、25%,业绩考核目标如表 10-1 所示。

表 10-1　业绩考核目标

行权/解除限售安排		业绩考核目标
首次授予的股票期权/限制性股票	第一个行权期/解除限售期	以公司 2020 年净利润为基数,2021 年净利润增长率不低于 35%
	第二个行权期/解除限售期	以公司 2020 年净利润为基数,2022 年净利润增长率不低于 76%
	第三个行权期/解除限售期	以公司 2020 年净利润为基数,2023 年净利润增长率不低于 125%
	第四个行权期/解除限售期	以 2020 年净利润为基数,2024 年净利润增长率不低于 188%
预留授予的股票期权	第一个行权期	以公司 2020 年净利润为基数,2022 年净利润增长率不低于 76%
	第二个行权期	以公司 2020 年净利润为基数,2023 年净利润增长率不低于 125%
	第三个行权期	以公司 2020 年净利润为基数,2024 年净利润增长率不低于 188%

问题：

根据上述资料，密尔克卫上述股票期权激励计划属于《企业会计准则第 11 号——股份支付》所规定的哪种股份支付？该种股份支付的会计处理原则是什么？

10.1 所有者权益概述

10.1.1 所有者权益的概念与来源

1. 所有者权益的概念

所有者权益是指企业资产扣除负债后由所有者享有的剩余权益。公司制企业的所有者权益又称股东权益。

2. 所有者权益的来源

所有者权益的来源包括所有者投入的资本、直接计入所有者权益的利得和损失、留存收益。

（1）所有者投入的资本，是指所有者投入企业的资本部分，既包括构成企业注册资本部分，也包括投入资本超过注册资本部分的金额，即资本溢价。

（2）直接计入所有者权益的利得和损失，是指不应计入当期损益、会导致所有者权益发生增减变动且与所有者投入资本或者向所有者分配利润无关的利得或损失。

（3）留存收益，是指企业历年实现的净利润未向所有者分配而留存于企业的部分，包括盈余公积和未分配利润。

10.1.2 所有者权益与负债的区别

所有者和债权人都是企业资金的提供者，均享有对企业资产的要求权，但是所有者权益与负债之间存在着显著差别，主要体现在以下几个方面。

1. 性质不同

负债是企业对债权人负担的经济责任，属于债权人权益，即债权人对企业资产的要求权，在企业清算时债权人对企业的资产具有优先求偿权。所有者权益是所有者对企业剩余资产的要求权，并且在顺序上置于债权人的要求权之后。

2. 权利不同

债权人只有获取企业用以清偿债务的资产的要求权，即只享有收回本金和按事先约定的利率收回利息的权利，不能参与企业经营决策和收益分配。所有者享有参与企业经营决策和收益分配的权利。

3. 偿还期限不同

负债具有偿还性，必须在约定的偿还期限内偿还。所有者权益在企业持续经营的情况下一般不需清偿,只有在企业清算时才向所有者进行清偿。

4. 风险和收益不同

负债一般具有明确的偿还期限和事先约定的利率,企业无论盈利与否均需按期还本付息,债权人风险相对较小。所有者获得的收益大小取决于企业的盈利水平与经营政策,风险相对较大。

10.1.3　企业的组织形式和公司制企业所有者权益的构成

1. 企业的组织形式

企业组织形式主要包括个人独资企业、合伙企业和公司制企业。

1) 个人独资企业

《中华人民共和国个人独资企业法》规定,个人独资企业是由一个自然人投资,财产为投资人个人所有,投资人以其个人财产对企业债务承担无限责任的经营实体。个人独资企业的投资人对企业的全部财产及其相关经营收益依法享有所有权。个人独资企业不具有法人地位。

2) 合伙企业

《中华人民共和国合伙企业法》规定,合伙企业是指自然人、法人和其他组织依照本法在中国境内设立的普通合伙企业和有限合伙企业。普通合伙企业由普通合伙人组成,合伙人对合伙企业债务承担无限连带责任。有限合伙企业由普通合伙人和有限合伙人组成,普通合伙人对合伙企业债务承担无限连带责任,有限合伙人以其认缴的出资额为限对合伙企业债务承担责任。合伙企业不具有法人地位。

3) 公司制企业

公司制企业是指依法设立的国有独资公司、有限责任公司和股份有限公司,是独立的法人主体,有独立的法人财产,享有法人财产权。有限责任公司的股东以其认缴的出资额为限对公司承担责任,股份有限公司的股东以其认购的股份为限对公司承担责任。公司股东依法享有资产收益、参与重大决策和选择管理者等权利。

2. 公司制企业所有者权益的构成

公司制企业的所有者权益主要包括实收资本(股本)、资本公积、其他综合收益和留存收益。公司发行的除普通股以外的归类为权益工具的各种金融工具,也构成所有者权益的一部分,在会计上作为"其他权益工具"单独核算和列报。公司回购的自身权益工具在注销或转让之前作为"库存股"单独核算,并作为所有者权益的减项构成所有者权益的一部分。

10.2　实　收　资　本

10.2.1　实收资本的概念

实收资本是投资者投入资本形成法定资本的价值。目前,我国实行的是注册资本认缴登记制度。注册资本,是指企业在设立时向市场监管部门登记的资本总额,也就是全部出资者设定的出资额之和。注册资本是企业的法定资本,是企业承担民事责任的财力保障。当全部所有者足额缴入资本后,实收资本等于注册资本。对于股份有限公司,实收资本表现为实际发行的普通股股票面值,又称为股本。

实收资本根据所有者的性质不同,一般分为国家投资、法人投资、个人投资和外商投资。由于企业的组织形式不同,所有者投入资本的核算也有所不同。

10.2.2 有限责任公司接受投资的会计处理

有限责任公司应当设置"实收资本"账户,并按股东分别设置明细账户,用于核算股东实缴注册资本的数额。

根据所有者投入资产形态的不同,可分为接受货币资产投资和接受非货币资产投资,其中非货币资产投资包括存货投资、固定资产投资、无形资产投资、股权投资等。

新设有限责任公司接受所有者投资时,一般不存在超额缴存资本的情况,因而不涉及资本溢价问题。有限责任公司在经营过程中接受新投资者投资或原投资者追加投资时,投资者实际投入的出资额可能会与按约定投资比例享有的资本份额不等,此时会涉及资本溢价问题。

1. 接受货币资金投资的会计处理

企业接受货币资金投资时,应按实际收到的货币资金,借记"银行存款"账户,贷记"实收资本"账户。

【例 10-1】 A 公司和 B 公司各出资 500 万元,共同投资设立甲有限责任公司,各持股 50%。

甲公司接受 A 公司和 B 公司投资的会计分录如下。

```
借:银行存款                              10 000 000
    贷:实收资本——A 公司                        5 000 000
              ——B 公司                        5 000 000
```

2. 接受非货币资产投资的会计处理

企业接受所有者以存货、固定资产、无形资产、股权等投资时,应当按照投资合同或协议约定的价值确定存货、固定资产、无形资产、股权等资产的成本,但合同或协议约定价值不公允的除外。投资方为受资企业开具了增值税专用发票且受资企业根据税法规定可以据此抵扣增值税的,应确认可抵扣的增值税。如果投资合同或协议约定由受资企业承担相关资产运杂费等相关费用的,相关费用应计入资产的入账价值。具体会计分录为:按投资合同或协议约定的价值和受资企业承担的费用金额借记"原材料""库存商品""固定资产""在建工程""无形资产""长期股权投资"等账户,按可抵扣的增值税借记"应交税费——应交增值税(进项税额)""应交税费——待抵扣进项税额"等账户,按投资者享有的注册资本份额贷记"实收资本"账户,按受资企业承担的相关费用贷记"银行存款"等账户。

【例 10-2】 甲公司接受乙公司投入的不需安装的机器设备一台并作为固定资产核

算,投资协议约定的价值为 1 160 000 元,乙公司为甲公司开具的增值税专用发票注明的价款为 1 000 000 元、增值税 160 000 元。此外,按照投资协议约定,甲公司以银行存款支付此设备的运费 1 100 元,取得增值税专用发票注明的价款为 1 000 元、增值税 100 元。

甲公司接受投资的会计分录如下。

借:固定资产　　　　　　　　　　　　　　　　1 001 000

　　应交税费——应交增值税(进项税额)　　　　160 100

　　贷:实收资本——乙公司　　　　　　　　　　　　　1 160 000

　　　　银行存款　　　　　　　　　　　　　　　　　　　1 100

10.2.3　股份有限公司发行普通股股票的会计处理

股份有限公司的实收资本又称股本,全部股本由等额股份构成并通过发行股票筹集资金,股东以其所持股份对公司承担有限责任。股份有限公司的设立方式分为募集式和发起式两种。发起设立,是指由发起人认购公司应发行的全部股份而设立公司。募集设立,是指由发起人认购公司应发行股份的一部分,其余股份向社会公开募集或者向特定对象募集而设立公司。

股份公司根据公司发展需要,在符合有关规定的情况下,可以公开发行新股、定向增发新股或者配股。股份有限公司发行的股票,按其享有的权利不同分为普通股和优先股,其中普通股是基本股份。根据股票发行价格和股票面值的关系不同,股票发行分为平价发行、溢价发行和折价发行,我国只允许平价发行和溢价发行,不允许折价发行股票。

股份有限公司应当设置“股本”账户并按股东设置明细账进行核算。此外,企业还应设置备查账簿对核定的股本总额、股份总数、每股面值,进行备查登记。

股份公司发行普通股股票时,按发行总价款扣除与发行股票相关的交易费用[①]的金额借记“银行存款”,按发行股票的总面值贷记“股本”,如存在贷方差额,按贷方差额贷记“资本公积——股本溢价”,如存在借方差额,按借方差额借记“资本公积——股本溢价”。

【例 10-3】　甲股份有限公司委托某证券公司发行普通股股票 1 000 万股,每股面值 1 元,每股发行价格 5 元。证券公司按发行收入的 1% 收取手续费,发行股票资金冻结期间产生的利息收入为 15 000 元,股票全部售出。

实收价款 = 5 × 10 000 000 − (5 × 10 000 000 × 1% − 15 000) = 49 515 000(元)

股本 = 1 × 10 000 000 = 10 000 000(元)

股本溢价 = 49 515 000 − 10 000 000 = 39 515 000(元)

借:银行存款　　　　　　　　　　　　　　　　49 515 000

　　贷:股本　　　　　　　　　　　　　　　　　　　　10 000 000

　　　　资本公积——股本溢价　　　　　　　　　　　　39 515 000

10.2.4　股份有限公司分派股票股利的会计处理

经股东大会批准,股份公司可以向股东分派股票股利,并按股东原持有的股份进行分

---

① 例如,登记费,承销费,法律、会计、评估及其他专业服务费用,印刷成本和印花税等。发行股票资金冻结期间产生的利息收入从交易费用中扣除。

配。分派股票股利,不会影响企业的资产和负债,也不会影响企业的所有者权益总额,但是会引起所有者权益结构的变化,因此公司分派股票股利时需要按规定办理增资手续,并进行相应的会计处理。发放股票股利会产生稀释作用,因为发放股票股利会导致普通股数量增加,每股净资产由此减少,其他条件不变的情况下,每股收益会下降,相应地,股价也会下降。

分配给股东的股票股利,应在办理增资手续后,借记"利润分配——转作普通股股利"账户,贷记"股本"账户。如果按股东所持股份比例分配的股票股利不足 1 股时,应采用发放现金股利或股东之间相互转让凑成整股的方法处理。

【例 10-4】　甲股份公司经股东大会批准,按照普通股股本的 10%分派股票股利,并办妥增资手续。甲公司在分派股票股利之前的普通股股本共 1 000 万股,每股面值 1 元,假定不存在股票股利不足 1 股的情况。

甲公司会计处理如下。

借:利润分配——转作普通股股利　　　　　　　　　1 000 000
　　贷:股本　　　　　　　　　　　　　　　　　　　　　1 000 000
借:利润分配——未分配利润　　　　　　　　　　　1 000 000
　　贷:利润分配——转作普通股股利　　　　　　　　　1 000 000

10.2.5　减少资本的会计处理

公司成立后,股东不得抽逃出资,但在特殊情况下,经过批准也可减少资本。企业由于资本过剩或由于连续 3 年发生亏损或当年发生了重大亏损时可减少实收资本。企业减少注册资本的,应在原登记机关申请变更,企业减资后的注册资本不得低于法定的最低注册资本限额。

有限责任公司经企业登记机关批准减资后,向投资者发还投资款时,借记"实收资本"账户,贷记"银行存款"账户。股份有限公司减资一般是通过回购股票的方式进行。

10.2.6　实收资本的报表列示

在资产负债表日,实收资本或股本应当按照其期末余额列示于资产负债表,并作为所有者权益部分的第一个项目列示。

10.3　其他权益工具

企业发行的除普通股以外的归类为权益工具的各种金融工具,在会计上作为"其他权益工具"单独核算和列报,如公司发行的优先股、永续债等金融工具在被划分为权益工具时,或者公司发行可转换公司债券的权益部分,均应作为"其他权益工具"核算。其他权益工具在资产负债表所有者权益部分单独列示,列示顺序在"实收资本"之后。

10.3.1　发行其他权益工具的会计处理

企业发行被归类为权益工具的优先股、永续债等金融工具时,按发行价格扣除佣金、手续费等交易费用后的净额借记"银行存款",贷记"其他权益工具——优先股、永续债等";在存续期间分派股利时,借记"利润分配——应付优先股股利、应付永续债利息等",贷记"应付股利——优先股股利、永续债利息等"。

10.3.2　回购其他权益工具的会计处理

回购其他权益工具时,借记"库存股——其他权益工具",贷记"银行存款";注销库存股时,借记"其他权益工具",贷记"库存股——其他权益工具",借记或贷记"资本公积——资本溢价(或股本溢价)",资本溢价或股本溢价不够冲减的,依次冲减盈余公积和未分配利润。

10.3.3　其他权益工具转换为普通股的会计处理

被归类为权益工具的优先股、永续债等金融工具转换为普通股时,按其账面价值借记"其他权益工具",按普通股面值贷记"实收资本或股本",按差额贷记"资本公积——资本溢价或股本溢价""银行存款"等,资本溢价或股本溢价不够冲减的,依次冲减盈余公积和未分配利润。

10.3.4　其他权益工具重分类为金融负债的会计处理

被归类为权益工具的优先股、永续债等金融工具重分类为金融负债时,按其他权益工具账面价值借记"其他权益工具——优先股、永续债等",按金融负债面值贷记"应付债券——优先股、永续债等(面值)",按应付债券公允价值与面值的差额贷记或借记"应付债券——优先股、永续债等(利息调整)",按重分类后公允价值与账面价值的差额贷记或借记"资本公积——资本溢价(或股本溢价)",资本溢价或股本溢价不够冲减的,依次冲减盈余公积和未分配利润。

10.3.5　金融负债重分类为其他权益工具的会计处理

被归类为金融负债的优先股、永续债等金融工具重分类为权益工具时,按金融负债面值借记"应付债券——优先股、永续债等(面值)",按利息调整余额借记或贷记"应付债券——优先股、永续债等(利息调整)",按贷方差额贷记"其他权益工具——优先股、永续债等"。

10.4　资　本　公　积

10.4.1　资本公积概述

资本公积是所有者投入资本的组成部分,包括资本溢价(股本溢价)和其他资本公积。资本溢价用于核算股东出资额大于其在企业注册资本中所占份额的部分,股份有限公司可称之为股本溢价。其他资本公积是指除资本溢价(或股本溢价)项目以外形成的资本公积。

企业应设置"资本公积"总分类账户,同时设置以下明细账户进行明细分类核算。

1. 资本公积——资本溢价

该明细账户用于核算有限责任公司成立后,接受新投资者投资或原投资者追加投资时,投资者的出资额高于其享有的注册资本比例的部分。

2. 资本公积——股本溢价

该明细账户用于核算股份有限公司股票发行价格超过股票面值即股本的溢价部分,以及发行权益性证券直接相关的交易费用,如登记费、承销费,法律、会计、评估及其他专业服务费用,印刷成本和印花税等。

3. 资本公积——其他资本公积

该明细账户用来核算除上述资本公积以外的资本公积。

在资产负债表日,资本公积应当按照其期末余额列示于资产负债表所有者权益部分,列示顺序在实收资本(或股本)之后,有其他权益工具项目的,资本公积应列示于其他权益工具之后。

10.4.2 资本溢价的会计处理

对于有限责任公司而言,新投资者投资或原有投资者追加投资时,往往要付出大于原投资者的出资额,才能获得与原投资者相同的持股比例。这是因为,在企业正常经营过程中投入的资金,即使与企业创立时投入的资金在数量上一致,其获利能力却不相同。企业在创立初期,投资往往伴随着或大或小的风险,投资报酬率经历了从无到有、从低到高的过程。当企业转入正常的生产经营后,投资报酬率一般要高于初创阶段,而高于初创阶段的投资报酬率是以初创时必要的垫支资本带来的,企业创始人为此付出了代价。此外,企业在经营过程中实现的利润,会有一部分留存于企业形成留存收益,新投资者介入后将与原投资者共享这部分留存收益。综上,新投资者介入或原有投资者追加投资时,往往需要超额缴存资本,这就形成了资本溢价。

【例 10-5】 甲公司由 A 公司和 B 公司各出资 700 万元于三年前设立,经营状况良好,现 C 公司希望投资入股。投资协议规定,C 公司出资 700 万元,享有变更后注册资本的 30%,款项已收到,并按规定办理了增资手续。

C 公司享有的实收资本份额 $=(700+700) \div (1-30\%) \times 30\% = 600$(万元)

资本溢价 $= 700 - 600 = 100$(万元)

借:银行存款　　　　　　　　　　　　　　　　　7 000 000
　　贷:实收资本——C 公司　　　　　　　　　　　　6 000 000
　　　　资本公积——资本溢价　　　　　　　　　　　1 000 000

10.4.3 其他资本公积的会计处理

其他资本公积主要包括两个方面:一是以权益结算的股份支付在等待期内确认的成本费用;二是权益法核算的长期股权投资,投资方享有的被投资单位除净利润、利润分配以及其他综合收益以外所有者权益的其他变动的份额。在此,仅介绍以权益结算的股份支付相关的其他资本公积,关于权益法核算的长期股权投资形成的其他资本公积的会计处理,参见本书第 8 章。

股份支付,是指企业为获取职工和其他方提供服务而授予权益工具或者承担以权益工具为基础确定的负债的交易。股份支付分为以权益结算的股份支付和以现金结算的股份支付。以权益结算的股份支付,是指企业为获取服务以股份或其他权益工具作为对价进行结算的交易,常用工具包括股票期权和限制性股票。企业选择股票期权为股份支付工具时,以权益结算的股份支付主要会计处理方法如下。

(1)授予后立即可行权的换取职工服务的以权益结算的股份支付,应当在授予日按照权益工具的公允价值借记相关成本或费用账户,同时贷记"资本公积——其他资本公积"。完成等待期内的服务或达到规定业绩条件才可行权的换取职工服务的以权益结算的股份支付,在等待期内的每个资产负债表日,应当以对可行权权益工具数量的最佳估计为基础,按照权益工具授予日的公允价值,将当期取得的服务计入相关成本或费用,同时记入"资本公积——其他资本公积"。

(2)以权益结算的股份支付换取其他方服务的,如果其他方服务的公允价值能够可靠计量的,应当按照其他方服务在取得日的公允价值借记相关成本或费用账户,同时贷记"资本公积——其他资本公积";其他方服务的公允价值不能可靠计量但权益工具公允价值能够可靠计量的,应当按照权益工具在服务取得日的公允价值,计入相关成本或费用,相应增加"资本公积——其他资本公积"。

(3)在行权日,企业根据实际行权的权益工具数量,计算确定应转入实收资本或股本的金额,将其转入实收资本或股本,借记"银行存款""资本公积——其他资本公积",贷记"实收资本"或"股本",差额记入"资本公积——资本溢价"。

【例 10-6】 甲公司为乙公司的母公司,第 1 年 1 月 1 日,甲公司以其自身权益工具为乙公司的 100 名管理人员每人授予 10 000 份 3 年期股票期权,每份期权在第 1 年 1 月 1 日的公允价值为 30 元。第 1 年年末能够行权的条件是乙公司净利润增长率要达到15%,第 2 年年末能够行权的条件是乙公司的净利润两年平均增长率达到 12%,第 3 年年末行权条件是乙公司 3 年净利润平均增长率达到 10%。第 1 年乙公司净利润增长率为 13%,有 5 名管理人员离开,预计第 2 年的净利润增长率为 12%,预计第 2 年末可行权,预计还有 5 名管理人员离开。第 2 年乙公司净利润只增长 8%,未达到两年平均增长12%,当年又有 10 名管理人员离开,预计第 3 年末可行权,预计第 3 年还将有 10 名管理人员离开。第 3 年乙公司净利润增长了 11%,3 年平均增长超过 10%,当年有 15 名管理人员离开。第 3 年 12 月 31 日剩余管理人员全部行权,行权价格为 10 元。

(1)甲公司会计处理。

① 第 1 年 1 月 1 日。

授予日不做会计处理。

② 第 1 年 12 月 31 日。

因估计第 2 年年末即可行权,所以应计入长期股权投资和资本公积的金额=(100-5-5)×10 000×30×1/2=13 500 000(元)。

借：长期股权投资   13 500 000

  贷：资本公积——其他资本公积   13 500 000

③ 第 2 年 12 月 31 日。

预计第 3 年末可行权,因此等待期调整为 3 年,第 2 年应计入长期股权投资和资本公积的金额＝(100－5－10－10)×10 000×30×2/3－13 500 000＝1 500 000(元)。

借：长期股权投资   1 500 000

  贷：资本公积——其他资本公积   1 500 000

④ 第 3 年 12 月 31 日。

第 3 年应计入长期股权投资和资本公积的金额＝(100－5－10－15)×10 000×30－(13 500 000＋1 500 000)＝6 000 000(元)

借：长期股权投资   6 000 000

  贷：资本公积——其他资本公积   6 000 000

借：银行存款   7 000 000

  资本公积——其他资本公积   21 000 000

  贷：股本   700 000

    资本公积——股本溢价   27 300 000

(2) 乙公司会计处理。

① 第 1 年 1 月 1 日。

授予日不做账务处理。

② 第 1 年 12 月 31 日。

因估计第 2 年即可行权,所以应计入成本费用的金额＝(100－5－5)×10 000×30×1/2＝13 500 000(元)。

借：管理费用   13 500 000

  贷：资本公积——其他资本公积   13 500 000

③ 第 2 年 12 月 31 日。

预计第 3 年末可行权,因此等待期调整为 3 年,应计入成本费用的金额＝(100－5－10－10)×10 000×30× 2/3－13 500 000＝1 500 000(元)。

借：管理费用   1 500 000

  贷：资本公积——其他资本公积   1 500 000

④ 第 3 年 12 月 31 日。

应计入成本费用的金额＝(100－5－10－15)×10 000×30－(13 500 000＋1 500 000)＝6 000 000(元)

借：管理费用   6 000 000

  贷：资本公积——其他资本公积   6 000 000

借：资本公积——其他资本公积   21 000 000

  贷：资本公积——股本溢价   21 000 000

10.4.4　资本公积转增资本的会计处理

资本溢价或股本溢价可以转增资本,但不得用于弥补亏损。资本公积转增资本,需经股东大会或股东会决议批准,此时应按投资者所持有的股份同比例增加各股东的股权,具体会计分录为:借记"资本公积——资本溢价"或"资本公积——股本溢价",贷记"实收资本"或"股本"账户。

资本公积转增资本,不会引起企业所有者权益总额的变化,只是所有者权益内部结构发生了变化。

10.5　库　存　股

公司回购其发行在外的权益工具在尚未注销或转让之前,应作为"库存股"单独核算,如回购的普通股、其他权益工具。

"库存股"账户的余额方向为借方,属于所有者权益的减项,在资产负债表日,应当将"库存股"账户的期末余额作为"减:库存股"列示在资产负债表所有者权益部分,列示顺序在"资本公积"项目之后。

根据《中华人民共和国公司法》(以下简称《公司法》)规定,股份公司在以下情况下可以收购本公司股份:减少公司注册资本;与持有本公司股份的其他公司合并;将股份用于员工持股计划或者股权激励;股东因对股东大会作出的公司合并、分立决议持异议,要求公司收购其股份;将股份用于转换上市公司发行的可转换为股票的公司债券;上市公司为维护公司价值及股东权益所必需。

10.5.1　回购股份注销的会计处理

股份公司可以在符合规定的情况下回购其发行在外的普通股股票,以核销股本。

(1) 回购股份时,按实际支付的价款借记"库存股"账户,贷记"银行存款"等账户。

(2) 注销库存股时,按注销股票的面值借记"股本"账户,按库存股的实际成本贷记"库存股"账户;存在贷方差额的贷记"资本公积——股本溢价";存在借方差额的,首先冲减股本溢价,即借记"资本公积——股本溢价"账户,股本溢价不足冲减的再冲减盈余公积,即借记"盈余公积"账户,盈余公积仍不足冲减的,将尚未冲减的差额再冲减未分配利润,即借记"利润分配——未分配利润"账户。

回购股份会导致公司所有者权益总额减少。注销库存股时,不影响企业的所有者权益总额的变化,只是所有者权益内部结构的变化。

【例 10-7】 甲股份有限公司经批准回购本公司发行在外的面值为 1 元的普通股 100 万股用以减少股本,回购股份实际支付的价款为 1 000 万元,已知甲公司"资本公积——股本溢价"账户余额为 500 万元,"盈余公积"账户余额为 300 万元。

(1) 回购股份。

借:库存股　　　　　　　　　　　　　　　10 000 000

　　贷:银行存款　　　　　　　　　　　　　　10 000 000

（2）注销库存股。

借：股本	1 000 000
资本公积——股本溢价	5 000 000
盈余公积	3 000 000
利润分配——未分配利润	1 000 000
贷：库存股	10 000 000

10.5.2　回购股份转让的会计处理

回购股份时，应按实际支付的金额借记"库存股"科目，贷记"银行存款"等科目。

转让库存股时，应按实际收到的金额，借记"银行存款"等科目，按转让的库存股账面余额贷记"库存股"账户；存在贷方差额的贷记"资本公积——股本溢价"；存在借方差额的，首先冲减股本溢价，即借记"资本公积——股本溢价"账户，股本溢价不足冲减的再冲减盈余公积，即借记"盈余公积"账户，盈余公积仍不足冲减的，将尚未冲减的差额再冲减未分配利润，即借记"利润分配——未分配利润"账户。

【例 10-8】　10 月，甲股份公司将其所持有的库存股转让，实际收到的价款为 3 000 000元，所转让的库存股账面余额为 4 000 000 元，甲公司"资本公积——股本溢价"账户余额为 800 000 元，"盈余公积"账户余额为 500 000 元。

借：银行存款	3 000 000
资本公积——股本溢价	800 000
盈余公积	200 000
贷：库存股	4 000 000

10.5.3　回购股份奖励职工的会计处理

公司为奖励职工而回购的股份，按实际支付的价款借记"库存股"账户，贷记"银行存款"等账户。

将收购的股份奖励给本公司职工属于以权益结算的股份支付，如果向职工收取价款，按实际收到的价款借记"银行存款"账户；根据奖励股票期权的公允价值借记"资本公积——其他资本公积"；根据奖励库存股的账面价值贷记"库存股"账户；经上述处理后，存在借方差额的依次冲减股本溢价、盈余公积和未分配利润，即借记"资本公积——股本溢价""盈余公积""利润分配——未分配利润"等账户，存在贷方差额的贷记"资本公积——股本溢价"账户。

【例 10-9】　6 月 30 日，甲股份公司为奖励本企业职工，回购本公司发行在外的普通股股票 100 000 股，实际支付价款 2 000 000 元；7 月 1 日，将回购的股份全部奖励给本企业职工，并收取职工款项 500 000 元，奖励职工股票期权的公允价值为 1 200 000 元。甲公司"资本公积——股本溢价"余额为 4 500 000 元。

（1）回购股份。

借：库存股	2 000 000
贷：银行存款	2 000 000

（2）把股份奖励给职工。

借：银行存款	500 000
资本公积——其他资本公积	1 200 000
资本公积——股本溢价	300 000
贷：库存股	2 000 000

10.5.4　授予限制性股票的会计处理

上市公司实施限制性股票的股权激励时,通过非公开发行的方式向激励对象授予一定数量的公司股票,并规定锁定期和解锁期,在锁定期和解锁期内,不得上市流通及转让。达到解锁条件,可以解锁;如果全部或部分股票未被解锁而失效或作废,通常由上市公司按照事先约定的价格立即进行回购。

（1）向职工发行的限制性股票按有关规定履行注册登记等增资手续的,收到职工缴纳的认股款时,按职工缴纳的认股款借记"银行存款",按股票面值贷记"股本",按借贷差额贷记"资本公积——股本溢价";同时,按照发行限制性股票的数量以及相应的回购价格计算确定的金额借记"库存股",贷记"其他应付款——限制性股票回购义务"。

（2）等待期内股份支付相关的会计处理。上市公司应当综合考虑限制性股票锁定期和解锁期等相关条款,按照《企业会计准则第 11 号——股份支付》相关规定判断等待期,进行与股份支付相关的会计处理。

（3）未达到限制性股票解锁条件而需回购股票时,按照应支付的金额借记"其他应付款——限制性股票回购义务",贷记"银行存款";同时,按照注销的限制性股票数量相对应的股本金额借记"股本",按照注销的限制性股票数量相对应的库存股的账面价值贷记"库存股",按照借贷差额借记"资本公积——股本溢价"。

（4）达到限制性股票解锁条件而无须回购的股票,按照解锁股票相对应的负债的账面价值借记"其他应付款——限制性股票回购义务",按照解锁股票相对应的库存股的账面价值贷记"库存股",按借贷差额贷记"资本公积——股本溢价"。

【例 10-10】　甲公司采用授予职工限制性股票的形式实施股权激励计划。第 1 年1 月 1 日,以非公开发行方式向 100 名管理人员每人授予 10 000 股股票,每股面值为 1 元,授予价格为每股 5 元。当日,100 名管理人员全部出资认购,总认购款项为 500 万元,并办理了增资手续。甲公司估计该限制性股票股权激励在授予日的公允价值为每股 5 元。激励计划规定,这些管理人员从第 1 年 1 月 1 日起在甲公司连续服务满 3 年的,所授予股票将于第 4 年 1 月 1 日全部解锁,其间离职的,甲公司将按照原授予价格每股 5 元回购。未来 3 年内,所授予的股票不得上市流通或转让,激励对象因获授限制性股票而取得的现金股利由公司代管,作为应付股利在解锁时支付,未能解锁的限制性股票在回购时扣除激励对象已享有的该部分现金股利。第 1 年,有 5 名管理人员离职,估计 3 年中离职的管理人员合计为 10 名,当年宣告发放现金股利为每股 1 元。第 2 年,又有 2 名管理人员离职,甲公司重新估计 3 年离职人员合计数为 8 人,当年宣告发放现金股利为每股 1.1 元。第 3 年,没有管理人员离职,当年宣告发放现金股利为每股 1.2 元。假定甲公司管理人员离职均发生在年末,不考虑其他因素。

（1）授予日。

借：银行存款　　　　　　　　　　　　　　　5 000 000
　　贷：股本　　　　　　　　　　　　　　　　　1 000 000
　　　　资本公积——股本溢价　　　　　　　　　4 000 000

同时：

借：库存股　　　　　　　　　　　　　　　　　5 000 000
　　贷：其他应付款——限制性股票回购义务　　　5 000 000

（2）等待期内确认管理费用和资本公积。

① 第1年确认管理费用和资本公积金额＝（100－10）×1×5×1/3＝150（万元）。

借：管理费用　　　　　　　　　　　　　　　　1 500 000
　　贷：资本公积——其他资本公积　　　　　　　1 500 000

② 第2年确认管理费用和资本公积金额＝（100－8）×1×5×2/3－150＝156.67（万元）。

借：管理费用　　　　　　　　　　　　　　　　1 566 700
　　贷：资本公积——其他资本公积　　　　　　　1 566 700

③ 第3年确认管理费用和资本公积金额＝（100－5－2）×1×5－150－156.67＝158.33（万元）。

借：管理费用　　　　　　　　　　　　　　　　1 583 300
　　贷：资本公积——其他资本公积　　　　　　　1 583 300

（3）等待期内分配现金股利及股票回购。

① 第1年12月31日预计未来可解锁限制性股票持有者的现金股利＝1×（100－10）×1＝90（万元），预计未来不可解锁限制性股票持有者的现金股利＝1×10×1＝10（万元）。

借：利润分配——应付现金股利　　　　　　　　900 000
　　贷：应付股利——限制性股票股利　　　　　　900 000

借：其他应付款——限制性股票回购义务　　　　900 000
　　贷：库存股　　　　　　　　　　　　　　　　900 000

借：其他应付款——限制性股票回购义务　　　　100 000
　　贷：应付股利——限制性股票股利　　　　　　100 000

第1年12月31日回购限制性股票。

借：其他应付款——限制性股票回购义务　　　　200 000
　　应付股利——限制性股票股利　　　　　　　　50 000
　　贷：银行存款　　　　　　　　　　　　　　　250 000

借：股本　　　　　　　　　　　　　　　　　　 50 000
　　资本公积——股本溢价　　　　　　　　　　 200 000
　　贷：库存股　　　　　　　　　　　　　　　　250 000

② 第2年12月31日预计未来可解锁限制性股票持有者的现金股利＝（1＋1.1）×（100－8）×1－90＝103.2（万元），预计未来不可解锁限制性股票持有者的现金股利＝

$(1+1.1)\times(8-5)\times1+1\times5\times1-10=1.3$（万元）。

```
借：利润分配——应付现金股利           1 032 000
    贷：应付股利——限制性股票股利           1 032 000
借：其他应付款——限制性股票回购义务   1 032 000
    贷：库存股                             1 032 000
借：其他应付款——限制性股票回购义务      13 000
    贷：应付股利——限制性股票股利             13 000
```

第 2 年 12 月 31 日回购限制性股票：

```
借：其他应付款——限制性股票回购义务     58 000
    应付股利——限制性股票股利           42 000
    贷：银行存款                          100 000
借：股本                               20 000
    资本公积——股本溢价                 80 000
    贷：库存股                            100 000
```

③ 第 3 年 12 月 31 日预计未来可解锁限制性股票持有者的现金股利＝$(1+1.1+1.2)\times(100-7)\times1-90-103.2=113.7$（万元），预计未来不可解锁限制性股票持有者的现金股利＝$(1+1.1+1.2)\times(7-2-5)\times1+1\times5\times1+2.1\times2\times1-10-1.3=-2.1$（万元）。

```
借：利润分配——应付现金股利           1 137 000
    贷：应付股利——限制性股票股利           1 137 000
借：其他应付款——限制性股票回购义务   1 137 000
    贷：库存股                             1 137 000
借：应付股利——限制性股票股利          21 000
    贷：其他应付款——限制性股票回购义务       21 000
```

（4）解锁日。

库存股余额＝$500-90-25-103.2-10-113.7=158.1$（万元）

其他应付款余额＝$500-90-10-20-103.2-1.3-5.8-113.7+2.1=158.1$（万元）

其他资本公积余额＝$150+156.67+158.33=465$（万元）

```
借：其他应付款——限制性股票回购义务   1 581 000
    贷：库存股                             1 581 000
借：资本公积——其他资本公积          4 650 000
    贷：资本公积——股本溢价                4 650 000
```

支付可解锁限制性股票持有者的现金股利$(1+1.1+1.2)\times(100-7)\times1=306.9$（万元）：

```
借：应付股利——限制性股票股利        3 069 000
    贷：银行存款                          3 069 000
```

10.6　其他综合收益

10.6.1　其他综合收益的概念

其他综合收益是指根据其他会计准则规定未在当期损益中确认的各项利得和损失，也就是直接计入当期所有者权益的利得和损失。利得是指企业在非日常活动中形成的、会导致企业所有者权益增加的、与所有者投入资本无关的经济利益流入；损失是指企业在非日常活动中形成的、会导致企业所有者权益减少的、与向所有者分配利润无关的经济利益的流出。

在资产负债表日，其他综合收益应当以其期末余额（税后净额）在资产负债表所有者权益部分的"其他综合收益"项目单独列示，列示顺序在"资本公积"项目之后，存在"减：库存股"的，列示在"减：库存股"项目之后。同时，报告当期形成的其他综合收益，还应当按照不同分类以税后净额列示于利润表。

10.6.2　其他综合收益的分类

其他综合收益分为两类：一类是以后会计期间不能重分类进损益的其他综合收益；另一类是以后会计期间在满足规定条件时将重分类进损益的其他综合收益。

1. 以后会计期间不能重分类进损益的其他综合收益

以后会计期间不能重分类进损益的其他综合收益主要包括以下内容。

（1）重新计量设定受益计划净负债或净资产导致的变动。

（2）长期股权投资按照权益法核算的在被投资单位不能重分类进损益的其他综合收益变动中所享有的份额。

（3）指定为以公允价值计量且其变动计入其他综合收益的金融资产核算的非交易性权益工具的公允价值变动，即其他权益工具投资公允价值变动。

（4）企业自身信用风险公允价值变动。

在处置形成该类其他综合收益的资产或负债时，该类其他综合收益不得重分类进入处置当期损益，而只能转入处置当期的留存收益。

2. 以后会计期间在满足规定条件时将重分类进损益的其他综合收益

以后会计期间在满足规定条件时将重分类进损益的其他综合收益主要包括以下内容。

（1）按照权益法核算的在被投资单位可重分类进损益的其他综合收益变动中所享有的份额。

（2）作为以公允价值计量且其变动计入其他综合收益的金融资产核算的债务工具的公允价值变动，例如其他债权投资公允价值变动。

（3）金融资产重分类按规定可以将原计入其他综合收益的利得或损失转入当期损益的部分。

（4）其他债权投资信用减值准备。

（5）现金流量套期工具产生的利得或损失中属于有效套期的部分。

（6）外币财务报表折算差额。

（7）自用房地产或作为存货的房地产转换为以公允价值模式计量的投资性房地产在转换日公允价值大于账面价值部分。

在处置形成该类其他综合收益的资产或负债时，该类其他综合收益应结转计入处置当期损益。

无论是否能够重分类进入处置当期损益，与上述事项相关的所得税影响也应同时计入其他综合收益，也就是其他综合收益应当以税后净额反映。

自用房地产转换为以公允价值模式计量的投资性房地产形成的其他综合收益、以公允价值计量且其变动计入其他综合收益的金融资产公允价值变动形成的其他综合收益、长期股权投资权益法核算形成的其他综合收益的会计处理，分别见本书第 6 章、第 7 章和第 8 章。

10.7　专 项 储 备

高危行业企业应设置"专项储备"账户，用于核算按照规定提取的安全生产费。

（1）提取安全生产费时，借记"生产成本""制造费用"等账户，贷记"专项储备"。

（2）企业使用提取的安全生产费时，属于费用性支出的，直接冲减专项储备，即借记"专项储备"，贷记"银行存款"。

（3）企业使用提取的安全生产费形成固定资产的，应当通过"在建工程"科目归集所发生的支出，待安全项目完工达到预定可使用状态时确认为固定资产；同时，按照形成固定资产的成本冲减专项储备，并确认相同金额的累计折旧，即借记"专项储备"科目，贷记"累计折旧"科目，该固定资产在以后期间不再计提折旧。

10.8　留 存 收 益

留存收益是企业历年实现的净利润未向所有者分配而留存于企业的累积盈余。留存收益源于企业实现的净利润，包括盈余公积金和未分配利润两部分，其中盈余公积是有特定用途的累积盈余，未分配利润是没有指定用途的累积盈余。

10.8.1　盈余公积

1. 盈余公积的概念

盈余公积是企业按净利润一定比例提取而形成的一种积累，是留与企业具有专门用途的留存收益。

盈余公积分为两类：一类是法定盈余公积，根据《公司法》的规定，法定盈余公积按照税后利润的 10% 提取，法定盈余公积累计额达到注册资本的 50% 时可以不再提取；另一类是任意盈余公积,公司从税后净利润中提取法定盈余公积后,经股东会或者股东大会决议,还可以从税后净利润中提取任意盈余公积。

盈余公积的提取实际上是对企业向所有者分配利润的一种限制,企业实现的净利润在向所有者分配利润之前必须先按照规定提取盈余公积。提取盈余公积不会引起企业资产、负债和所有者权益总额的变化,只是导致所有者权益内部结构的变化,即盈余公积增加,同时未分配利润等量减少,所有者权益总额不变。

2. 盈余公积的用途

根据《公司法》的规定,企业提取的盈余公积主要用于扩大生产经营、弥补亏损、转增资本。

企业发生亏损时,首先可以用以后年度的税后利润弥补,超过税法规定的弥补期限的,可以用以后年度的税前利润弥补;以后年度利润不足以弥补亏损的,经股东会或股东大会批准后可以用盈余公积弥补亏损。

企业提取的盈余公积较多时,可以将提取的盈余公积转增资本,但必须经过股东大会或类似机构批准。在将盈余公积转增资本时,应按投资人持股比例进行结转。

需要强调的是,盈余公积的用途并不是指其实际占用形态,提取盈余公积也并不是单独将这部分资金从企业资金周转过程中抽取出来。企业提取的盈余公积,无论是用于弥补亏损,还是用于转增资本,只不过是企业所有者权益内部结构的转换。企业盈余公积的结存数,只是表现为企业所有者权益的组成部分,表明企业生产经营资金的一个来源而已,其形成的资金可能表现为一定的货币资金,也可能表现为一定的实物资产,如存货和固定资产等,随同企业的其他来源所形成的资金进行循环周转。

3. 盈余公积的会计处理

企业为核算盈余公积应设置"盈余公积"总账,总括地反映盈余公积的提取、使用和结存的情况。同时,还要设置"盈余公积——法定盈余公积""盈余公积——任意盈余公积"等明细账户,用于核算盈余公积的增减变化及其结果。

1) 提取盈余公积的会计处理

【例 10-11】 甲公司全年实现净利润 5 000 000 元,分别按照净利润的 10％和 5％提取法定盈余公积和任意盈余公积。

借:利润分配——提取法定盈余公积　　　　　　　500 000
　　　　　　——提取任意盈余公积　　　　　　　250 000
　　贷:盈余公积——法定盈余公积　　　　　　　　　　500 000
　　　　　　——任意盈余公积　　　　　　　　　　　250 000

2) 盈余公积转增资本的会计处理

企业根据投资人的决议,用盈余公积转增资本时,应按投资人持有的比例转增资本。借记"盈余公积——法定盈余公积"账户;贷记"实收资本"或"股本"账户。

盈余公积转增资本不会引起企业资产、负债和所有者权益总额的变化,只是所有者权益内部结构的变化。

【例 10-12】　甲有限责任公司经批准用法定盈余公积 1 000 000 元转增资本。

借：盈余公积——法定盈余公积　　　　　　　　　1 000 000

　　贷：股本　　　　　　　　　　　　　　　　　　　　　　1 000 000

3）盈余公积弥补亏损的会计处理

盈余公积弥补亏损时，虽然不会引起企业资产、负债和所有者权益总额的变化，但所有者权益内部结构发生了变化，因此，需要进行相应的会计处理。

企业用盈余公积弥补亏损时，应在"利润分配"总账下设置"利润分配——盈余公积补亏"明细账户进行核算，以单独反映盈余公积弥补亏损的金额。经批准用盈余公积弥补亏损时，借记"盈余公积"账户，贷记"利润分配——盈余公积补亏"；然后，再借记"利润分配——盈余公积补亏"，贷记"利润分配——未分配利润"。

【例 10-13】　甲公司尚未弥补的亏损 1 000 000 元，经过股东大会批准后用法定盈余公积弥补亏损 500 000 元。

借：盈余公积——法定盈余公积　　　　　　　　　500 000

　　贷：利润分配——盈余公积补亏　　　　　　　　　　　500 000

借：利润分配——盈余公积补亏　　　　　　　　　500 000

　　贷：利润分配——未分配利润　　　　　　　　　　　　500 000

10.8.2　未分配利润

未分配利润是指企业实现的净利润经过弥补亏损、提取盈余公积和向投资者分配利润后留存在企业、未指明特定用途的历年结存利润。

如果未分配利润期末余额在借方则表示历年累积的尚未弥补的亏损。企业当年发生的亏损可以用以后年度的税前利润、税后利润弥补，如果利润不足以弥补亏损，经过股东大会或相应的权力机构批准后也可用以前年度提取的盈余公积弥补亏损。

按照我国税法的规定，企业当年发生的亏损可以在以后连续 5 个年度内（具备高新技术企业或科技型中小企业资格的企业，从 2018 年 1 月开始延长至 10 年），用各年应纳税所得额弥补，即以税前利润弥补亏损；从第 6 年开始，如果还有尚未弥补的亏损，只能用税后净利润弥补。无论是用以后年度实现的税前利润还是税后净利润弥补以前年度亏损，弥补亏损本身均不必进行特别会计处理，只需将本年实现的净利润结转至"利润分配——未分配利润"，各年实现的利润或亏损最终都汇集到"利润分配——未分配利润"账户，借、贷相抵就意味着以利润弥补了亏损。弥补后，如果"利润分配——未分配利润"明细账是借方余额表示尚未弥补的亏损；如果"利润分配——未分配利润"明细账是贷方余额表示已扭亏为盈。

【本章习题】

1. 甲公司系 A 公司和 B 公司各出资 500 万元于五年前设立，经营状况良好，现 C 公司希望以其一项专利技术投资入股，投资协议约定的价值为 300 万元，C 公司享有变更后注册资本的 20%，已按规定履行了增资手续。此外，甲公司以银行存款支付与取得无形资产直接相关的费用 1 万元。

要求：根据上述资料，写出甲公司接受 C 公司投资的会计分录。

2. 甲股份有限公司委托某证券公司发行普通股股票 500 万股，每股面值 1 元，每股发行价格 10 元。证券公司按发行收入的 1% 收取手续费，发行股票资金冻结期间产生的利息收入为 10 000 元，股票全部售出。

要求：根据上述资料，写出甲公司发行股票会计分录。

3. 甲公司股份支付有关资料如下。

(1) 甲公司第 1 年 12 月批准了一项股份支付协议，该协议规定：第 2 年 1 月 1 日，向 100 名管理人员每人授予 10 000 份股票期权，这些管理人员必须从第 2 年 1 月 1 日起连续为公司服务 3 年，服务期届满时每位管理人员可以每股 5 元的价格购买公司 10 000 股甲公司股票，每股面值 1 元。甲公司估计该股票期权在授予日的公允价值为每份 8 元。

(2) 第 2 年，有 5 名管理人员离职；第 2 年 12 月 31 日，甲公司估计 3 年内将共有 12 名管理人员离职。

(3) 第 3 年，又有 3 名管理人员离职；第 3 年 12 月 31 日，甲公司将估计 3 年内总共离职人数修正为有 10 名。

(4) 第 4 年又有 1 名管理人员离职。

(5) 第 5 年 1 月 1 日，未离职的管理人员全部行权，甲公司将 910 000 股库存股授予 91 名管理人员，库存股账面价值为 5 460 000 元，同时收取行权价款。

要求：根据上述资料，写出甲公司股份支付相关会计分录。

4. 甲公司经批准回购股票进行减资。甲公司以每股 3 元的价格回购股票 100 万股，每股面值 1 元，股票回购后全部注销，已知甲公司"资本公积——股本溢价"余额为 100 万元，"盈余公积"余额为 50 万元。

要求：根据上述资料，写出甲公司股份回购相关会计分录。

【即测即练】

第 **11** 章

收入、费用和利润

【本章学习目标】

1. 了解收入的概念、费用的概念、暂时性差异的概念与分类、利润的概念与构成。

2. 理解营业成本、税金及附加的会计处理、销售费用、管理费用、研发费用、财务费用、所得税费用、营业外收入、营业外支出。

3. 掌握营业收入的确认、营业收入的计量、销售业务的核算、利润的核算、利润分配的核算、利润结算的核算。

"双 11"优惠券促销

"双 11"期间,某电商平台推出一项购物返优惠券计划,顾客当月在该电商平台每消费 100 元可获得 1 张优惠券,从次月开始至明年末,在该电商平台购买指定货物时每张优惠券可以抵减 5 元。当月,该电商平台共销售商品 100 000 000 元,获得 1 000 000 张优惠券,该额外购买选择权向客户提供了重大权利,根据历史销售经验,该平台估计该优惠券的使用率为 80%。截至 2021 年末,顾客共使用了 600 000 张优惠券,重新估计的使用率为 90%。

问题:

根据上述资料,该平台"双 11"当月主营业务收入是多少? 当年末及第 2 年末应当如何进行会计处理?

11.1 收　　入

11.1.1　收入的概念

收入有狭义收入与广义收入之分。

狭义收入是企业在日常经营活动中形成的、会导致所有者权益增加的、与所有者投入资本无关的经济利益的总流入。日常活动是指企业为完成其经营目标所从事的经常性活动以及与之相关的其他活动。

广义收入是指一定期间内经济利益的总流入,表现为资产增加或负债减少而引起的、与所有者投入资本以及直接计入所有者权益的利得无关的所有者权益的增加,具体包括营业收入、投资收益、公允价值变动收益、资产处置收益、其他收益以及营业外收入等。在利润表中,除营业外收入之外,其他各类收入均计入营业利润,营业外收入则计入利润总额。

营业收入是企业销售商品、提供劳务或让渡资产使用权产生的收入,分为主营业务收入和其他业务收入。主营业务是指企业为完成其经营目标而从事的日常活动中的主要活动,可根据企业营业执照上规定的主要业务范围确定。例如,工业、商品流通企业的主营业务是销售商品,银行的主营业务是贷款和为企业办理结算等。其他业务收入是指主营业务之外的其他日常活动所实现的收入,如租金收入、材料销售收入、提供非工业性劳务(如代购代销)收入等。主营业务收入与其他业务收入在利润表中汇总列示为"营业收入"。

投资收益是指企业从事各种对外投资活动中取得的净收入。公允价值变动收益是指交易性金融资产、以公允价值进行后续计量的投资性房地产等公允价值上涨所形成的收益。资产处置收益是指处置固定资产、无形资产等形成的净收益。其他收益是指计入营业利润的政府补助等收益。营业外收入是指企业非日常活动中取得的计入当期利润总额但不计入营业利润的各种收入,例如接受捐赠收入和政府补助收入。

本节依据《企业会计准则第 14 号——收入》,介绍与销售商品、提供劳务相关的收入确认和计量。

11.1.2　收入的确认

1. 识别与客户订立的合同

1) 合同的识别

合同,是指双方或多方之间订立有法律约束力的权利义务的协议,包括书面形式、口头形式以及其他可验证的形式,如隐含于商业惯例或企业以往的习惯做法中等。企业与客户之间的合同同时满足下列条件的,企业应当在客户取得相关商品控制权时确认收入。

(1) 合同各方已批准该合同并承诺将履行各自义务。

(2) 该合同明确了合同各方与所转让的商品相关的权利和义务。

(3) 该合同有明确的与所转让的商品相关的支付条款。

(4) 该合同具有商业实质,即履行该合同将改变企业未来现金流量的风险、时间分布或金额。

(5) 企业因向客户转让商品而有权取得的对价很可能收回。

2) 合同合并

企业与同一客户(或该客户的关联方)同时订立或在相近时间内先后订立的两份或多份合同,在满足下列条件之一时,应当合并为一份合同进行会计处理。

(1) 这些合同基于单一的商业目的订立,属于一揽子交易。

(2) 其中一份合同的对价取决于其他合同的定价或履约情况。

(3) 这些合同所承诺的商品(或每份合同中所承诺的部分商品)构成单项履约义务。

3) 合同变更

合同变更,是指经合同各方批准(可能以书面形式、口头形式或其他形式)对原合同范围或价格作出的变更。企业对合同变更应当区分以下三种情况分别进行会计处理。

（1）合同变更部分作为单独合同。合同变更增加了可明确区分的商品及合同价款，且新增合同价款反映了新增商品单独售价的，应当将该合同变更部分作为一份单独的合同进行会计处理，此类变更不影响原合同的会计处理。例如，甲公司承诺向某客户销售100 件产品，每件产品售价 100 元，该 100 件产品彼此之间可明确区分，且将于未来 3 个月内陆续转让给客户。甲公司将其中的 20 件产品转让给该客户后，双方对合同进行了变更，甲公司承诺向该客户额外销售 50 件该产品，这 50 件产品与原合同中的产品可明确区分，其售价为每件 90 元，该价格反映了合同变更时该产品的单独售价。本例中，由于新增的 50 件产品是可明确区分的，且新增的合同价款反映了新增产品的单独售价，因此该合同变更实际上构成了一份单独的在未来销售 50 件产品的新合同，该新合同并不影响对原合同的会计处理，甲公司应当对原合同中的 100 件产品按每件 100 元确认收入，对新合同中的 50 件产品按每件 90 元确认收入。

（2）合同变更作为原合同终止及新合同订立。合同变更不属于上述第（1）种情形，且在合同变更日已转让商品（或已提供的劳务，下同）与未转让的商品之间可明确区分的，应当视为原合同终止，同时，将原合同未履约部分与合同变更部分合并为新合同进行会计处理。例如，甲公司承诺向某客户销售 100 件产品，每件产品售价 100 元，该 100 件产品彼此之间可明确区分，且将于未来 3 个月内陆续转让给客户。甲公司将其中的 20 件产品转让给该客户后，双方对合同进行了变更，甲公司承诺向该客户额外销售 50 件该产品，这 50 件产品与原合同中的产品可明确区分，其售价为每件 90 元，合同变更时该产品的单独售价仍为 100 元。本例中，由于新增的 50 件产品是可明确区分的，且新增的合同价款不能反映新增产品在合同变更时的单独售价，因此甲公司应当将该合同变更作为原合同终止，同时将原合同未履约部分与合同变更部分合并为新合同进行会计处理。在该新合同中，尚未转让的产品有 80＋50＝130（件），其对价为 80×100＋50×90＝12 500（元），新合同中每件产品应确认的收入＝12 500÷130＝96.15（元）。

（3）合同变更部分作为原合同的组成部分。合同变更不属于上述第（1）种情形，且合同变更日已转让的商品与未转让的商品之间不可明确区分的，应当将该合同变更部分作为原合同的组成部分，在合同变更日重新计算履约进度，并调整当期收入和相应的成本等。例如，甲公司与乙公司于 2020 年 1 月签订一份 2 000 万元的固定造价合同，在乙公司自有土地上建造办公楼，预计合同总成本为 1 500 万元，该建造服务属于在某一时段内履行的履约义务，甲公司按照累计发生的合同成本占预计合同总成本的比例确定履约进度。截至 2020 年末，甲公司累计发生成本 750 万元，履约进度为 750÷1 500＝50％，2020 年确认收入 2 000×50％＝1 000（万元）。2021 年初，双方同意变更该办公楼部分设计，合同价格因此而增加 200 万元，预计总成本则增加 180 万元。本例中，由于合同变更后拟提供的剩余服务与在合同变更日或之前已提供的服务不可明确区分，即该合同仍为单项履约义务，因此甲公司应当将合同变更作为原合同的组成部分进行会计处理。合同变更后的交易价格为 2 200 万元，预计总成本为 1 680 万元，重新估计的 2020 年履约进度为 750÷1 680＝44.64％，甲公司在合同变更日应冲减收入 1 000－2 200×44.64％＝17.92（万元）。

2. 识别合同中的单项履约义务

单项履约义务包括企业向客户转让可明确区分的商品（或商品的组合）的承诺，以及企业向客户转让一系列实质相同且具有相同的转让方式的可明确区分商品的承诺。

1）可明确区分的商品

企业向客户承诺的商品同时满足下列两项条件的，应当作为可明确区分的商品。

（1）客户能够从该商品本身或从该商品与其他易于获得资源一起使用中受益，即该商品本身能够明确区分。

（2）企业向客户转让该商品的承诺与合同中其他承诺可单独区分，即转让该商品的承诺在合同中是可明确区分的。

下列情况通常表明企业向客户转让商品的承诺与合同中的其他承诺不可单独区分。

（1）企业需提供重大的服务以将该商品与合同中承诺的其他商品进行整合，形成合同约定的某个或某些组合产出转让给客户（重大组合服务）。

（2）该商品将对合同中承诺的其他商品予以重大修改或定制（重大修改或定制化）。

（3）该商品与合同中承诺的其他商品具有高度关联性（高度关联性）。

2）一系列实质相同且转让方式相同的、可明确区分的商品

当企业向客户连续转让某项承诺的商品时，如每天提供类似劳务的长期劳务合同等，如果这些商品属于实质相同且转让方式相同的一系列商品，企业应当将这一系列商品作为单项履约义务。转让方式相同，是指每一项可明确区分的商品均满足在某一时段内履行履约义务的条件，且采用相同方法确定其履约进度。

3. 履行各单项履约义务时确认收入

企业应当在履行了合同中的履约义务，即客户取得相关商品控制权时确认收入。履约义务分为在某一时段内履行的履约义务和在某一时点履行的履约义务。

1）在某一时段内履行的履约义务

满足下列条件之一的，属于在某一时段内履行的履约义务，相关收入应当在该履约义务履行的期间内确认。

（1）客户在企业履约的同时即取得并消耗企业履约所带来的经济利益。例如，运输、培训、保洁等常规或经常性的服务。

（2）客户能够控制企业履约过程中在建的商品（有形和无形）。企业在履约过程中在建的商品包括在产品、在建工程、尚未完成的研发项目、正在进行的服务等。例如，在客户场地上建造资产。

（3）企业履约过程中所产出的商品不具有可替代用途，且该企业在整个合同期间内有权就累计至今已完成的履约部分收取款项。

对于在某一时段内履行的履约义务，企业应当在该时段内按照履约进度确认收入，但是，履约进度不能合理确定的除外。

企业在按照履约进度确认收入时，通常应当在资产负债表日按照合同的交易价格总额乘以履约进度扣除以前会计期间累计已确认的收入后的金额，确认为当期收入。同时，

按照合同预计总成本乘以履约进度扣除以前会计期间累计已确认的费用后金额,确认为当期费用。

当期营业收入＝交易价格×履约进度－以前期间已确认的收入

当期营业成本＝预计总成本×履约进度－以前期间已确认的营业成本

履约进度的确定方法分为产出法和投入法。产出法主要是根据已转移给客户的商品对于客户的价值确定履约进度,主要包括按照实际测量的完工进度、评估已实现的结果、已达到的里程碑、时间进度、已完工或交付的产品等确定履约进度的方法。投入法主要是根据企业履行履约义务的投入确定履约进度,主要包括以投入的材料数量、花费的人工工时或机器工时、发生的成本和时间进度等投入指标确定履约进度。

当履约进度不能合理确定时,企业已经发生的成本预计能够得到补偿的,应当按照已经发生的成本金额确认收入,直到履约进度能够合理确定为止。

2) 在某一时点履行的履约义务

当一项履约义务不属于在某一时段内履行的履约义务时,应当属于在某一时点履行的履约义务。对于在某一时点履行的履约义务,企业应当在客户取得相关商品控制权时确认收入。

若客户已取得商品控制权(即客户能够主导该商品的使用并从中获得几乎全部的经济利益),应有下列迹象。

(1) 企业就该商品享有现时收款权利,即客户就该商品负有现时付款义务。

(2) 企业已将该商品的法定所有权转移给客户,即客户已拥有该商品的法定所有权。

(3) 企业已将该商品实物转移给客户,即客户已占有该商品实物。需要说明,客户占有了某项商品实物并不意味着其就一定取得了该商品的控制权,反之亦然。

(4) 企业已将该商品所有权上的主要风险和报酬转移给客户,即客户已取得该商品所有权上的主要风险和报酬。

(5) 客户已接受该商品。企业销售给客户的商品通过了客户的验收,可能表明客户已经取得了该商品的控制权。

11.1.3　收入的计量

1. 确定交易价格

交易价格是企业因向客户转移承诺的商品或服务而预期有权收取的对价金额,代第三方收取的款项以及预期将退还给客户的款项应当作为负债处理,不计入交易价格。当确定交易价格时,企业应考虑以下各方面的影响。

1) 可变对价

企业与客户的合同中约定的对价金额可能是固定的,也可能因折扣、价格折让、返利、退款、奖励积分、激励措施、业绩奖金、索赔等因素而变化。此外,企业有权收取的对价金额,将因为一项或多项或有事项的发生而有所不同,也属于可变对价。

合同中存在可变对价的,企业应当按照期望值或最可能发生金额确定可变对价金额的最佳估计数,但包含可变对价的交易价格,应当不超过在相关不确定性消除时,累计已确认的收入极可能不会发生重大转回的金额。

2) 合同存在重大融资成分

合同中存在重大融资成分的,企业应当按照假定客户在取得商品控制权时即以现金支付的应付金额确定交易价格,该交易价格与合同对价之间的差额,应当在合同期间内采用实际利率法摊销。

3) 非现金对价

客户支付非现金对价的,企业应当按照非现金对价在合同开始日的公允价值确定交易价格;非现金对价的公允价值不能合理估计的,企业应当参照其承诺向客户转让商品的单独售价间接确定交易价格。

合同开始日后,非现金对价的公允价值因对价形式以外的原因而发生变动的,应当作为可变对价进行会计处理;非现金对价的公允价值因对价形式而发生变动的,该变动金额不应计入交易价格。例如,甲公司为某企业定制一台特殊设备,合同约定的固定交易价格为100万元,另外如果甲公司能够在一个月内交货则可获得10 000股该企业股票,合同开始日,该股票的公允价值为每股10元。由于缺乏执行类似合同经验,合同开始日甲公司估计该10 000股股票的公允价值计入交易价格将不满足累计已确认收入极可能不会发生重大转回的限制条件。28天后,甲公司将该设备生产完毕并交付客户,从而获得了100万元现金和10 000股股票,该股票当日公允价值为每股15元,甲公司将该股票作为交易性金融资产核算。本例中,由于缺乏执行类似合同经验,甲公司估计该合同开始日该10 000股股票的公允价值计入交易价格将不满足累计已确认收入极可能不会发生重大转回的限制条件,因此甲公司不应将该10 000股股票的公允价值100 000元计入交易价格。交货当日,甲公司获得了10 000股股票,甲公司应当将股票的公允价值因对价形式以外的原因而发生的变动100 000元计入交易价格并确认收入1 100 000元,因对价形式原因而发生的变动即10 000×(15−10)=50 000元计入公允价值变动损益。

4) 应付客户对价

(1) 企业在向客户转让商品的同时,需要向客户(或向客户购买本企业商品的第三方)支付对价的,应当将该应付对价金额冲减交易价格,并在确认相关收入与支付或承诺支付客户对价二者孰晚的时点冲减当期收入,但应付客户对价是为了自客户取得其他可明确区分商品的除外。

(2) 企业应付客户对价是为了自客户取得其他可明确区分商品的,应当采用与企业其他采购相一致的方式确认所购买的商品。企业应付客户对价超过自客户取得的可明确区分商品公允价值的,超过金额应当作为应付客户对价冲减交易价格。

2. 将交易价格分摊至各单项履约义务

当合同中包含两项或多项履约义务时,企业应当在合同开始日,按照各单项履约义务所承诺商品的单独售价的相对比例,将交易价格分摊至各单项履约义务。企业不得因合同开始日之后单独售价的变动而重新分摊交易价格。

交易价格后续发生变动的,企业应当按照在合同开始日所采用的基础将该后续变动金额分摊至合同中的履约义务。

11.1.4　销售业务的会计处理

1. 普通销售：在某一时点履行的履约义务

【例 11-1】　2021 年 7 月 10 日,甲公司与客户签订销售合同,将于 8 月 20 日向该客户销售特种产品 10 件,含税价格为 11 300 元/件,增值税税率 13%。7 月 20 日,客户预付货款 30 000 元。8 月 20 日,甲公司生产的该 10 件产品全部完工,并全部交付客户,单位成本 6 000 元/件,剩余款项尚未收取,给予客户现金折扣条件为:1/10,N/20,折扣含增值税,甲公司根据以往经验估计该客户很可能在 10 日内付款。客户于 9 月 9 日支付全部欠款。将生产该 10 件产品剩余的原材料出售,原材料成本 3 000 元,不含税价格 5 000 元,增值税 650 元,款项已收。

甲公司相关会计处理如下。

(1) 7 月 20 日预收客户货款。

借:银行存款　　　　　　　　　　　　　　　　　　30 000
　　贷:合同负债　　　　　　　　　　　　　　　　　　　30 000

(2) 8 月 20 日销售产品。

交易价格 $= 11\,300 \times 10 \div (1 + 13\%) = 100\,000$(元)

增值税 $= 11\,300 \times 10 \div (1 + 13\%) \times 13\% = 13\,000$(元)

收入 $= 100\,000 - (113\,000 - 30\,000) \times 1\% = 99\,170$(元)

应收账款 $= 13\,000 + 99\,170 - 30\,000 = 82\,170$(元)

借:应收账款　　　　　　　　　　　　　　　　　　82 170
　　合同负债　　　　　　　　　　　　　　　　　　30 000
　　贷:主营业务收入　　　　　　　　　　　　　　　　99 170
　　　　应交税费——应交增值税(销项税额)　　　　　13 000

结转销售成本:

借:主营业务成本　　　　　　　　　　　　　　　　60 000
　　贷:库存商品　　　　　　　　　　　　　　　　　　60 000

(3) 客户 9 月 9 日还款。

实际收款 $= 113\,000 - 30\,000 = 83\,000$(元)

调整当期收入 $= 83\,000 - 82\,170 = 830$(元)

借:银行存款　　　　　　　　　　　　　　　　　　83 000
　　贷:应收账款　　　　　　　　　　　　　　　　　　82 170
　　　　主营业务收入　　　　　　　　　　　　　　　　　830

(4) 销售原材料。

借:银行存款　　　　　　　　　　　　　　　　　　5 650
　　贷:其他业务收入　　　　　　　　　　　　　　　　5 000
　　　　应交税费——应交增值税(销项税额)　　　　　　650

结转销售成本:

借：其他业务成本   3 000

  贷：原材料   3 000

2. 普通销售：在某一时段内履行的履约义务

合同资产，是指企业已向客户转让商品而有权收取对价的权利，且该权利取决于时间流逝之外的其他因素。例如，向客户销售 A、B 两种产品，先交付 A 产品再交付 B 产品，能否收取 A 产品款项取决于 B 产品能否按时交付，交付 A 产品实现收入时，A 产品应收款项应确认为合同资产，而不能确认为应收账款。

合同负债，是指企业已收或应收客户对价而应向客户转让商品的义务。企业在向客户转让商品之前，如果客户已经支付了合同对价或企业已经取得了无条件收取合同对价的权利，则企业应当在客户实际支付款项与到期应支付款项孰早时点，将该已收或应收的款项列示为合同负债。

合同资产和合同负债应当在资产负债表中单独列示，并按流动性分别列示为"合同资产"或"其他非流动资产""合同负债"或"其他非流动负债"，不同合同下的合同资产与合同负债不能相互抵销，而同一合同下的合同资产和合同负债则应当以净额列示，所以企业可以设置"合同结算"科目，以核算同一合同下属于在某一时段内履行履约义务涉及与客户结算对价的合同资产或合同负债，并在此科目下设置"价款结算""收入结转"明细科目，分别反映定期与客户进行结算的金额、按履约进度结转的收入金额。资产负债表日，"合同结算"科目期末余额在借方的，根据其流动性，在资产负债表中分别列示为"合同资产"或"其他非流动资产"项目；期末余额在贷方的，根据其流动性，在资产负债表中分别列示为"合同负债"或"其他非流动负债"项目。

企业可设置"合同履约成本"科目并按"服务成本""工程施工"等进行明细核算。该科目核算企业为履行当前或预期取得的合同所发生的、不属于其他企业会计准则规范范围且按照《企业会计准则第 14 号——收入》应当确认为一项资产的成本。期末，根据流动性不同，将其分别列示于资产负债表的"存货"或"其他非流动资产"项目。

【例 11-2】 2021 年 11 月 1 日，甲公司与乙公司签订一份建造工程合同，工程造价 1 000 000 元(不含增值税)，合同期限 3 个月，从 2021 年 11 月 1 日至 2022 年 1 月 31 日。乙公司按照第三方工程监理公司确认的工程完工量，与甲公司每月结算一次。甲公司采用成本法确定履约进度，预计总成本 600 000 元，该工程整体构成单项履约义务，并属于在某一时段内履行的履约义务。增值税税率 9%，结算时甲公司产生纳税义务。

甲公司相关会计处理如下。

(1) 2021 年 11 月，甲公司实际发生服务成本 300 000 元，其中人工成本 200 000 元，原材料成本 100 000 元。与乙公司结算合同价款 400 000 元，实际收到 300 000 元。

① 发生工程成本。

借：合同履约成本   300 000

  贷：应付职工薪酬   200 000

    原材料   100 000

② 确认收入。

履约进度＝300 000÷600 000×100％＝50％

收入＝1 000 000×50％＝500 000（元）

借：合同结算——收入结转　　　　　　　　　　　500 000

　　贷：主营业务收入　　　　　　　　　　　　　　　　500 000

③ 结转成本费用。

主营业务成本＝600 000×50％＝300 000（元）

借：主营业务成本　　　　　　　　　　　　　　　300 000

　　贷：合同履约成本　　　　　　　　　　　　　　　　300 000

④ 结算。

借：应收账款　　　　　　　　　　　　　　　　　436 000

　　贷：合同结算——价款结算　　　　　　　　　　　　400 000

　　　　应交税费——应交增值税（销项税额）　　　　　　36 000

借：银行存款　　　　　　　　　　　　　　　　　300 000

　　贷：应收账款　　　　　　　　　　　　　　　　　　300 000

2021 年 11 月末，"合同履约成本"余额为 0；"合同结算"余额为借方 100 000 元,应在资产负债表"合同资产"项目列示。

(2) 2021 年 12 月,由于人工、原材料成本上涨,甲公司预计该工程总成本上涨为 650 000 元,当月实际发生工程成本 200 000 元,其中人工成本 150 000 元,原材料成本 50 000 元。与乙公司结算合同价款 300 000 元,实际收到 200 000 元。

① 发生工程成本。

借：合同履约成本　　　　　　　　　　　　　　　200 000

　　贷：应付职工薪酬　　　　　　　　　　　　　　　　150 000

　　　　原材料　　　　　　　　　　　　　　　　　　　50 000

② 确认收入。

履约进度＝(300 000＋200 000)÷650 000×100％＝76.92％

收入＝1 000 000×76.92％－500 000＝269 200（元）

借：合同结算——收入结转　　　　　　　　　　　269 200

　　贷：主营业务收入　　　　　　　　　　　　　　　　269 200

③ 结转成本费用。

主营业务成本＝650 000×76.92％－300 000≈200 000（元）

借：主营业务成本　　　　　　　　　　　　　　　200 000

　　贷：合同履约成本　　　　　　　　　　　　　　　　200 000

④ 结算。

借：应收账款　　　　　　　　　　　　　　　　　327 000

　　贷：合同结算　　价款结算　　　　　　　　　　　　300 000

　　　　应交税费——应交增值税（销项税额）　　　　　　27 000

借：银行存款　　　　　　　　　　　　　　　　　200 000

　　　　贷：应收账款　　　　　　　　　　　　　　　　　　200 000

　　2021 年 12 月末，"合同履约成本"余额为 0；"合同结算"余额为借方 69 200 元，应在资产负债表"合同资产"项目列示。

　　（3）2022 年 1 月，实际发生工程成本 180 000 元，其中人工成本 160 000 元，原材料成本 20 000 元。工程完工，与乙公司结算剩余工程款 300 000 元，同时收到全部工程款。

　　① 发生工程成本。

　　借：合同履约成本　　　　　　　　　　　　　　　　　180 000

　　　　贷：应付职工薪酬　　　　　　　　　　　　　　　　160 000

　　　　　　原材料　　　　　　　　　　　　　　　　　　　20 000

　　② 确认收入。

　　收入＝1 000 000－500 000－269 200＝230 800（元）

　　借：合同结算——收入结转　　　　　　　　　　　　　230 800

　　　　贷：主营业务收入　　　　　　　　　　　　　　　　230 800

　　③ 结转成本费用。

　　主营业务成本＝180 000（元）

　　借：主营业务成本　　　　　　　　　　　　　　　　　180 000

　　　　贷：合同履约成本　　　　　　　　　　　　　　　　180 000

　　④ 结算。

　　借：应收账款　　　　　　　　　　　　　　　　　　　327 000

　　　　贷：合同结算——价款结算　　　　　　　　　　　　300 000

　　　　　　应交税费——应交增值税（销项税额）　　　　　　27 000

　　借：银行存款　　　　　　　　　　　　　　　　　　　590 000

　　　　贷：应收账款　　　　　　　　　　　　　　　　　　590 000

　　2022 年 1 月末，"合同履约成本"余额为 0；"合同结算"余额为 0。

3. 具有重大融资成分的销售：客户向销售方提供融资

　　【例 11-3】　2021 年 1 月 1 日，甲公司与乙公司签订合同，向其销售一批产品。合同约定，该批产品将于 2022 年 12 月 31 日交货，不含税价款 5 000 000 元，增值税 650 000元，乙公司在合同签订时已一次性支付 5 150 000 元（含增值税 650 000 元），结清全部款项。甲公司在 2022 年 12 月 31 日交货，产品成本 4 000 000 元。

　　该合同包含重大融资成分，在确定该交易价格时，应当对合同承诺的对价金额进行调整，以反映重大融资成分的影响。

　　内含利率：$(5\,150\,000-650\,000)\times(1+r)^2=5\,000\,000$

　　解得 $r=5.41\%$。

　　（1）2021 年 1 月 1 日收到货款。

　　借：银行存款　　　　　　　　　　　　　　　　　　5 150 000

　　　　未确认融资费用　　　　　　　　　　　　　　　　500 000

借贷项	金额

　贷：合同负债　　　　　　　　　　　　　　　5 000 000

　　　应交税费——待转销项税额　　　　　　　　650 000

（2）2021 年 12 月 31 日确认融资费用。

财务费用＝4 500 000×5.41％＝243 450（元）

借：财务费用　　　　　　　　　　　　　　　243 450

　　贷：未确认融资费用　　　　　　　　　　　243 450

（3）2022 年 12 月 31 日。

① 确认融资费用。

财务费用＝500 000－243 450＝256 550（元）

借：财务费用　　　　　　　　　　　　　　　256 550

　　贷：未确认融资费用　　　　　　　　　　　256 550

② 确认收入和纳税义务。

借：合同负债　　　　　　　　　　　　　　　5 000 000

　　应交税费——待转销项税额　　　　　　　　650 000

　　贷：主营业务收入　　　　　　　　　　　　5 000 000

　　　　应交税费——应交增值税（销项税额）　　650 000

③ 结转销售成本。

借：主营业务成本　　　　　　　　　　　　　4 000 000

　　贷：库存商品　　　　　　　　　　　　　　4 000 000

4. 具有重大融资成分的销售：销售方向客户提供融资

【例 11-4】　2021 年 1 月 1 日，甲公司向客户销售产品一批，产品已发出，合同约定的不含税价款总额为 4 200 000 元，在未来三年内每年末等额收取并分次开具增值税发票，已知该批产品不含税现销价格为 3 900 000 元，成本为 3 000 000 元，增值税税率 13％。

该合同包含重大融资成分，在确定该交易价格时，应当对合同承诺的对价金额进行调整，以反映重大融资成分的影响。

（1）2021 年 1 月 1 日销售时。

① 确认收入。

借：长期应收款　　　　　　　　　　　　　　4 746 000

　　贷：主营业务收入　　　　　　　　　　　　3 900 000

　　　　应交税费——待转销项税额　　　　　　546 000

　　　　未实现融资收益　　　　　　　　　　　300 000

② 结转销售成本。

借：主营业务成本　　　　　　　　　　　　　3 000 000

　　贷：库存商品　　　　　　　　　　　　　　3 000 000

利用插值法计算内含利率为 3.8％，未来三年按 3.8％和长期应收款摊余成本分期摊销未实现融资收益。

（2）2021 年 12 月 31 日。

① 收取货款及增值税。

借：银行存款   1 582 000

  贷：长期应收款   1 582 000

② 确认增值税销项税额。

借：应交税费——待转销项税额   182 000

  贷：应交税费——应交增值税（销项税额）   182 000

③ 确认融资费用。

$3\ 900\ 000 \times 3.8\% = 148\ 200$（元）

借：未实现融资收益   148 200

  贷：财务费用   148 200

（3）2022 年 12 月 31 日。

① 收取货款及增值税。

借：银行存款   1 582 000

  贷：长期应收款   1 582 000

② 确认增值税销项税额。

借：应交税费——待转销项税额   182 000

  贷：应交税费——应交增值税（销项税额）   182 000

③ 确认融资费用。

$(3\ 900\ 000 - 1\ 400\ 000 + 148\ 200) \times 3.8\% = 100\ 632$（元）

借：未实现融资收益   100 632

  贷：财务费用   100 632

（4）2023 年 12 月 31 日。

① 收取货款及增值税。

借：银行存款   1 582 000

  贷：长期应收款   1 582 000

② 确认增值税销项税额。

借：应交税费——待转销项税额   182 000

  贷：应交税费——应交增值税（销项税额）   182 000

③ 确认融资费用。

$300\ 000 - 148\ 200 - 100\ 632 = 51\ 168$（元）

借：未实现融资收益   51 168

  贷：财务费用   51 168

5. 附有销售退回条款的销售

附有销售退回条款的销售，按以下方法处理。

（1）企业应当在客户取得相关商品控制权时，按照因向客户转让商品而预期有权收取的对价金额（包括企业有权向客户收取的退货费）确认收入。

（2）按照预期因销售退回将退还的金额确认负债，记入"预计负债"账户。

（3）按照预期将退回商品转让时的账面价值，扣除收回该商品预计发生的成本（包括退回商品的价值减损）后的余额，确认为一项资产，记入"应收退货成本"。

（4）按照所转让商品转让时的账面价值，扣除"应收退货成本"的净额结转成本。

（5）每一资产负债表日，企业应当重新估计未来销售退回情况，如有变化，应当作为会计估计变更进行会计处理，并调整当期收入。

（6）增值税按照税法有关规定处理，销售计税时不考虑退货可能性，待实际发生退货并按规定开具增值税红字发票后，可以冲减销项税额。

【例 11-5】 2021 年 1 月 15 日，甲公司向客户销售 A 产品 100 件，每件不含税价格为 1 000 元，每件成本为 700 元，货物已发出，款项已收。根据合同约定，客户有权在 2021 年 2 月 15 日之前退货，但是需要按每件产品 100 元向甲公司支付退货费。根据历史销售经验，甲公司预计 A 产品的退货率为 10%，退货过程中，预计甲公司将为每件 A 产品支付 80 元的退货成本。增值税税率为 13%。

甲公司相关会计处理如下。

（1）销售 A 产品。

预计负债 $= 1\,000 \times 100 \times 10\% - 100 \times 10\% \times 100 = 9\,000$（元）

借：银行存款	113 000	
贷：主营业务收入		91 000
预计负债		9 000
应交税费——应交增值税（销项税额）		13 000

应收退货成本 $= 100 \times 10\% \times (700 - 80) = 6\,200$（元）

借：主营业务成本	63 800	
应收退货成本	6 200	
贷：库存商品		70 000

（2）2021 年 2 月 15 日退货期满。

① 假定客户未退货。

借：预计负债	9 000	
贷：主营业务收入		9 000
借：主营业务成本	6 200	
贷：应收退货成本		6 200

② 假定实际退回 10 件 A 产品，款项已退并按税法规定开具红字增值税发票。

借：预计负债	9 000	
应交税费——应交增值税（销项税额）	1 300	
贷：银行存款		10 300
借：库存商品	7 000	
贷：应收退货成本		6 200
银行存款		800

③ 假定实际退回 8 件 A 产品,款项已退并按税法规定开具红字增值税发票。

借:预计负债   9 000

  应交税费——应交增值税(销项税额) 1 040

   贷:银行存款   8 240

    主营业务收入   1 800

借:库存商品   5 600

  主营业务成本   1 240

   贷:应收退货成本   6 200

    银行存款   640

④ 假定实际退回 12 件 A 产品,款项已退并按税法规定开具红字增值税发票。

借:预计负债   9 000

  主营业务收入   1 800

  应交税费——应交增值税(销项税额) 1 560

   贷:银行存款   12 360

借:库存商品   8 400

   贷:应收退货成本   6 200

    主营业务成本   1 240

    银行存款   960

6. 售后回购

售后回购,是指企业销售商品的同时承诺或有权选择日后再将该商品(包括相同或几乎相同的商品,或以该商品作为组成部分的商品)购回的销售方式。

售后回购通常有以下三种方式。

(1) 企业和客户约定企业有义务回购该商品,即存在远期安排。

(2) 企业有权利回购该商品,即企业拥有回购选择权。

(3) 当客户要求时,企业有义务回购该商品,即客户拥有回售选择权。

企业因存在与客户的远期安排而负有回购义务或企业享有回购权利时,回购价格低于原售价的,应当视为租赁交易,按照《企业会计准则第 21 号——租赁》的相关规定进行会计处理。回购价格不低于原售价的,应当视为融资交易,在收到客户款项时确认金融负债,而不是终止确认该资产,并将该款项和回购价格的差额在回购期间内确认为利息费用等。

企业应客户要求回购商品的,应区分客户是否具有行使该要求权的重大经济动因。客户具有行使该要求权的重大经济动因的,回购价格低于原售价的视为租赁交易,按照《企业会计准则第 21 号——租赁》的相关规定进行会计处理;回购价格不低于原售价的视为融资交易,在收到客户款项时确认金融负债,而不是终止确认该资产,并将该款项和回购价格的差额在回购期间内确认为利息费用等。客户不具有行使该要求权的重大经济动因的,企业应当将该售后回购作为附有销售退回条款的销售交易进行会计处理。

【例 11-6】 2021 年 7 月 1 日,甲公司向客户销售一台自制产品,价款 1 000 000 元,增值税 130 000 元,成本 800 000 元,款项已收,货物已发出。合同约定,甲公司将在 2021 年 12 月 31 日回购该产品,回购不含税价款为 1 120 000 元。甲公司按合同约定,于 2021 年 12 月 31 日支付 1 265 600 元回购该产品,其中增值税 145 600 元,取得增值税专用发票。

甲公司相关会计处理如下。

(1) 2021 年 7 月 1 日。

借:银行存款　　　　　　　　　　　　　　　　1 130 000

　　贷:其他应付款　　　　　　　　　　　　　　　　1 000 000

　　　　应交税费——应交增值税(销项税额)　　　　　　130 000

借:发出商品　　　　　　　　　　　　　　　　　800 000

　　贷:库存商品　　　　　　　　　　　　　　　　　800 000

(2) 2021 年 7 月至 12 月月末计提利息。

每月利息=(1 120 000-1 000 000)÷6=20 000(元)

借:财务费用　　　　　　　　　　　　　　　　　 20 000

　　贷:其他应付款　　　　　　　　　　　　　　　　　20 000

(3) 2021 年 12 月 31 日回购。

借:其他应付款　　　　　　　　　　　　　　　1 120 000

　　应交税费——应交增值税(进项税额)　　　　　 145 600

　　贷:银行存款　　　　　　　　　　　　　　　　1 265 600

借:库存商品　　　　　　　　　　　　　　　　　800 000

　　贷:发出商品　　　　　　　　　　　　　　　　　800 000

7. 附有客户额外购买选择权的销售

企业在销售商品的同时,可能向客户授予选择权,允许客户可以据此免费或以折扣价格购买额外的商品,包括销售激励、客户奖励积分、未来商品或服务的折扣券以及合同续约选择权等。如果额外购买选择权向客户提供了重大权利,应当作为单项履约义务,将合同中的交易价格分摊至该项履约义务,将收到的款项中归属于该选择权的部分确认为一项合同负债,在未来客户行使该项选择权或选择权失效时确认相关收入。

企业应基于单独售价的相对比例将交易价格分摊至各项履约义务,如果客户取得额外商品或服务的选择权的单独售价无法直接可靠取得,企业应当综合考虑客户行使和不行使该选择权所能获得的折扣的差异、客户行使该选择权的可能性等全部相关信息后,对其进行合理估计。

【例 11-7】 2021 年元旦,某自营电商平台推出一项奖励积分计划,顾客当日在该电商平台每消费 100 元可获得 10 个积分,至 2023 年末,在该电商平台购物时每个积分可以抵减 1 元。当日,该电商平台共销售商品 100 000 000 元,获得 10 000 000 个积分。根据历史销售经验,该电商平台估计该积分的兑换率为 90%。截至 2021 年末,顾客共兑换了 5 000 000 个积分,重新估计的兑换率为 95%。截至 2022 年末,顾客共兑换了 9 000 000 个积分,重新估计的兑换率为 98%。2023 年末,顾客累计兑换的积分为 9 900 000 个。经评估,授予顾客的奖励积分为顾客提供了一项重大权利。不考虑相关税费的影响。

该电商平台相关会计处理如下。

（1）销售当日。

商品的单独售价合计为 100 000 000 元,估计积分的单独售价为 $1 \times 10\ 000\ 000 \times 90\% = 9\ 000\ 000$（元）,按照商品和积分单独售价的相对比例对交易价格进行分摊。

商品分摊的交易价格 $= [100\ 000\ 000 \div (100\ 000\ 000 + 9\ 000\ 000)] \times 100\ 000\ 000 = 91\ 743\ 119$（元）,积分分摊的交易价格 $= [100\ 000\ 000 \div (100\ 000\ 000 + 9\ 000\ 000)] \times 9\ 000\ 000 = 8\ 256\ 881$（元）。

借：银行存款　　　　　　　　　　　　　　　　　100 000 000
　　贷：主营业务收入　　　　　　　　　　　　　　　　91 743 119
　　　　预计负债　　　　　　　　　　　　　　　　　　　8 256 881

（2）2021 年末。

以顾客兑换的积分数占预期将兑换的积分总数的比例为基础确认收入。积分 2021 年应确认的收入为 $5\ 000\ 000 \div (10\ 000\ 000 \times 95\%) \times 8\ 256\ 881 = 4\ 345\ 727$（元）,剩余未兑换的积分为 $8\ 256\ 881 - 4\ 345\ 727 = 3\ 911\ 154$（元）。

借：预计负债　　　　　　　　　　　　　　　　　　4 345 727
　　贷：主营业务收入　　　　　　　　　　　　　　　　4 345 727

（3）2022 年末。

以顾客兑换的积分数占预期将兑换的积分总数的比例为基础确认收入。积分 2022 年应确认的收入为 $9\ 000\ 000 \div (10\ 000\ 000 \times 98\%) \times 8\ 256\ 881 - 4\ 345\ 727 = 3\ 237\ 123$（元）,剩余未兑换的积分为 $3\ 911\ 154 - 3\ 237\ 123 = 674\ 031$（元）。

借：预计负债　　　　　　　　　　　　　　　　　　3 237 123
　　贷：主营业务收入　　　　　　　　　　　　　　　　3 237 123

（4）2023 年末。

未兑换的积分将失效,因此,应将 2023 年当年兑换的以及剩余未兑换的全部确认为 2023 年收入。

借：预计负债　　　　　　　　　　　　　　　　　　674 031
　　贷：主营业务收入　　　　　　　　　　　　　　　　674 031

8. 客户未行使的权利

客户未行使合同权利是客户向企业支付无须退回的预付款,企业赋予客户一项在未来取得商品或服务的权利,并使企业承担转让商品或服务的义务,但客户可能不会行使其所有的合同权利。例如,放弃储值卡、礼品卡、健身卡以及不可返还票券的使用。

（1）如果企业预计将有权获得客户未行使的合同权利金额,企业应当根据客户行使权利的模式按比例将预计未使用的权利金额确认为收入。

（2）如果企业预计无权获得未使用的权利金额,则企业应在客户行使其剩余权利的可能性极低时将预计未使用的权利金额确认为收入。

（3）对于企业收取的与客户未行使权利相关的对价,如果企业须将该对价转交其他方,则企业不能将未行使的权利金额确认为收入,而应该是一项负债。

【例 11-8】　2021 年年初,某美容院向顾客销售 100 张 VIP 卡,每张面值 10 600 元,总额 1 060 000 元,顾客持该卡可在该美容院全国连锁店进行打折消费,期限截至 2022 年末。该美容院根据历史经验估计,大约有相当于面值 10% 的金额不会被消费。2021 年,顾客使用 VIP 卡消费的金额为 530 000 元。该美容院适用的增值税税率为 6%。

该美容院相关会计处理如下。

该美容院预期将有权获得与客户未行使的合同权利相关的金额为 1 060 000×10%＝106 000(元),该金额应当按照客户行使合同权利的模式按比例确认收入。

(1) 2021 年初销售 VIP 卡。

借:银行存款　　　　　　　　　　　　　　　　1 060 000
　　贷:合同负债　　　　　　　　　　　　　　　　1 000 000
　　　应交税费——待转销项税额　　　　　　　　　 60 000

(2) 2021 年确认收入。

2021 年应确认的收入＝[530 000＋530 000÷(1 060 000－106 000)×106 000]÷(1+6%)＝555 556(元)

销项税额＝530 000÷(1+6%)×6%＝30 000(元)

借:合同负债　　　　　　　　　　　　　　　　555 556
　　应交税费——待转销项税额　　　　　　　　　 30 000
　　贷:主营业务收入　　　　　　　　　　　　　　555 556
　　　应交税费——应交增值税(销项税额)　　　　 30 000

(3) 2022 年确认收入。

2022 年末,VIP 卡到期,2022 年当年消费以及剩余未消费金额均应确认为当期收入,并交纳增值税。

借:合同负债　　　　　　　　　　　　　　　　444 444
　　应交税费——待转销项税额　　　　　　　　　 30 000
　　贷:主营业务收入　　　　　　　　　　　　　　444 444
　　　应交税费——应交增值税(销项税额)　　　　 30 000

11.2　费　　用

11.2.1　费用的概念

费用有狭义与广义之分。

狭义的费用是企业在日常经营活动中所发生的、会导致所有者权益减少的、与向所有者分配利润无关的经济利益的总流出。日常活动是指企业为完成其经营目标所从事的经常性活动以及与之相关的其他活动。

广义的费用是指一定期间内经济利益的总流出,表现为资产减少或负债增加而引起的但与向所有者分配利润以及直接计入所有者权益的损失无关的所有者权益的减少,具体包括营业成本、税金及附加、销售费用、管理费用、研发费用、财务费用、投资损失、公允价值变动损失、资产减值损失、信用减值损失、资产处置损失、营业外支出以及所得税费用。在利润表中,除营业外支出、所得税费用之外,其他各类费用均计入营业利润,营业外收入计入利润总额,利润总额扣除所得税费用为税后净利润。

投资损失是指企业从事各种对外投资活动中发生的净损失。公允价值变动损失是指交易性金融资产、以公允价值进行后续计量的投资性房地产等公允价值变下降所形成的损失。资产减值损失是指存货、固定资产、在建工程、无形资产、生物资产、长期股权投资等各项资产发生减值而形成的损失。信用减值损失是指以摊余成本计量的金融资产、以公允价值计量且其变动计入其他综合收益的金融资产(指定为以公允价值计量且其变动计入其他综合收益的金融资产的非交易性权益工具除外)减值而发生的损失,包括各种应收款项的减值损失、债权投资的减值损失、其他债权投资的减值损失等。资产处置损失是指处置固定资产、无形资产等形成的净损失。

本节主要介绍营业成本、税金及附加、销售费用、管理费用、研发费用、财务费用、营业外支出、所得税费用。

11.2.2　营业成本

营业成本是企业为获取营业收入而由产品、商品、材料等账面价值转化而来的费用,分为主营业务成本和其他业务成本。例如,企业当期销售产品会获得主营业务收入,所出售产品的账面价值相应地要结转为当期主营业务成本,企业出售原材料会获得其他业务收入,所出售材料的账面价值相应地要结转为当期其他业务成本。主营业务成本与其他业务成本,在利润表中汇总列示为"营业成本"。

【例 11-9】　甲公司当月出售产品的成本为 1 000 000 元,已计提存货跌价准备200 000 元;出售原材料的成本为 100 000 元,已计提存货跌价准备 30 000 元;出租机器设备当月应计提折旧 10 000 元;以成本模式进行后续计量的投资性房地产当月应计提折旧 50 000 元。

甲公司相关会计处理如下。

(1) 结转产品销售成本。

借:主营业务成本　　　　　　　　　　　　　　　　　800 000
　　存货跌价准备　　　　　　　　　　　　　　　　　200 000
　　　贷:库存商品　　　　　　　　　　　　　　　　　　1 000 000

(2) 结转材料销售成本。

借:其他业务成本　　　　　　　　　　　　　　　　　70 000
　　存货跌价准备　　　　　　　　　　　　　　　　　30 000
　　　贷:原材料　　　　　　　　　　　　　　　　　　100 000

(3) 计提出租设备折旧。

借:其他业务成本　　　　　　　　　　　　　　　　　10 000
　　　贷:累计折旧　　　　　　　　　　　　　　　　　　10 000

(4) 计提投资性房地产折旧。

借:其他业务成本　　　　　　　　　　　　　　　　　50 000
　　　贷:投资性房地产累计折旧(摊销)　　　　　　　　　50 000

11.2.3 税金及附加

企业应设置"税金及附加"账户,用于核算除所得税以外的其他各种费用化的税费支出,例如销售应税消费品所应缴纳的消费税,开采销售各种矿产资源应缴纳的资源税,根据当期实际缴纳的增值税、消费税计缴的城市维护建设税、教育费附加,企业应缴纳的房产税、城镇土地使用税、车船税、印花税、出口关税等。按税法规定应缴纳的以上各种税费,借记"税金及附加",贷记"应交税费——应交消费税""应交税费——应交资源税""应交税费——应交城市维护建设税""应交税费——应交教育费附加""应交税费——应交房产税""应交税费——应交城镇土地使用税""应交税费——应交车船税""应交税费——应交印花税""应交税费——应交出口关税"等。印花税也可以简化处理,不通过"应交税费"核算。

11.2.4 销售费用

销售费用是指企业在销售过程中发生的各项费用以及专设销售机构的各项费用,包括销售过程中发生的应由本企业负担的包装费、运输费、装卸费、保险费、广告费、展览费等促销费用,商品维修费等售后服务费用,专设销售机构的职工薪酬、业务费、折旧费、固定资产修理费和保险费等,委托其他单位代销支付的委托代销手续费等。

【例 11-10】 甲公司当月支付平面广告费 10 600 元,其中增值税 600 元,取得增值税专用发票。

借:销售费用		10 000
应交税费——应交增值税(进项税额)		600
贷:银行存款		10 600

11.2.5 管理费用

管理费用是指企业行政管理部门为组织和管理生产经营活动而发生的各种费用,包括除销售费用和财务费用以外的各种期间费用,如企业开办费、行政管理部门职工薪酬、劳动保护费、董事会费、咨询费、办公费、审计费、诉讼费、业务招待费、差旅费、固定资产折旧费、无形资产摊销费、修理费、保险费、业务招待费等。

【例 11-11】 甲公司当月以自制红酒招待 VIP 客户,红酒成本 6 000 元,计税价格 10 000 元,增值税税率 13%,消费税税率 10%。

借:管理费用	8 300
贷:库存商品	6 000
应交税费——应交增值税(销项税额)	1 300
——应交消费税	1 000

11.2.6 研发费用

研发费用是指企业进行研究与开发过程中发生的费用化支出。利润表中需要单独列示研发费用,企业可单独增设"研发费用"一级科目,也可以通过管理费用明细来核算。具体会计处理参见第 5 章无形资产。

11.2.7　财务费用

财务费用是指企业在筹集资金过程中发生的各项费用,包括生产经营期间发生的除资本化借款费用以外的利息、金融机构手续费、利息收入、汇兑损益、提前还款享受的现金折扣等。开办期间的利息支出与其他各种开办费一样,在开始生产经营的当期直接计入管理费用。

【例 11-12】　甲公司收到开户银行存款结息 1 200 元;持有的美元存款由于汇率下降形成汇兑损失 8 000 元。

(1) 确认利息收入。

借:银行存款　　　　　　　　　　　　　　　　　　1 200
　　贷:财务费用——利息收入　　　　　　　　　　　　1 200

(2) 确认汇兑损失。

借:财务费用——汇兑损益　　　　　　　　　　　　8 000
　　贷:银行存款——美元户　　　　　　　　　　　　8 000

11.2.8　营业外支出

营业外支出,是指企业非日常活动中发生的计入当期利润总额但不计入营业利润的各种支出,主要包括非流动资产报废毁损损失、公益性捐赠支出、非常损失、罚款支出、赔偿金支出、违约金支出等。

【例 11-13】　甲公司外购电脑一批对外捐赠,成本 100 000 元,同时捐赠自制桌椅一批,成本 5 000 元,不含税市场售价 10 000 元,增值税税率 13%,假定均为非公益事业捐赠。

借:营业外支出　　　　　　　　　　　　　　　　119 300
　　贷:库存商品——电脑　　　　　　　　　　　　100 000
　　　　　　　　——桌椅　　　　　　　　　　　　5 000
　　　应交税费——应交增值税(销项税额)　　　　14 300

11.2.9　所得税费用

所得税费用由两部分构成:当期所得税和递延所得税。当期所得税是按照税法规定计算的当期应交所得税,递延所得税是指按照《企业会计准则第 18 号——所得税》确认的应当计入当期损益的递延所得税费用或收益。

1. 当期所得税

企业应当按照企业所得税的规定计算应纳税所得额并按适用的税率缴纳企业所得税。税法规定的应税收入和税前扣除费用与会计准则的规定可能并不一致,因此申报缴纳企业所得税时,需要在会计利润总额的基础上进行纳税调整,大致可分为四个方面。

（1）税法确认收入而会计不确认收入，如捐赠视同销售，此时需要调增应纳税所得额。

（2）税法不确认收入而会计确认收入，如国债利息收入、符合条件的居民企业间的股息红利等免税收入，此时需要调减应纳税所得额。

（3）税法确认费用而会计不确认费用，如视同销售对应的营业成本、研发费用加计扣除部分等，此时需要调减应纳税所得额。

（4）税法不确认费用而会计确认费用，如超过税法规定标准的职工福利费、职工教育经费、工会会费、业务招待费、捐赠和赞助支出等，此时需要调增应纳税所得额。

企业所得税按月度或季度预缴，下一纳税年度 5 月底之前汇算清缴，多抵少补。企业预缴所得税时，应当按照月度或者季度的实际利润额预缴，实际利润额是按照会计准则规定核算的利润总额减去以前年度待弥补亏损以及不征税收入、免税收入和减免的应税所得额后的余额。

根据当期应交所得税做如下会计分录。

借：所得税费用——当期所得税

　　贷：应交所得税——应交企业所得税

2．递延所得税

《企业会计准则第 18 号——所得税》采用资产负债表债务法核算所得税。如果资产、负债的计税基础与账面价值不同，就产生了暂时性差异，如交易性金融资产公允价值计量、计提资产减值准备、折旧方法和折旧年限不符合税法规定、分期销售、预计负债等都会引起暂时性差异。暂时性差异分为两类：应纳税暂时性差异和可抵扣暂时性差异。资产的账面价值大于计税基础、负债的账面价值小于计税基础时产生应纳税暂时性差异。资产的账面价值小于计税基础、负债的账面价值大于计税基础时产生可抵扣暂时性差异，在符合递延所得税资产和递延所得税负债确认条件的情况下，暂时性差异乘以预期适用的所得税税率即为递延所得税负债期末余额，可抵扣暂时性差异乘以预期适用的所得税税率即为递延所得税资产期末余额。递延所得税负债期末余额和递延所得税资产期末余额减去各自期初余额，即为当期应确认或转回的递延所得税负债、递延所得税资产以及对应的递延所得税费用或收益。

除所得税费用外，递延所得税可能记入的账户还包括商誉、其他综合收益、留存收益、其他资本公积等。

【例 11-14】　甲公司适用 25% 企业所得税税率，年初、年末有关资产、负债的账面价值和计税基础如表 11-1 所示。

表 11-1　资产、负债账面价值与计税基础　　　　　　　　　　　元

项　　目	期初账面价值	期初计税基础	期末账面价值	期末计税基础
应收账款	95 000	100 000	114 000	120 000
存货	450 000	500 000	270 000	300 000
固定资产	900 000	800 000	800 000	600 000
预计负债	100 000	0	60 000	0

根据上述资料,计算甲公司当年应确认的递延所得税资产、递延所得税负债及递延所得税费用(或收益)。

(1)应收账款期初可抵扣暂时性差异=100 000−95 000=5 000(元),递延所得税资产期初余额=5 000×25%=1 250(元);期末可抵扣暂时性差异=120 000−114 000=6 000(元),期末递延所得税资产余额=6 000×25%=1 500(元);当期确认递延所得税资产=1 500−1 250=250(元),即当期确认递延所得税收益250元。

(2)存货期初可抵扣暂时性差异=500 000−450 000=50 000(元),递延所得税资产期初余额=50 000×25%=12 500(元);期末可抵扣暂时性差异=300 000−270 000=30 000(元),期末递延所得税资产余额=30 000×25%=7 500(元);当期冲减递延所得税资产=12 500−7 500=5 000(元),即当期确认递延所得税费用5 000元。

(3)固定资产期初应纳税暂时性差异=900 000−800 000=100 000(元),递延所得税负债期初余额=100 000×25%=25 000(元);期末应纳税暂时性差异=800 000−600 000=200 000(元),期末递延所得税负债余额=200 000×25%=50 000(元);当期确认递延所得税负债=50 000−25 000=25 000(元),即当期确认递延所得税费用25 000元。

(4)预计负债期初可抵扣暂时性差异=100 000−0=100 000(元),递延所得税资产期初余额=100 000×25%=25 000(元);期末可抵扣暂时性差异=60 000−0=60 000(元),期末递延所得税资产余额=60 000×25%=15 000(元);当期冲减递延所得税资产=25 000−15 000=10 000(元),即当期确认递延所得税费用10 000元。

综上,当期应转回递延所得税资产10 000+5 000−250=14 750(元);应确认递延所得税负债25 000元;应确认递延所得税费用=14 750+25 000=39 750(元)。

【例11-15】 甲公司第1年10月购入某公司1 000 000元股票,划分为以公允价值计量且其变动计入当期损益的金融资产。第1年末,该批股票的公允价值为1 200 000元,第2年末,该批股票公允价值为1 100 000万元,第3年末该批股票公允价值900 000元,第4年5月以1 050 000元出售。采用资产负债表债务法核算所得税,甲公司适用25%企业所得税税率,不考虑增值税因素。

(1)第1年。

借:交易性金融资产——成本   1 000 000

    贷:银行存款   1 000 000

借:交易性金融资产——公允价值变动   200 000

    贷:公允价值变动损益   200 000

借:所得税费用   50 000

    贷:递延所得税负债   50 000

当年申报所得税时,应调减应纳税所得额200 000元。

(2)第2年。

借:公允价值变动损益   100 000

    贷:交易性金融资产——公允价值变动   100 000

借:递延所得税负债   25 000

贷：所得税费用				25 000

当年申报所得税时,应调增应纳税所得额 100 000 元。

(3) 第 3 年。

借：公允价值变动损益			200 000	
贷：交易性金融资产——公允价值变动				200 000
借：递延所得税负债			25 000	
递延所得税资产			25 000	
贷：所得税费用				50 000

当年申报所得税时,应调增应纳税所得额 200 000 元。

(4) 第 4 年。

借：银行存款			1 050 000	
交易性金融资产——公允价值变动			100 000	
贷：交易性金融资产——成本				1 000 000
投资收益				150 000
借：所得税费用			25 000	
贷：递延所得税资产				25 000

当年申报所得税时,应调减应纳税所得额 100 000 元。

【例 11-16】　甲公司 2020 年 12 月购入生产用电子设备一台,原值 60 000 元,预计净残值为 0,预计使用年限 3 年,会计上采用年数总和法折旧,税法要求采用年限平均法折旧。2021 年末,该设备发生减值 10 000 元。假定每年税前的利润总额为 100 000 元,无其他所得税相关事项,企业所得税税率为 25%。采用资产负债表债务法核算所得税,各年暂时性差异计算见表 11-2。

表 11-2　各年暂时性差异计算表　　　　　　　　　　　　　元

年	原值	本期折旧	累计折旧	减值准备	累计减值准备	账面价值	税法折旧	税法累计折旧	计税基础	可抵扣暂时性差异
第 2 年	60 000	30 000	30 000	10 000	10 000	20 000	20 000	20 000	40 000	20 000
第 3 年	60 000	13 333	43 333	0	10 000	6 667	20 000	40 000	20 000	13 333
第 4 年	60 000	6 667	50 000	0	10 000	0	20 000	60 000	0	0

(1) 2021 年。

应纳税所得额 = 100 000 + (30 000 + 10 000 − 20 000) = 120 000(元)

应交所得税 = 120 000 × 25% = 30 000(元)

递延所得税资产 = 20 000 × 25% = 5 000(元)

借：所得税费用		25 000	
递延所得税资产		5 000	
贷：应交税费——应交企业所得税			30 000

当年申报缴纳所得税时,应调增应纳税所得额 20 000 元。

（2）2022 年。

应纳税所得额＝100 000－（20 000－13 333）＝93 333(元)

应交所得税＝93 333×25％＝23 333(元)

递延所得税资产余额＝13 333×25％＝3 333(元)

递延所得税资产期初余额 5 000 元

转回递延所得税资产 5 000－3 333＝1 667(元)

借：所得税费用　　　　　　　　　　　　　　　　25 000
　　贷：应交税费——应交企业所得税　　　　　　　　23 333
　　　　递延所得税资产　　　　　　　　　　　　　　　1 667

当年申报缴纳所得税时,应调减应纳税所得额 6 667 元。

（3）2023 年。

应纳税所得额＝100 000－（20 000－6 667）＝86 667(元)

应交所得税＝86 667×25％＝21 667(元)

转回递延所得税资产 3 333 元。

借：所得税费用　　　　　　　　　　　　　　　　25 000
　　贷：应交税费——应交企业所得税　　　　　　　　21 667
　　　　递延所得税资产　　　　　　　　　　　　　　　3 333

当年申报缴纳所得税时,应调减应纳税所得额 13 333 元。

11.3　利　　润

11.3.1　利润的概念

利润是指企业在一定会计期间的经营成果。利润包括收入减去费用后的净额、直接计入当期利润的利得和损失。在利润表中,利润包括营业利润、利润总额和净利润三部分。

1. 营业利润

营业利润＝营业收入－营业成本－税金及附加－销售费用－管理费用－研发费用－财务费用＋其他收益＋投资收益＋公允价值变动收益(减损失)－信用减值损失－资产减值损失＋资产处置收益(减损失)

2. 利润总额

利润总额＝营业利润＋营业外收入－营业外支出

3. 净利润

净利润＝利润总额－所得税费用

11.3.2　利润的核算

利润的核算有账结法和表结法两种方法。

1. 账结法

账结法下,每月月末将所有损益类账户的余额转入"本年利润",结转后损益类账户期末余额为零,本年利润贷方余额表示当年累计实现的净利润,借方余额表示当年累计发生的净亏损。该方法能够从账面上直接反映各月末累计实现的净利润或净亏损,实务中被广泛采用。

(1) 月末结账前将各收入类账户余额转入本年利润账户贷方。

借:主营业务收入

其他业务收入

其他收益

投资收益

公允价值变动损益

资产处置损益

营业外收入

贷:本年利润

收入类账户实际余额为借方时,一般用红字借记该账户。

(2) 月末结账前将各费用类账户余额转入本年利润账户借方。

借:本年利润

贷:主营业务成本

其他业务成本

税金及附加

销售费用

管理费用

研发费用

财务费用

资产减值损失

信用减值损失

营业外支出

经过以上结转,本年利润本月净发生额即为本月的利润总额,净发生额为贷方,表示本月盈利,净发生额为借方,表示本月亏损。本年利润期末余额为贷方时,表示当年实现的累计净利润;本年利润期末余额为借方时,表示当年实现的累计净亏损。

然后,将当期所得税和递延所得税结转至本年利润便可得到税后净利润。

借:本年利润

贷:所得税费用——当期所得税

　　　　　　——递延所得税

存在递延所得税收益时分录如下：

借：本年利润

　　所得税费用——递延所得税

　　贷：所得税费用——当期所得税

结转所得税费用后，本年利润账户贷方余额即表示税后净利润。

2. 表结法

表结法下，当年前 11 个月不结转本年利润，各损益类账户的月末余额表示累计的收入或费用，年末再将所有损益类账户的余额转入"本年利润"。该方法不能从账面上直接反映各月末累计实现的净利润或净亏损，需要在利润表中进行结算，工作量较小。

为了从账面上连续、系统地反映利润的形成过程，一般采用账结法。

11.3.3　利润分配

利润分配包括弥补以前年度亏损、提取盈余公积和向投资者分配利润。

1. 弥补以前年度亏损

以前年度亏损的弥补方式有三种：税前利润补亏、税后利润补亏和盈余公积补亏。其中税前利润补亏和税后利润补亏无须单独进行会计处理，净利润结转到"未分配利润"后即可自动弥补。盈余公积补亏需要进行会计处理，借"盈余公积"，贷"利润分配——盈余公积补亏"。

盈余公积补亏只引起所有者权益构成的变化，不会引起留存收益、所有者权益以及资产总额的变化。

2. 提取盈余公积

净利润弥补以前年度亏损后如果还有剩余，应按一定比例计提盈余公积。盈余公积分分为法定盈余公积和任意盈余公积。

计提盈余公积时：

借：利润分配——提取盈余公积

　　贷：盈余公积——法定盈余公积

　　　　　　　　——任意盈余公积

3. 有限责任公司向投资者分配利润

当年净利润弥补以前年度亏损和提取盈余公积后的余额，加上年初未分配利润，即为当年可供投资者分配的利润。

决定向投资者分配利润时：

借：利润分配——应付利润

　　贷：应付利润

实际发放时：

借：应付利润
　　　贷：银行存款

4. 股份有限公司向股东分派股利

（1）分派普通股或优先股现金股利时。

借：利润分配——应付股利
　　　贷：应付股利——优先股股利
　　　　　　　　　——普通股股利

（2）实际发放时。

借：应付股利——优先股股利
　　　　　　　——普通股股利
　　　贷：银行存款

（3）分派股票股利时。

借：利润分配——转作普通股股利
　　　贷：股本

派发股票股利，只会引起所有者权益构成的变化，留存收益减少，股本增加，不会引起公司所有者权益总额和资产总额的变化，但是会起到稀释的效果，导致每股净资产、每股收益及股票价格的下降。

11.3.4　利润结算

为了清晰地反映净利润的形成与分配，应当设置"利润分配——未分配利润"二级账户，利润结算方法如下。

1. 将"本年利润"账户余额转入"利润分配——未分配利润"

（1）本年利润账户余额为贷方时。

借：本年利润
　　　贷：利润分配——未分配利润

（2）本年利润账户余额为借方时。

借：利润分配——未分配利润
　　　贷：本年利润

2. 将"利润分配"其他二级科目的余额转入"利润分配——未分配利润"

借：利润分配——未分配利润
　　　贷：利润分配——提取盈余公积
　　　　　　　　　——应付利润（应付股利）
　　　　　　　　　——转作普通股股利

借：利润分配——盈余公积补亏
　　　贷：利润分配——未分配利润

结转后,除"未分配利润"外,利润分配其他二级账户余额为零。"未分配利润"账户贷方余额表示历年累计的未分配利润,借方余额表示历年累计的尚未弥补亏损。

【本章习题】

1. 2021年1月1日,甲公司与乙公司签订一份销售合同,向乙公司销售某产品。合同规定,当乙公司在2021第1季度的采购量不超过1 000件时每件产品的不含税价格为1 000元,超过1 000件时每件产品的不含税价格为800元,同时约定乙公司在3月末一次性付款,同时甲公司向乙公司开具增值税发票,税率13%。

(1) 1月,乙公司实际采购该产品200件,甲公司预计乙公司第1季度采购量不会超过1 000件。

(2) 2月,乙公司实际采购该产品600件,甲公司预计乙公司第1季度采购量将超过1 000件。

(3) 3月,乙公司实际采购该产品400件,并支付第1季度全部货款,甲公司按每件800元开票。

要求:根据上述资料,写出甲公司每个月的相关会计分录。

2. 2021年1月1日,甲公司采用分期收款方式向某客户销售产品一批,产品已发出,合同约定的不含税总价款为500 000元,客户分别在2021年至2025年各年末支付100 000元,同时甲公司向其开具增值税发票。该批产品当前不含税市场价格为400 000元,成本300 000元,增值税税率13%。已知:$(P/A,7\%,5)=4.100\ 2$,$(P/A,8\%,5)=3.992\ 7$。

要求:根据上述资料,写出甲公司各年相关会计分录。

3. 2021年1月31日,甲公司向客户销售A产品100件,每件不含税价格为100元,每件成本为70元,货物已发出,款项已收。根据合同约定,客户有权在2021年2月28日之前退货。根据历史销售经验,甲公司预计A产品的退货率为10%,增值税税率为13%。2021年2月,客户实际退货8件。

要求:根据上述资料,写出甲公司相关会计分录。

4. 2021年10月1日,甲公司向客户销售产品一件,价款100 000元,增值税13 000元,成本65 000元,款项已收,货物已发出。合同约定,甲公司将在2022年12月31日回购该产品,回购不含税价款为106 000元。甲公司按合同约定,于2021年12月31日支付119 780元回购该产品,其中增值税13 780元,取得增值税专用发票。

要求:根据上述资料,写出甲公司相关会计分录。

5. 甲公司与客户签订合同,约定从2021年10月至12月为客户提供咨询服务,合同总价款127 200元,分三个月平均支付。甲公司按成本法确定履约进度。10月份发生服务成本20 000元,预计总成本50 000元;11月份发生服务成本30 000元,预计总成本80 000元。12月份发生服务成本20 000元。每月末客户支付款项,甲公司开具增值税发票。假定服务成本全部为职工薪酬,增值税税率6%。

要求:根据上述资料,写出甲公司相关会计分录。

6. 甲公司"本年利润"11月30日余额为贷方800万元,12月份损益类账户发生额如

表 11-3 所示。

表 11-3　损益类账户发生额

元

科　　目	借方发生额	贷方发生额
主营业务收入		10 000 000
其他业务收入		1 000 000
投资收益		800 000
营业外收入		300 000
主营业务成本	5 000 000	
其他业务成本	600 000	
税金及附加	150 000	
销售费用	350 000	
管理费用	550 000	
财务费用	120 000	
营业外支出	80 000	

要求：

（1）将 12 月份各损益类账户余额结转至本年利润账户。

（2）计算 12 月份的营业利润、利润总额，并按 12 月份利润总额的 25％计提应预缴的所得税，并将"所得税费用"结转至本年利润。

（3）计算全年净利润，并按全年净利润的 10％计提法定盈余公积，按 20％分配利润（尚未支付）。

（4）将"本年利润"以及"利润分配"其他二级账户余额结转至未分配利润。

【即测即练】

第 12 章

财 务 报 表

【本章学习目标】

1. 了解财务报表相关概念、财务报表列报的基本要求。
2. 理解所有者权益变动表。
3. 掌握资产负债表、利润表和现金流量表的编制方法。

营利性破产

营利性破产的案例很多,尽管具体情况各不相同,但大都归因于资金链断裂。例如,广维文化凭借实景演出《印象·刘三姐》,经营状况一直比较稳定,实现持续盈利,2012 年到 2015 年的营业收入都在 1.7 亿元左右,2017 年票房收入更是高达 2.1 亿元,净利润近 1 亿元。然而,由于关联担保、关联企业投资失误等原因,最终却因资不抵债破产重整。有人说,利润是一种见解,现金才是事实。对于企业而言,毫无疑问,现金为王才是黄金定律。

问题:

为了弥补权责发生制信息的不足,我国财政部早在 1998 年便发布了《企业会计准则——现金流量表》。根据我国现行《企业会计准则第 31 号——现金流量表》,现金流量表能够提供哪些现金流量信息? 现金流量表有何作用?

12.1 财务报表概述

12.1.1 财务报表相关概念

1. 财务报告

财务会计报告又称财务报告,是指企业对外提供的反映企业某一特定日期的财务状况和某一会计期间的经营成果、现金流量等会计信息的文件。财务报告包括财务报表及其附注和其他应当在财务报告中披露的相关信息和资料。

根据《企业会计准则——基本准则》的规定,财务会计报告的目标是向财务会计报告使用者提供与企业财务状况、经营成果和现金流量等有关的会计信息,反映企业管理层受托责任履行情况,有助于财务会计报告使用者作出经济决策。

财务报告使用者包括投资者、债权人,政府及其有关部门和社会公众等。

2．财务报表

财务报表是对企业财务状况、经营成果、现金流量的结构性表述,至少应包括资产负债表、利润表、现金流量表、所有者权益(或股东权益)变动表及附注。财务报表各组成部分具有同等的重要程度。

3．个别财务报表与合并财务报表

集团的母公司需要同时编制合并财务报表和个别财务报表,符合豁免条件的投资性主体无须编制合并财务报表。

个别财务报表是仅反映母公司自身财务状况、经营成果和现金流量的财务报表。

合并财务报表是反映母公司和其全部子公司形成的企业集团整体财务状况、经营成果和现金流量的财务报表。合并财务报表的编制应遵循《企业会计准则第 30 号——财务报表列报》和《企业会计准则第 33 号——合并财务报表》。此外,合并现金流量表的编制还应遵循《企业会计准则第 31 号——现金流量表》。

4．中期财务报告

中期财务报告是以中期为基础编制的财务报告,中期是指短于一个完整会计年度的报告期间,具体分为月度、季度和半年度。中期财务报告至少应当包括资产负债表、利润表、现金流量表和附注。中期财务报告的编制应遵循《企业会计准则第 30 号——财务报表列报》和《企业会计准则第 32 号——中期财务报告》。此外,中期现金流量表还应遵循《企业会计准则第 31 号——现金流量表》。

5．分部报告

企业存在多种经营或跨地区经营的,应当按照《企业会计准则第 35 号——分部报告》的规定,在附注中披露分部信息。分部包括业务分部和地区分部,企业应当区分主要报告形式和次要报告形式披露分部信息。对于主要报告形式,企业应当在附注中披露分部收入、分部费用、分部利润(亏损)、分部资产总额和分部负债总额等。分部信息的主要报告形式是业务分部的,应当就次要报告形式披露下列信息:对外交易收入占企业对外交易收入总额 10% 或者以上的地区分部,以外部客户所在地为基础披露对外交易收入;分部资产占所有地区分部资产总额 10% 或者以上的地区分部,以资产所在地为基础披露分部资产总额。分部信息的主要报告形式是地区分部的,应当就次要报告形式披露下列信息:对外交易收入占企业对外交易收入总额 10% 或者以上的业务分部,应当披露对外交易收入;分部资产占所有业务分部资产总额 10% 或者以上的业务分部,应当披露分部资产总额。

12.1.2　财务报表列报的基本要求

1．依据各项会计准则确认和计量的结果编制财务报表

企业应当根据实际发生的交易和事项,遵循《企业会计准则——基本准则》、各项具体

会计准则及解释的规定进行确认和计量,并在此基础上编制财务报表。企业应当在附注中对这一情况作出声明,只有遵循了企业会计准则的所有规定时,财务报表才应当被称为"遵循了企业会计准则"。同时,企业不应以在附注中披露代替对交易和事项的确认与计量,也就是说,企业采用的不恰当的会计政策,不得通过在附注中披露等其他形式予以更正,企业应当对交易和事项进行正确的确认与计量。此外,如果按照各项会计准则规定披露的信息不足以让报表使用者了解特定交易或事项对企业财务状况、经营成果和现金流量的影响,企业还应当披露其他的必要信息。

2. 列报基础

企业应当以持续经营为基础编制财务报表。持续经营是会计的基本前提,也是会计确认、计量及编制财务报表的基础。

企业如果存在以下情况之一,则通常表明其处于非持续经营状态:①企业已在当期进行清算或停止营业;②企业已经正式决定在下一个会计期间进行清算或停止营业;③企业已确定在当期或下一个会计期间没有其他可供选择的方案而将被迫进行清算或停止营业。企业处于非持续经营状态时,应当采用清算价值等其他基础编制财务报表,如破产企业的资产采用可变现净值计量、负债按照其预计的结算金额计量等。在非持续经营情况下,企业应当在附注中声明财务报表未以持续经营为基础列报、披露未以持续经营为基础的原因以及财务报表的编制基础。

3. 权责发生制

除现金流量表按照收付实现制编制外,企业应当按照权责发生制编制其他财务报表。在采用权责发生制会计的情况下,当项目符合基本准则中财务报表要素的定义和确认标准时,企业就应当确认相应的资产、负债、所有者权益、收入和费用,并在财务报表中加以反映。

4. 列报的一致性

一致性是会计信息质量的一项重要质量要求,目的是使同一企业不同期间和同一期间不同企业的财务报表相互可比。《企业会计准则第 30 号——财务报表列报》规定,财务报表项目的列报应当在各个会计期间保持一致,不得随意变更。这一要求不仅针对财务报表中的项目名称,还包括财务报表项目的分类、排列顺序等方面。

在下列情况下,企业可以变更财务报表项目的列报:①会计准则要求改变财务报表项目的列报;②企业经营业务的性质发生重大变化或对企业经营影响较大的交易或事项发生后,变更财务报表项目的列报能够提供更可靠、更相关的会计信息。企业变更财务报表项目列报的,应当根据《企业会计准则第 30 号——财务报表列报》的有关规定提供列报的比较信息。

5. 依据重要性原则单独或汇总列报项目

关于项目在财务报表中是单独列报还是汇总列报,应当依据重要性原则来判断。总的原则是,如果某项目单个看不具有重要性,则可将其与其他项目汇总列报;如具有重要性,则应当单独列报。企业应当遵循如下规定。

(1)性质或功能不同的项目,一般应当在财务报表中单独列报,但是不具有重要性的项目可以汇总列报。

(2)性质或功能类似的项目,一般可以汇总列报,但是对其具有重要性的类别应该单独列报。

(3)项目单独列报的原则不仅适用于报表,还适用于附注。某些项目的重要性程度不足以在资产负债表、利润表、现金流量表或所有者权益变动表中单独列示,但对附注却具有重要性,在这种情况下应当在附注中单独披露。

(4)《企业会计准则第 30 号——财务报表列报》规定在财务报表中单独列报的项目,企业应当单独列报。其他会计准则规定单独列报的项目,企业应当增加单独列报项目。

重要性是判断财务报表项目是否单独列报的重要标准。重要性是指在合理预期下,如果财务报表某项目的省略或错报会影响使用者据此作出经济决策的,则该项目就具有重要性。企业在进行重要性判断时,应当根据所处环境,从项目的性质和金额大小两方面予以判断:一方面,应当考虑该项目的性质是否属于企业日常活动,是否显著影响企业的财务状况、经营成果和现金流量等因素;另一方面,判断项目金额大小的重要性,应当通过单项金额占资产总额、负债总额、所有者权益总额、营业收入总额、营业成本总额、净利润、综合收益总额等直接相关或所属报表单列项目金额的比重加以确定。企业对于各个项目的重要性判断标准一经确定,不得随意变更。

6. 财务报表项目金额间的相互抵销

财务报表项目应当以总额列报,资产和负债、收入和费用、直接计入当期利润的利得项目和损失项目的金额不能相互抵销,即不得以净额列报,但企业会计准则另有规定的除外。

以下三种情况不属于抵销。

(1)一组类似交易形成的利得和损失以净额列示的,不属于抵销。例如,汇兑损益应当以净额列报,为交易目的而持有的金融工具形成的利得和损失应当以净额列报。但是,如果相关的利得和损失具有重要性,则应当单独列报。

(2)资产或负债项目按扣除备抵项目后的净额列示,不属于抵销。例如,资产计提的减值准备,实质上意味着资产的价值确实发生了减损,资产项目应当按扣除减值准备后的净额列示,这样才反映了资产当时的真实价值。

(3)非日常活动产生的利得和损失,以同一交易形成的收益扣减相关费用后的净额列示更能反映交易实质的,不属于抵销。非日常活动并非企业主要的业务,非日常活动产生的损益以收入扣减费用后的净额列示,更有利于报表使用者的理解。

7. 比较信息的列报

比较性准则规定,企业在列报当期财务报表时,至少应当提供所有列报项目上一个可比会计期间的比较数据,以及与理解当期财务报表相关的说明,目的是向报表使用者提供对比数据,提高信息在会计期间的可比性。列报比较信息的这一要求适用于财务报表的所有组成部分,即既适用于四张报表,也适用于附注。

通常情况下,企业列报所有列报项目上一个可比会计期间的比较数据,至少包括两期各报表及相关附注。当企业追溯应用会计政策或追溯重述,或者重新分类财务报表项目时,按照《企业会计准则第28号——会计政策、会计估计变更和差错更正》等的规定,企业应当在一套完整的财务报表中列报最早可比期间期初财务报表,即应当至少列报三期资产负债表、两期其他各报表(利润表、现金流量表和所有者权益变动表)及相关附注。其中,列报的三期资产负债表分别指当期期末的资产负债表,上期期末(即当期期初)的资产负债表,以及上期期初的资产负债表。

企业根据规定确需变更财务报表项目列报的,应当至少对可比期间的数据按照当期的列报要求进行调整,并在附注中披露调整的原因和性质,以及调整的各项目金额。但是,在某些情况下,对可比期间比较数据进行调整是不切实可行的,企业应当在附注中披露不能调整的原因,以及假设金额重新分类可能进行的调整的性质。关于企业变更会计政策或更正差错时要求的对比较信息的调整,由《企业会计准则第28号——会计政策、会计估计变更和差错更正》规范。

8. 财务报表表首的列报要求

财务报表通常与其他信息(如企业年度报告等)一起公布,企业应当将按照企业会计准则编制的财务报告与一起公布的同一文件中的其他信息相区分。

企业在财务报表的显著位置(通常是表首部分)应当至少披露下列基本信息。

(1)编报企业的名称。如企业名称在所属当期发生了变更的,还应明确标明。

(2)对资产负债表而言,应当披露资产负债表日;对利润表、现金流量表、所有者权益变动表而言,应当披露报表涵盖的会计期间。

(3)货币名称和单位,如人民币元、人民币万元等。企业通常以人民币作为记账本位币,业务收支以人民币以外的货币为主的企业,可以选择经营所处的主要经济环境中的货币作为记账本位币,但是编报的财务报表应当折算为人民币。

(4)财务报表是合并财务报表的,应当予以标明。

9. 报告期间

企业至少应当按年编制财务报表。根据《中华人民共和国会计法》的规定,会计年度自公历1月1日起至12月31日止。因此,企业在编制年度财务报表时,可能存在年度财务报表涵盖的期间短于一年的情况,如企业在年度中间(如3月1日)开始设立等。在这种情况下,企业应当披露年度财务报表的实际涵盖期间及其短于一年的原因,并应当说明由此引起财务报表项目与比较数据不具可比性这一事实。

12.2　资产负债表

12.2.1　资产负债表的概念与作用

资产负债表是反映企业某一特定日期财务状况的会计报表。资产负债表是时点报表,表明在某一特定日期企业所拥有的经济资源、所承担的债务和所有者拥有的权益,其编制基础是基本会计等式"资产＝负债＋所有者权益"。

资产负债表的作用主要有以下几个方面。

(1) 提供某一日期资产的总额及其结构,表明企业拥有或控制的资源及其分布情况。

(2) 提供某一日期负债的总额及其结构,表明企业未来需要用多少资产或劳务清偿债务以及清偿时间。

(3) 反映所有者拥有的权益,据以判断资本保值增值的情况以及对负债的保障程度。

(4) 资产负债表可以为财务分析提供基本数据,据以计算如流动比率、速动比率、资产负债率、产权比率等财务比率,从而有助于报表使用者作出经济决策。

12.2.2　资产负债表的列报要求

1. 总体要求

(1) 分类别列报。资产负债表最根本的目标是反映企业在资产负债表日所拥有的资源、所承担的负债以及所有者所拥有的权益。因此,资产负债表应当按照资产、负债和所有者权益三大要素分类别列报。

(2) 资产和负债按流动性列报。资产应当按照流动性分为流动资产和非流动资产列示,负债应当按照流动性分为流动负债和非流动负债列示。流动性,通常按资产的变现或耗用时间长短或者负债的偿还时间长短来确定。按照准则规定,应先列报流动性强的资产或负债,再列报流动性弱的资产或负债。

(3) 列报相关的合计、总计项目。资产负债表中的资产类至少应当列示流动资产和非流动资产的合计项目;负债类至少应当列示流动负债、非流动负债以及负债的合计项目;所有者权益类应当列示所有者权益的合计项目。此外,还应当分别列示资产总计项目、负债和所有者权益总计项目,以判断资产负债表是否遵循基本会计等式"资产＝负债＋所有者权益"。

2. 资产的列报

资产应当按照流动资产和非流动资产两大类别在资产负债表中列示,在流动资产和非流动资产类别下进一步按性质分项列示。

资产满足下列条件之一的应当归类为流动资产,否则应当归类为非流动资产。

(1) 预计在一个正常营业周期中变现、出售或耗用,主要包括应收账款、存货等资产。正常营业周期,是指企业从购买用于加工的资产起至实现现金或现金等价物的期间。正常营业周期通常短于一年,但也存在正常营业周期长于一年的情况,此时尽管与之相关的应收账款、原材料、产成品等资产超过一年才变现、耗用或出售,但仍应作为流动资产列示。正常营业周期不能确定的,应当以一年作为正常营业周期。

(2) 主要为交易目的而持有。主要指以公允价值计量且其变动计入当期损益的金融资产,如交易性金融资产。

(3) 预计在资产负债表日起一年内(含一年)变现。例如,一年内到期的非流动资产、持有待售资产等。

（4）自资产负债表日起一年内，交换其他资产或清偿负债的能力不受限制的现金或现金等价物。用途受到限制的现金或现金等价物不能作为流动资产列示。

3. 负债的列报

负债应当按照流动负债和非流动负债两大类别在资产负债表中列示，在流动负债和非流动负债类别下进一步按性质分项列示。

负债满足下列条件之一的，应当归类为流动负债，否则归类为非流动负债。

（1）预计在一个正常营业周期中清偿。例如，应付账款、预收账款、应付职工薪酬、应交税费等。

（2）主要为交易目的而持有。例如，交易性金融负债。

（3）自资产负债表日起一年内到期应予以清偿。例如，一年内到期的长期应付款。

（4）企业无权自主地将清偿推迟至资产负债表日后一年以上。

此外，划分流动负债和非流动负债时注意以下两点。

（1）对于在资产负债表日起一年内到期的负债，企业预计能够自主地将清偿义务展期至资产负债表日后一年以上的，应当归类为非流动负债；不能自主地将清偿义务展期的，即使在资产负债表日后、财务报告批准报出日前签订了重新安排清偿计划协议，在资产负债表日仍应当归类为流动负债。

（2）企业在资产负债表日或之前违反了长期借款协议，导致贷款人可随时要求清偿的负债，应当归类为流动负债。但是，如果贷款人在资产负债表日或之前同意提供在资产负债表日后一年以上的宽限期，企业能够在此期限内改正违约行为，且贷款人不能要求随时清偿时，应当归类为非流动负债。

4. 所有者权益的列报

所有者权益是企业资产扣除负债后的剩余权益，反映企业在某一特定日期投资者拥有的净资产的总额。资产负债表中的所有者权益类项目一般按照净资产的不同来源和特定用途进行分类，按照"实收资本（股本）"、"其他权益工具"（如果有的话）、"资本公积"、"减：库存股"（如果有的话）、"其他综合收益"、"专项储备"、"盈余公积"、"未分配利润"分项列示。

12.2.3　资产负债表的格式

资产负债表的列报格式分为两种：账户式资产负债表和报告式资产负债表。

报告式资产负债表是上下结构，上半部列示资产，下半部列示负债和所有者权益，具体排列形式又分为两种：一种是按照"资产＝负债＋所有者权益"排列；另一种是按照"资产－负债＝所有者权益"排列。

账户式资产负债表是左右结构，左边列示资产，右边列示负债和所有者权益。根据《企业会计准则第 30 号——财务报表列报》的规定，我国资产负债表采用账户式结构，左边列示资产，按资产的流动性强弱排列；右边列示负债和所有者权益，按要求清偿时间的先后顺序列示。同时,该准则规定企业应当提供比较资产负债表,各个项目应当分"年初余额"和"期末余额"两栏分别列示。年初余额应根据上年年末有关项目期末余额填列。如果企业发生了会计政策变更、前期差错更正,应当对"年初余额"进行调整。如果资产负债表项目发生变更,应当对上年末资产负债表相关项目的名称和金额按照本年度的规定进行调整再填入"年初余额"。

资产负债表格式如表 12-1 所示。

表 12-1　资产负债表

会企 01 表

编制单位:　　　　　　　　　　__年__月__日　　　　　　　　　　单位:元

资　　　产	期末余额	年初余额	负债和所有者权益(或股东权益)	期末余额	年初余额
流动资产:			流动负债:		
货币资金			短期借款		
交易性金融资产			交易性金融负债		
衍生金融资产			衍生金融负债		
应收票据			应付票据		
应收账款			应付账款		
应收款项融资			预收账款		
预付账款			合同负债		
其他应收款			应付职工薪酬		
存货			应交税费		
合同资产			其他应付款		
持有待售资产			持有待售负债		
一年内到期的非流动资产			一年内到期的非流动负债		
其他流动资产			其他流动负债		
流动资产合计			流动负债合计		
非流动资产:			非流动负债:		
债权投资			长期借款		
其他债权投资			应付债券		
长期应收款			其中:优先股		
长期股权投资			永续债		
其他权益工具投资			长期应付款		
其他非流动金融资产			预计负债		
投资性房地产			递延收益		
固定资产			递延所得税负债		
在建工程			其他非流动负债		
生产性生物资产			非流动负债合计		
油气资产			负债合计		
使用权资产			所有者权益(或股东权益):		
无形资产			实收资本(或股本)		

续表

资　　产	期末余额	年初余额	负债和所有者权益（或股东权益）	期末余额	年初余额
开发支出			其他权益工具		
商誉			其中：优先股		
长期待摊费用			永续债		
递延所得税资产			资本公积		
其他非流动资产			减：库存股		
非流动资产合计			其他综合收益		
			专项储备		
			盈余公积		
			未分配利润		
			所有者权益（或股东权益）合计		
资产总计			负债和所有者权益（或股东权益）总计		

12.2.4　资产负债表的填列

1. 流动资产项目

（1）货币资金。反映资产负债表日企业持有的货币资金余额，根据"库存现金""银行存款""其他货币资金"账户余额之和填列。

（2）交易性金融资产。反映资产负债表日企业分类为以公允价值计量且其变动计入当期损益的金融资产，以及企业持有的直接指定为以公允价值计量且其变动计入当期损益的金融资产的期末账面价值，根据"交易性金融资产"明细账户分析填列。自资产负债表日起超过一年到期且预期持有超过一年的以公允价值计量且其变动计入当期损益的非流动金融资产的期末账面价值在"其他非流动金融资产"项目列示。

（3）衍生金融资产。反映资产负债表日企业承担的衍生金融负债，根据"衍生工具""套期工具"等账户所属明细账目期末借方余额合计数填列。

（4）应收票据。反映资产负债表日以摊余成本计量的，企业因销售商品、提供劳务等收到的商业汇票。根据"应收票据"相关明细账户期末余额减去"坏账准备"账户中相关坏账准备期末余额后的金额分析填列。

（5）应收账款。反映资产负债表日以摊余成本计量的，企业因销售商品、提供劳务等经营活动应收取的款项。根据"应收账款"相关明细账户期末借方余额，减去"坏账准备"账户中相关坏账准备期末余额后的金额分析填列。

（6）应收款项融资。反映资产负债表日以公允价值计量且其变动计入其他综合收益的应收票据和应收账款等。根据"应收票据""应收账款"明细账户分析填列。

（7）预付账款。反映企业按照合同规定预付的款项在资产负债表日的净额，根据"预付账款""应付账款"明细账户借方余额之和，减去相应的"坏账准备"相关明细账户贷方余额填列。

（8）其他应收款。反映资产负债表日企业持有的应收利息、应收股利和其他应收款净额，根据"应收利息""应收股利""其他应收款"期末余额合计，减去"坏账准备"中相关坏账准备期末余额后的净额填列。

（9）存货。反映资产负债表日企业持有的存货净额，根据"在途物资""材料采购""材料成本差异""原材料""库存商品""委托加工物资""周转材料""生产成本""自制半成品""发出商品"以及初始确认时摊销期限不超过一年或一个正常营业周期的"合同履约成本"等账户期末余额的借贷差额，减去"存货跌价准备""合同履约成本减值准备"相关期末余额后的净额填列。"被套期项目"账户中归属于存货的余额部分也在该项目列示。

（10）合同资产。反映企业合同资产在资产负债表日的余额中的流动部分，根据"合同资产"相关明细账户期末余额减去"合同资产减值准备"相关期末余额后的净额填列。同一合同下的合同资产与合同负债应当以净额列示，其中净额为借方余额的，其流动性部分也在该项目填列。

（11）持有待售资产。反映资产负债表日企业划分为持有待售类别的非流动资产以及划分为持有待售类别资产处置组中的流动资产和非流动资产的期末账面价值，根据"持有待售资产"期末余额，减去"持有待售资产减值准备"期末贷方余额后的净额填列。

（12）一年内到期的非流动资产。反映资产负债表日企业持有的将于一年内到期的非流动资产的期末账面价值，根据"债权投资""其他债权投资""长期应收款"明细账户中将于一年内到期的余额之和填列。

（13）其他流动资产。反映资产负债表日企业持有的除以上各类流动资产项目之外的其流动资产净额。例如，"应收退货成本"期末余额中归属于流动资产的部分、归属于确定承诺的"被套期项目"所属明细账户期末借方余额中流动资产部分、初始确认时摊销期限不超过一年或一个正常营业周期的"合同取得成本"、企业购入的以摊余成本计量的一年内到期的债权投资的期末账面价值、企业购入的以公允价值计量且其变动计入其他综合收益的一年内到期的其他债权投资的期末账面价值、"应交税费"期末借方余额归属于流动资产的部分等，均应在本项目列示。

2. 非流动资产项目

（1）债权投资。反映资产负债表日企业以摊余成本计量的长期债权投资的期末账面价值，根据"债权投资"相关明细账户期末余额减去"债权投资减值准备"账户相关减值准备期末贷方余额后的金额分析填列。自资产负债表日起一年内到期的长期债权投资的期末账面价值在"一年内到期的非流动资产"项目列示。企业购入的以摊余成本计量的一年内到期的债权投资的期末账面价值在"其他流动资产"项目列示。

（2）其他债权投资。反映资产负债表日企业分类为以公允价值计量且其变动计入其他综合收益的长期债权投资的期末账面价值，根据"其他债权投资"相关明细账户期末余额分析填列。自资产负债表日起一年内到期的长期债权投资的期末账面价值在"一年内到期的非流动资产"项目列示。企业购入的以公允价值计量且其变动计入其他综合收益的一年内到期的其他债权投资的期末账面价值在"其他流动资产"项目列示。

（3）长期应收款。反映资产负债表日企业持有的长期应收款净额,根据"长期应收款"相关明细账户期末余额减去"坏账准备"相关明细账户的贷方余额分析填列。自资产负债表日起一年内到期的长期应收款净额应当在"一年内到期的非流动资产"项目列示。

（4）长期股权投资。反映资产负债表日企业持有的长期股权投资的净额,根据"长期股权投资"期末余额减去"长期股权投资减值准备"贷方余额填列。

（5）其他权益工具投资。反映资产负债表日企业指定为以公允价值计量且其变动计入其他综合收益的金融资产的非交易性权益工具投资的期末账面价值,根据"其他权益工具投资"期末余额填列。

（6）投资性房地产。反映资产负债表日企业持有的投资性房地产的账面价值,以公允价值进行后续计量的,根据"投资性房地产"期末余额填列;以成本进行后续计量的,根据"投资性房地产"期末余额减去"投资性房地产累计折旧（摊销）"和"投资性房地产减值准备"贷方期末余额后净额填列。

（7）固定资产。反映资产负债表日企业持有的固定资产的账面价值和尚未清理完毕的固定资产清理净损益,根据"固定资产"期末余额减去"累计折旧"和"固定资产减值准备"贷方余额后的净额,以及"固定资产清理"账户期末余额填列。

（8）在建工程。反映资产负债表日企业尚未达到预定可使用状态的在建工程的账面价值和企业为在建工程准备的工程物资的账面价值,根据"在建工程"期末余额减去"在建工程减值准备"期末贷方余额后的净额,以及"工程物资"期末余额减去"工程物资减值准备"期末贷方余额后的净额填列。

（9）无形资产。反映资产负债表日企业持有的无形资产的账面价值,根据"无形资产"期末余额减去"累计摊销"和"无形资产减值准备"期末贷方余额后的净额填列。

（10）开发支出。反映资产负债表日企业已经发生的资本化研发支出的余额,根据"研发支出——资本化支出"明细账户期末余额填列。

（11）长期待摊费用。反映资产负债表日企业已经发生但应由本期和以后各期负担的摊销期限在一年以上的长期待摊费用的期末余额,根据"长期待摊费用"期末余额填列。

（12）递延所得税资产。反映资产负债表日企业确认的可抵扣暂时性差异产生的所得税资产的余额,根据"递延所得税资产"期末余额填列。

（13）其他非流动资产。反映资产负债表日企业持有的除以上各类非流动资产以外的其他非流动资产净额。例如,"合同履约成本""合同取得成本""合同资产""应收退货成本"等期末账面价值中属于非流动资产部分,"应交税费"期末借方额归属于非流动资产的部分,归属于确定承诺的"被套期项目"所属明细账户期末借方余额中非流动资产部分,均在本项目列示。

3. 流动负债项目

（1）短期借款。反映资产负债表日企业承担的向银行或其他金融机构借入的期限在一年以下的各种借款的期末账面价值,根据"短期借款"期末余额填列。

（2）交易性金融负债。反映资产负债表日企业承担的交易性金融负债,以及指定为以公允价值计量且其变动计入当期损益的金融负债的期末账面价值,根据"交易性金融负债"明细账户分析填列。

（3）衍生金融负债。反映资产负债表日企业承担的衍生金融负债,根据"衍生工具""套期工具"等账户所属明细账目期末贷方余额合计数填列。

（4）应付票据。反映资产负债表日企业以摊余成本计量的应付票据期末账面价值,根据"应付票据"期末余额填列。

（5）应付账款。反映资产负债表日企业以摊余成本计量的应付账款期末账面价值,根据"应付账款"和"预付账款"相关明细账户期末贷方余额合计填列。

（6）预收账款。反映资产负债表日企业按合同规定预收款的账面价值,根据"预收账款"和"应收账款"相关明细账户期末贷方余额合计填列。

（7）合同负债。反映资产负债表日企业确认的合同负债中流动负债部分的账面价值,根据"合同负债"相关明细账户期末余额分析填列。同一合同下的合同资产与合同负债应当以净额列示,其中净额为贷方余额的,其流动性部分也在该项目填列。

（8）应付职工薪酬。反映资产负债表日企业承担的应付职工薪酬的流动负债部分的余额,根据"应付职工薪酬"账户期末余额分析填列。

（9）应交税费。反映资产负债表日企业承担的应交未交税费的余额,根据"应交税费"相关明细账户期末贷方余额填列。

（10）其他应付款。反映资产负债表日企业承担的应付利息、应付股利以及其他应付款的余额,根据"应付利息""应付股利""其他应付款"期末余额合计数填列。

（11）持有待售负债。反映资产负债表日企业处置组中与划分为持有待售类别的资产直接相关的负债的账面价值,根据"持有待售负债"账户期末余额填列。

（12）一年内到期的非流动负债。反映资产负债表日企业持有的将于一年内到期的非流动负债的账面价值,根据"长期借款""应付债券""长期应付款"等所属明细账户中将于一年内到期的余额合计填列。

（13）其他流动负债。反映资产负债表日除以上各类流动负债以外的其他流动负债,例如"被套期项目"相关明细账户贷方余额中的流动负债部分。

4. 非流动负债

（1）长期借款。反映资产负债表日企业承担的向银行或其他金融机构借入的期限在一年以上的各种借款的账面价值中的非流动负债部分,根据"长期借款"相关明细账户期末余额分析填列。

（2）应付债券。反映资产负债表日企业为筹集长期资金而发行的债券的账面价值中的非流动负债部分,根据"应付债券"相关明细账户期末余额分析填列。

（3）长期应付款。反映资产负债表日企业承担的除长期借款和应付债券以外的其他各种长期应付款项的账面价值中的非流动负债部分,根据"长期应付款"相关明细账户期末余额分析填列。

（4）预计负债。反映资产负债表日企业确认的各预计负债的账面价值中的非流动负债部分,根据"预计负债"相关明细账户期末余额分析填列。

（5）递延所得税负债。反映资产负债表日企业确认的由暂时性差异产生的所得税负债的账面价值,根据"递延所得税负债"账户期末余额分析填列。

（6）其他非流动负债。反映资产负债表日企业承担的除以上各类非流动负债以外的其他各类非流动负债。例如,"被套期项目"相关明细账户贷方余额中的非流动负债部分。

5. 所有者权益

（1）实收资本（或股本）。反映资产负债表日企业接受投资者投入的实收资本余额,根据"实收资本（或股本）"期末余额填列。

（2）其他权益工具。反映资产负债表日企业发行的除普通股以外的其他权益工具的余额,根据"其他权益工具"期末余额填列。

（3）资本公积。反映资产负债表日企业收到投资者出资额超过其在注册资本中享有份额部分的余额,根据"资本公积"期末余额填列。

（4）其他综合收益。反映资产负债表日企业直接计入所有者权益的各项利得和损失的余额,根据"其他综合收益"期末余额填列。

（5）专项储备。反映资产负债表日高危行业企业已按国家规定提取的安全生产费余额,根据"专项储备"期末余额填列。

（6）盈余公积。反映资产负债表日企业从净利润中提取的盈余公积余额,根据"盈余公积"期末余额填列。

（7）未分配利润。反映资产负债表日企业累计未分配利润或未弥补亏损的余额,根据"利润分配——未分配利润"期末余额填列。编制中期财务报表时,由于"本年利润"尚未结转至"未分配利润",此时该项目还应当包括"本年利润"期末余额。

12.3 利 润 表

12.3.1 利润表的概念

利润表,是反映企业在一定会计期间经营成果的报表。利润表属于期间报表,其编制基础是会计等式"收入－费用＝利润"。

利润表的作用主要体现在以下几个方面。

（1）可以充分反映企业经营业绩的主要来源和构成,有助于报表使用者判断净利润的质量及其风险、预测净利润的持续性,从而作出正确的经济决策。

（2）可以反映一定会计期间收入的实现情况,如实现的营业收入、投资收益、公允价值变动损益、资产处置收益、其他收益、营业外收入等。

（3）可以反映一定会计期间的费用耗费情况,如耗费的营业成本、税金及附加、销售费用、管理费用、财务费用、营业外支出等。

（4）利润表可以反映企业生产经营的成果,即净利润的实现情况,据以判断资本保值增值情况。

（5）利润表中的信息与资产负债表中的信息相结合,还可以提供财务分析的基本数据,据以计算应收账款周转率、存货周转率、总资产周转率、销售净利率、资产收益率、净资产收益率等财务比率。

12.3.2　利润表的格式

利润表的格式分为两种：单步式利润表和多步式利润表。单步式利润表是将当期所有的收入列在一起，然后将所有的费用列在一起，两者相减得出当期净利润。多步式利润表是通过对当期的收入、费用、支出项目按性质加以归类，按利润的形成环节列示一些中间性的利润指标，分步计算当期净损益，便于报表使用者理解企业经营成果的不同来源。根据《企业会计准则第 30 号——财务报表列报》的规定，我国采用多步式利润表，可以分以下三个步骤编制利润表。

（1）以营业收入为基础，减去营业成本、税金及附加、销售费用、管理费用、财务费用、资产减值损失，加上公允价值变动收益（减公允价值变动损失）、投资收益（减去投资损失）、资产处置收益（减去资产处置损失）、其他收益，计算出营业利润。

（2）以营业利润为基础，加上营业外收入，减去营业外支出，计算出利润总额。营业外收入属于计入当期损益的利得，不属于会计中的收入要素，如接受捐赠利得；营业外支出属于计入当期损益的损失，不属于会计中的费用要素，如对外捐赠损失。

（3）以利润总额为基础，减去所得税费用，计算出净利润（或净亏损）。

根据《企业会计准则第 30 号——财务报表列报》的规定，企业应当提供比较利润表，以使报表使用者通过比较不同期间利润的实现情况，判断并预测企业经营成果的发展趋势。所以，利润表各项目应当分为"本期金额"和"上期金额"两栏分别列示。

我国目前的利润表本质上属于综合收益表。综合收益表是用于反映企业在一定期间综合收益的会计报表，除反映利润的形成过程外，还包括以下信息。

（1）其他综合收益。其他综合收益是指根据其他会计准则规定未在当期损益中确认的各项利得和损失，也就是直接计入当期所有者权益的利得和损失，分为"以后会计期间不能重分类进损益的其他综合收益"和"以后会计期间在满足规定条件时将重分类进损益的其他综合收益项目"两类，在综合收益表中按分类以税后净额列示。

（2）综合收益总额。净利润加上其他综合收益等于综合收益总额。

（3）每股收益。普通股或潜在普通股已公开交易的企业，以及正处于公开发行普通股或潜在普通股过程中的企业，还应当在利润表中列示每股收益信息，包括基本每股收益和稀释每股收益。不存在稀释性潜在普通股的企业应当在利润表中单独列示基本每股收益。存在稀释性潜在普通股的企业应当在利润表中单独列示基本每股收益和稀释每股收益。

我国利润表格式如表 12-2 所示。

表 12-2　利润表

会企 02 表

编制单位：　　　　　　　　　　　　＿＿年　　　　　　　　　　　　　单位：元

项　　　目	本期金额	上期金额
一、营业收入		
减：营业成本		
税金及附加		
销售费用		

续表

项　　目	本期金额	上期金额
管理费用		
研发费用		
财务费用		
其中：利息费用		
利息收入		
加：其他收益		
投资收益（损失以"－"号填列）		
其中：对合营企业和联营企业的投资收益		
净敞口套期收益（损失以"－"号填列）		
公允价值变动收益（损失以"－"号填列）		
信用减值损失（损失以"－"号填列）		
资产减值损失（损失以"－"号填列）		
资产处置收益（损失以"－"号填列）		
二、营业利润（亏损以"－"号填列）		
加：营业外收入		
减：营业外支出		
三、利润总额（亏损总额以"－"号填列）		
减：所得税费用		
四、净利润（净亏损以"－"号填列）		
（一）持续经营净利润（净亏损以"－"号填列）		
（二）终止经营净利润（净亏损以"－"号填列）		
五、其他综合收益的税后净额		
（一）不能重分类进损益的其他综合收益		
1. 重新计量设定受益计划变动额		
2. 权益法下不能转损益的其他综合收益		
3. 其他权益工具投资公允价值变动		
4. 企业自身信用风险公允价值变动		
……		
（二）将重分类进损益的其他综合收益		
1. 权益法下可转损益的其他综合收益		
2. 其他债权投资公允价值变动		
3. 金融资产重分类计入其他综合收益的金额		
4. 其他债权投资信用减值准备		
5. 现金流量套期储备		
6. 外币财务报表折算差额		
……		
六、综合收益总额		
七、每股收益		
（一）基本每股收益		
（二）稀释每股收益		

12.3.3　利润表的填列

（1）营业收入。反映企业当期经营主要业务和其他业务所确认的收入总额，根据"主营业务收入""其他业务收入"发生额分析填列。

（2）营业成本。反映企业当期经营主要业务和其他业务发生的实际成本总额，根据"主营业务成本""其他业务成本"发生额分析填列。

（3）税金及附加。反映企业当期应负担的消费税、城市维护建设税、资源税、土地增值税、教育费附加、房产税、车船税、城镇土地使用税、印花税等税费，根据"税金及附加"发生额分析填列。

（4）销售费用。反映企业当期在销售商品过程中发生的包装费、广告费等费用，以及专设的销售机构的职工薪酬、业务费等经营费用，根据"销售费用"发生额分析填列。

（5）管理费用。反映企业当期为组织和管理生产经营发生的管理费用，根据"管理费用"中除"研发费用"以外的发生额分析填列。

（6）研发费用。反映企业当期进行研究与开发过程中发生的费用化支出，根据"研发费用"一级账户或"管理费用"科目下的"研发费用"明细科目的发生额填列。

（7）财务费用。反映企业当期利息净支出、手续费、汇兑损益，该项目应根据"财务费用"发生额分析填列。"利息费用"反映企业为筹集生产经营所需资金等而发生的应予费用化的利息支出，"利息收入"反映企业确认的抵减财务费用的利息收入，这两个项目应根据"财务费用"相关明细账户发生额分析填列。

（8）其他收益。反映企业当期计入其他收益的政府补助等，根据"其他收益"账户的发生额分析填列。

（9）投资收益。反映企业当期以各种方式对外投资所取得的净损益，根据"投资收益"账户发生额分析填列。如果是投资损失，应以"－"号填列。

（10）净敞口套期收益。反映企业当期开展净敞口套期业务的净收益或损失，根据"净敞口套期损益"发生额分析填写。如果是净敞口套期损失，应该以"－"填列。

（11）公允价值变动收益。反映企业当期以公允价值计量的交易性金融资产等公允价值变动收益或损失，根据"公允价值变动损益"账户发生额分析填列。如果是公允价值变动损失，以"－"号填列。

（12）信用减值损失。反映企业当期计提的各项金融工具减值准备所形成的预期信用损失，根据"信用减值损失"发生额分析填列。

（13）资产减值损失。反映企业当期除金融资产以外的各项资产发生的减值损失，根据"资产减值损失"发生额分析填列。

（14）资产处置收益。反映企业出售划分为持有待售的非流动资产（金融工具、长期股权投资和投资性房地产除外）或处置组时确认的处置利得或损失，以及处置未划分为持有待售的固定资产、在建工程、生产性生物资产及无形资产而产生的处置利得或损失，根据"资产处置损益"发生额分析填列；如为处置损失，以"－"号填列。

（15）营业利润，反映企业当期经营活动的成果。应根据上述报表各项目的金额加减计算的结果填列。如果是亏损，应以"－"号表示。

（16）营业外收入。反映企业当期发生的营业利润以外的收益,包括与企业日常活动无关的政府补助、盘盈利得、捐赠利得等,根据"营业外收入"发生额分析填列。

（17）营业外支出。反映企业当期发生的营业利润以外的支出,包括公益性捐赠支出、非常损失、盘亏损失、非流动资产毁损报废损失等,根据"营业外支出"发生额分析填列。

（18）利润总额。反映企业当期实现的利润总额,根据上述报表各项目的金额加减计算的结果填列。如果是亏损,应以"一"号表示。

（19）所得税费用。反映企业应从当期利润总额中扣除的所得税费用,包括按照税法规定计算的当期所得税费用及按照资产负债表债务法确认的递延所得税费用,根据"所得税费用"账户的发生额分析填列。

（20）净利润。反映企业当期税后净利润,根据上述"利润总额"项目金额减去"所得税费用"项目金额计算的结果填列。如果是亏损,应以"一"号表示。"持续经营净利润"和"终止经营净利润",分别反映净利润中与持续经营相关的净利润和与终止经营相关的净利润;如为净亏损,以"一"号填列。该两个项目应按照《企业会计准则第 42 号——持有待售的非流动资产、处置组和终止经营》的相关规定分别列报。

（21）其他综合收益的税后净额。反映企业当期根据规定未能在损益中确认的各项利得和损失扣除所得税影响后的净额,分"不能重分类进损益的其他综合收益"和"将重分类进损益的其他综合收益"两大类分别列示,各具体项目应根据"其他综合收益"相关明细账户的发生额分析填列。

（22）综合收益总额。反映企业当期除与所有者以其所有者身份进行的交易之外的其他交易或事项所引起的所有者权益变动,根据上述"净利润"和"其他综合收益"项目合计金额填列。

（23）每股收益。每股收益是指普通股股东每持有一股所能享有的企业利润或需承担的企业亏损。每股收益通常被用来反映企业的经营成果,衡量普通股的获利水平及投资风险,是投资者、债权人等信息使用者据以评价企业盈利能力、预测企业成长潜力、进而作出相关经济决策的一项重要的财务指标。每股收益分为基本每股收益和稀释每股收益两类。

基本每股收益只考虑当期实际发行在外的普通股股份,按照归属于普通股股东的当期净利润除以当期实际发行在外普通股的加权平均数计算确定。

【例 12-1】 甲公司年初发行在外的普通股为 20 000 万股;3 月 1 日新发行普通股 10 800 万股;12 月 1 日回购普通股 4 800 万股,以备将来奖励职工。甲公司当年实现净利润 6 500 万元。

发行在外普通股加权平均数 = 20 000 × 12/12 + 10 800 × 10/12 − 4 800 × 1/12 = 28 600（万股）,或者 = 20 000 × 2/12 + 30 800 × 9/12 + 26 000 × 1/12 = 28 600（万股）

基本每股收益 = 6 500/28 600 = 0.23（元）

稀释每股收益是以基本每股收益为基础,假设企业所有发行在外的稀释性潜在普通股(如可转换公司债券、认股权证、股份期权等)均已转换为普通股,从而分别调整归属于普通股股东的当期净利润以及发行在外普通股的加权平均数计算而得的每股收益。

【例 12-2】　甲公司当年归属于普通股股东的净利润为 25 500 万元,期初发行在外的普通股股数为 10 000 万股,年内普通股股数未发生变化。当年 1 月 1 日,公司按面值发行 40 000 万元的三年期可转换公司债券,每张面值 100 元,票面利率为 2%,每年末付息。该可转换公司债券自发行结束后 12 个月以后即可转换为普通股,转股价格为每股 10 元,即每 100 元债券可转换为 10 股面值 1 元的普通股。假设不具备转换权的类似债券的市场利率为 3%,债券利息直接计入当期损益,所得税税率为 25%。

基本每股收益 = 25 500/10 000 = 2.55(元)

每年支付利息 = 40 000 × 2% = 800(万元)

负债成分公允价值 = 800 × (P/A, 3%, 3) + 40 000 × (P/F, 3%, 3) = 38 868.56(万元)

权益成分公允价值 = 40 000 − 38 868.56 = 1 131.44(万元)

假设转换所增加的净利润 = 38 868.56 × 3% × (1 − 25%) = 874.54(万元)

假设转换所增加的普通股股数 = 40 000/10 = 4 000(万股)

增量股的每股收益 = 874.54/4 000 = 0.22(元)

增量股的每股收益小于基本每股收益,可转换公司债券具有稀释作用。

稀释每股收益 = (25 500 + 874.54)/(10 000 + 4 000) = 1.88(元)

12.4　现金流量表

12.4.1　现金流量表的概念与作用

现金流量表,是反映企业一定会计期间内现金和现金等价物流入与流出的报表。现金流量表属于期间报表。编制现金流量表的主要目的是为报表使用者提供企业一定会计期间内现金和现金等价物流入与流出的信息,以便财务报表使用者了解和评价企业获取现金与现金等价物的能力,并据以预测企业未来现金流量。

现金流量表的作用主要体现在以下几个方面。

(1) 有助于评价企业支付能力、偿债能力和周转能力。

(2) 有助于预测企业未来现金流量。

(3) 有助于分析企业收益质量及影响现金流量的因素,掌握企业经营活动、投资活动和筹资活动的现金流量,可以从现金流量的角度了解净利润的质量,为分析和判断企业的财务前景提供信息。

12.4.2　现金流量表的编制基础

现金流量表基于收付实现制,以现金及现金等价物为基础编制,分别按经营活动、投资活动和筹资活动分类反映各类活动现金流入、现金流出以及现金净流入情况。

1. 现金

现金是指企业库存现金以及可以随时用于支付的存款,具体包括库存现金、银行存款和其他货币资金。

需要注意的是,银行存款和其他货币资金中有些是不能随时用于支付的存款,例如不能随时支取的定期存款等,不应作为现金,而应列作投资;提前通知金融企业便可支取的定期存款,则应包括在现金范围内。

2. 现金等价物

现金等价物是指企业持有的期限短、流动性强、易于转化为已知金额现金、价值变动风险很小的投资。一项投资被作为现金等价物必须同时具备四个条件:期限短、流动性强、易于转化为已知金额现金、价值变动风险很小。现金等价物通常包括 3 个月到期的短期债券投资。现金等价物的支付能力与现金的差别不大,可视为现金。

12.4.3 现金流量的分类

现金流量是指企业现金和现金等价物的流入与流出。应该注意的是,企业货币资金之间的转换,只涉及货币资金结构的变化,不会影响现金的流入和流出总量的变化,如企业从银行提取现金,是企业现金存放形式的转换,并未流出企业,不构成现金流量;同样,现金和现金等价物之间的转换也不属于现金流量,比如,企业用现金购买将于 3 个月到期的国库券。

根据企业业务活动的性质和现金流量的来源,现金流量可划分为经营活动现金流量、投资活动现金流量和筹资活动现金流量。

1. 经营活动

经营活动是指企业投资活动和筹资活动以外的所有交易和事项。例如,销售商品、提供服务、购买商品、接受服务、支付职工薪酬、支付各项税费、收到税费返还等。

2. 投资活动

投资活动是指企业长期资产的购建和不包括在现金等价物范围内的投资及其处置活动。长期资产是指固定资产、无形资产、在建工程等持有期限在一年或超过一年的一个营业周期以上的资产。例如购买或处置固定资产、无形资产,取得或处置长期股权投资、交易性金融资产等。

3. 筹资活动

筹资活动是指导致企业资本及债务规模和结构发生变化的活动。这里的资本既包括实收资本(股本),也包括资本溢价(股本溢价);这里的债务是指对外举债,包括向银行借款、发行债券以及偿还债务。通常情况下,应付账款、应付票据等属于经营活动范畴,不属于筹资活动。

对于企业日常活动之外特殊的、不经常发生的特殊项目,如自然灾害损失、保险赔偿款、捐赠等,应当归并到相关类别中,并单独列示。例如,对于自然灾害损失和保险赔款,如属于流动资产损失,应当列入经营活动现金流量;属于固定资产损失,应当列入投资活动现金流量;如果不能确指,则可以列入经营活动现金流量。捐赠收入和支出,可以列入经营活动。如果特殊项目的现金流量金额不大,则可以列入相应现金流量类别下的"其他"项目,不必单独列示。

12.4.4　现金流量的列报要求

(1) 现金流量应当分别按照现金流入和现金流出总额列报,从而全面揭示企业现金流量的方向、规模和结构。但是,下列各项可以按净额列报。

① 代客户收取或支付的现金,以及周转快、金额大、期限短项目的现金流入和现金流出。例如,证券公司代收的客户证券买卖交割费、印花税等,旅游公司代游客支付的房费、餐费、交通费、行李托运费、门票费、票务费、签证费、文娱费等费用。这些项目由于周转快,在企业停留的时间短,企业加以利用的余地比较小,净额更能说明其对企业支付能力、偿债能力的影响;如果以总额反映,反而会对评价企业的支付能力和偿债能力、分析企业的未来现金流量产生误导。

② 金融企业的有关项目,主要是指期限较短、流动性强的项目。

(2) 为了提供可比信息,现金流量应当分"上期金额"和"本期金额"分别列报。

12.4.5　经营活动现金流量的列报方式

经营活动现金流量有直接法和间接法两种列报方式。

1. 直接法

直接法是通过现金收入和支出的主要类别反映来自企业经营活动的现金流量。一般以利润表中的营业收入为起点,调整与经营活动有关项目的增减活动,然后计算出经营活动的现金流量。

2. 间接法

间接法是以本期净利润为起点,调整不涉及现金的收入、费用、营业外收支以及有关项目的增减变动,据此计算出经营活动的现金流量。

《企业会计准则第 31 号——现金流量表》规定,现金流量表正表采用直接法列示经营活动现金流量;同时要求在附注中采用间接法列示经营活动现金流量。

12.4.6　现金流量表的格式

我国现金流量表格式如表 12-3 所示。

表 12-3　现金流量表

会企 03 表

编制单位:　　　　　　　　　　　　　　__年　　　　　　　　　　　　单位:元

项　　　目	本期金额	上期金额
一、经营活动产生的现金流量		
销售商品、提供劳务收到的现金		
收到的税费返还		
收到的其他与经营活动有关的现金		
现金流入小计		

续表

项　目	本期金额	上期金额
购买商品、接受劳务支出的现金		
支付给职工以及为职工支付的现金		
支付的各项税费		
支付的其他与经营活动有关的现金		
现金流出小计		
经营活动产生的现金流量净额		
二、投资活动产生的现金流量		
收回投资所收到的现金		
取得投资收益所收到的现金		
处置固定资产、无形资产和其他长期资产所收回的现金净额		
处置子公司及其他营业单位收到现金净额		
收到的其他与投资活动有关的现金		
现金流入小计		
购建固定资产、无形资产和其他长期资产所支付的现金		
投资所支付的现金		
取得子公司及其他营业单位支付的现金净额		
支付的其他与投资活动有关的现金		
现金流出小计		
投资活动产生的现金流量净额		
三、筹资活动产生的现金流量		
吸收投资所收到的现金		
借款所收到的现金		
收到的其他与筹资活动有关的现金		
现金流入小计		
偿还债务所支付的现金		
分配股利、利润或偿付利息所支付的现金		
支付的其他与筹资活动有关的现金		
现金流出小计		
筹资活动产生的现金流量净额		
四、汇率变动对现金的影响		
五、现金及现金等价物净增加额		
加：年初现金及现金等价物余额		
六、年末现金及等价物余额		

12.4.7　现金流量表的填列

1. 经营活动产生的现金流量

（1）"销售商品、提供劳务收到的现金"项目，反映企业销售商品、提供劳务实际收到的现金（含销售收入和应向购买者收取的增值税额），包括本期销售商品、提供劳务收到的现金，以及前期销售和前期提供劳务本期收到的现金和本期预收的账款，减去本期退回本期销售的商品和前期销售本期退回的商品支付的现金。企业销售材料和代购代销业务收到的现金,也在该项目反映。

本项目可以根据"库存现金""银行存款""应收账款""应收票据""合同负债""预收账款""主营业务收入""其他业务收入"等账户记录分析填列,也可以利润表中的"营业收入"为基础结合资产负债表应收款项、合同负债、预收账款等调整计算,计算公式如下:

营业收入

加:存货相关的销项税额

　　经营性应收项目减少额

　　经营性合同负债、预收账款增加额

减:计提的坏账准备

根据以上公式调整计算时,如果存在相关特殊交易或事项,需要相应调整,如票据贴现息、视同销售的销项税额、非货币资产交换等。

【例 12-3】　已知甲公司本年利润表"主营业务收入"为 100 万元;资产负债表"合同负债"期初、期末余额分别为 0 和 3 万元,"应收账款"期初、期末余额分别为 10 万元和 5 万元;此外,本期"增值税销项税额"为 17 万元,本期计提坏账准备 1 万元。

甲公司本年现金流量表"销售商品、提供劳务收到的现金"项目列示金额＝100＋17＋(10－5)＋(3－0)－1＝124(万元)

(2)"收到的税费返还"项目,反映企业收到返还的各种税费,如收到的增值税、消费税、所得税、教育费附加返还等。

本项目可根据"库存现金""银行存款""税金及附加""营业外收入"等账户的记录分析填列。

(3)"收到的其他与经营活动有关的现金"项目,反映企业除了上述各项目外收到的其他与经营活动有关的现金流入,如接受捐赠、罚款收入、流动资产损失中由个人赔偿的现金收入等。其他现金流入如价值较大的,应单列项目反映。

本项目可根据"库存现金""银行存款""管理费用""销售费用"等账户的记录分析填列。

(4)"购买商品、接受劳务支出的现金"项目,反映企业购买材料、商品、接受劳务实际支付的现金,包括本期购入材料、商品、接受劳务支付的现金(包括增值税进项税额),以及本期支付前期购入商品、接受劳务的未付款项和本期预付款项。本期发生的购货退回收到的现金应从该项目中减去。

本项目可以根据"现金""银行存款""应付账款""应付票据""预付账款""主营业务收入""其他业务收入"等账户的记录分析填写,也可以利润表中的"营业成本"项目为基础结合资产负债表调整计算,计算公式如下:

营业成本

加:存货相关的进项税额

　　存货增加额

　　经营性应付款项减少额

　　　　经营性预付账款增加额

　　　　本期计提的存货跌价准备

　　　　存货盘亏

　　减：计入本期生产成本的非材料费用

　　　　存货盘盈

　　根据以上公式调整计算时,如果存在与存货相关的特殊交易或事项需调整,如涉及存货的债务重组、以存货对外投资、接受所有者存货投资等。

　　【例 12-4】 甲公司本年利润表"营业成本"为 80 万元,资产负债表"存货"项目年初为 230 万元,年末为 300 万元,计入本期生产成本的人工费、折旧费等共计 120 万元,"应付账款"项目年初为 300 万元,年末为 280 万元,本期购进存货支付的进项税额为 26 万元。

　　甲公司本年度现金流量表中"购买商品、接受劳务支出的现金"项目列示金额＝80＋26＋(300－230)＋(300－280)－120＝76(万元)。

　　(5)"支付给职工以及为职工支付的现金"项目,反映企业实际支付给职工,以及为职工支付的现金,包括本期实际支付给职工的工资、奖金、各种津贴和补贴等,以及为职工支付的其他费用。该项目不包括支付给离退休人员的各项费用和支付给在建工程人员的工资等。

　　企业支付给离退休人员的各项费用,包括支付给统筹退休金以及未参加统筹的退休人员的费用,在"支付的其他与经营活动有关的现金"项目中反映;支付的在建工程人员的工资,在"购建固定资产、无形资产和其他长期资产所支付的现金"项目反映。

　　企业为职工支付的养老、失业等社会保险基金、补充养老保险、住房公积金,支付给职工的住房困难补助,以及企业支付给职工或为职工支付的其他福利费等,应按职工的工作性质和服务对象,分别在该项目和"购建固定资产、无形资产和其他长期资产所支付的现金"项目反映。

　　本项目可根据"应付职工薪酬""库存现金""银行存款"等账户的记录分析填列,也可以根据利润表有关费用项目及相关账户资料调整计算。

　　【例 12-5】 甲公司本年记入存货成本的职工薪酬为 10 万元,记入管理费用的职工薪酬为 5 万元,记入销售费用的职工薪酬为 1 万元;"应付职工薪酬"账户期初余额为 12 万元(其中在建工程人员 2 万元),期末余额为 19 万元(其中在建工程人员 3 万元);本期为职工代扣代缴个人所得税 3 万元。

　　甲公司本年现金流量表中"支付给职工以及为职工支付的现金"项目列示金额＝10＋5＋1＋[(12－2)－(19－3)]＝10(万元)

　　(6)"支付的各项税费"项目,反映企业按规定支付的各种税费,包括本期发生并支付的税费,以及本期支付以前各期发生的税费和预交的税金。该项目不包括计入固定资产价值、实际支付的耕地占用税等。也不包括本期退回的增值税、所得税,本期退回的增值税、所得税在"收到的税费返还"项目反映。

　　本项目可根据"应交税费""库存现金""银行存款"等账户的记录分析填列。

　　(7)"支付的其他与经营活动有关的现金"项目,反映企业除上述各项外,支付的其他与经营活动有关的现金流出,如捐赠支出、罚款支出,支付的差旅费、业务招待费现金支出,支付的保险费等,其他现金流出如价值较大的,应单列项目反映。本项目可根据有关账户的记录分析填列。

2. 投资活动产生的现金流量

(1)"收回投资所收到的现金"项目,反映企业出售、转让或到期收回除现金等价物以外的金融资产、长期股权投资、投资性房地产而收到的现金。该项目不包括长期债权投资收回的利息,以及收回的非现金资产。

本项目可根据"以摊余成本计量的金融资产"等金融资产、"长期股权投资"、"投资性房地产"、"库存现金"、"银行存款"等账户的记录分析填列。

(2)"取得投资收益所收到的现金"项目,反映企业因股权性投资和债权性投资而取得的现金股利、利息,以及从子公司、联营企业和合营企业分回利润收到的现金。该项目不包括股票股利。

本项目可根据"库存现金""银行存款""投资收益"等账户的记录分析填列。

(3)"处置固定资产、无形资产和其他长期资产所收回的现金净额"项目,反映企业处置固定资产、无形资产和其他长期资产所取得的现金,减去为处置这些资产而支付的有关费用后的净额。由于自然灾害所造成的固定资产等长期资产损失而收到的保险赔偿收入,也在该项目反映。

本项目可根据"固定资产清理""库存现金""银行存款"等账户的记录分析填列。

【例 12-6】 甲公司本年出售一台不需要设备,收到价款总计 30 900 元,其中应交增值税 600 元。该设备原值 50 000 元,已提折旧 30 000 元,已计提减值准备 5 000 元。支付相关处置费用 300 元。

资产处置收益 =(30 900 - 600) - (50 000 - 30 000 - 5 000) - 300 = 15 000(元)

处置固定资产、无形资产和其他长期资产所收回的现金净额 = 30 900 - 600 = 30 300(元)

(4)"处置子公司及其他营业单位收到的现金净额"项目,反映企业处置子公司及其他营业单位所取得的现金减去子公司或其他营业单位持有的现金及现金等价物以及相关处置费用后的净额。本项目可根据有关账户记录分析填列。

(5)"收到的其他与投资活动有关的现金"项目,反映企业除了上述各项以外,收到的其他与投资活动有关的现金流入。其他现金流入如价值较大的,应单列项目反映。本项目可以根据有关账户的记录分析填列。

(6)"购建固定资产、无形资产和其他长期资产所支付的现金"项目,反映企业购买、建造固定资产,取得无形资产和其他长期资产所支付的现金,不包括为购建固定资产而发生的借款利息资本化的部分,以及融资租入固定资产支付的租赁费,借款利息和融资租入固定资产支付的租赁费,在筹资活动产生的现金流量中反映。本项目可以根据"固定资产""在建工程""无形资产""库存现金""银行存款"等账户的记录分析填列。

(7)"投资所支付的现金"项目,反映企业进行权益性投资和债券性投资支付的现金,包括企业取得的除现金等价物以外的各类金融资产、长期股权投资以及支付的佣金、手续费等附加费用。本项目可根据"以摊余成本计量的金融资产"等金融资产、"长期股权投资"、"库存现金"、"银行存款"等账户的记录分析填列。

企业购买股票和债券时,实际支付的价款中包含的已宣告但尚未领取的现金股利或已到付息期但尚未领取的债券的利息,应在投资活动的"支付的其他与投资活动有关的现金"项目反映;收回购买股票和债券时支付的已宣告但尚未领取的现金股利或已到付息期但为尚未领取的债券利息,在投资活动的"收到的其他与投资活动有关的现金"项目反映。

(8)"取得子公司及其他营业单位支付的现金净额"项目,反映企业取得子公司及其他营业单位购买出价中以现金支付的部分,减去子公司及其他营业单位持有的现金和现金等价物后的净额。本项目可根据有关账户记录分析填列。

(9)"支付的其他与投资活动有关的现金"项目,反映企业除了上述各项以外,支付的其他与投资活动有关的现金流出。其他现金流出如价值较大的,应单列项目反映。本项目可根据有关账户的记录分析填列。

3. 筹资活动产生的现金流量

(1)"吸收投资所收到的现金"项目,反映企业收到的投资者投入的现金,包括以发行股票、债券等方式筹集的实际收到款项净额(发行收入减去支付的佣金等发行费用后的净额)。以发行股票、债券等方式筹集资金而由企业直接支付的审计、咨询等费用,在"支付的其他与筹资活动有关的现金"项目反映,不从该项目内减去。本项目科根据"实收资本(或股本)""库存现金""银行存款"等账户的记录分析填列。

(2)"借款所收到的现金"项目,反映企业举借各种短期、长期借款所收到的现金。本项目可根据"短期借款""长期借款""应付债券""库存现金""银行存款"等账户的记录分析填列。

(3)"收到的其他与筹资活动有关的现金"项目,反映企业除上述各项目外,收到的其他与筹资活动有关的现金流入,如接受现金捐赠等。其他现金流入如价值较大的,应单列项目反映。本项目可根据有关账户的记录分析填列。

(4)"偿还债务所支付的现金"项目,反映企业以现金偿还债务的本金,包括偿还金融企业的借款本金、偿还债券本金等。企业偿还的借款利息、债券利息,在"分配股利、利润或偿付利息所支付的现金"项目反映,不包括在该项目内。本项目可根据"短期借款""长期借款""应付债券""库存现金""银行存款"等账户的记录分析填列。

(5)"分配股利、利润或偿付利息所支付的现金"项目,反映企业实际支付的现金股利,支付给其他投资单位的利润以及支付的借款利息、债券利息等。本项目可根据"应付股利""应付利息""利润分配""财务费用""在建工程""制造费用""研发支出""长期借款""库存现金""银行存款"等账户的记录分析填列。

(6)"支付的其他与筹资活动有关的现金"项目,反映企业除了上述各项外,支付的其他与筹资活动有关的现金流出,如融资租入固定资产支付的租赁费,以分期付款方式购建固定资产以后各期支付的现金,发行债券、股票等方式筹集资金而由企业直接支付的审计、咨询等费用。其他现金流出如价值较大的,应单列项目反映。本项目可根据有关账户的记录分类填列。

4．汇率变动对现金的影响

汇率变动对现金的影响项目，反映企业外币现金流量及境外子公司的现金流量折算为人民币时，所采用的现金流量发生日的汇率或平均汇率折算的人民币金额与"现金及现金等价物净增加额"中外币现金净增加额按期末汇率折算的人民币金额之间的差额。

12.4.8 现金流量表的编制方法

1．工作底稿法

工作底稿法是以工作底稿为工具，将资产负债表、利润表及相关账簿等资料，登记在工作底稿上。以现金流量表项目为标志编制调整分录，重新整合信息据以编制现金流量表的方法。

采用工作底稿法，首先将利润表、资产负债表的相关数据登记到工作底稿上；然后按现金流量表项目归类编制调整分录，并将编制的调整分录登记在工作底稿上；根据工作底稿中调整后的数据编制现金流量表。

为避免重复或遗漏，编制调整分录的顺序是先从利润表开始，并按利润表项目的顺序分析；然后是资产负债表，并按资产负债表项目顺序分析编制调整分录。

2．T 型账户法

T 型账户法以 T 型账户为工具，根据资产负债表、利润表、相关账簿等资料，以现金流量项目为标志，通过编制调整分录重新整合数据，编制现金流量表的方法。

首先为所有非现金项目开设 T 型账户，将各账户的期末与期初余额的变动数分别登记在各 T 型账户中；然后开设"现金及等价物的"的 T 型账户，借贷方分别列示经营活动、投资活动和筹资活动三部分，并登记期初期末变动数；再后编制调整会计分录，将调整分录登记在各 T 型账户中，并进行核对，各账户借贷相抵后的余额与原先登记的期末期初变动数应当一致；最后根据现金及现金等价物的 T 型账户中各部分现金流入量和流出量的金额编制现金流量表。

3．直接分析法

直接分析法是直接根据资产负债表、利润表和有关账簿资料进行分析并计算出现金流量表各项目的金额，据以编制现金流量表的一种方法。

4．会计软件生成法

随着会计信息化的普及，越来越多的企业利用会计软件编制现金流量表。利用会计软件编制现金流量表有多种方法，其中比较常用的是辅助核算法。所谓辅助核算法，是借助会计软件的项目核算功能实现编制现金流量的方法。这种方法的思路是：首先，将"现金流量"视为一个项目大类，在该大类下设置经营活动现金流量、投资活动现金流量、筹资活动现金流量、汇率变动产生的现金流量等项目分类，再在各分类下设置具体的现金流量表项目;然后,将现金类科目设置为"现金流量"项目核算;接下来,填制凭证时,凡是分录中涉及现金类科目的,应选择具体的现金流量项目;在此基础上,会计软件根据凭证信息自动汇总现金流量相关数据;最后,在报表系统中利用报表模板生成现金流量表。

12.4.9　现金流量表附注

《企业会计准则第 31 号——现金流量表》规定,企业应当在现金流量表附注中披露以下信息。

(1) 将净利润调节为经营活动现金流量的信息。将净利润调节为经营活动现金流量的信息,即以净利润为起点间接列示经营活动的现金净流量,这就是列报经营活动现金流量的间接法。

(2) 不涉及现金收支的重大投资和筹资活动有关的信息。例如,债务转为资本、融资租入固定资产、1 年内到期的可转换公司债券。

(3) 现金及现金等价物净变动情况等信息。

现金流量表补充资料见表 12-4。

表 12-4　现金流量表补充资料　　　　　　　　　　　　　　　元

项　　目	金　　额
一、将净利润调节为经营活动现金流量	
净利润	
加:计提的资产减值准备	
固定资产折旧	
无形资产摊销	
处置固定资产、无形资产和其他长期资产的损失(减:收益)	
固定资产报废损失	
公允价值变动损失(减:收益)	
财务费用	
投资损失(减:收益)	
递延所得税资产减少	
递延所得税负债增加	
存货的减少(减:增加)	
经营性应收项目的减少(减:增加)	
经营性应付项目的增加(减:减少)	
其他	
经营活动产生的现金流量净额	
二、不涉及现金收支的重大投资和筹资活动	
债务转为资本	
一年内到期的可转换公司债券	
融资租入固定资产	
三、现金及现金等价物净变动情况	
现金的期末余额	
减:现金的期初余额	

续表

项　　目	金　　额
加：现金等价物的期末余额	
减：现金等价物的期初余额	
现金及现金等价物净增加额	

【例 12-7】　甲公司当年净利润为 1 000 000 元,当年其他相关资料如下。

(1) 计提应收账款坏账准备 20 000 元,存货跌价准备 10 000 元,固定资产减值准备 20 000 元。

(2) 计提固定资产折旧 60 000 元。

(3) 销售一台机器设备,原值 120 000 元,累计折旧 30 000 元,固定资产减值准备 20 000 元。收到价款 56 500 元,增值税税率 13%;发生清理费用 5 000 元。

(4) 交易性金融资产公允价值上涨 80 000 元。

(5) 计提借款利息 3 000 元。

(6) 确认长期股权投资收益 150 000 元。

(7) 当年确认交易性金融资产相关的递延所得税负债 20 000 元,其他债权投资相关的递延所得税资产 10 000 元。

(8) 库存商品期初、期末余额分别为 500 000 元、550 000 元,存货跌价准备期初、期末余额分别为 40 000 元、50 000 元。

(9) 应收账款期初、期末余额分别为 120 000 元、150 000 元,坏账准备期初、期末余额分别为 10 000 元、25 000 元,当年实际发生坏账 5 000 元。

(10) 应付账款期初、期末余额分别为 85 000 元、70 000 元。

(11) 应交税费期初、期末余额分别为 45 000 元、36 000 元,包括当期购进固定资产可抵扣的进项税额 3 000 元,以及销售设备的销项税 6 500 元。

(12) 应付职工薪酬期初、期末余额分别为 250 000 元、300 000 元,期末余额含在建工程人员薪酬 20 000 元。

不考虑其他情况,根据上述资料计算甲公司当年经营活动现金流量净额。

计算过程与结果见表 12-5。

表 12-5　计算过程与结果　　　　元

净利润	1 000 000
加：计提的资产减值准备	20 000＋10 000＋20 000＝50 000
固定资产折旧	60 000
处置固定资产、无形资产和其他长期资产的损失(减：收益)	25 000
公允价值变动损失(减：收益)	−80 000
财务费用	3 000
投资损失(减：收益)	−150 000
递延所得税资产减少	0
递延所得税负债增加	20 000
存货的减少(减：增加)	500 000−550 000＝−50 000

续表

经营性应收项目的减少(减：增加)	$120\ 000 - 150\ 000 - 5\ 000 = -35\ 000$
经营性应付项目的增加(减：减少)	$(70\ 000 - 85\ 000) + (36\ 000 - 45\ 000 + 3\ 000 - 6\ 500) + (300\ 000 - 250\ 000 - 20\ 000) = 2\ 500$
经营活动产生的现金流量净额	845 500

12.5　所有者权益变动表

12.5.1　所有者权益变动表的概念与作用

所有者权益变动表，是反映企业所有者权益各组成部分当期增减变动情况的报表。所有者权益变动表同样属于动态报表。

所有者权益变动表可以全面反映一定时期所有者权益变动的情况，不仅包括所有者权益总额的增减变动，还应包括所有者权益增减变动的重要结构性信息，使报表使用者了解企业一定时期，综合收益导致所有者权益的变动及其结果以及与所有者资本交易导致所有者权益的变动及其结果。

12.5.2　所有者权益变动表的格式

为了清楚地表明所有者权益各组成部分当期的增减变动情况，所有者权益变动表以矩阵的形式列示。各行列示导致所有者权益变动交易或事项，按所有者权益变动的来源对一定时期所有者权益变动情况进行全面反映；各列按照所有者权益各组成部分及其总额列示交易或事项对所有者权益的影响。此外，为了提供可比信息，根据准则的规定，所有者权益变动表各项目应分别提供"本年金额"和"上年金额"两栏数据。一般企业所有者权益(股东权益)变动表的格式如表 12-6 所示(高危行业企业还会涉及"专项储备"列)。

表 12-6　所有者权益(股东权益)变动表

会企 04 表

编制单位：　　　　　　　　　　　　　　＿＿年　　　　　　　　　　　　　　单元：元

项　　　目	本 年 金 额								上年金额
	实收资本(或股本)	其他权益工具	资本公积	减：库存股	其他综合收益	盈余公积	未分配利润	所有者权益合计	…
一、上年年末余额									
1. 会计政策变更									
2. 前期差错更正									
二、本年年初余额									
三、本年增减变动金额									
(减少以"－"号填列)									
(一)综合收益									

续表

项　　目	本　年　金　额								上年金额
	实收资本(或股本)	其他权益工具	资本公积	减:库存股	其他综合收益	盈余公积	未分配利润	所有者权益合计	…
(二)所有者投入和减少资本									
1.所有者投入资本									
2.股份支付计入股东权益的金额									
3.其他									
(三)利润分配									
1.提取盈余公积									
2.对所有者(或股东)的分配									
3.其他									
(四)所有者权益内部结转									
1.资本公积转增资本(或股本)									
2.盈余公积转增资本(或股本)									
3.盈余公积弥补亏损									
4.设定受益计划变动额结转留存收益									
5.其他综合收益结转留存收益									
6.其他									
四、本年年末余额									

12.5.3　所有者权益变动表的填列

1.上年金额栏的列报方法

所有者权益变动表"上年金额"栏内各项数字,应根据上年度所有者权益变动表"本年金额"栏内所列数字填列。如果上年度所有者权益变动表规定的各个项目的名称和内容同本年度不一致,应对上年度所有者权益变动表各项目的名称和数字按本年度的规定进行调整后填入"上年金额"栏内。

2.本年金额栏的列报方法

所有者权益变动表"本年金额"栏内各项数字一般应根据"实收资本(或股本)""其他权益工具""资本公积""库存股""其他综合收益""盈余公积""利润分配""以前年度损益调

整"等账户的发生额分析填列。

如果企业发生了会计政策变更并采用追溯调整法进行处理,或者发生前期重要差错并采用追溯重述法进行处理,需要填列"会计政策变更"和"前期差错更正"项目数字,并在"上年年末余额"的基础上调整得到"本年年初余额",以体现会计政策变更和前期差错更正的影响。

【本章习题】

甲公司 2021 年财务报表部分资料如下。

(1) 资产的期初余额和期末余额分别为 12 000 万元和 20 000 万元。

(2) 负债的期初余额和期末余额分别为 3 000 万元和 8 000 万元。

(3) 其他综合收益的期初余额和期末余额分别为 480 万元和 840 万元。

(4) 接受投资者投资 1 500 万元,向股东分配利润 900 万元。

(5) 资产负债表应收账款项目的期初余额和期末余额分别为 156 万元和 358 万元,当期计提坏账准备 2 万元。

(6) 应付账款的期初余额和期末余额分别为 275 万元和 128 万元。

(7) 存货的期初余额和期末余额分别为 800 万元和 1 250 万元。

(8) 当期计提固定资产折旧 320 万元。

(9) 本期确认递延所得税资产 40 万元,全部计入所得税费用。

(10) 本期确认递延所得税负债 150 万元,其中 30 万元计入所得税费用,120 万元计入其他综合收益。

要求:假定不考虑其他因素,根据上述资料计算。

(1) 甲公司 2021 年净利润。

(2) 甲公司 2021 年经营活动现金净流量。

【即测即练】

第 13 章

资产负债表日后事项

【本章学习目标】

1. 了解资产负债表日后事项的含义、资产负债表日后事项涵盖的期间,理解资产负债表日后事项的分类。

2. 理解调整事项的内容、非调整事项的内容。

3. 掌握调整事项与非调整事项的会计处理。

应该调整报告年度的财务报告吗

某公司 2020 年年度财务报告于 2021 年 1 月 31 日编制完成,会计师事务所于 2021 年 2 月 28 日为其出具审计报告,该公司于 2021 年 3 月 31 日完成了 2020 年度企业所得税汇算清缴,董事会批准财务报告对外公布的日期为 2021 年 4 月 10 日。2021 年 4 月 5 日,由于产品质量问题,2020 年销售的产品发生大面积退回,公司财务部于是对 2020 年度财务报表进行了相应调整。而 CEO(首席执行官)认为,2020 年财务报告已经会计师事务所审计,且已经对 2020 年度企业所得税进行了汇算清缴,只能调整 2021 年度企业所得税,因此不应当对 2020 年度财务报告进行调整,而应将销售退回作为 2021 年交易进行处理。

问题:

根据上述资料,你认为该公司是否应当调整 2020 年度财务报告?

13.1 资产负债表日后事项概述

企业财务报告从编制完成到批准报出再到最终实际报出往往需要经历一段时间。在资产负债表日至财务报告批准报出日之间,企业发生的一些交易或事项可能对企业报告期的财务状况和经营成果产生重要影响,也可能有一些交易或事项虽然与财务报告期的财务状况和经营成果无关但可能会影响财务报告使用者的判断和决策。因此,为使报告期财务报告提供的会计信息更加准确和全面,以便财务报告使用者更好地据此作出经济决策,需要对这些"特殊时期"的某些交易和事项进行分析与评价,以确定是否需要调整报告期的财务报表,或者是否需要在财务报表附注中进行披露。为了规范资产负债表日以后至财务报告批准报出日之间发生的与报告期财务报告有关的交易或事项,我国财政部专门发布了《企业会计准则第 29 号——资产负债表日后事项》。

13.1.1 资产负债表日后事项的含义

资产负债表日后事项,是指资产负债表日至财务报告批准报出日之间发生的有利或不利事项。

资产负债表日是指会计年度末和会计中期期末,会计中期是指短于一个完整会计年度的报告期间,包括半年度、季度和月度。例如,提供年度财务报告时,资产负债表日就是报告年度的 12 月 31 日,提供半年度财务报告时,资产负债表日就是当年的 6 月 30 日,提供第一季度财务报告时,资产负债表日就是当年的 3 月 31 日。

财务报告批准报出日是指董事会或类似机构批准财务报告报出的日期,通常是指对财务报告的内容负有法律责任的单位或个人批准财务报告对外公布的日期。对于设置董事会的公司制企业,财务报告批准报出日是指董事会批准财务报告报出的日期;对于其他企业,财务报告批准报出日是指经理(厂长)会议或类似机构批准财务报告报出的日期。

有利或不利事项,是指资产负债表日后对企业财务状况、经营成果具有一定影响的事项,包括有利影响和不利影响。如果某些事项的发生对于企业并无任何影响,那么这些事项就不属于资产负债表日后事项。也就是说,在资产负债表日至财务报告批准报出日之间发生的事项不一定就属于资产负债表日后事项。

13.1.2 资产负债表日后事项涵盖的期间

资产负债表日后事项涵盖的期间是自资产负债表日次日至财务报告批准报出日止的一段时间。财务报告批准报出以后、实际报出之前又发生与资产负债表日或其后事项有关的事项,并由此影响财务报告对外公布日期的,应当以董事会或类似机构再次批准财务报告对外公布的日期为截止日期。

【例 13-1】 甲公司当年度的财务报告于第 2 年 2 月 15 日编制完成,注册会计师完成年度财务报表审计工作并签署审计报告的日期为第 2 年 3 月 25 日,董事会批准财务报告对外公布的日期为第 2 年 4 月 15 日,财务报告实际对外公布的日期为第 2 年 4 月 20 日,股东大会召开日期为第 2 年 5 月 10 日。

本例中,甲公司当年资产负债表日后事项涵盖的期间为第 2 年 1 月 1 日至第 2 年 4 月 15 日。如果在 4 月 15 日至 4 月 20 日之间又发生了重大事项,需要调整财务表相关项目的数字或者需要在财务报表附注中披露,经调整或披露后的财务报告再经董事会批准报出的日期为第 2 年 4 月 23 日,实际报出的日期为 4 月 30 日,则资产负债表日后事项涵盖的期间为第 2 年 1 月 1 日至 4 月 23 日。

13.1.3 资产负债表日后事项的分类

资产负债表日后事项分为资产负债表日后调整事项和资产负债表日后非调整事项。

1. 资产负债表日后调整事项

资产负债表日后调整事项是指对资产负债表日已经存在的情况提供了新的或进一步

证据的事项。

如果资产负债表日及所属会计期间已经存在某种情况,但当时并不知道其存在或者不能知道确切结果,资产负债表日后发生的事项能够证实该情况的存在或者确切结果,则该事项属于资产负债表日后调整事项。如果资产负债表日后事项对资产负债表日的情况提供了进一步的证据,证据表明的情况与原来的估计和判断不完全一致,则需要对原来的会计处理进行调整。也就是说,调整事项的发生,可以对资产负债表日存在的情况提供新的或进一步的证据,从而表明原先依据资产负债表日存在状况所确定的有关财务报表数据已不恰当,因此,尽管调整事项是在资产负债表日的下一会计期间发生的,但仍需要据此对报告期财务报表进行调整。

2. 资产负债表日后非调整事项

资产负债表日后非调整事项是指表明资产负债表日后发生的情况的事项。非调整事项的发生并不影响资产负债表日企业的财务报表数据,只是说明资产负债表日后发生了某些情况。对于财务报告使用者而言,有些非调整事项是重要的,这些事项虽然不影响资产负债表日的财务报表数据,但可能会影响资产负债表日以后的财务状况和经营成果,如不加以说明将会影响财务报告使用者作出正确估计和决策,因此需要在即将对外报出的财务报告中对这些事项进行适当披露。需要强调的是,对非调整事项本身的会计处理是在资产负债表日的下一会计期间进行的,但是出于重要性考虑,仍需要在报告期财务报表附注中进行适当披露。

3. 调整事项与非调整事项的区分

资产负债表日后发生的某一事项究竟是调整事项还是非调整事项,关键在于该事项表明的情况在资产负债表日或资产负债表日以前是否已经存在。如果该情况在资产负债表日或之前已经存在,就属于调整事项;反之,则属于非调整事项。

【例 13-2】　甲公司第 1 年 12 月向某客户赊销商品一批,合同约定 3 个月内付款,至第 1 年末客户尚未付款。甲公司在编制第 1 年度财务报告时,根据相关资料和信息判断,该客户财务状况不佳,有可能破产清算,估计该应收账款将有 30% 无法收回,故按 30% 计提坏账准备。第 2 年 2 月 10 日,甲公司收到通知,该客户已宣告破产清算,甲公司估计有 60% 的应收账款无法收回。董事会批准的甲公司第 1 年度财务报告对外公布日期为第 2 年 3 月 10 日。

本例中,该客户发生破产清算是在第 2 年 2 月 10 日,而董事会批准财务报告对外报出日为第 2 年 3 月 10 日,故属于资产负债表日后事项。导致甲公司应收账款无法收回的事实是该客户财务状况恶化,该事实在资产负债表日已经存在,该客户宣告破产只是证实了资产负债表日其财务状况恶化的情况。因此,该客户破产清算导致甲公司应收账款无法收回的事项属于调整事项,需要对第 1 年财务报表相关数据进行调整。

【例 13-3】　甲公司为扩大生产经营,第 1 年 10 月引入一条新的生产线,价值 1 000 万元,预计使用年限 10 年,预计净残值为 50 万元,按照直线法计提折旧。董事会批准的甲公司第 1 年度财务报告对外公布日期为第 2 年 2 月 20 日。第 2 年 1 月 25 日,甲公司意外发生火灾导致该生产线毁损。

本例中，董事会批准的财务报告对外报出日为第 2 年 2 月 20 日，火灾导致生产线毁损发生在第 2 年 1 月 25 日，故属于资产负债表日后事项。但在资产负债表日，该意外火灾是不可预测的，生产线发生意外损失这一事项是在资产负债表日以后才发生，属于非调整事项，应当在第 2 年对该事项进行会计处理，但由于具有重要性，需要在第 1 年财务报表附注中对相关信息进行披露。

13.2　调 整 事 项

13.2.1　调整事项的内容

企业发生的资产负债表日后调整事项，通常包括但不限于以下各项。

(1) 资产负债表日后诉讼案件结案，法院判决证实企业在资产负债表日已经存在的现实义务，需要调整原先确认的与该诉讼相关的预计负债，或确认一项新负债。

这一事项是指导致诉讼的事项在资产负债表日已经发生，但尚不具备确认负债的条件而未确认，因此法院判决后应确认为一项新负债，或者虽已确认，但需要调整已确认负债的金额。

(2) 资产负债表日后取得确凿证据，表明某项资产在资产负债表日发生了减值或者需要调整该项资产原先确认的减值金额。

(3) 资产负债表日后进一步确定了资产负债表日前购入资产的成本或售出资产的收入。

如果资产负债表日前购入的资产已经按暂估金额等入账，资产负债表日后获得证据，可以进一步确定该资产的成本，则应该对已入账的资产成本进行调整。

如果企业在资产负债表日已根据收入确认条件确认资产销售收入，但资产负债表日后获得关于资产收入的进一步证据，如发生销售退回等，此时也应调整报告年度财务报表相关项目的金额。也就是说，财务报告期间或其以前期间销售商品在资产负债表日至财务报告批准报出日之间发生退回的，应作为资产负债表日后调整事项处理。

我国税法规定，企业所得税汇算清缴应在下一纳税年度的 5 月 31 日前完成。报告年度所属期间的销售退回发生于报告年度所得税汇算清缴之前的，应调整报告年度利润表的收入、费用等，并相应调整纳税年度的应纳税所得额和应纳所得税额；报告年度所属期间的销售退回发生于报告年度所得税汇算清缴之后的，应当调整报告年度利润表的收入、费用等，但按照税法规定在此期间的销售退回所涉及的应纳所得税额应作为本年度的纳税调整事项。

(4) 资产负债表日后发现财务舞弊或差错。这一事项是指资产负债表日后发现报告期存在的财务报表舞弊或差错，以及报告期以前期间存在的财务报表舞弊或非重要会计差错。企业发生这一事项后，应当将其作为资产负债表日后调整事项，调整报告期财务报表相关项目的数字。需要强调的是，资产负债表日后发现报告期以前期间存在的重要会计差错，应当按照前期差错更正的方法进行会计处理，而不应按照资产负债表日后调整事项进行会计处理。

13.2.2　调整事项的会计处理

企业发生资产负债表日后调整事项,应当调整资产负债表日已编制的财务报表。由于资产负债表日后事项发生在报告年度的次年,报告年度的有关账目已经结转,特别是损益类账户在结账后已无余额,所以年度资产负债表日后发生的调整事项,应分别按以下情况进行处理。

(1) 涉及损益的事项,通过"以前年度损益调整"核算。调增以前年度利润或调减以前年度亏损的事项,贷记"以前年度损益调整";反之,则借记"以前年度损益调整"。

(2) 涉及利润分配调整的事项,直接通过"利润分配——未分配利润"核算,例如由于调增以前年度利润,需要补提盈余公积时,借记"利润分配——未分配利润",贷记"盈余公积"。

(3) 不涉及损益以及利润分配的事项,直接调整相关账户。

(4) 通过上述账务处理后,还应同时调整财务报表相关项目的数字,包括:

① 资产负债表日编制的财务报表相关项目的期末数或本年发生数;

② 当期编制的财务报表相关项目的期初数或上年数;

③ 经过上述调整后,如果涉及报表附注内容的,还应当调整报表附注相关项目的数字。

【例 13-4】　甲公司第 1 年 12 月销售商品一批,开出增值税专用发票注明的价款为 100 万元,增值税 13 万元,甲公司已根据收入确认条件确认收入并结转主营业务成本 80 万元,该款项尚未收取,甲公司于第 1 年 12 月 31 日计提了 1.13 万元的坏账准备,并确认递延所得税资产。董事会批准的第 1 年度财务报告对外报出日为第 2 年 3 月 15 日。第 2 年 2 月 10 日,由于产品质量问题,货物被退回,并按规定开具了红字增值税专用发票。甲公司于第 2 年 4 月 10 日完成所得税汇算清缴,所得税税率 25%,按照净利润的 10% 提取盈余公积。假定甲公司未来期间很可能取得用来抵扣暂时性差异的应纳税所得额。

本例中,销售退回业务发生于资产负债表日后、财务报告批准报出之前,属于资产负债表日后调整事项。另外,销售退回发生在第 1 年度所得税汇算清缴之前,所以在进行第 1 年所得税汇算清缴时,允许扣除该销售退货的销售收入 100 万元以及营业成本 80 万元。

甲公司第 2 年 2 月 10 日会计处理如下。

(1) 调整销售收入。

借:以前年度损益调整	1 000 000
应交税费——应交增值税(销项税额)	130 000
贷:应收账款	1 130 000

(2) 调整销售成本。

借:库存商品	800 000
贷:以前年度损益调整	800 000

(3) 调整坏账准备。

借:坏账准备	11 300

       贷：以前年度损益调整   11 300

  （4）调整所得税。

  借：应交税费——应交所得税   50 000

       贷：以前年度损益调整   50 000

  借：以前年度损益调整   2 825

       贷：递延所得税资产   2 825

  （5）将"以前年度损益调整"余额转入利润分配。

  借：利润分配——未分配利润   141 525

       贷：以前年度损益调整   141 525

  （6）调整盈余公积。

  借：盈余公积   14 152.5

       贷：利润分配——未分配利润   14 152.5

  （7）调整财务报表相关项目。

    资产负债表项目年末数的调整：调减应交税费 180 000 元，调减应收账款 1 118 700 元，调增库存商品 800 000 元，调减递延所得税资产 2 825 元，调减盈余公积 14 152.5 元，调减未分配利润 127 372.5 元。

    利润表项目本期金额的调整：调减营业收入 1 000 000 元，调减营业成本 800 000 元，调减信用减值损失 11 300 元，调减营业利润、利润总额 188 700 元，调减所得税费用 47 175 元。

    股东权益变动表本期金额的调整：综合收益一行的未分配利润调减 141 525 元、所有者权益合计调减 141 525 元；提取盈余公积一行的盈余公积调减 14 152.5 元、未分配利润调减 127 372.5 元。

13.3　非调整事项

13.3.1　非调整事项的内容

    有的资产负债表日后非调整事项对企业的影响较大，为防止误导财务报告使用者，需要在报告期财务报表附注中披露相关信息。非调整事项主要包括但不限于以下事项。

  （1）资产负债表日后发生重大诉讼、仲裁或承诺。

  （2）资产负债表日后资产价格、税收政策、外汇汇率发生重大变化。

  （3）资产负债表日后因自然灾害导致资产发生重大损失。

  （4）资产负债表日后发行股票和债券以及其他巨额举债。

  （5）资产负债表日后资本公积转增资本。

  （6）资产负债表日后发生巨额亏损。

  （7）资产负债表日后发生企业合并或处置子公司。

  （8）资产负债表日后企业利润分配方案中拟分配的以及经审议批准宣告发放的股利或利润。

13.3.2 非调整事项的会计处理

资产负债表日后非调整事项,是表明资产负债表日后发生的情况的事项,与资产负债表日存在的状况无关,不应当调整资产负债表日的财务报表。但有的非调整事项对财务报告使用者具有重大影响,如不加以说明,将不利于财务报告使用者作出正确估计和决策。因此,应当在报告期间的财务报表附注中披露每项重要的资产负债表日后非调整事项的性质、内容及其对财务状况和经营成果的影响,无法估计的,应当说明原因。

【本章习题】

甲公司第 1 年 12 月向某客户赊销商品一批,价税合计 117 000 元,合同约定 3 个月内付款,至第 1 年末客户尚未付款。甲公司在编制第 1 年年度财务报告时,根据相关资料和信息判断,乙公司财务状况不佳,有可能破产清算,估计该应收账款将有 30% 无法收回,故按 30% 计提坏账准备。第 2 年 2 月 10 日,甲公司收到通知,该客户已宣告破产清算,甲公司估计有 70% 的应收账款无法收回。董事会批准的甲公司第 1 年年度财务报告对外公布日期为第 2 年 3 月 10 日。甲公司适用的企业所得税税率为 25%,按照净利润的 10% 提取盈余公积,未来期间很可能取得用来抵扣暂时性差异的应纳税所得额。

要求:根据上述资料,写出甲公司资产负债表日后调整事项的会计分录。

【即测即练】

第 14 章

会计政策、会计估计变更和差错更正

【本章学习目标】

1. 掌握会计政策变更及其会计处理。
2. 熟悉会计估计变更及其会计处理。
3. 了解会计差错及其会计处理。

首创环保会计政策变更公告

2021 年 10 月 29 日,首创环保(600008)发布会计政策变更公告,主要内容如下。

一、本次会计政策变更概述

(一)变更原因及内容

财政部于 2021 年 2 月和 2021 年 8 月先后发布了《企业会计准则解释第 14 号》(财会〔2021〕1 号)和《PPP 项目合同社会资本方会计处理实施问答和应用案例》,关于社会资本方对政府和社会资本合作(PPP)项目合同的会计处理进行解释规定,要求自公布之日起施行,2021 年 1 月 1 日至施行日新增的相关业务,根据《企业会计准则解释第 14 号》进行相应调整。

(二)变更程序

首创环保于 2021 年 10 月 28 日召开第八届董事会 2021 年度第二次会议,审议通过了《关于会计政策变更的议案》,公司独立董事对此发表了同意的独立意见;公司于同日召开的第八届监事会 2021 年度第二次会议审议通过了《关于会计政策变更的议案》。本次会计政策变更事项无须提交股东大会审议。

二、本次会计政策变更具体情况及对公司的影响

(一)变更前采用的会计政策

本次会计政策变更前,公司 PPP 项目的相关会计处理按照财政部 2008 年发布的《企业会计准则解释第 2 号》中关于"五、企业采用建设经营移交方式(BOT)参与公共基础设施建设业务应当如何处理"的内容执行。

(二)变更后采用的会计政策

此次财政部发布的《企业会计准则解释第 14 号》和《PPP 项目合同社会资本方会计处理实施问答和应用案例》明确了社会资本方对政府和社会资本合作(PPP)项目合同的

会计处理,主要内容如下。

(1) 社会资本方提供建造服务(含建设和改扩建,下同)或发包给其他方等,应当按照《企业会计准则第 14 号——收入》确定其身份是主要责任人还是代理人,并进行会计处理,确认合同资产。

(2) 社会资本方根据 PPP 项目合同约定,提供多项服务的,应当按照《企业会计准则第 14 号——收入》的规定,识别合同中的单项履约义务,将交易价格按照各项履约义务的单独售价的相对比例分摊至各项履约义务。

(3) 在 PPP 项目资产的建造过程中发生的借款费用,社会资本方应当按照《企业会计准则第 17 号——借款费用》的规定进行会计处理。对于确认为无形资产的部分,社会资本方在相关借款费用满足资本化条件时,应当将其予以资本化,并在 PPP 项目资产达到预定可使用状态时,结转至无形资产。除上述情形以外的其他借款费用,社会资本方均应予以费用化。

(4) 社会资本方根据 PPP 项目合同,在项目运营期间,满足有权收取固定或可确定金额的现金(或其他金融资产)条件的,应当在社会资本方拥有收取该对价的权利(该权利仅取决于时间流逝的因素)时确认为金融资产,并按照《企业会计准则第 22 号——金融工具确认和计量》的规定进行会计处理。社会资本方应当在 PPP 项目资产达到预定可使用状态时,将相关 PPP 项目资产的对价金额或确认的建造收入金额,超过有权收取固定或可确定金额的现金(或其他金融资产)的差额,确认为无形资产。

(5) 对于社会资本方将相关 PPP 项目资产的对价金额或确认的建造收入金额确认为无形资产的部分,在相关建造期间确认的合同资产应当在资产负债表"无形资产"项目中列报;对于其他在建造期间确认的合同资产,应当根据其预计是否自资产负债表日起一年内变现,在资产负债表"合同资产"或"其他非流动资产"项目中列报。

(6) 对于社会资本方将相关 PPP 项目资产的对价金额或确认的建造收入金额确认为无形资产的部分,相关建造期间发生的建造支出应当作为投资活动现金流量进行列示。除上述情形以外的社会资本方在 PPP 项目建造期间发生的建造支出,应当作为经营活动现金流量进行列示。社会资本方应当将 PPP 项目建造期间发生的重大建造支出的现金流量信息在财务报表附注中披露。

(三) 本次会计政策变更对公司的影响

根据修订后的关于 PPP 项目合同的会计处理,对公司的影响主要有以下方面。

1. 对资产负债表的主要影响

公司根据《企业会计准则解释第 14 号》调整 PPP 项目资产的报表列报:将确认为金融资产的已运营 PPP 项目,从长期应收款调至合同资产和其他非流动资产;将确认为无形资产的在建 PPP 项目从合同资产——其他非流动资产调至无形资产。公司根据《企业会计准则解释第 14 号》将 PPP 项目预计负债核算方法从 PPP 资产达到预定可使用状态时将未来重置支出按折现值一次性确认并计入资产原值后在运营期内摊销,调整为按照《企业会计准则解释第 14 号》在运营期内逐期计提并计入成本费用。本次执行《企业会计准则解释第 14 号》对 2021 年 1 月 1 日资产负债科目影响情况如表 14-1 所示。

表 14-1　本次会计政策变更对相关科目的影响数　　　　　　　　万元

项　　目	2020 年 12 月 31 日	2021 年 1 月 1 日	调　整　数
合同资产	32 046.67	145 749.02	113 702.35
长期应收款	1 248 339.10	58 467.37	−1 189 871.73
无形资产	3 283 914.96	4 464 485.74	1 180 570.78
递延所得税资产	23 745.14	22 485.04	−1 260.09
其他非流动资产	1 988 349.70	1 667 183.15	−321 166.55
预计负债	264 990.52	30 506.37	−234 484.14
递延所得税负债	67 589.95	70 138.39	2 548.44
未分配利润	264 076.19	276 107.94	12 031.75
少数股东权益	945 427.91	947 306.62	1 878.71

2. 对现金流量表的主要影响

根据《企业会计准则解释第 14 号》规定，公司将确认为金融资产的在建 PPP 项目发生的建造支出，作为经营活动现金流量进行列示，原执行《企业会计准则解释第 2 号》将相关建造支出作为投资活动现金流量列示。

3. 对利润表的主要影响

原执行《企业会计准则解释第 2 号》，对公司未直接提供实际建造服务的，不确认建造服务收入，本期根据《企业会计准则解释第 14 号》规定，将符合主要责任人条件的 PPP 项目，按照《企业会计准则第 14 号——收入》确认合同资产，在项目建造期间确认建造服务收入。

三、独立董事、监事会的结论性意见

（一）独立董事的独立意见

独立董事认为：公司依照财政部颁布的相关制度的规定，对公司会计政策进行了相应的变更。变更后的会计政策符合财政部、中国证券监督管理委员会、上海证券交易所的相关规定，符合公司及所有股东的利益。本次会计政策变更的决策程序，符合有关法律、法规和《公司章程》的规定。同意公司本次会计政策变更。

（二）监事会意见

监事会认为：公司依照财政部颁布的相关制度的规定，对公司会计政策进行了相应的变更。变更后的会计政策符合财政部、中国证券监督管理委员会、上海证券交易所的相关规定，符合公司及所有股东的利益。本次会计政策变更的决策程序，符合有关法律、法规和《公司章程》的规定。同意公司本次会计政策变更。

问题：

根据《企业会计准则第 28 号——会计政策、会计估计变更和差错更正》，企业在什么情况下可以进行会计政策变更？会计政策变更应当如何处理？

14.1　会计政策变更

14.1.1　会计政策变更概述

1. 会计政策的概念

会计政策，是指企业在会计确认、计量和报告中所采用的原则、基础和会计处理方法。

其中,原则是指按照企业会计准则规定的、适合于企业会计核算所采用的具体会计原则;基础是指为了将会计原则应用于交易或事项而采用的基础,主要是计量基础,即计量属性,包括历史成本、重置成本、可变现净值、现值和公允价值;会计处理方法是指企业在会计核算中按照会计准则等规定所采用或选择的、适合于本企业的具体会计处理方法。原则、基础和会计处理方法构成了会计政策相互关联的有机整体,对会计政策的判断通常应当考虑从会计要素角度出发,根据各项资产、负债、所有者权益、收入、费用等会计确认条件、计量属性以及两者相关的处理方法、列报要求等确定相应的会计政策。例如:存货的取得、发出和期末计价的处理方法,长期股权投资的取得及后续计量的成本法和权益法,投资性房地产的确认及后续计量模式,固定资产、无形资产、生产性生物资产的确认条件及其减值政策,金融资产的分类,金融负债的分类,所得税会计处理方法,收入的确认条件,费用的确认条件等都属于会计政策。

【例 14-1】 《企业会计准则第 1 号——存货》规定,在资产负债表日,存货应当按照成本与可变现净值孰低计量,存货在资产负债表日采用"成本与可变现净值孰低"是具体会计原则;该具体原则涉及存货的历史成本和可变现净值,属于计量基础;当资产负债表日存货的成本高于其可变现净值时,应计提存货跌价准备,而计提存货跌价准备时具体是按照单个存货项目计提还是按照存货类别计提则属于具体会计处理方法。

2. 会计政策变更的概念

会计政策变更是指企业对相同的交易或者事项由原来所采用的会计政策改用另一会计政策的行为。以下几种情况不属于会计政策变更。

1)本期发生的交易或者事项与以前相比具有本质差别而采用新的会计政策

企业本期发生的交易或者事项与以前相比具有本质差别而采用了新的会计政策,不属于会计政策变更。

【例 14-2】 甲公司取得乙公司 60% 的股权并能够控制乙公司,甲公司在其个别财务报表中采用成本法核算对乙公司的长期股权投资。几年后,甲公司出于公司战略调整需要,处置了乙公司 50% 股权,剩余股权份额为 10%,不再对乙公司具有控制、共同控制和重大影响,因而将剩余 10% 股权转为金融资产核算。因为处置股权前后,甲公司对乙公司的投资已经发生了本质变化,其对乙公司的影响程度由控制变为无控制、无共同控制且无重大影响,会计处理上将原先的长期股权投资转换为金融资产核算,不属于会计政策变更。

2)对初次发生的交易或者事项采用新的会计政策

企业对初次发生的交易或者事项采用新的会计政策,不属于会计政策变更。

【例 14-3】 甲公司经批准初次发行公司债,并将该债券划分为"以摊余成本计量的金融负债"并以摊余成本进行后续计量。由于该公司初次发生该项交易,采用摊余成本计量该金融负债不属于会计政策变更。

3)对不重要的交易或者事项采用新的会计政策

企业对于不重要的交易或者事项变更了其会计政策,虽然从性质上讲本应属于会计政策变更,但是可以不作为会计政策变更处理,这样既不会导致会计信息质量下降而影响财务报表使用者的决策,同时也降低了企业对会计准则的遵从成本,符合成本效益原则。

【例 14-4】 某新设立的啤酒厂由于业务量不大,用于出借客户的啤酒包装物数量不多,价值也较低,于是为简化核算,对于出借给客户的啤酒包装物采用一次摊销法,将出借客户的包装物成本在第一次出借领用时一次性计入当期费用。一年以后,由于业务量扩张,出借给客户的啤酒包装物使用量逐渐增多,且价值较大,该啤酒厂决定将出借客户的啤酒包装物改为五五摊销法,将出借客户的包装物成本分摊计入不同期间的费用。该啤酒厂出借客户包装物的成本在企业生产经营中所占的费用比例并不大,改变其会计处理方法后对企业的财务状况和经营成果影响并不大,不具有会计意义上的重要性,属于不重要的事项,其会计政策的改变不属于我国企业会计准则所称的会计政策变更。

3. 会计政策变更的条件

企业采用的会计政策应当遵循"一致性",在前后各期保持一致,不得随意变更。但是,满足以下两个条件之一的,可以变更会计政策。

(1) 法律、行政法规或者国家统一的会计制度等要求变更。当法律、行政法规或者国家统一的会计制度要求企业变更会计政策时,企业应当按照规定变更会计政策,并按照国家相关会计规定执行。

【例 14-5】 某上市公司 2007 年以前采用应付税款法核算所得税,2007 年开始执行我国新发布的企业会计准则,根据《企业会计准则第 18 号——所得税》的规定,将所得税的核算方法改为资产负债表债务法,并按照《企业会计准则第 38 号——首次执行企业会计准则》的规定进行了追溯调整。

(2) 会计政策变更能够提供更可靠、更相关的会计信息。由于经济环境、客观情况的改变,企业原先采用的会计政策所提供的会计信息已经不能够恰当地反映企业的财务状况、经营成果和现金流量等情况,在这种情况下,应改变原有会计政策,按变更后新的会计政策进行会计处理,以便提供更可靠、更相关的会计信息。

【例 14-6】 某公司执行企业会计准则,购置了大量不动产用于出租,由于不具备公允价值计量模式的应用条件,一直采用成本模式对其投资性房地产进行后续计量。近年来,随着房地产交易市场的不断发展,其投资性房地产所在地存在活跃的房地产交易市场,该公司能够从房地产交易市场取得同类或类似房地产的市场价格及其他相关信息,从而对其拥有的投资性房地产的公允价值作出科学合理的估计,为了更加客观地反映其投资性房地产的价值,提供更可靠、更相关的会计信息,该公司可以将投资性房地产的后续计量方法由成本模式改为公允价值模式。

对于会计政策变更,需注意以下两个方面的问题。

一是满足上述第(2)个条件进行会计政策变更时,必须有充分、合理的证据表明其变更的合理性,并说明变更会计政策后,能够提供关于企业财务状况、经营成果和现金流量等更可靠、更相关的会计信息的理由。对于会计政策的变更,企业仍应经股东大会或董事会、经理(厂长)会议或类似机构批准,并按照法律、行政法规等的规定报送有关各方备案。如无充分、合理的证据表明会计政策变更的合理性,或者未重新经股东大会或董事会、经理(厂长)会议或类似机构批准擅自变更会计政策的,或者连续、反复地自行变更会计政策的,将视为滥用会计政策,应当按照前期差错更正的方法进行处理。

二是上市公司的会计政策目录及变更会计政策后重新制定的会计政策目录,除应当按照信息披露的要求对外公布外,还应当报公司上市地交易所备案。未报公司上市地交易所备案的,将视为滥用会计政策,按照前期差错更正的方法进行处理。

4. 会计政策变更的判断

当企业发生的某会计变更事项至少涉及会计确认、计量基础或列报项目的变更这三者之一时,该变更事项就属于会计政策变更,此时必须按照《企业会计准则第 28 号——会计政策、会计估计变更和差错更正》有关会计政策变更的规定进行相关会计处理。

【例 14-7】　某飞机制造厂专门设计制造民用大型飞机,在执行我国新的企业会计准则之前,用于建造飞机的相关借款费用直接计入当期损益。2007 年起执行新的企业会计准则,按照《企业会计准则第 17 号——借款费用》的规定,将符合资本化条件的相关借款费用予以资本化,计入飞机的制造成本。在该变更事项中,计量基础并未发生变更,即都是以历史成本作为计量基础,但会计确认发生了变更,2007 年以前期间将相关借款费用确认为一项费用,而 2007 年当期将符合资本化条件的相关借款费用确认为一项资产,会计确认的变更也导致该事项在资产负债表和利润表相关项目的列报发生变更。因为该变更事项涉及会计确认和列报的变更,所以属于会计政策变更,需要按照会计政策变更的有关规定进行会计处理。

14.1.2　会计政策变更的会计处理

根据我国现行的企业会计准则,会计政策变更的会计处理涉及两种方法:追溯调整法和未来适用法。

1. 追溯调整法

追溯调整法,是指对某项交易或事项变更会计政策,视同该项交易或事项初次发生时即采用变更后的会计政策,并以此对财务报表相关项目进行调整的方法。

企业法律、行政法规或国家统一的会计制度等要求变更会计政策的,应当按照国家相关会计规定执行,国家没有发布相关的会计处理办法的,采用追溯调整法进行会计处理。例如,2006 年 2 月 15 日我国发布了《企业会计准则——基本准则》和 38 项具体会计准则,其中涉及多项会计政策变更的问题,《企业会计准则第 38 号——首次执行企业会计准则》明确规定了相关的会计处理方法,企业第一次执行企业会计准则而发生会计政策变更时,可以根据《企业会计准则第 38 号——首次执行企业会计准则》进行相应的会计处理。

企业为了能够为财务报表使用者提供更可靠、更相关的会计信息而变更企业会计政策时,企业应当采用追溯调整法进行会计处理,将会计政策变更累积影响数调整列报前期最早期初留存收益,其他相关项目的期初余额和列报前期披露的其他比较数据也一并调整。

会计政策变更累积影响数,是指按照变更后的会计政策对以前各期追溯计算的列报前期最早留存收益应有金额与现有金额之间的差额。累积影响数可以通过以下步骤计算：根据新会计政策重新计算受影响的前期交易或事项；计算两种会计政策下的差异；计算差异的所得税影响金额；确定前期中的每一期的税后差异；计算会计政策变更的累积影响数。

在应用追溯调整法进行会计政策变更会计处理时，可能存在确定该会计政策变更累积影响数不切实可行的情况。不切实可行，是指企业在采取所有合理的方法后，仍然不能获得采用某项规定所必需的相关会计信息，而导致无法采用该项规定，则该项规定在此时就是不切实可行的。企业发生会计政策变更，如果确定会计政策变更累积影响数不切实可行，需要按照以下方法进行会计处理。

（1）确定会计政策变更对列报前期影响数不切实可行的，应当从可追溯调整的最早期间期初开始应用变更后的会计政策。

（2）在当期期初确定会计政策变更对以前各期累积影响数不切实可行的，应当采用未来适用法处理。

2. 未来适用法

对于会计政策变更而言，未来适用法是指将变更后的会计政策应用于变更日及以后发生的交易或者事项的方法。在未来适用法下，不需计算会计政策变更累积影响数，也无须对以前期间的会计账簿及财务报表金额进行追溯调整，也就是不会因为会计政策的变更而改变以前期间的既定结果，只需要在会计政策变更当期及未来期间采用变更后的会计政策进行会计处理即可。

3. 会计政策变更的披露

企业应当在财务报表附注中披露与会计政策变更有关的下列信息。

（1）会计政策变更的性质、内容和原因。其具体包括：会计政策变更的简要阐述、变更的日期、变更前采用的会计政策和变更后采用的新会计政策及会计政策变更的原因。

（2）当期和各个列报前期财务报表中受影响的项目名称和调整金额。具体包括：采用追溯调整法时，计算出的会计政策变更的累积影响数、当期和各个列报前期财务报表中需要调整的净损益及其影响金额以及其他需要调整的项目名称和调整金额。

（3）无法进行追溯调整的，说明该事实和原因以及开始应用变更后的会计政策的时点、具体应用情况。具体包括：无法进行追溯调整的事实、确定会计政策变更对列报前期影响数不切实可行的原因、在当期期初确定会计政策变更对以前各期累积影响数不切实际可行的原因、开始应用新会计政策的时间和具体应用情况。

【例 14-8】 甲公司 2015 年 12 月购置商品办公楼一栋，取得增值税专用发票注明的价款为 1 000 万元，增值税 110 万元。2016 年 1 月，甲公司将该办公楼出租，租赁合同约定每年租金为 100 万元，采用成本模式对该投资性房地产进行后续计量，预计净残值为 0，预计使用年限为 20 年，采用直线法计提折旧（折旧年限和折旧方法符合税法规定）。2016 年 12 月 31 日，该办公楼的公允价值为 1 200 万元，2007 年 12 与 31 日公允价值为 1 300 万元。2018 年 1 月 1 日，甲公司将该投资性房地产改为公允价值模式进行后续计量。已知甲公司适用的企业所得税税率为 25%，每年按照净利润的 10% 提取法定盈余公积。甲公司流通在外的普通股股票 1 000 万股。

甲公司将投资性房地产的后续计量由成本模式改为公允价值模式,属于会计政策变更,应当按照以下方法和步骤进行会计处理。

(1) 计算由成本模式改为公允价值模式的累积影响数。根据所给资料,甲公司将投资性房地产后续计量由成本模式改为公允价值模式的累积影响数计算过程如表 14-2 所示。

表 14-2　会计政策变更累积影响数的计算　　　　　　　　万元

时　间	公允价值 ①	成本 ②=原值-累计折旧	税前差异 ③=①-②	所得税影响 ④=③×25%	税后差异 ⑤=③-④
2016 年末	1 200	950	250	62.5	187.5
2017 年末	1 300	900	400	100	300

甲公司 2018 年 12 月 31 日比较财务报表列报前期最早期初为 2017 年 1 月 1 日。甲公司该投资性房地产在 2016 年末按公允价值计量的账面价值为 1 200 万元,按成本计量的账面价值为 950 万元,两者的税后差异为 187.5 万元,即为甲公司 2017 年初由成本模式改为公允价值模式的累积影响数。甲公司该投资性房地产在 2017 年末按公允价值计量的账面价值为 1 300 万元,按成本计量的账面价值为 900 万元,两者的税后差异为 300 万元,其中 187.5 万元是对 2017 年初留存收益的累积影响数,112.5 万元是应调整 2017 年当年净利润的金额。

(2) 2018 年 1 月 1 日编制有关项目的调整分录。

① 对 2016 年有关项目的调整分录。

调整会计政策变更累积影响数:

借: 投资性房地产——成本　　　　　　　　　10 000 000
　　　　　　　　——公允价值变动　　　　　2 000 000
　　投资性房地产累计折旧　　　　　　　　　500 000
　贷: 投资性房地产　　　　　　　　　　　　　10 000 000
　　　利润分配——未分配利润　　　　　　　　1 875 000
　　　递延所得税负债　　　　　　　　　　　　625 000

因为在 2016 年末,投资性房地产的账面价值 1 200 万元大于其计税基础 950 万元,产生 250 万元的应纳税暂时性差异,因而应确认 250×25%=62.5(万元)的递延所得税负债。

调整利润分配:

借: 利润分配——未分配利润　　　　　　　　187 500
　贷: 盈余公积　　　　　　　　　　　　　　　187 500

② 对 2017 年有关项目的调整分录。

调整会计政策变更累积影响数:

借: 投资性房地产——公允价值变动　　　　　1 000 000
　　投资性房地产累计折旧　　　　　　　　　500 000

　　　　贷：利润分配——未分配利润　　　　　　　　　　　1 125 000
　　　　　　递延所得税负债　　　　　　　　　　　　　　　　375 000

　　因为在 2017 年末，投资性房地产的账面价值 1 300 万元大于其计税基础 900 万元，产生 400 万元的应纳税暂时性差异，因而应确认 400×25％＝100（万元）的递延所得税负债，由于 2016 年末已确认 62.5 万元，所以 2017 年需进一步确认递延所得税负债 37.5万元。

　　调整利润分配：

　　借：利润分配——未分配利润　　　　　　　　　　　112 500
　　　　贷：盈余公积　　　　　　　　　　　　　　　　　　112 500

　　也可以将以上 2016 年和 2017 年有关事项的调整分录合并编制调整分录如下。

　　调整会计政策变更的累积影响数：

　　借：投资性房地产——成本　　　　　　　　　　　10 000 000
　　　　　　　　　　——公允价值变动　　　　　　　　3 000 000
　　　　投资性房地产累计折旧　　　　　　　　　　　　1 000 000
　　　　贷：投资性房地产　　　　　　　　　　　　　　　　10 000 000
　　　　　　利润分配——未分配利润　　　　　　　　　　　3 000 000
　　　　　　递延所得税负债　　　　　　　　　　　　　　　1 000 000

　　调整利润分配：

　　借：利润分配——未分配利润　　　　　　　　　　　300 000
　　　　贷：盈余公积　　　　　　　　　　　　　　　　　　300 000

　　（3）财务报表调整和重述。甲公司在列报 2018 年财务报表时，应调整 2018 年资产负债表有关项目的年初余额、利润表有关项目的上期金额以及股东权益变动表有关项目的上期金额和本期金额。

　　① 资产负债表项目的调整。调增投资性房地产年初余额 400 万元，调增递延所得税负债年初余额 100 万元，调增盈余公积年初余额 30 万元，调增未分配利润年初余额 270万元。

　　② 利润表项目的调整。调减营业成本上期金额 50 万元，调增公允价值变动损益上期金额 100 万元，调增所得税费用上期金额 37.5 万元，调增净利润上期金额 112.5 万元，调增基本每股收益上期金额 0.037 5 元。

　　③ 股东权益变动表的调整。调增盈余公积上年年初金额 18.75 万元，未分配利润上年年初金额 168.75 万元，所有者权益合计上年年初金额 187.5 万元；调增盈余公积上年金额 11.25 万元，未分配利润上年金额 101.25 万元，所有者权益合计上年金额 112.5 万元；调增盈余公积本年年初金额 30 万元，未分配利润本年年初金额 270 万元，所有者权益合计本年年初金额 300 万元。

　　（4）附注说明。甲公司为了提供更可靠、更相关的会计信息，从 2018 年 1 月 1 日起对经营出租的办公楼由原来的成本模式改为公允价值模式进行后续计量。此项会计政策变更采用追溯调整法，2017 年的比较财务报表已重述。2017 年初运用新会计政策追溯调整计算的会计政策变更累积影响数为 187.5 万元。调增 2017 年的期初留存收益 187.5

万元,其中调增盈余公积 18.75 万元,调增未分配利润 168.75 万元。2017 年调减营业成本上期金额 50 万元,调增公允价值变动损益 100 万元,调增所得税费用上期金额 37.5 万元,调增净利润上期金额 112.5 万元,调增基本每股收益上期金额 0.037 5 元;调增 2018 年年初投资性房地产 400 万元、递延所得税负债 100 万元、盈余公积 30 万元、未分配利润 270 万元。

14.2　会计估计变更

14.2.1　会计估计变更概述

1．会计估计的概念

会计估计,是指企业对结果不确定的交易或者事项以最近可利用的信息为基础所做的判断。由于商业活动中内在的不确定因素影响,许多财务报表中的项目不能精确地计量,而只能加以估计。估计涉及以最近可利用的、可靠的信息为基础所做的判断,但是会计估计并不会削弱会计确认和计量的可靠性。根据会计确认、计量基础和列报项目所选择的、为取得与该项目有关的金额或数值所采用的处理方法属于会计估计。

常见的会计估计变更包括:坏账准备计提方法和计提比例的确定;存货可变现净值的确定;采用公允价值模式下的投资性房地产公允价值的确定;固定资产、采用成本模式的投资性房地产、生产性生物资产的预计使用寿命、预计净残值及折旧方法的确定;使用寿命有限的无形资产的预计使用寿命、预计净残值及摊销方法的确定;可收回金额按照资产组的公允价值减去处置费用后的净额确定的,公允价值减去处置费用后的净额的确定,可收回金额按照资产组预计未来现金流量的现值确定的,预计未来现金流量的确定;合同完工进度的确定;权益工具公允价值的确定;债务人债务重组中转让的非现金资产的公允价值、由债务转成的股份的公允价值和修改其他债务条件后债务的公允价值的确定;债权人债务重组中受让的非现金资产的公允价值、由债权转成的股份的公允价值和修改其他债务条件后债权的公允价值的确定;预计负债初始计量的最佳估计数的确定;金融资产公允价值的确定;金融工具预期信用损失的确定;承租人对未确认融资费用的分摊及出租人对未实现融资收益的分配;非同一控制下企业合并成本的公允价值的确定;可变对价的确定。

2．会计估计变更的概念

会计估计变更,是指由于资产和负债的当前状况及预期经济利益和义务发生了变化,从而对资产或负债的账面价值或者资产的定期消耗金额进行调整。

会计估计变更的情况包括以下两种。

(1) 赖以进行估计的基础发生了变化。企业进行会计估计依赖于一定的基础,如果赖以进行估计的基础发生了变化,则会计估计也相应发生变化。

【例 14-9】 甲公司 3 年前购建的一台机器设备原定预计使用年限为 10 年,由于技术更新换代,该资产的受益年限缩短,估计其尚可使用年限为 3 年。

（2）取得了新的信息，积累了更多的经验。企业进行会计估计是就现有资料对未来所作出的判断，随着时间的推移，企业有可能取得新的信息、积累更多的经验，在这种情况下，企业可能不得不对会计估计进行修订。

【例 14-10】 甲公司针对核心员工实施一项设定受益计划，一开始估计的离职率为5%，并据此确认计量设定受益计划，两年后由于获得了新的信息，重新估计的离职率为2%并据此重新计量设定受益计划。

3. 会计估计变更的判断

会计估计变更的前提是资产和负债的当前状况及预期经济利益和义务发生了变化。一般而言，当企业发生的某会计变更事项未涉及会计确认、计量基础和列报项目的变更时，该变更事项属于会计估计变更，此时必须按照《企业会计准则第 28 号——会计政策、会计估计变更和差错更正》有关会计估计变更的规定进行相关会计处理。

【例 14-11】 甲公司原先采用直线法计提固定资产折旧，根据固定资产的实际使用情况，企业决定改用年数总和法计提固定资产折旧。该事项前后采用的两种折旧计提方法都是以历史成本为计量基础，对该事项的会计确认和列报项目也并未发生变化，只是固定资产折旧、固定资产净值等相关金额发生了变化。因此，该变更事项属于会计估计变更。

14.2.2　会计估计变更的会计处理

根据《企业会计准则第 28 号——会计政策、会计估计变更和差错更正》的规定，企业对会计估计变更应当采用未来适用法进行处理。

对会计估计变更而言，未来适用法是指在会计估计变更当期和未来期间确认会计估计变更影响数的方法。

需要强调的是，会计估计变更并不意味着以前期间的会计估计是错误的，只是情况发生变化或者掌握了新的信息，积累了更多的经验，使得变更会计估计能够更好地反映企业的财务状况和经营成果，因此不必对会计估计变更进行追溯调整和重述，如果以前期间的会计估计确实是错误的，则属于会计差错，应当按照会计差错更正的会计处理方法进行处理。

会计估计变更仅影响变更当期的，其影响数应当在变更当期予以确认，如应收账款计提比例的变更等；既影响变更当期又影响未来期间的，其影响数应当在变更当期和未来期间予以确认，如固定资产预计尚可使用年限、折旧方法、预计净残值的变更等。企业难以对某项变更区分为会计政策变更或会计估计变更的，应当将其作为会计估计变更处理。

企业应当在财务报表附注中披露与会计估计变更有关的下列信息。

（1）会计估计变更的内容和原因，包括变更的内容、变更日期以及会计估计变更的原因。

（2）会计估计变更对当期和未来期间的影响数，包括会计估计变更对当期和未来期间损益的影响金额，以及对其他各项目的影响金额。

（3）会计估计变更的影响数不能确定的，披露这一事实和原因。

【例 14-12】　甲公司 2020 年 12 月购入管理用设备一台,取得增值税专用发票注明的价款为 100 000 元,增值税 13 000 元,预计使用寿命为 10 年,净残值为 10 000 元,自 2021 年 1 月起按直线法计提折旧。2026 年 1 月 1 日,由于技术更新换代,估计预计使用寿命变更为 8 年,即该设备尚可使用年限为 3 年,预计净残值不变,仍为 10 000 元。税法规定的最低折旧年限为 10 年,企业所得税税率为 25%,假定符合《企业会计准则第 18 号——所得税》规定的递延所得税资产确认条件。

该变更属于会计估计变更,采用未来适用法,无须调整以前各期折旧,也不计算累积影响数,只需从 2026 年 1 月开始采用新估计的尚可使用年限计提折旧即可。

(1) 变更日以后发生的经济业务改按新估计使用寿命计提折旧。

按原估计,每年计提的折旧额为(100 000－10 000)÷10＝9 000(元),从 2021 年至 2025 年计提的累计折旧为 9 000×5＝45 000(元),2026 年 1 月 1 日固定资产净值为 100 000－45 000＝55 000(元)。2026 年 1 月 1 日改变尚可使用年限后,从 2026 年起的未来 3 年每年计提的折旧额为(55 000－10 000)÷3＝15 000(元),因此 2026 年只需编制以下会计分录:

借:管理费用　　　　　　　　　　　　　　　　　　15 000
　　贷:累计折旧　　　　　　　　　　　　　　　　　　　15 000

2026 年末,该设备的账面价值为 100 000－45 000－15 000＝40 000(元),计税基础为 100 000－9 000×6＝46 000(元),该设备的账面价值小于计税基础,产生 46 000－40 000＝6 000(元)的可抵扣暂时性差异,因此确认递延所得税资产 6 000×25%＝1 500(元),申报 2026 年企业所得税时应调增应纳税所得额 6 000 元,确认递延所得税会计分录如下。

借:递延所得税资产　　　　　　　　　　　　　　　1 500
　　贷:所得税费用　　　　　　　　　　　　　　　　　　 1 500

(2) 附注说明。

本公司一台管理用设备,原值 100 000 元,原预计使用年限为 10 年,预计净残值为 10 000 元,按直线法计提折旧。由于技术更新换代,该设备已不能按原预计使用寿命计提折旧,本公司于 2026 年年初变更该设备的预计使用寿命为 8 年,以反映该设备的真实使用寿命。此会计估计变更导致本年度净利润减少 4 500 元,年末固定资产余额较变更前减少 6 000 元,递延所得税资产增加 1 500 元。

14.3　会计差错更正

14.3.1　会计差错的概念

为保证所提供的财务报表真实、完整,企业应当建立健全内部稽核制度。但是,在企业日常会计核算中仍然可能会由于各种原因造成会计差错。会计差错,是指企业在会计确认、计量、列报或披露的过程中出现的错误,包括计算错误、应用会计政策错误、对事实的疏忽和误解、舞弊等。

对于本期发现的与本期有关的会计差错,由于报告当期尚未结账,财务报表尚未对外报送,此类差错可以在发现时通过直接调整本期相关项目而予以更正。

前期会计差错简称前期差错,是由于没有运用或错误运用下列两种信息,而对前期财务报表造成省略或错误:编报前期财务报表时预期能够取得并加以考虑的可靠信息;前期财务报告批准报出时能够取得的可靠信息。由于报告期已经结账,此类差错需要采用特定方法予以更正。

14.3.2 前期差错更正的会计处理

前期差错按重要性可分为两类:一类是重要的前期差错,另一类是不重要的前期差错。前期差错的重要性取决于在相关环境下对遗漏或错误表述的规模和性质的判断,前期差错所影响的财务报表项目的金额或性质,是判断前期差错是否具有重要性的决定性因素。重要的前期差错是指足以影响财务报表使用者对企业财务状况、经营成果和现金流量作出正确判断的前期差错。不重要的前期差错是指不足以影响财务报表使用者对企业财务状况、经营成果和现金流量作出正确判断的前期差错。

1. 不重要的前期差错的会计处理

该类前期差错,不必调整财务报表相关项目的期初数,但应调整发现当期与前期相同的相关项目。属于影响损益的,直接计入发现当期与前期相同的损益类项目;属于不影响损益的,应调整发现当期与前期相同的相关项目。

2. 重要的前期差错的会计处理

对于重要的前期差错,企业应当在其发现当期的财务报表中,调整前期比较数据,并通过以下处理对其进行追溯更正。

(1)追溯重述差错发生期间列报的前期比较金额。

(2)如果前期差错发生在列报的最早期间之前,则追溯重述列报的最早前期的资产、负债和所有者权益相关项目的期初余额。

对于发生的重要的前期差错,如影响损益,应将其对损益的影响数调整发现当期的期初留存收益,财务报表其他相关项目的期初数也应一并调整;如不影响损益,应调整财务报表相关项目的期初数。

在编制比较财务报表时,对于比较财务报表期间的重要的前期差错,应调整各该期间的净损益和其他相关项目,视同该差错在产生的当期已经更正;对于比较财务报表期间以前的重要的前期差错,应调整比较财务报表最早期间的期初留存收益,财务报表其他相关项目的数字也一并调整。

如果确定前期差错影响数是不切实可行的,可以从可追溯重述的最早期间开始调整留存收益的期初余额,财务报表其他相关项目的期初余额也一并调整,也可以采用未来适用法。当企业确定前期差错对列报的一个或多个前期比较信息的特定期间的累积影响数不切实可行时,应当追溯重述列报的最早前期的资产、负债和所有者权益相关项目的期初余额(可能是当期);当企业在当期期初确定前期差错对所有前期的累积影响数不切实可行时,应当从确定前期差错影响数切实可行的最早日期开始采用未来适用法追溯重述比较信息。

需要说明的是,因为前期差错发生在以前年度,而以前年度的相关账目已经结账,因此,在发现前期差错的当期调整涉及损益的重要前期差错时,应通过"以前年度损益调整"账户核算,并最终将该账户余额结转至"利润分配——未分配利润"账户。

对于年度资产负债表日至财务报告批准报出日之间发现的报告年度的会计差错及报告年度前不重要的前期差错,应当按照《企业会计准则第 29 号——资产负债表日后事项》的规定进行会计处理。

3. 前期差错更正的披露

企业应当在附注中披露与前期差错更正有关的下列信息:前期差错的性质;各个列报前期财务报表中受影响的项目名称和更正金额;无法进行追溯重述的,说明该事实和原因以及对前期差错开始进行更正的时点、具体更正情况。

【例 14-13】　甲公司当年 12 月发现一台价值 5 000 元的管理用电子设备,该设备购置于上年 12 月,在购置时错误地计入当期管理费用,应当计入固定资产并按直线法计提折旧,预计使用年限 5 年,预计净残值为 0,不考虑所得税。

甲公司判断认为,该差错属于不重要的前期差错,于当年 12 月发现差错时进行如下更正处理:

借:固定资产　　　　　　　　　　　　　　　　　5 000
　　贷:管理费用　　　　　　　　　　　　　　　　　　4 000
　　　　累计折旧　　　　　　　　　　　　　　　　　　1 000

如果该错误在使用 5 年以后才被发现,该差错会自动抵销,不需要做任何会计处理。

【例 14-14】　甲公司当年 12 月发现,上年漏记一项办公楼折旧费 200 000 元,但在申报上年企业所得税纳税时已扣除了该项折旧,并确认了 50 000 元的递延所得税负债。甲公司适用的企业所得税税率为 25%,按照净利润的 10% 提取法定盈余公积,发行在外的普通股为 1 000 万股。

甲公司判断认为,该差错属于重要的前期差错,需要采用追溯重述法进行更正。

(1)分析差错的影响数。

少计折旧费用	200 000
少计累计折旧	200 000
多计所得税费用	50 000
多提法定盈余公积	15 000

(2)编制调整分录。

补提折旧:

借:以前年度损益调整　　　　　　　　　　　　　200 000
　　贷:累计折旧　　　　　　　　　　　　　　　　　200 000

调整递延所得税:

借:递延所得税负债　　　　　　　　　　　　　　50 000
　　贷:以前年度损益调整　　　　　　　　　　　　　50 000

将"以前年度损益调整"科目的余额转入"利润分配——未分配利润":

借：利润分配——未分配利润　　　　　　　　150 000

　　贷：以前年度损益调整　　　　　　　　　　　　　　150 000

调整盈余公积：

借：盈余公积　　　　　　　　　　　　　　　15 000

　　贷：利润分配——未分配利润　　　　　　　　　　　15 000

（3）财务报表调整和重述。

甲公司当年资产负债表的年初数、利润表的上期金额及股东权益变动表的上期金额和本年年初金额分别按调整前和调整后的金额列示。

① 资产负债表项目的调整。调减固定资产年初余额 200 000 元；调减递延所得税负债年初 50 000 元；调减盈余公积年初余额 15 000 元；调减未分配利润年初余额 135 000 元。

② 利润表项目的调整。调增营业成本上期金额 200 000 元；调减所得税费用上期金额 50 000 元；调减净利润上期金额 150 000 元；调减基本每股收益上期金额 0.015 元。

③ 股东权益变动表项目的调整。调减盈余公积上年金额 15 000 元、未分配利润上年金额 135 000 元、所有者权益合计上年金额 150 000 元；调减盈余公积本年年初金额 15 000 元、未分配利润本年年初金额 135 000 元、所有者权益合计本年年初金额 150 000 元。

【本章习题】

1. 甲公司第 1 年、第 2 年分别以 4 500 000 元和 1 100 000 元的价格从股票市场购入 A、B 两只以交易为目的的股票，市价一直高于购入成本。公司采用成本与市价孰低法对购入股票进行计量。公司从第 3 年起对其以交易为目的购入的股票由成本与市价孰低改为公允价值计量，公司保存的会计资料比较齐备，可以通过会计资料追溯计算。假设所得税税率为 25%，公司按净利润的 10% 提取法定盈余公积，按净利润的 5% 提取任意盈余公积。公司发行股票份额为 4 500 万股。两种方法计量的交易性金融资产账面价值如表 14-3 所示。

表 14-3　交易性金融资产账面价值　　　　　　　　　　　　　　　　　　元

股　　票	成本与市价孰低	第 1 年末公允价值	第 2 年末公允价值
A 股票	4 500 000	5 100 000	5 100 000
B 股票	1 100 000		1 300 000

要求：根据上述资料，写出甲公司会计政策变更的会计分录及财务报表调整（以元为单位）。

2. 甲公司对所得税一直采用资产负债表债务法核算，适用的所得税税率 25%，按净利润的 10% 计提法定盈余公积，不计提任意盈余公积。2021 年 6 月 30 日，甲公司对以前的会计资料进行复核，发现以下问题：甲公司自行建造的办公楼已于 2020 年 6 月 30 日达到预定可使用状态并投入使用，甲公司未按规定在 2020 年 6 月 30 日办理竣工决算及结转固定资产手续。2021 年 6 月 30 日，该"在建工程"科目的账面余额为 2 190 万元，其中包括建造该办公楼相关的专门借款在 2020 年 7 月至 2020 年 12 月期间发生的利息

50 万元、应计入管理费用的支出 140 万元。该办公楼竣工决算的建造成本为 2 000 万元。甲公司预计该办公楼使用年限为 20 年,预计净残值为零,采用年限平均法计提折旧。至 2021 年 6 月 30 日,甲公司尚未办理结转固定资产手续。甲公司在 2021 年 3 月已完成 2020 年企业所得税汇算清缴,应在 2020 年税前扣除的费用经专项申报允许在 2021 年抵扣。经判断,上述会计差错属于重要会计差错。

要求:根据上述资料,写出甲公司会计差错更正的调整分录(以万元为单位)。

3. 甲公司当年进行如下会计变更。

(1) 1 月 1 日,将 A 设备的折旧方法由年限平均法变更为年数总和法。A 设备入账价值为 3 300 万元,预计使用年限为 5 年,预计净残值为 300 万元,至当年 1 月 1 日,已使用 2 年,该设备用于公司行政管理。

(2) 7 月 1 日,将 B 设备的使用年限由 10 年缩短至 6 年,预计净残值为零,仍采用年限平均法计提折旧。B 设备系前年 12 月份购入,用于行政管理,入账价值为 10 500 万元,购入当时预计使用年限为 10 年,预计净残值为 500 万元。

要求:根据上述资料,写出甲公司会计估计变更当年的相关会计分录(以万元为单位)。

【即测即练】

参 考 文 献

[1] 中华人民共和国财政部.企业会计准则 2021 年版[M].上海:立信会计出版社,2021.

[2] 财政部会计司编写组.企业会计准则讲解 2010[M].北京:人民出版社,2010.

[3] 财政部会计司.企业会计准则第 2 号——长期股权投资[M].北京:中国财政经济出版社,2014.

[4] 财政部会计司编写组.《企业会计准则第 7 号——非货币性资产交换》应用指南[M].北京:中国财政经济出版社,2019.

[5] 财政部会计司.企业会计准则第 9 号——职工薪酬[M].北京:中国财政经济出版社,2014.

[6] 财政部会计司编写组.《企业会计准则第 12 号——债务重组》应用指南[M].北京:中国财政经济出版社,2019.

[7] 财政部会计司编写组.《企业会计准则第 14 号——收入》应用指南[M].北京:中国财政经济出版社,2018.

[8] 财政部会计司编写组.《企业会计准则第 22 号——金融工具确认和计量》应用指南[M].北京:中国财政经济出版社,2018.

[9] 财政部会计司编写组.《企业会计准则第 23 号——金融资产转移》应用指南[M].北京:中国财政经济出版社,2018.

[10] 财政部会计司.企业会计准则第 30 号——财务报表列报[M].北京:中国财政经济出版社,2014.

[11] 财政部会计司编写组.《企业会计准则第 37 号——金融工具列报》应用指南[M].北京:中国财政经济出版社,2018.

[12] 财政部会计司.企业会计准则第 40 号——合营安排[M].北京:中国财政经济出版社,2014.

教师服务

感谢您选用清华大学出版社的教材！为了更好地服务教学，我们为授课教师提供本书的教学辅助资源，以及本学科重点教材信息。请您扫码获取。

➤➤ 教辅获取

本书教辅资源（课件、大纲、答案、试卷），
授课教师扫码获取

➤➤ 样书赠送

会计学类重点教材，教师扫码获取样书

 清华大学出版社

E-mail: tupfuwu@163.com
电话：010-83470332 / 83470142
地址：北京市海淀区双清路学研大厦 B 座 509

网址：http://www.tup.com.cn/
传真：8610-83470107
邮编：100084